JN231884

実践 地方創生×SDGs

持続可能な地域のつくり方

未来を育む「人と経済の生態系」のデザイン

筧 裕介 著

英治出版

持続可能な地域とは「人と経済の豊かな生態系」が息づいた地域

持続可能な地域には、４つの豊かな生態環境がある

土、つながり協働し高め合う「地域コミュニティ」

陽、道を照らしみんなを導く「未来ビジョン」

風、一人ひとりの生きがいを創る「チャレンジ」

水、未来を切り拓く力を育む「次世代教育」

はじめに

持続可能な地域づくりは、どうしたら可能だろうか？

一過性で終わらない、長期にわたる地域づくりには何が必要なのだろうか？

強力なリーダーに頼ることなく、住民主体でじわじわ地域を活性化できないだろうか？

過去の成功体験や他地域の成功事例に頼るのではなく、確かな知と科学的アプローチによる地域づくりを実践できないだろうか？

一部の住民のためでなく、誰一人取り残さない地域づくりは可能だろうか？


２００８年にissue+designを設立以来、地域外のデザイナー、コンサルタントという立場から、地域内の一事業者としての立場から、全国各地で様々な地域課題解決プロジェクトに関わってきた。その過程で私自身が感じてきた問題意識を具体的な方法論というカタチにまとめたのが、本書である。

持続可能な地域を実現するために、私自身がここ数年活用してきたツールがＳＤＧｓ（持続可能な開発目標）である。ＳＤＧｓというと、国連が策定した地球レベルの巨大な目標のように聞こえる。しかし、この目標の背景にある考え方は様々な課題を抱える地域がまさに今必要としているものであり、私が現場で実践してきた地域づくりの本質を鋭く突いたものなのである。

本書は、そんなＳＤＧｓの考え方に基づき、地域課題の解決が日々の業務である行政のみなさん、地方創生やＳＤＧｓの視点から新しいビジネス・ＣＳＲ活動を企画・実施している企業のみなさん、そして、何よりも自分が暮らす地域の活性化のための事業や地域活動に取り組んでいる市民のみなさんに、持続可能な地域を実現するための具体的・実践的な方法論を示すことが目的である。

本書の構成

本書はパート1の知識編、パート2の実践編、そして終章の3つで構成される。

パート1は3章で構成される。

第1章はＳＤＧｓと地方創生の基本を理解するための導入の位置付けである。

第2章ではＳＤＧｓの17ゴールごとに、日本の地域に関連深いローカルイシューを合計55個、データとともに紹介する。人口減少、高齢化、社会保障費用の増加、教育、地域産業の衰退……地域が抱えている多くの課題は一見それぞれ独立していて互いに無関係に見えても、その根っこでは確実につながっている。持続可能な地域づくりを実践するためには、目の前にある特定の課題を理解するだけではなく、領域を超えて地域全体を俯瞰して捉える必要がある。

第3章は本書の核となるコンセプトを紹介する章である。地域の課題の背景にある5つの「負の連鎖構造」を紹介した上で、連鎖の解消と持続可能な地域を実現するためには「生態系の再生」が不可欠であること、そのために4つの生態環境を整える必要があることを提言している。

パート2は4つの章で構成される。第3章で提言した持続可能な地域に必要な4つの生態環境、土(地域コミュニティ)、陽(未来ビジョン)、風(チャレンジ)、水(次世代教育)、それぞれの地域にとっての意義、環境整備の方法論を1章ずつ紹介している。

また、第3章から第6章の章末に、持続可能な地域づくりに必要な6つの技術を紹介している。この6つは、本書で紹介する全てのプロセスに関連する技術である。より理解が進むように、特に関連性が深い章の後に登場する構成としている。

終章で、私が考える経済成長ステージが終わりテクノロジーが進化した今の時代、日本人が求める「真の豊かさ」があふれる、地域での暮らしに関する考察で締める。

パート1 知識編　地域の持続可能性とSDGsを理解する

第1章 introduction	SDGsと地方創生
第2章 analysis	日本と地域の持続可能性実態
第3章 proposal	地域の生態系を再生する
技術1	地図を描く技術

パート2 実践編　持続可能な地域づくりを実践する

第4章 community	つながり協働し高め合う「地域コミュニティ」
技術2	対話の場をつくる技術
第5章 vision	道を照らしみんなを導く「未来ビジョン」
技術3	声を聴く技術
技術4	未来を表現する技術
第6章 challenge	一人ひとりの生きがいを創る「チャレンジ」
技術5	問いを立てる技術
技術6	発想する技術
第7章 education	未来を切り拓く力を育む「次世代教育」

終　章 epilogue	地域にある真の「豊かさ」

「地域」の定義

日本の基礎自治体（市区町村）は立地・産業・人口などの現在の状況と抱えている課題で、大きく3つのゾーンに分けられる。

ゾーン1　都心・経済成長追求地域
ゾーン2　郊外・超高齢化地域
ゾーン3　中山間・超人口減少地域

ゾーン1は東京23区、大阪市など、政令指定都市に代表される地域である。人口が当面維持され、今後も日本経済、地域経済の中心地として経済成長が期待される。

ゾーン2は1で働く方の生活拠点となる大都市郊外の地域である。団塊世代がマイホームを構えた地域と重なり、既に退職しているシニア層も多い。現在、急速に高齢化が進んでいる。人口減少は既に始まっている地域も多いが、ゾーン3と比べると当面の減少ペースは緩やかな地域が多い。

ゾーン3は中山間・離島地域と呼ばれる、人口規模が小さく、過疎化・人口減少が急激に進行中の地域である。ゾーン2と比べて高齢化はひと山超えたところも多い。

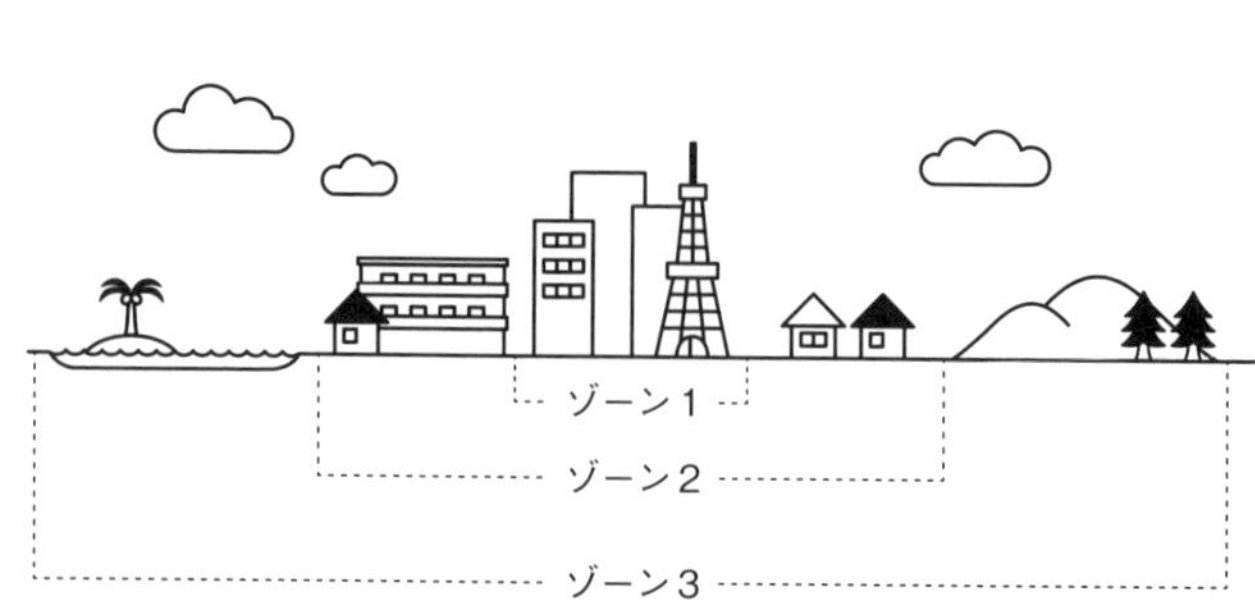

本書の中で「地域」という言葉は、主にゾーン3の、人口減少が急激に進む小規模の基礎自治体を指している。ただし、例えば、人口150万人の神戸市は、タワーマンションとオフィスビルが立ち並ぶ典型的なゾーン1である大都会・三ノ宮を擁しながら、車や地下鉄で20分ほどの距離に典型的なゾーン3の大農村地帯・北区が位置する。ゾーン1の中にもゾーン2やゾーン3のエリアを含む自治体は多い。そのため、基礎自治体単位で、ゾーン1・2・3を分類することはできない。

ただし、前提として、本書で「地域」という単語は、「人口減少が急速に進む、人口規模の小さいエリア」を意味するものとして、読み進めてもらいたい。なお、「地方圏」という言葉は「三大都市圏（東京圏・関西圏・名古屋圏）」以外を意味している。

私自身、10年間の地域での活動を通じて、多くの地域で様々な方に助けられ、教えてもらい、多様な経験を重ねながら、地域づくりの実践に取り組んできた。その過程で得られた多くの知見を全て洗い出し、精査し、形式知化することで、経験や事例を元にする曖昧な地域づくりではなく、知識と科学に基づく「サイエンスとしての地域づくり」を体系化することを目指し、本書を執筆した。

本書を通じて、地域づくりの「サイエンス」をぜひ体感・実践していただきたい。

目次

パート1 知識編

地域の持続可能性とSDGsを理解する

第1章

SDGsと地方創生

SDGsとは

2015年9月の国連総会で全会一致で採択された「我々の世界を変革する：持続可能な開発のための2030アジェンダ」、通称SDGs（Sustainable Development Goals)、日本語では「持続可能な開発目標」。

多くの人がその存在や名前を知っているが、わかりにくい、本質を理解するのが難しいという印象を抱いているのではないだろうか。

地球規模の話に聞こえてしまい、自分ごと、自分が暮らす地域のこととして考えにくいという人も多いのではないだろうか。

SDGsとは、持続可能な地域を実現するために活用可能な強力なツールであり、その考え方は人口減少、高齢化、経済衰退などの様々な課題を抱える地域が、まさに今必要としているものである。

本章では、「持続可能な地域づくり」に取り組む皆さんの立場から、理解しておくべきSDGsの基本知識、地域づくりに役立つ目標達成のアプローチ、そして地方創生との関係性について紹介していく。

ＳＤＧｓの基礎知識

まず、ＳＤＧｓについて必ず理解しておいて欲しい基礎知識を５つ紹介する。

基礎知識その１　途上国から先進国まで全世界、全地域共通の目標

地球全体の、世界共通の目標であり、途上国支援や格差是正のためのものではなく、全ての国がその対象に含まれる。また、日本全体の目標というだけではなく、都道府県レベル、市区町村レベルという地域の目標でもある。

基礎知識その２　産学官民、全セクター、市民一人ひとりが主役

人類共通の目標であり、国連が責任を負っているものでも、政治家や学者が中心のものでも、国や自治体主導のものでもない。民間企業にとっては、目標達成への貢献が求められると同時に、新しい事業機会を生み出すイノベーションの種にもなりうる。また、私たち市民の生活と未来に関連するものであり、市民一人ひとりが主役となり達成に向けて行動することが求められている。

基礎知識その3　誰一人取り残さない

２０１５年9月の宣言文の導入部*にも明記されており、ＳＤＧｓの大切な理念の一つが「誰一人取り残さない（no one will be left behind）」である。先進国の犠牲になりがちな途上国、環境への配慮の陰で見過ごされがちな貧困層、画一的なルールや社会常識の犠牲になりがちな社会的弱者を重視することを明言している。国内においても、経済と人口が集中する大都市圏だけでなく、人口数百人、数十人規模の町村や集落、そこで暮らす人々を誰一人取り残さないことを意味する。

増えつつある生活保護世帯、社会保障から取り残されている隠れた貧困層、社会環境の変化に伴い増えつつある発達障害や精神障害の方々など、社会的弱者と呼ばれる方が暮らしやすい社会を実現することは地域にとって、大切なテーマである。

人生１００年時代を迎え、医療が進化した日本で暮らすこと、それは大きな疾病や障害を抱えながら生き続ける可能性が高いことも意味する。自分自身がガンや認知症を患うことも、親の介護で仕事ができない状況になることも人ごとではない。誰もがマイノリティになり得る面を持っており、いつ身体的・精神的・経済的な厳しさを抱えるかわからない時代を生きているのだ。そんな私たちにとって、「誰一人取り残さない」社会を実現することは、誰か他人のためではなく、自分のために大切だ。

＊ 宣言文 導入部
この偉大な共同の旅に乗り出すにあたり、我々は誰も取り残されないことを誓う。人々の尊厳は基本的なものであるとの認識の下に、目標とターゲットがすべての国、すべての人々及び社会のすべての部分で満たされることを望む。そして我々は、最も遅れているところに第一に手を伸ばすべく努力する。

基礎知識その4　3領域、17ゴール、169ターゲット

ロゴが示す通り、SDGsは17のゴールで構成される。国連が主導と聞くと、気候変動などの環境問題、途上国の貧困問題などを連想しがちだが、「8 働きがいも経済成長も」「9 産業と技術革新の基盤をつくろう」など「経済」も大切なテーマであることが特徴的だ。「3 すべての人に健康と福祉を」「4 質の高い教育をみんなに」「10 人や国の不平等をなくそう」など、社会福祉領域のゴールも多数含まれる。

17ゴールそれぞれに10個程度の細分化されたターゲットが書かれている。17ゴールを理解するためには、ターゲットを読み解く必要がある。例えば、「2 飢餓をゼロに」だけを見ると、日本人にはやや縁遠い目標に思える。ただし、ターゲットを見てみると、農家の収入や生産性、食料生産システムのことが言及されている。農家の平均年齢68歳、食料自給率30％台の国、日本に大きく関係するテーマなのがわかるだろう。

基礎知識その5　2030年が目標の期限

目標の期限は2030年に設定されている。17ゴール169ターゲットで描かれているのは、2030年に目指すべき理想的な姿、目標である。今年や来年の短期的な話ではなく、約10年かけて達成を目指す中長期の活動である。

no one will be left behind

誰一人取り残さない

目標達成のためのＳＤＧｓのアプローチ

２０３０年に向けて、持続可能な地球、そして持続可能な地域を実現するための、ＳＤＧｓのアプローチが次の3つである。

アプローチ1　イノベーションとスリム化

月30万の収入しかないのに、50万使う生活。この生活を続けることができるだろうか？この生活が可能なのは、親の遺産や援助がある場合、もしくは借金し続ける場合のいずれかである。前者はいずれ底をつく。後者は長続きはしない。普通の人であれば、この状態を何とか打開しようとするはずだ。

今の地球、そして地域がまさにそんな状態だ。人類が豊かになったことで、地球の生態系の恵みである自然資源を、人間が許容量以上に使用しており、過去の遺産をどんどん食いつぶしている状態である。２０１８年の猛暑・大雨・台風は、「もう遺産は残っていない」という地球からの警告であったように思えてならない。

この借金まみれの状況に対処できることが2つある。まずは支出を見直して、不要なものを減らす、生活のスリム化だ。住宅、食、衣服、交際、趣味、仕事、通信、移

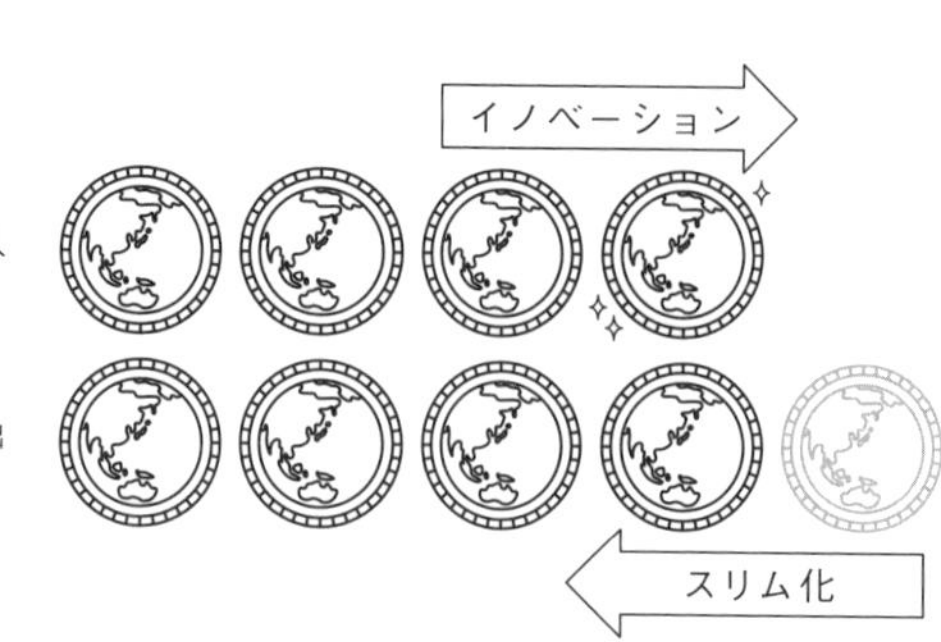

動、毎月の色々な支出をチェックし、自分の生活を見直し、減らしていく。ゴミやエネルギー使用量の削減、森林や海の環境保全など、生活や事業の見直しにより、地球や地域への負荷を減らしていく。

もう1つは30万の収入を増やすことだ。自分のスキルを磨き、価値を高め、より稼げるようにトライする。自然資源から生み出す価値を高め、より効率的に活用するために技術や生活のイノベーションを起こすことである。持続可能性と聞くとどうしても環境負荷を下げるスリム化の話に聞こえがちだ。しかし、実は今の地球は、再生可能エネルギーへの代替や省エネで負荷を下げるだけではもはや手遅れな状態だと指摘する専門家も多い。我々の生活が、ビジネスが、まちづくりが抜本的に変わるイノベーションを起こすことが目標達成に欠かせない。

スリム化とイノベーション、この2つにより、収入(生み出す価値)と支出(環境負荷)をイーブンにすること、将来のために収入(価値)が支出(負荷)を上回る状態にすること。それが持続可能な開発、持続可能な地域をつくるということである。

アプローチ2　包括性とパートナーシップ

ＳＤＧｓの最も大切な考え方であるにもかかわらず、誤解を生みがちなのが、17ゴールの位置づけ、関係性である。目標は便宜的に17に分かれているが、17ゴールはそれぞれ独立して存在しているものではない。互いに密接に関連している。

ゴール同士の関係性を理解するには、Ｐ42の国谷裕子さんのインタビューに登場するアフリカのチャド湖のエピソードが大変わかりやすい。

アフリカ大陸中央部に位置するチャド湖は過去30年間温暖化（13 気候変動）による砂漠化の影響で湖の水位が下がり、急激に小さくなってしまった。湖の豊かな水の恩恵を受け農業や漁業に従事していた多くの住民が、水不足に悩まされ（6 水とトイレ）、仕事を失い（2 食料・8 仕事と経済）、水を運ぶため教育機会を失い（4 教育）、その土地を離れ、大都市へと移り住んだ。大都市には貧困層が増え（1 貧困）、街がスラム化し（11 まちづくり）、治安も悪化した（16 平和と公正）。

その結果、都市でのつながりが希薄で貧しい生活の中で、多くの若者がイスラム過激派組織の勧誘を受け、テロ活動へと加わった。そして、世界各地でテロ行為が急激する一因となったのだ（16 平和と公正）。気候変動と世界平和、誰もが知っていて一見無関係な2つの問題が実は根っこではつながっているのだ。

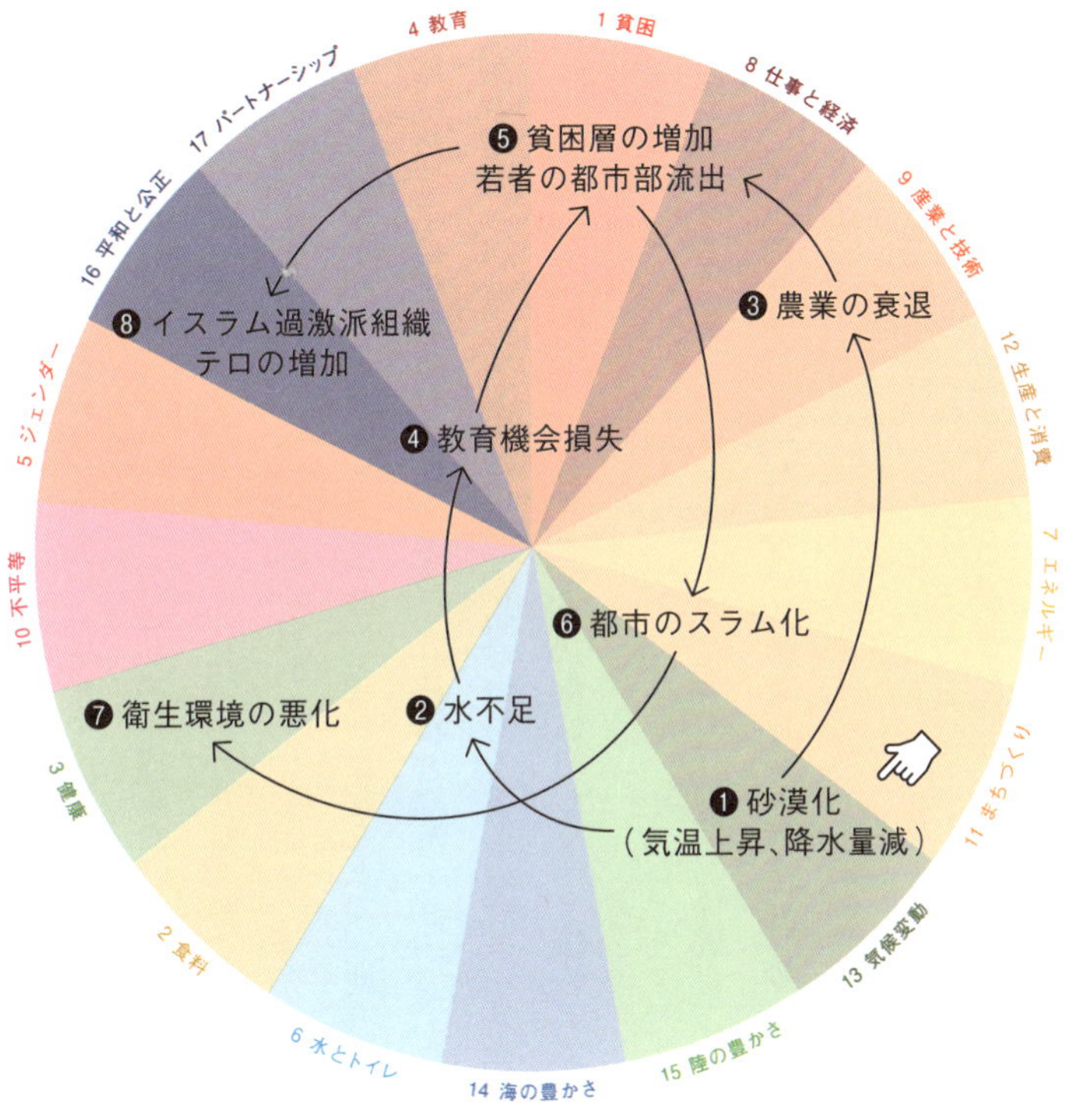

1 貧困
8 仕事と経済
9 産業と技術
12 生産と消費
7 エネルギー
11 まちづくり
13 気候変動
15 陸の豊かさ
14 海の豊かさ
6 水とトイレ
2 食料
3 健康
10 不平等
5 ジェンダー
16 平和と公正
17 パートナーシップ
4 教育

❶ 砂漠化（気温上昇、降水量減）
❷ 水不足
❸ 農業の衰退
❹ 教育機会損失
❺ 貧困層の増加 若者の都市部流出
❻ 都市のスラム化
❼ 衛生環境の悪化
❽ イスラム過激派組織 テロの増加

図表 チャド湖周辺地域の環境変化

住民一人ひとりの最適と地域みんなの最適を両立する

17ゴールはすべてつながっている。1つのゴールを達成するためには、他の目標とのつながりを考えなければならない。あるゴールの達成のための行動が他のゴールを阻害することもあれば、逆に他の複数のゴールに好影響を与えることもある。

例えば、ある海が美しい地域で観光振興を目的とした海洋レジャー建設の話があがったとしよう。日本全国、世界中から観光客を呼び込むことで、地域に多くの雇用を生み、地域経済を活性化する可能性がある（8 仕事と経済・9 産業と技術）。しかし、豊かな海の汚染（14 海の豊かさ）や基幹産業である漁業の衰退（9 産業と技術）、廃棄物（12 生産と消費）も危惧される。そんな状況に対して、今後のアプローチ次第で、2つのシナリオが考えられる。

1つは分断シナリオである。海洋レジャー事業者が、漁業関係者が、地元商店・ホテルが、行政が、それぞれが自分の利益や目的の達成を優先する行動をとるシナリオだ。このシナリオでは、互いの利害関係が衝突し、誰かが利益を得たら、誰かが不利益を被る事態が生じる。

海洋レジャー事業者の力が強く、彼らの利益を最大化するような開発が行われたとする。その結果、観光客は地域に増える。しかし、その影響で海洋が汚染され（14

図表 2つのシナリオ

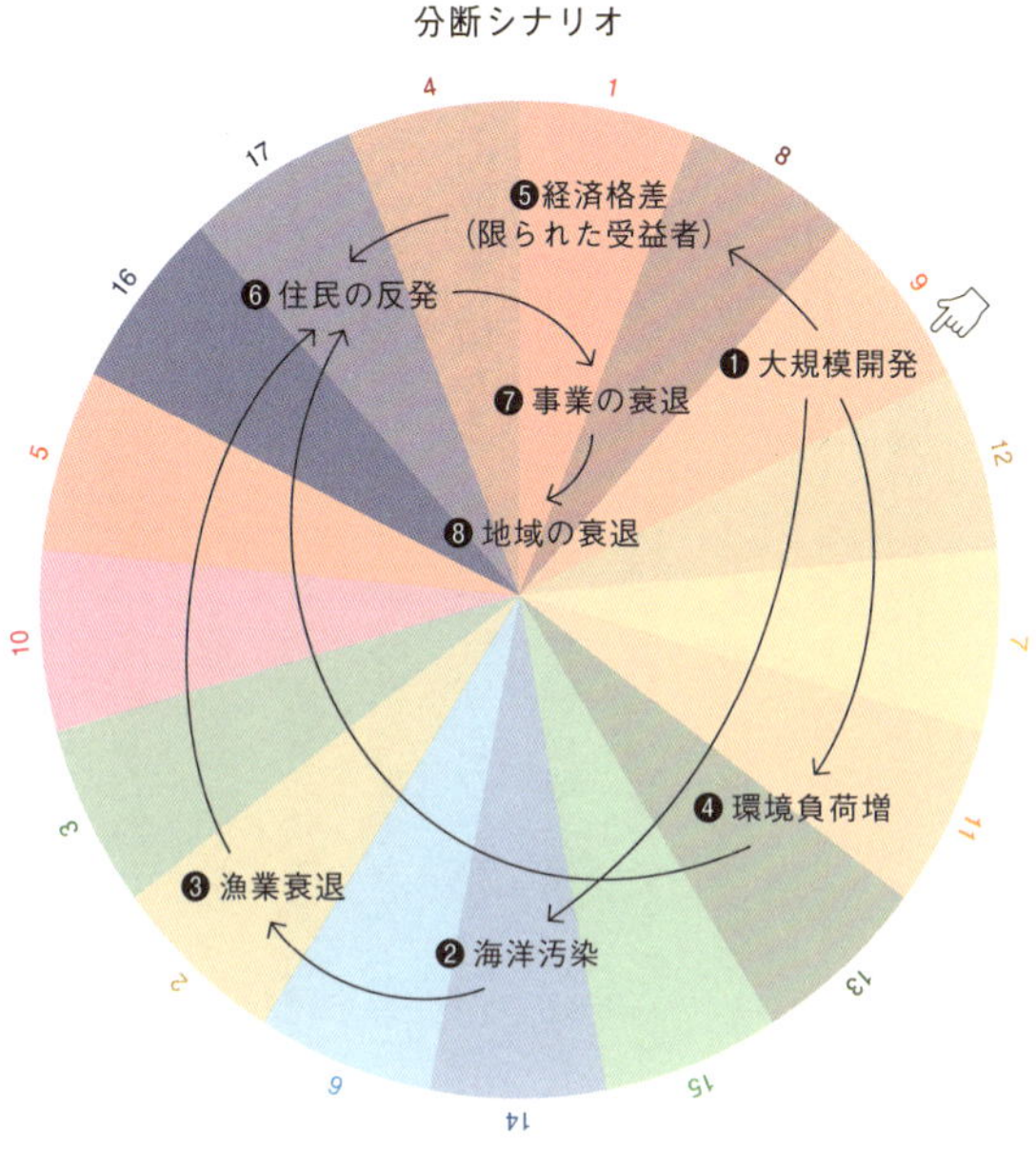
分断シナリオ
❶ 大規模開発
❷ 海洋汚染
❸ 漁業衰退
❹ 環境負荷増
❺経済格差
（限られた受益者）
❻ 住民の反発
❼ 事業の衰退
❽ 地域の衰退

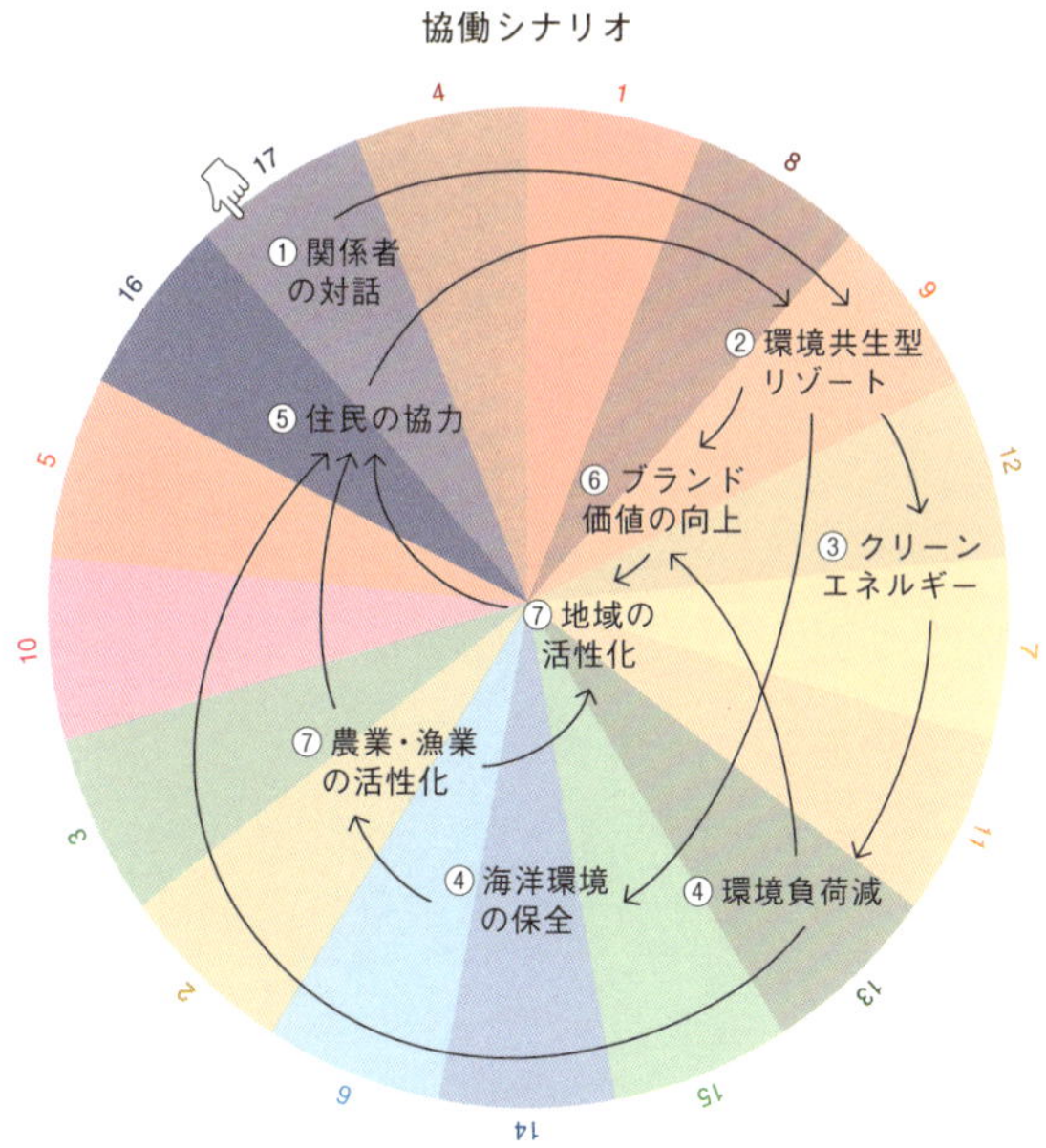
協働シナリオ
① 関係者
の対話
② 環境共生型
リゾート
③ クリーン
エネルギー
④ 海洋環境
の保全
④ 環境負荷減
⑤ 住民の協力
⑥ ブランド
価値の向上
⑦ 農業・漁業
の活性化
⑦ 地域の
活性化

海の豊かさ）、漁業の衰退はますます進む（8 仕事と経済）。ゴミは増え、生活環境は悪化する（12 生産と消費）。レジャー施設内で食事や買い物が完結しレジャー事業者だけが儲かり、観光客の恩恵を地元が得られず、住民からは反発の声が上がる。

レジャー事業者が地元の海を活用した新しいツアーを実施しようとしても、当然協力は得られない。優秀な人材を雇うことも難しくなる。地元産の魚介類も得られず、提供できなくなる。こうした負の影響の積み重ねは、海洋レジャー施設としての魅力を損ない、開業当初は観光客が多数確保できたとしても、次第に競争力を失い、他の地域との競争に破れる。地域には、古びた施設と汚れた海が残り、ますます衰退が進む。そんなシナリオだ。個別の目標達成を優先させた分断の状況は、地域全体に、そして当初は勝者であった側にすら負の影響をもたらすのだ。

もう1つが協働シナリオである。関係者が対話し、地域全体が目指す姿、各自の生活や事業の目的を共有し、ともに達成することを目指して協働するシナリオだ。

大人数収容の環境負荷の高いリゾートではなく、ごみゼロ、クリーンエネルギーで海の生態系に影響を与えない小規模リゾートを開発し（7 エネルギー・12 生産と消費）、地元産の海の幸や農作物（14 海の豊かさ・2 食料）を活用した料理を振る舞う。地元住民と協働した観光コンテンツを開発・運営する。環境共生型レジャーとして評価が高まり、地域に新たな雇用も生まれる（8 仕事と経済）。結果的に、地域全体が活性化し、関係者みんなが利益を得る。そんな理想的なシナリオだ。

このように、17のゴールは互いに密接につながっている。地域を構成する各プレーヤーが地域全体のゴール、他者のゴールを意識しながら、自分のゴール達成を目指すことが求められる。

ただし、これは地域全体のゴール達成のために個を犠牲にすることではないことを強調したい。自分の目標が地域全体の目標とつながっていることを意識し、ともに達成することを目指すのが、自分の目標達成にも結果的には近道なのだ。そのための思考の枠組み、地域全体の共通言語となるのがＳＤＧｓなのだ。

アプローチ3　バックキャスティング：未来から考える

協働シナリオは理想だが、なかなか実現しない。そう思う方もいるのではないだろうか。確かにその通りである。関係者間の分断は深刻で溝を越え協働するのは難しい。そんな分断を越えるためのＳＤＧｓのアプローチがバックキャスティングである。

バックキャスティングとは、未来の理想的な姿、ゴール像を描き、その実現に向けて、やるべき活動を大胆に考える未来思考のアプローチである。その逆がフォアキャスティングである。現状認識からスタートし、課題を抽出し、現状を改善した結果として実現可能なゴール像や未来の姿を描く、未来予測のアプローチである。

先ほどの家計の例で説明する。フォアキャスティングの場合、現在の支出と収入の見直しから始める。小遣いを1万円減らす。外食の回数を減らす。残業を増やす。これらの積み上げで収入と支出のギャップ、20万円を埋めるのは難しい。

バックキャスティングの場合は、まず生活の未来像を描く。その実現のために長期的に生活を変える。「海の近くで家族みんなでサーフィンを楽しむ生活」を実現させるという長期の視点を持つと、働き方や住まいの場所は、家や車はどうするかなど、自分の生活の優先順位や今やるべきことがはっきりするため、生活を大きく見直し、困難な目標を達成できる可能性が広がる。

地域でのまちづくりや新規事業のプロジェクトは現状から始めるフォアキャスティングのアプローチで実施されがちだ。そうすると、どうしても今の自分たちの状況から離れられない。「少しでも収穫を増やしたい」「大型施設にして、早期に投資を回収したい」など、今の自分の状況を少しでも良い方向へと動かすことに思考回路が向いてしまう。

今の自分の状況を一旦横に置いておいて、10年後の地域の理想的な姿を描いてみよ

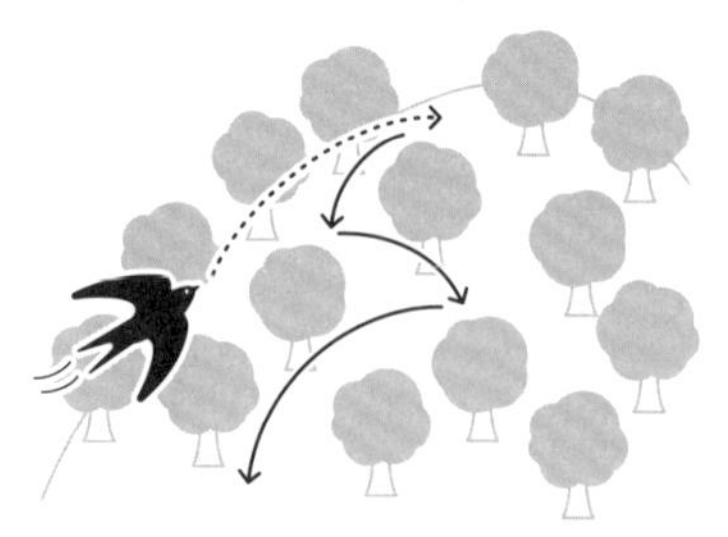

うというのが、バックキャスティングのアプローチである。この地域がどうなっているとみんなが幸せだろうかと考えてみる。すると、「ごみゼロ、化石エネルギーゼロの環境共生型リゾート」「地元漁師、地元農家が供給する地産地消レストラン」「地元住民ガイドによる海洋生活体験」など、みんなにとって望ましい姿が意外と描ける。ＳＤＧｓのゴールである２０３０年の地域の未来の絵を描いた上で、その実現のために各自で、みんなでできること、やるべきことを企画し、実行する。そんなバックキャスティングが地域内の分断を超える一つの方法なのだ。

ＳＤＧｓとは

以上を踏まえて、本書ではＳＤＧｓを次の通り定義する。

ＳＤＧｓ（持続可能な開発目標）とは、
住民、事業者、行政職員など、地域内外の様々なステークホルダーが
自分の立場・領域を超えて、ともに幸せな地域の未来の姿を描き、
その実現に向けて、みんなで協働して取り組むチャレンジ

地方創生とＳＤＧｓ

２０１５年の国連での採択を受けて、日本国内では、２０１６年5月に政府内に持続可能な開発目標推進本部が設置され、同年12月に、国としての指針「持続可能な開発目標実施指針」が決定し、８つの優先課題*が設定された。

その中でＳＤＧｓ推進における自治体の役割の重要性が指摘され、２０１７年12月に閣議決定された「まち・ひと・しごと創生（地方創生）総合戦略２０１７改訂版」では、地方創生実現のためにＳＤＧｓを推進していくことが明確に述べられている。

地方創生とは

「国民一人一人が夢や希望を持ち、潤いのある豊かな生活を安心して営むことができる地域社会の形成」。２０１４年11月にまち・ひと・しごと創生法に明記された地方創生の目的を表す一文である。地方創生とは、第二次安倍政権で掲げられた、東京一極集中を是正し、地方の人口減少に歯止めをかけ、日本全体の活力を上げることを目的とした政策だ。自治体別の高度なデータ分析が可能なデータベースの提供などの

＊８つの優先課題

① あらゆる人々の活躍に推進
② 健康・長寿の達成
③ 成長市場の創出。地域活性化、科学技術イノベーション
④ 持続可能な強靭な国土と質の高いインフラ整備
⑤ 省・再生可能エネルギー、気候変動対策、循環型社会
⑥ 生物多様性、森林、海洋島の環境保全
⑦ 平和と安全・安心社会の意向
⑧ ＳＤＧｓ実施推進の体制と手段

「情報支援」の矢、地方創生カレッジ事業、地域活性化伝道師、地方創生人材支援制度などの人材育成・派遣による「人材支援」の矢、地方創生関係交付金、企業版ふるさと納税などの「財政支援」の矢の「3つの矢」を政策の柱としている。地域活性化、人口減少対策に必要な、情報・人・金を地域に支援するための取り組みである。

地域に存在する様々な分断

2014年から始まった地方創生の活動だが、移住者の増加で人口減少に歯止めをかけるなど、大きな成果をあげている自治体も見られる一方、多くの自治体は状況を改善できずに苦しんでいる。活動がなかなか成果をあげられない理由の一つが、地域内に多くの分断が存在することだ。

本来、地域づくりとは住民も行政も関係なく、その地で暮らす人々が自力で、みんなでやることだ。しかし、住民側からは「それは行政の仕事だ！高い税金を払ってるんだから、やるのが当たり前だ」、そんな声が聞こえてくる。行政側も「それは、民間の仕事ですから」と自分たちの役割を限定させてしまい、消極的な姿勢が見られる(官民の分断)。

行政にも、民間企業にも縦割りという組織内の分断が存在しており、複数の分野にまたがる課題がたらい回しになり、責任者不在で置き去りになる。たとえば、子どもと高齢者は以前は生活の場を共有していたが、保育施設と高齢者施設といった縦割りの福祉制度により、交流の機会が失われた(縦割り組織の分断)。

単年度主義の弊害から早期に成果が出る事業が優先され、半年先ぐらいの目先の事業にしか取り組めない(現在と未来の分断)。

自治体間で数少ない若者を奪い合う移住促進、ふるさと納税への返礼品競争など、限られたパイの人やお金を奪い合う(地域間の分断)。

高齢化が進む地方圏ではまちづくりを担う人材は60~70代以上が中心で、下の世代が関われない、逆に関わってもらえない(世代の分断)。

まだまだ女性への偏見が大きい地域も多数あり、女性の進路や仕事が限られたり、指導的地位に就くことが難しい(ジェンダーの分断)。

こんな多数の分断を超えて「潤いのある豊かな生活を安心して営むことができる地域社会」を目指すために、SDGsアプローチが役立つ。住民、事業者、農家、行政、NPO、自治会、商工会、農協、学校などの個別の立場や組織を超えて、産業・環境・教育・医療・福祉・防災・まちづくりなどの領域を超えて、持続可能な地域の未来を実現するための活動、それがSDGsに基づく地方創生の活動なのだ。

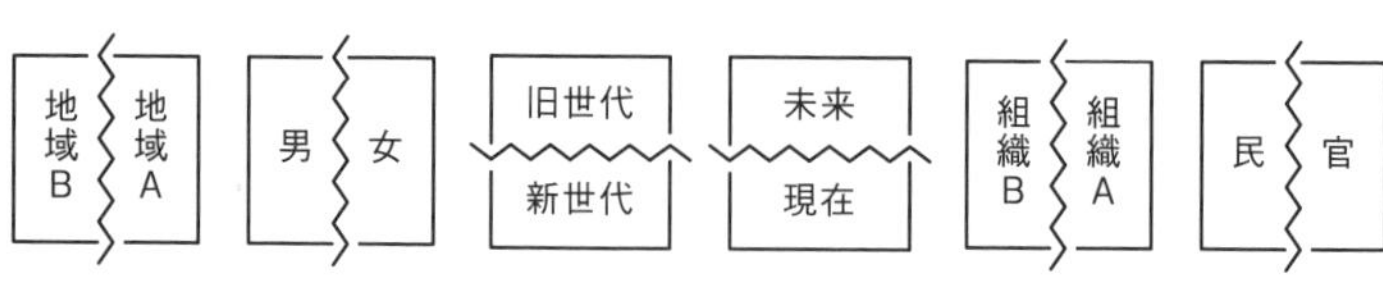

地方創生のための5つのSDGs活用法

地方創生のために、SDGsを強力な武器として活用できることが5つある。

1　未来地図：未来への旅路をナビゲートする

地方創生とは10年、20年先の地域の未来を考える活動である。だが、現実的には目の前に山積みの課題への対応に追われて、長期的な活動に取り組むのは難しい。行政の単年度主義や担当者の異動、首長の任期が短いことも短期主義に拍車をかける。視点を未来へと飛ばすために、人が変わっても、年度が変わっても、長期的に活動を進めるために必要なもの、それが未来の目標＝未来地図である。長い道のりの中では、道に迷ってしまうこともあるだろう。旅のメンバーやリーダーが変わることもあるだろう。その時に欠かせないもの、それが地図である。

未来の地図をゼロから作るのは大変困難な作業だ。しかし、SDGsという世界共通の「未来地図」が存在する。この大義名分のある確かな世界地図をベースにすれば、その地域版を作るのはぐっと難易度が下がる。未来ビジョンづくり（5章）のツールとしてSDGsは大変役立つのだ。

2　共通言語：組織・セクターを超えて対話する

繰り返しになるが、ＳＤＧｓの17の目標は互いに関連し合っていて、統合的・包括的に取り組むことで、地球全体、地域全体が持続可能な未来へ前進することができる。

地域づくりの活動には、事業者、個人、行政、団体、自治会などの様々なステークホルダーが関わる。子どもから高齢者まで、新規の移住者から先祖代々の住民までが関わる。誰もが自分の立場からの発言や行動になりがちで、関連する他の分野や他の人の立場のことを思いやるのは大変難しいことだ。

立場や活動領域を超えて、縦割りを捨てて、地域づくりに挑む際の、地域全体の共通言語となるのがＳＤＧｓである。国全体でも、地方自治体でも、民間の営利組織でも、ＮＰＯでも、学校でも。全てのプレーヤーに通用する共通目標であり、問題意識であり、思考の枠組みである。この17の目標という共通言語を用いて、組織やセクターを超えて対話をすることで、地域全体が同じ方向に歩むことが可能となる。

ＳＤＧｓを、子どもから高齢者までが理解し、使いこなせるように、本書では17領域を誰もがわかりやすい言葉で説明することを試みる（2章）。住民同士が対話・協働するためにも（4章）、ともに地域の未来を描くためにも（5章）、一緒にチャレンジするためにも（6章）、地域づくりの共通言語としてＳＤＧｓが大きな役割を果たす。

3　地域づくりの入り口：みんながどこかに関心を持てる169ターゲット

SDGsには169の詳細なターゲットがある。これは、持続可能な地域づくりへの入り口が169あることを意味する。169もあれば、自分と関係する、興味を持てるものが誰にでもあるはずだ。まちづくりや地方創生という言葉では「大変そうだ」「自分には無理そうだ」「興味がない」と思ってしまいそうな人の参加のハードルを下げ、自分ごと化して、誰もが参加しやすいものにするためのもの、それがSDGsである。「持続可能な地域」の未来（5章）、そのためのチャレンジ（6章）や自分の学習テーマ（7章）を住民一人ひとりが考える入り口として、SDGsは機能する。

4　ものさし：世界レベルで地域の現状やSDGs進捗を測る

2030年までの長い道のりの中で、目標達成に向けた進捗状況を確認するためには、基準、ものさしが必要だ。

ベルテルスマン財団*とSDSN*が発表している世界193カ国の国別のSDGs達成状況を示したSDGsインデックス&ダッシュボード（2018年版）によると、日本の総合スコアは15位（78・5点）と比較的高い評価のようだ。ゴール別に見ると「4 教育」が高い達成度を示す緑の評価だが、「5 ジェンダー」「12 生産と消費」「13

＊ベルテルスマン財団
ドイツを本拠に世界規模で出版、放送などのメディア事業を展開するベルテルスマン・グループを母体とした公益事業を行うドイツ最大、世界有数規模の財団。

＊SDSN
Sustainable Development Solutions Network（持続可能な開発ソリューション・ネットワーク）。持続可能な開発へ向けて、学術機関や企業、市民団体をはじめとするステークホルダーの連携により、持続可能な社会実現の方法解明・共有を目的としているグローバルなネットワーク。潘基文前国連事務総長が発起人。

気候変動」「14 海の豊かさ」「17 パートナーシップ」で低い達成度の赤の評価を受けている。世界との比較で見てみると、日本の現在地、強みと課題がよくわかる。

世界共通の17ゴール、169のターゲットという世界レベルのものさしで、地域を眺めてみると、自分たちの地域の独自性、強みや弱みが見えてくる。そして、強みを生かし、弱みを克服するために未来を描き(5章)、新たなチャレンジ(6章)につなげることができる。

5　チェックリスト：誰一人取り残さないための検討リスト

地域づくりの活動はどうしても影響力のある首長、自治会・商工会などの既存組織のリーダー、元気がある若者移住者など、目立つ存在を中心に進んでいく。

SDGsの大切なテーマである「誰一人取り残さない」を実現するためにも、17の領域をカバーしていること、扱っていない課題や取り残してしまっている当事者がいないことを確認する必要がある。SDGsは、誰一人取り残さない地域コミュニティ(4章)、未来ビジョン(5章)、一人ひとりのチャレンジ(6章)、次世代教育(7章)、その実現のためのチェックリストとしての機能を果たす。

世界は全てつながっている

「風が吹けば桶屋が儲かる」。風が吹くと、土ぼこりが原因で目の不自由な人が増え、目の不自由な人の仕事用の三味線に使う猫の皮の需要が増える。猫が捕獲され数が減り、ネズミが増える。ネズミに桶がかじられ、桶屋が儲かるという話である。

この話は突っ込みどころがたくさんあるが、気候変動とテロのように、一見無関係な出来事同士でも実は根底ではつながっているのだ。

あなたの行動は周囲の人の行動に間違いなく影響を与えている。その積み重ねが様々な影響をもたらし、我々が暮らす地域の、そして地球の未来をつくっている。

もちろん、ひとりが普段の小さな行動を変えても、大きな未来を変えることはできない。しかし、大きな未来を変えることを目指し、みんなが対話し、協働し、それぞれが自分の行動を少しずつ変えられれば、未来は大きく変わるはずだ。

地球規模での実現は難しくても、自分が暮らす地域であれば、すぐに始められることがあるはずだ。持続可能な地域をつくるＳＤＧｓの活動は、地域での皆さんの活動から始まる。皆さんの行動と地域の未来、地球の未来はつながっているのだ。

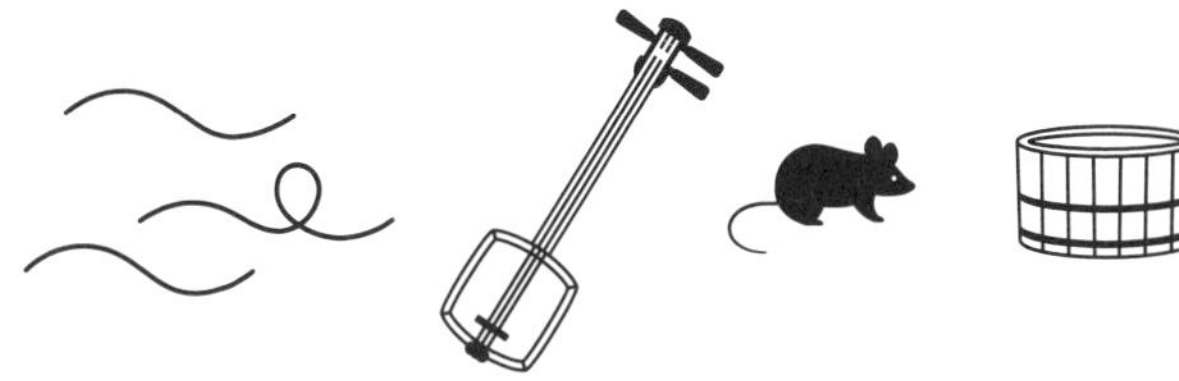

インタビュー1

中山間地域が地球の未来のカギをにぎる

国谷 裕子

1979年、米国ブラウン大学卒業。NHK総合「7時のニュース」英語放送の翻訳・アナウンス、NHK BS「ワールドニュース」「世界を読む」などのキャスターを経て、2016年までNHK「クローズアップ現代」のキャスターを務める。現在、慶應義塾大学大学院政策・メディア研究科特任教授。2017年1月に『キャスターという仕事』（岩波新書）を上梓。

Q1 SDGsとの出会い、最初の印象を教えてください。

キャスターを務めていたテレビ番組「クローズアップ現代」での取材がきっかけでした。2015年9月の国連創設70周年総会に向けた取材の中で、SDGsというものが採択されるということを知り、その中味を勉強し始めたのが最初の出会いです。

「非常に複雑だなぁ」というのが、最初の印象でした。ゴールもターゲットもたくさんあり、なかなか飲み込めないというのが、正直な気持ちでした。

その複雑な内容を、26分間の番組で伝えるのが、困難だと思いました。クローズアップ現代の通常の構成では、冒頭に1分半程度その日のテーマについての紹介プレゼンをして、取材映像に移るのが理想的なのですが、その回は紹介プレゼンが3分近くになってしまいました。背景の説明や言葉選びに、苦労した記憶がありますね。

Q2 「複雑でわかりにくい」SDGsの理解が進んだ、腑に落ちたきっかけは何だったのでしょうか？

取材を進める中で、アミーナ・モハメッドさん（当時：国連事務総長特別顧問）という、SDGsの取りまとめ役のナイジェリア人女性に出会いました。彼女へのインタビューを通して、SDGsの本質をクリアに理解することができました。

彼女の地元には、チャド湖*という湖があります。幼い頃は「この湖の先には、どんな世界が広がっているんだろう」と思いを馳せていたほど、大きかったものが、温暖化（13 気候変動）の影響で水位が下がり、彼女の言葉を借りれば、「水たまり」のように小さくなってしまった。湖の恩恵を受け農業や漁業に従事していた住民は、水不足に悩まされ（6 水とトイレ）、仕事を失い（8 仕事と経済）、その土地を離れ、大都市へと移り住みました。都市部には貧困層が増え（1 貧困）、街がスラム化しました（11 まちづくり）。そして、苦しい生活の中で、イスラム過激派組織の勧誘を受け、テロ活動へと加わる若

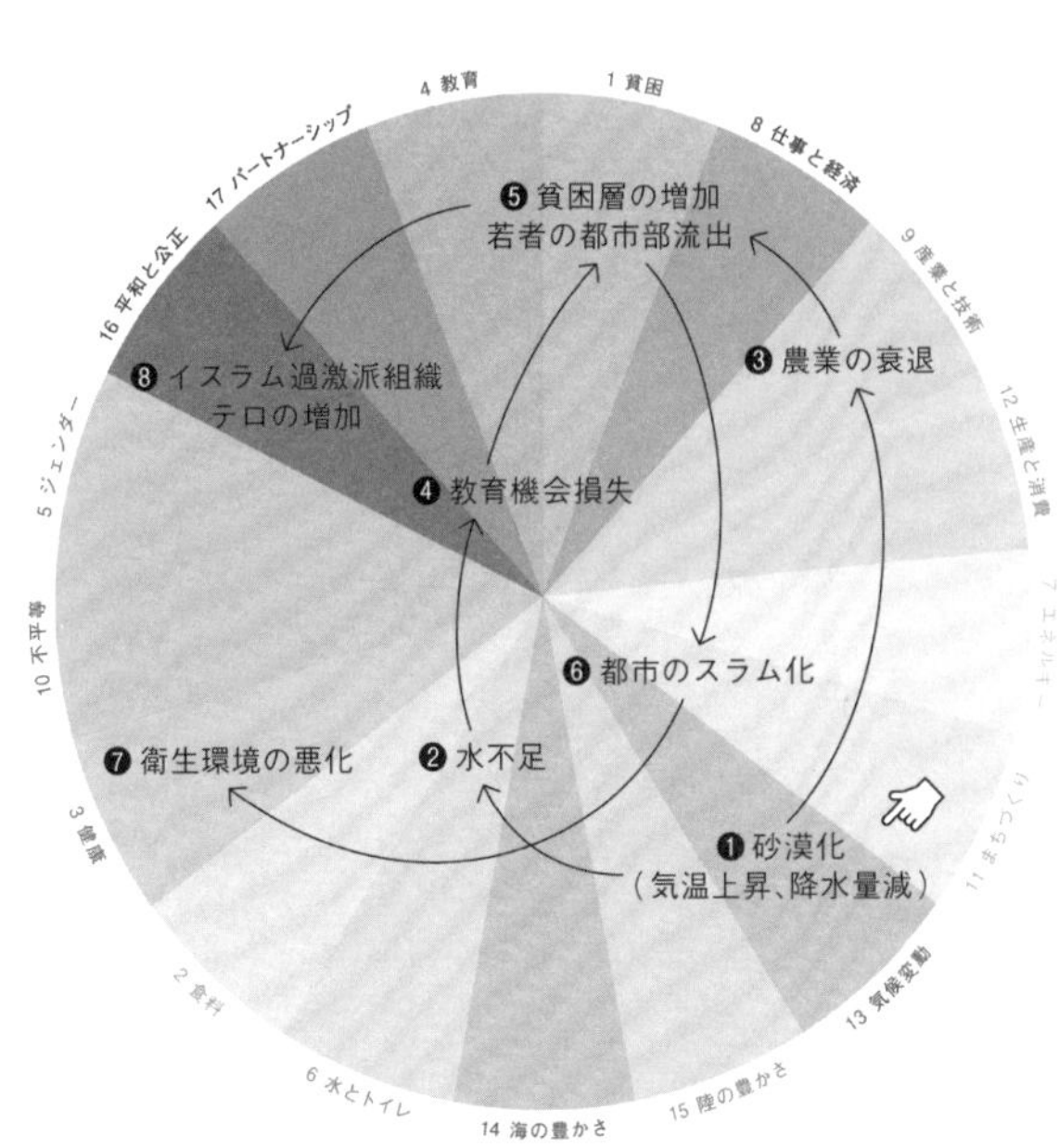

者が増えていったというのです（16平和と公正）。

地球温暖化とイスラム過激派組織によるテロ。どちらも日本人誰もが知っている出来事です。しかし、誰もその2つがつながっていることは知らない。モハメッドさんはこの2つの問題のつながりを、ものの見事に語ってくださいました。彼女の話を聞いて、地球上の様々な社会課題が底流でつながっていて、互いの影響や相互作業を考えながら解決していかなければならないというSDGsの本質をはっきりと理解しました。

私はクローズアップ現代という番組を通じて、日本の様々な社会課題と解決の取り組みを報道してきました。放送時には、最適だと思える解決策を伝えることを心がけていたのですが、ある課題に対する解が、見えないところで別の課題を引き起こしている、悪化させていることに後々気づくことが何度かありました。この社会課題同士がつながっているというSDGsの視点が自分に足りなかったのだと実感しましたね。

Q3　1つの社会課題の解決が他の課題を引き起こしていると実感したケースはどんなものがあるでしょうか？

1つはバブル経済崩壊後の雇用の規制緩和です。

クローズアップ現代がスタートした１９９３年頃は、ちょうどバブル崩壊の痛みが顕著になりはじめた頃でした。日本企業の輸出競争力がなくなり、不良債権の処理に苦しみ、企業が次々と倒産していきました。日本企業が生き残りをかけて、設備、資産、そして人材削減に取り組む、リストラの嵐がまき起こりました。人件費削減のために、雇用の規制緩和が進められ、非正規雇用できる職種の範囲がどんどん広がりました。

私たちは、番組を通して企業の倒産を「市場が判断する、市場が企業に退場を命じた」と表現し、倒産を避けるための人件費削減、リストラ、派遣法改正*と非正規雇用の増加は日本経済の状況を考えると致し方ないという論調で放送することもありました。

しかし、リーマン・ショックが起きた２００８年末。職も住まいもない多くの人が、屋根もない年越し派遣村*の炊き出しに頼らざるを得ない状況を目の当たりにして、自分たちは何を伝えたんだろうかと感じました。リストラは避けられなかったかもしれません。しかし一方で「セーフティネットが存在するのか？」という視点が、完全に欠落していたと猛省しました。

もう一つが、自治体財政の効率化です。

自治体財政の悪化に伴い、税金の無駄遣いをなくそうという大合唱が全国で起きました。そこで自治体はサービスのアウトソーシングを推進しました。民間委託*自体は、もちろん悪いことではありません。より多様なサービスが提供できる、クリエイティブなサービスが生まれる可能性があります。

民間委託に伴い競争入札になったものの一つに保育サービスがあります。入札参加業者の中から3年ごとに自治体が選定します。入札に伴う価格競争の結果、そこで働いていた保育士さんの給料がどんどんと下がる事態が起きていたのです。私たちが取材したベテラン保育士さんは、月収14万円まで下がり、「私は貯金を切り崩しながら働いています。これでは、保育の仕事は続けられません」と語ってくれました。ただでさえ、保育職の低賃金の問題が叫ばれていた中で、自治体財政悪化の解決のための民間委託という解決策が、この問題をさらに悪化させてしまったのです。

また、3年ごとに受注業者が変わる可能性があるということは、保育士も3年で変わるということです。親御さんからしてみれば、子どものことをよく知っている保育士さんが、ある日突然いなくなってしまうことになります。

自治体の短期的な支出は減ったかもしれませんが、保育士の所得が下がり、保育の質も低下してしまう。保育士は「この街では働けない」、子育て中の家族は「この街では、子育てできない」という気持ちになり、地域を離れていく。この連鎖が人口減少に拍車をかけた可能性があります。

自治体財政とサービスの効率化という趣旨で放送したのですが、捉え方が複眼的ではなかったなと。当時の自分がSDGsのような考え方を知っていたら、違う伝え方ができたのではないかという気持ちがあります。

Q4　ＳＤＧｓの達成のために、日本の地域、特に人口減少が加速する中山間・離島地域はどんな役割を果たせるでしょうか？

２０１８年の夏の異常気象を見ても、気候変動が人類の生存を脅かす危険な水準まできていることは明らかです。今まで地球は空気中の二酸化炭素を吸収して回復するシステムに守られていましたが、この数十年ほどの間で人類が豊かになる中で、そのシステムの限界を超えてしまいました。その対策のために、化石燃料によるエネルギーを再生可能エネルギーに転換することも、もちろん重要ですが、それだけではまったく追いつかないところまで来てしまっています。

そこで、植物や土壌や海が大気中から炭素を吸収してくれる地球の偉大なシステムを積極的に活用することが求められています。日本は世界有数の森林大国です。その森林の大半は中山間と呼ばれる人口減少が加速する地域にあります。

森林は長年手を付けられない厄介者のような存在になっていましたが、人類にとって、地球にとって大事な資源と捉える必要があります。２０１８年4月に発表された第五次環境基本計画[*]にも「地域循環共生圏」[*]の考え方にも記されていますが、地域の森林を人間がきちんと手入れし、管理し、使い尽くすことで、地域の森林が持つ炭素を閉じ込める力を最大化していく必要があります。

地球規模の開発時代の今、大都市圏への注目が集まりがちですが、こうした時代だからこそ地域の役割がすごく高まってきています。

Q5　逆に人口減少が加速する中山間・離島地域の地方創生のために、ＳＤＧｓはどう役立つでしょうか？

これまでのやり方に固執したり、固定的な立場の中に閉じこもりがちで、新しい議論ができない。そんな「タコ壺化」からの脱出を試みる際に、ＳＤＧｓは役立つと思います。ＳＤＧｓという共通の地図を見ながら、みんなで議論することで、旧来的な文脈から離れ、話し合いの幅を広げることができます。また、17目標、１６９ターゲットとたくさんのテーマがあるので、色々な人が議論に加わりやすく、外の人も迎え入れやすくなります。色々な立場の人がそれぞれの意見を出しやすくなる効果があると思いますね。

私はＳＤＧｓは未来に向けた「希望の指標」だと思っています。ＳＤＧｓの時間軸は、２０３０年です。10年以上先ということは、子どもたちのための世界を考えることになります。島根県海士町を訪れてワークショップに参加した際に実感しましたが、子どものためなら、大人同士のしがらみからも脱しやすいんですよね。頭の中を未来に飛ばし議論することで、目の前の問題から一旦離れることができます。ＳＤＧｓの目標、ターゲットを見ながら、２０３０年に向けて自分たちはどんな地域をつくっていきたいのかを前向きに考え、みんなで対話する。そのためのツールとして使ってもらいたいと思います。

＊　**チャド湖**
アフリカ大陸中央部に位置する湖。１９６０年代には２万６０００㎢以上あったが、２０１８年現在は１３５０㎢まで小さくなった。

＊　**派遣法**
専門的な知識が必要な13業務のみに限定して派遣を認めるという趣旨で１９８５年に制定。１９９９年の改正で適用対象業務が原則自由に。

＊　**年越し派遣村**
２００８年12月31日〜２００９年１月５日、日比谷公園（東京都千代田区）に。仕事を失って住居や食べ物に困っている人たちに、年末年始の食事と寝泊まりできる場所が提供された。利用者数は約５００人にのぼった。

＊　**自治体サービスの民間委託**
「聖域なき構造改革」を掲げた小泉政権の経済政策によって推し進められた。予算は削減しつつサービスを維持しようとした結果、保育士や建設作業員など現場人員の人件費削減に繋がったと言われている。

＊　**環境基本計画**
環境基本法に基づき、国がおこなう環境保全に関する施策の大綱を定めたもの。第五次環境基本計画ではＳＤＧｓの考え方も活用しながら、分野横断的な６つの重点戦略が設定された。

＊　**地域循環共生圏**
第五次環境基本計画の中で提唱された、地域の活力を最大限に発揮するための新たな考え方。各地域が自立・分散型の社会を形成しつつ、地域の特性に応じて資源を補完し、支え合う取り組みを推進していくこととしている。

第２章

日本と地域の持続可能性実態

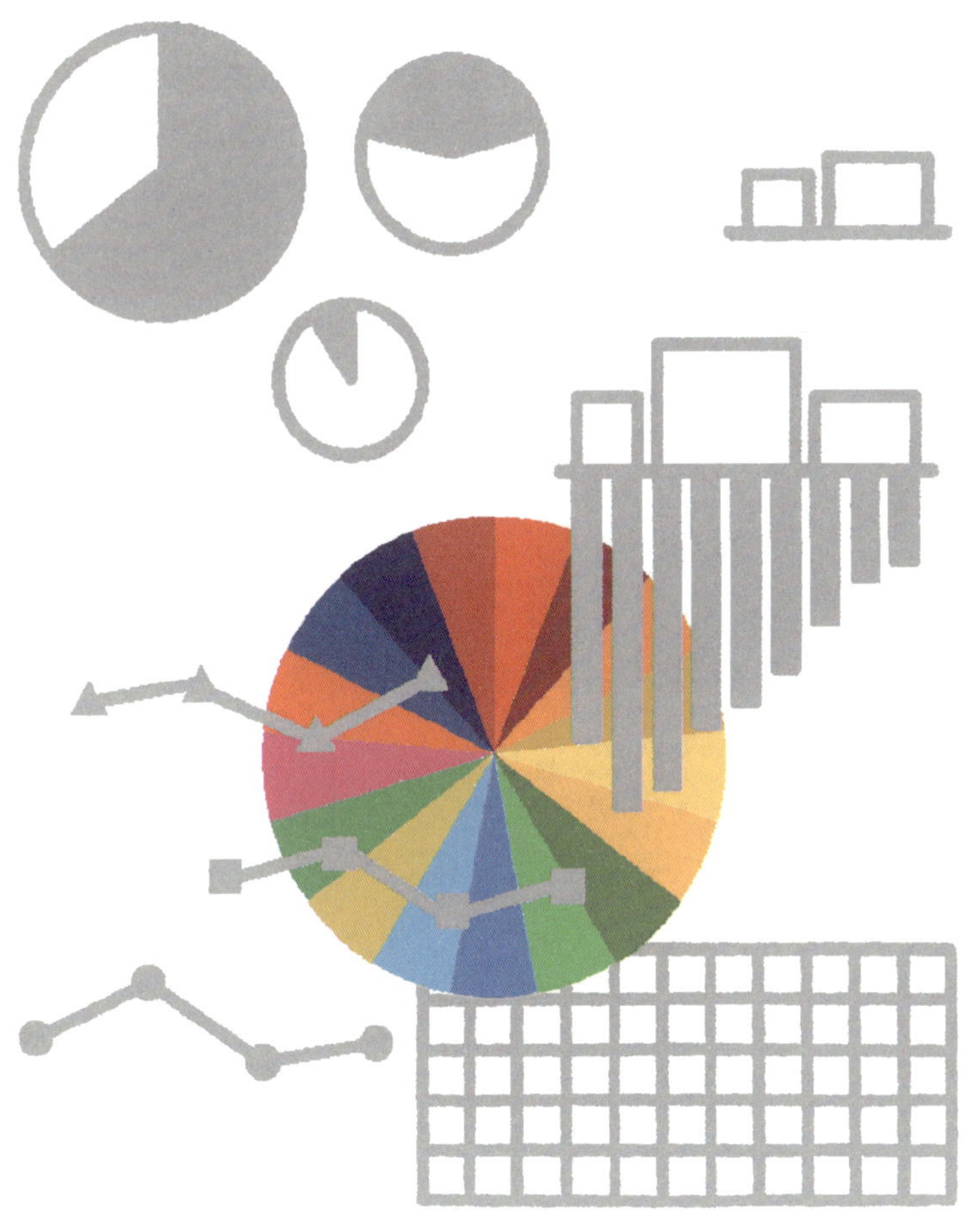

地域課題を包括的に理解する

人口減少、超高齢化、地場産業の衰退、不登校生徒の増加、相次ぐ異常気象……地域は様々な課題を抱えている。これらの課題のほとんどは根底でつながり、互いに強く影響し合っている。

そのため、目の前の一つの課題への対策だけでは、たいてい根本的な解決には至らない。その対策が他の課題に悪影響を与えて、結果的に地域全体に負の効果をもたらすことも往々にしてある。ある課題に対処する、また新たな課題が生まれる、その課題に対処する、また新たな課題が生まれる、このイタチゴッコの繰り返しで地域は疲弊し、徐々に衰退していく。それが持続可能ではない地域の姿である。

真の持続可能な地域を実現するためには、地域に蔓延る多くの分断を乗り越えて、SDGsの「包括性とパートナーシップ」の考え方に基づき、包括的に地域が抱えている課題にアプローチする必要がある。

そのためには、一人ひとりが、自分が直接的に関連している領域に限らず、日本の地域が直面している課題全体を理解する必要がある。

そこで本章では、SDGsの17ゴール別に日本、地域が直面している課題、ローカルイシューを55個、課題の現状と未来の方向性がわかるデータとともに紹介する。*

また、17ゴールの言葉だけを読むと、あくまで地球レベルの課題で、日本の状況、地域の状況からは違和感を感じるもの、疑問に思うものもあるのではないだろうか。しかし、17ゴールそれぞれに10個程度ずつに分かれているターゲットレベルまで読み解いていくと、17全てのゴールが、日本の地域と深く関係していることがわかる。本章を通じて、SDGsを身近な地域の文脈から理解してもらいたい。

本章で紹介する55イシューは、住民同士が対話し互いの理解を深める際にも(4章)、地域の未来ビジョンを描く際にも(5章)、様々なチャレンジプロジェクトを発想する際にも(6章)、持続可能な地域づくりのための教育を実践する際にも(7章)役立つものなので、次項に登場するSDGsイシューマップと合わせて、地域づくりの様々なシーンでご活用いただきたい。

＊17ゴールと55のローカルイシュー
各イシューは、便宜的に17ゴールに分類しているが、1つのゴールだけに紐づくのではなく、複数のゴールと関連している。各イシューごとのページで関連するゴールも記しているので、そちらも合わせて参照いただきたい。

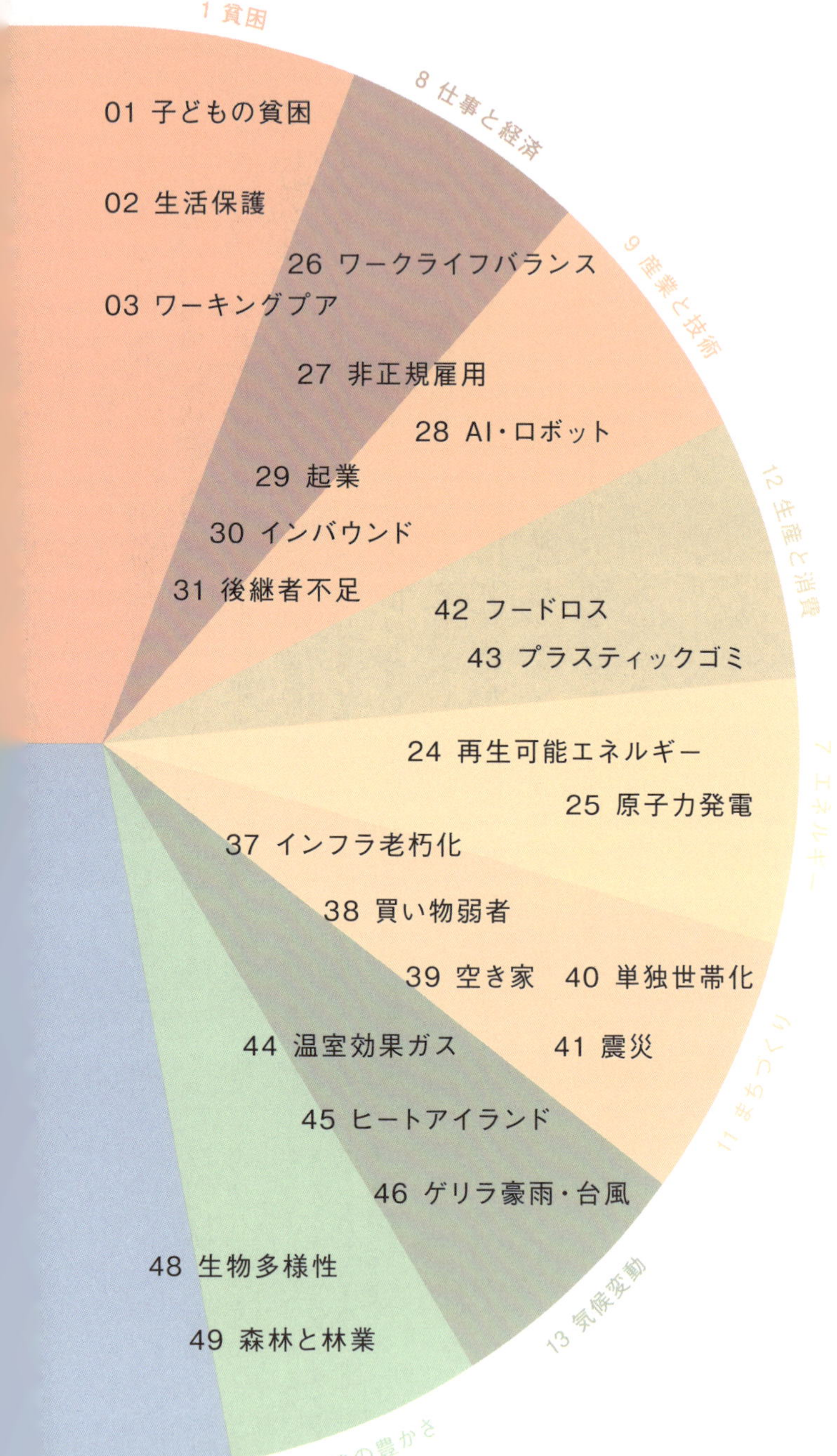

1 貧困

8 仕事と経済

9 産業と技術

12 生産と消費

7 エネルギー

11 まちづくり

13 気候変動

15 陸の豊かさ

豊かさ

01 子どもの貧困

02 生活保護

03 ワーキングプア

26 ワークライフバランス

27 非正規雇用

28 AI・ロボット

29 起業

30 インバウンド

31 後継者不足

42 フードロス

43 プラスティックゴミ

24 再生可能エネルギー

25 原子力発電

37 インフラ老朽化

38 買い物弱者

39 空き家

40 単独世帯化

41 震災

44 温室効果ガス

45 ヒートアイランド

46 ゲリラ豪雨・台風

48 生物多様性

49 森林と林業

analysis
日本と地域の持続可能性実態

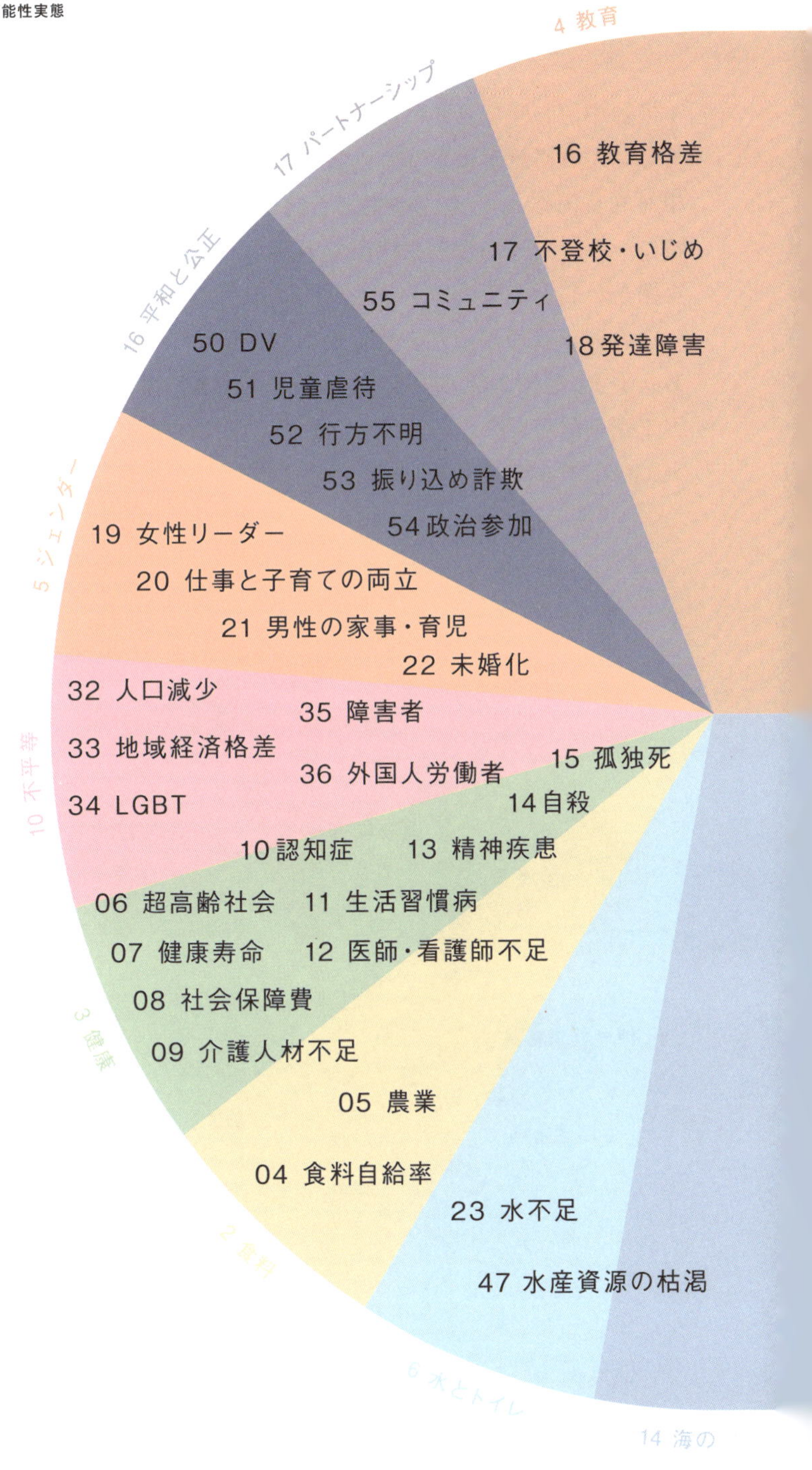

4 教育
17 パートナーシップ
16 平和と公正
5 ジェンダー
10 不平等
3 健康
2 飢餓
6 水とトイレ
14 海の

16 教育格差
17 不登校・いじめ
55 コミュニティ
18 発達障害
50 DV
51 児童虐待
52 行方不明
53 振り込め詐欺
54 政治参加
19 女性リーダー
20 仕事と子育ての両立
21 男性の家事・育児
22 未婚化
32 人口減少
33 地域経済格差
34 LGBT
35 障害者
36 外国人労働者
15 孤独死
14 自殺
10 認知症
13 精神疾患
06 超高齢社会
07 健康寿命
08 社会保障費
09 介護人材不足
11 生活習慣病
12 医師・看護師不足
05 農業
04 食料自給率
23 水不足
47 水産資源の枯渇

貧困をなくそう

1億総中流と呼ばれていた日本でも、富める人と貧しい人の格差が広がりつつあります。子どもの相対的貧困率は先進国の中でも高い水準です。特に一人親家庭が深刻な状況です。働いても十分な稼ぎが得られないワーキングプア、雇用が安定しない非正規雇用の方の数も長期的に増えつつあります。震災や風水害など、近年相次ぐ自然災害で家や財産を失う人も大勢います。日本にも確実に存在する貧困問題に終止符を打ちましょう。

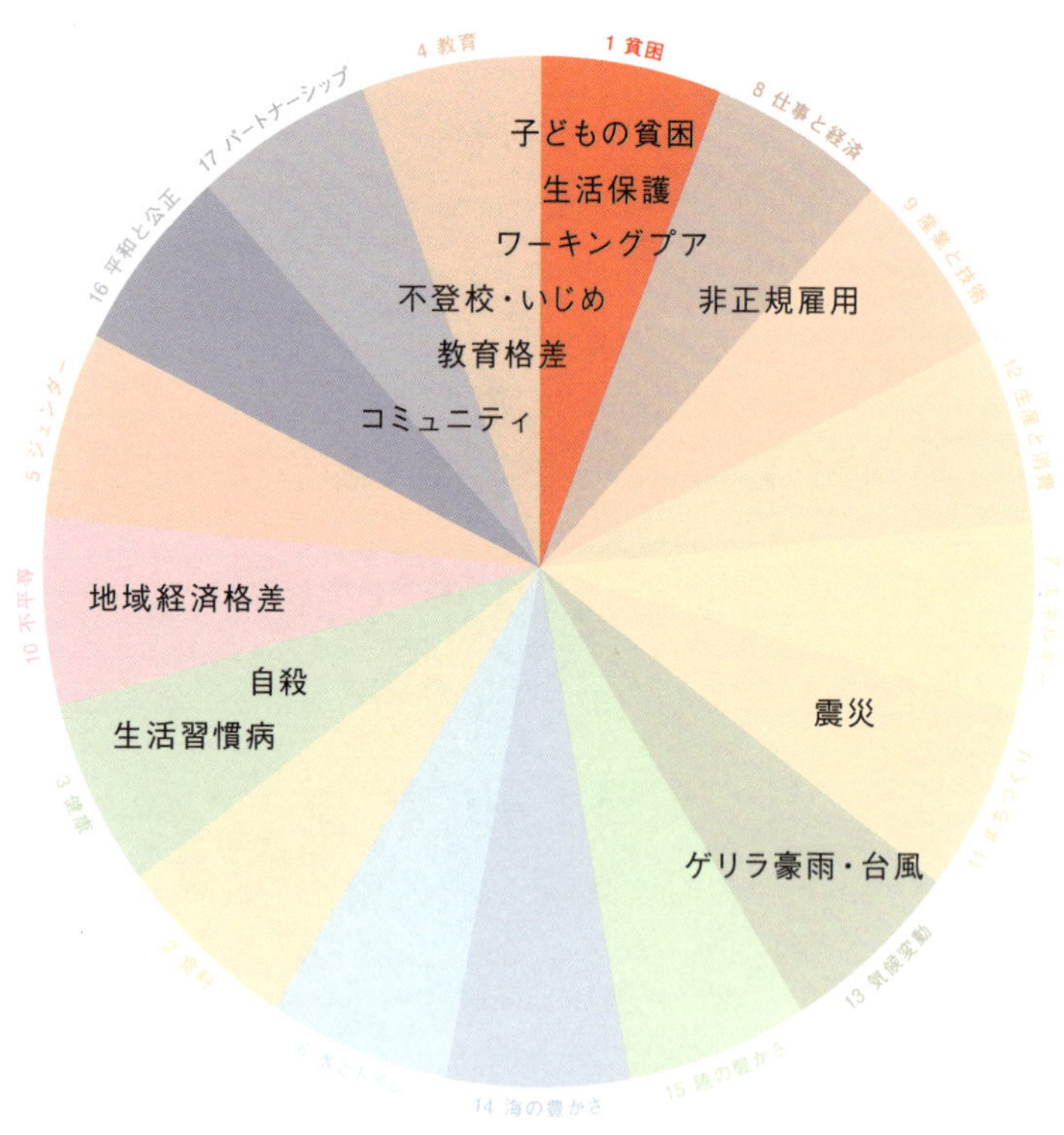

issue 01 子どもの貧困

1 2 3 4 8 10 16 17

相対的貧困率の推移

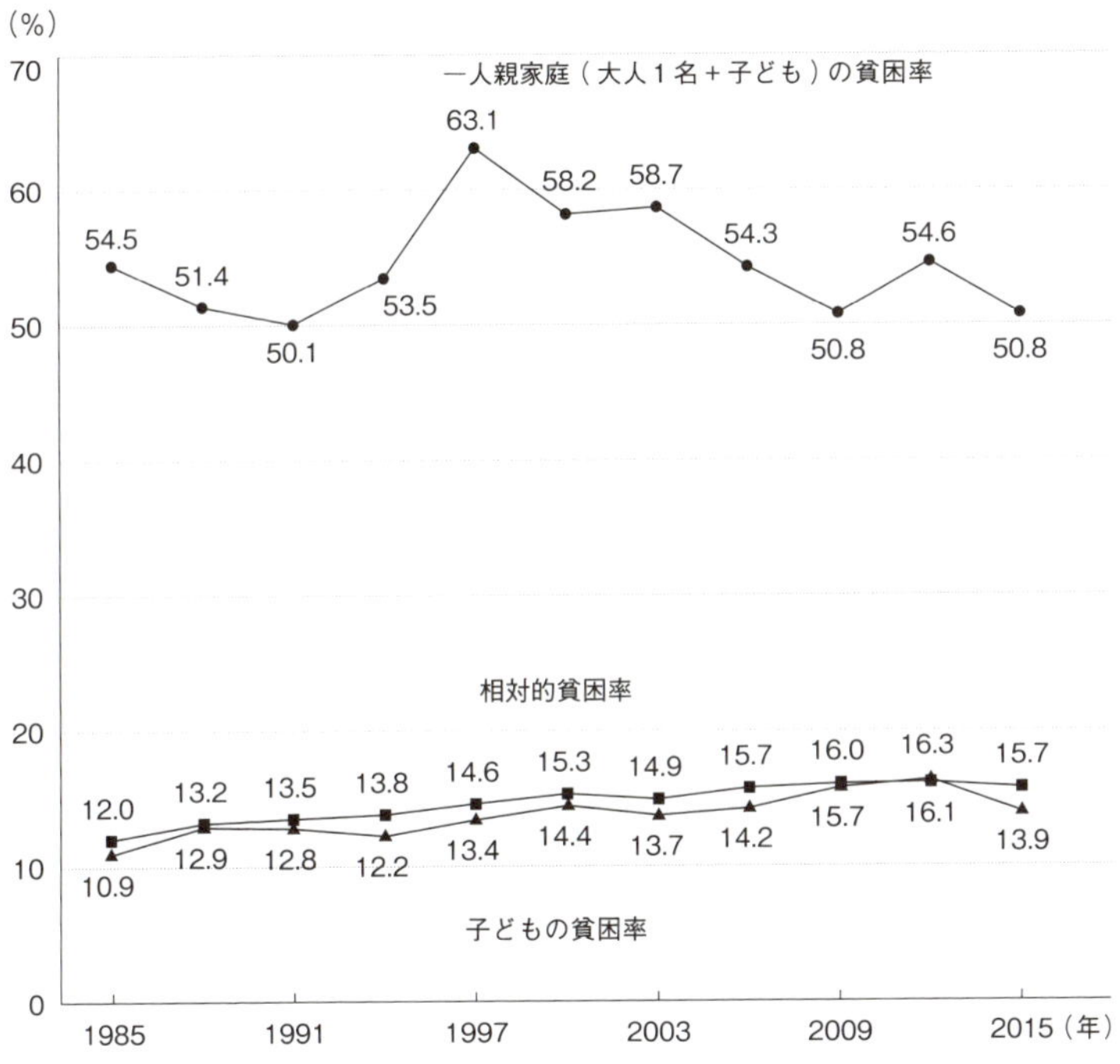

一人親家庭の貧困率50％超え

日本の相対的貧困率は過去30年徐々に上昇しています。一人親家庭（大人１名＋子ども）では２世帯のうち１世帯が、子どもあり世帯では６～７世帯のうち１世帯は相対的貧困状態です。

☑ 相対的貧困率：国の全人口の所得の中央値の半分を下回っている人（普通の人の半分以下の収入で暮らしている人）の割合
☑ 子どもの貧困率：17歳以下の者（子ども）ありの世帯の相対的貧困率

出典：厚生労働省（2016）「平成28年 国民生活基礎調査の概況」

issue 02

生活保護

被保護実人員数・保護率の推移

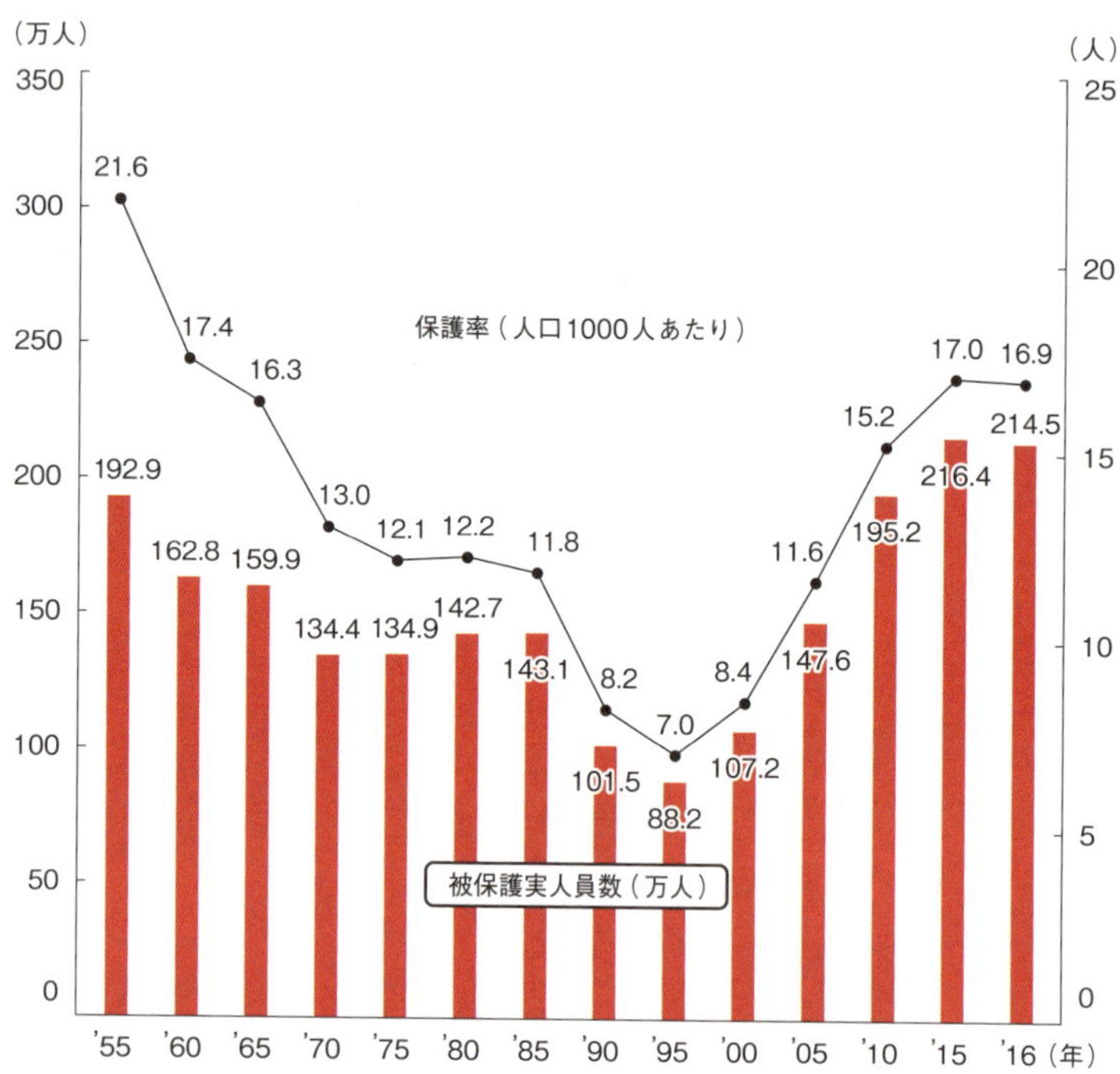

生活保護受給者数約200万人

生活保護受給者数は1990年代半ばまでは日本の好景気の影響も受け、徐々に減少し、一時期100万人を切りました。しかし、その後の景気低迷を受けて、上昇を続け、2016年現在200万人を超えています。

☑ 生活保護:国や自治体が、困窮する国民に対して最低限度の生活を保障する公的扶助制度(保護率は1ヶ月平均の被保護実人員を人口で除して算出)

☑ 被保護実人員数:生活保護を実際に受けている人数の実数

出典:厚生労働省(2016)「平成28年度被保護者調査(月次調査)」

issue 03 ワーキングプア

1 2 3 8 10 17

ワーキングプア率・世帯数の推移

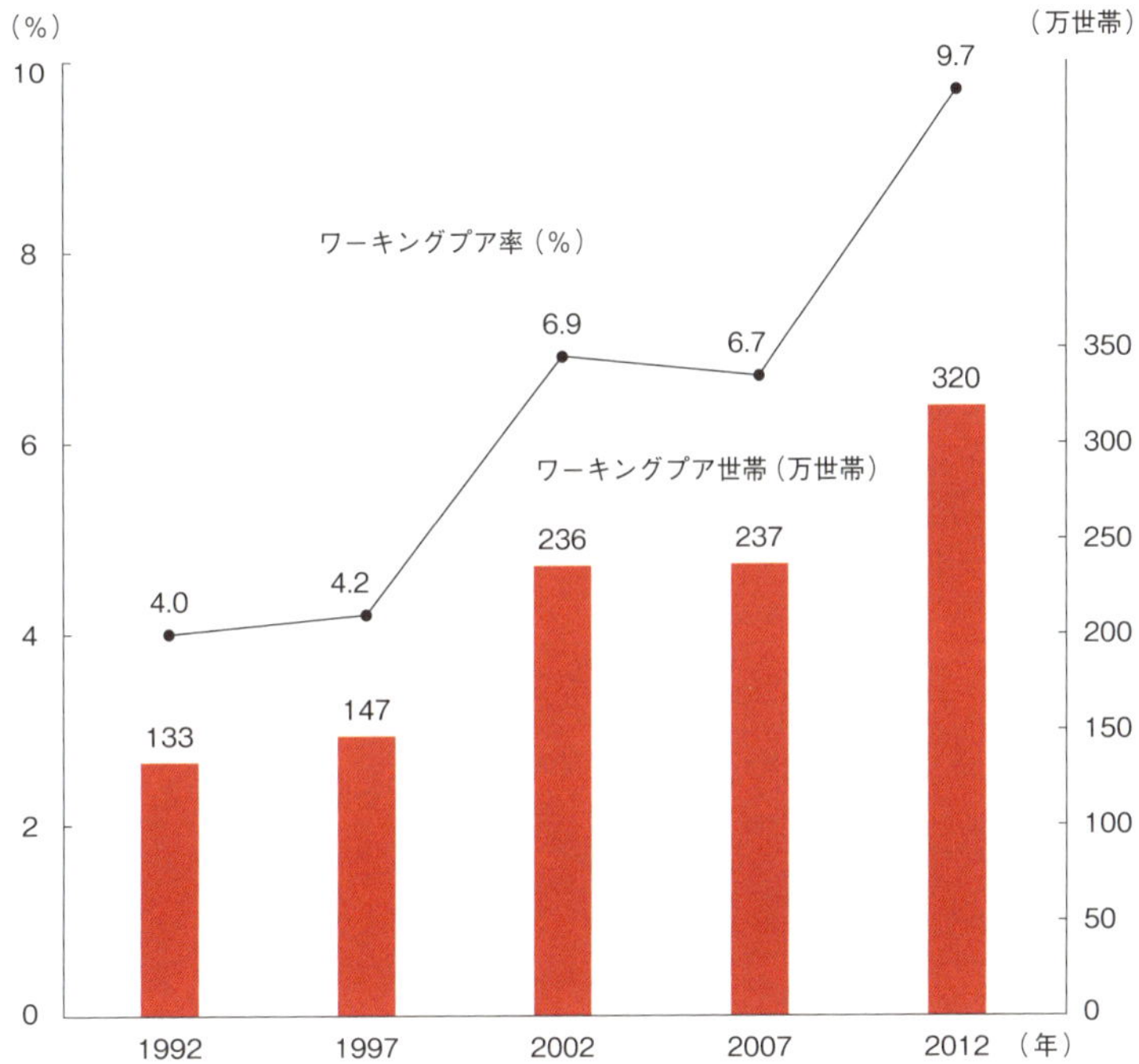

10世帯中1世帯がワーキングプア

1992年には25世帯中1世帯であったワーキングプア世帯は、2012年には約2.5倍の10世帯中1世帯に増加しています。働いても、最低生活費（東京在住の単身世帯の場合、約144万円）を稼ぐことができない状況からの脱却には、本人の努力だけでなく、周囲・地域のサポートが欠かせません。

☑ ワーキングプア：働いているが、生活保護の水準以下の生活を送っている人
☑ ワーキングプア率：勤労世帯総数に占めるワーキングプア世帯の割合

出典：戸室健作（2016）「都道府県別の貧困率、ワーキングプア率、子どもの貧困率、捕捉率の検討」

飢餓をゼロに

飢餓という言葉は、日本人には縁遠く感じられがちですが、ゴール2は食料問題全般を含みます。食料自給率が4割を切り、農業が危機的な状況である日本にも関係が深いゴールなのです。農家の平均年齢は70歳に近づき、就業人口は年々減少しています。地域産、国産の農作物が適性な価格で取引され、日本の農家が十分な収入を得られるように、農業がより魅力的な仕事になるように、日本の未来の食を支える課題解決に取り組みましょう。

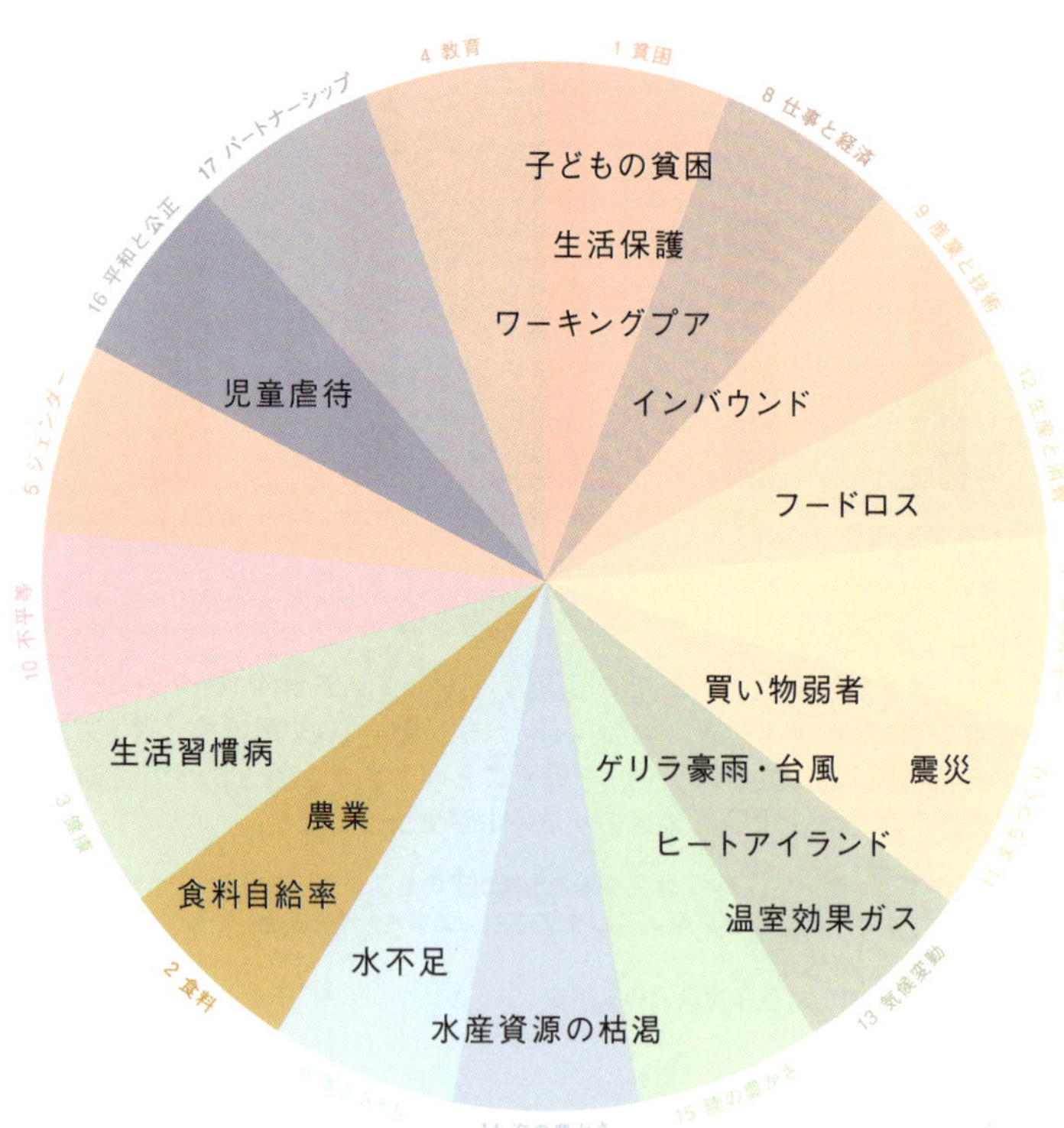

issue 04 食料自給率

食料自給率（カロリーベース）の推移

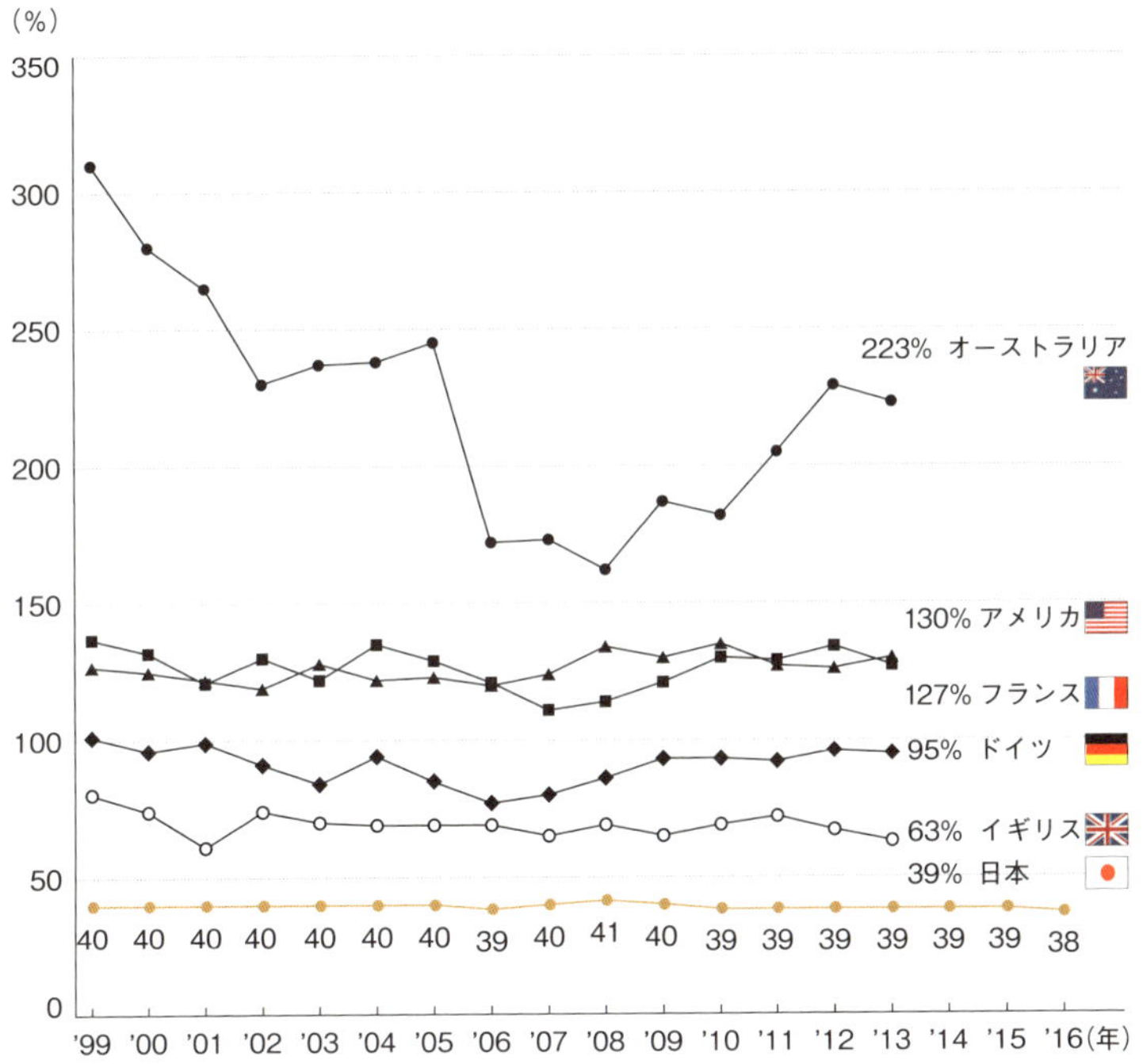

先進国最低水準の39％

農業は日本、特に地域を支える重要な産業です。しかし、日本の食料自給率は20年間４割弱と変わらず、先進国最低レベルに留まります。日本人の食はその６割を海外からの輸入に依存しているのです。国内農業の衰退、国際的な食糧不足と価格の高騰などにより、食糧の安定確保が将来的に日本の大きな課題となる可能性があります。

☑ 食料自給率：国内で消費される食料のうち、どの程度が国産でまかなえているかを示す指標

出典：農林水産省（2016）「平成28年度 食料需給表」

issue 05

農業

農業就業人口と平均年齢の推移

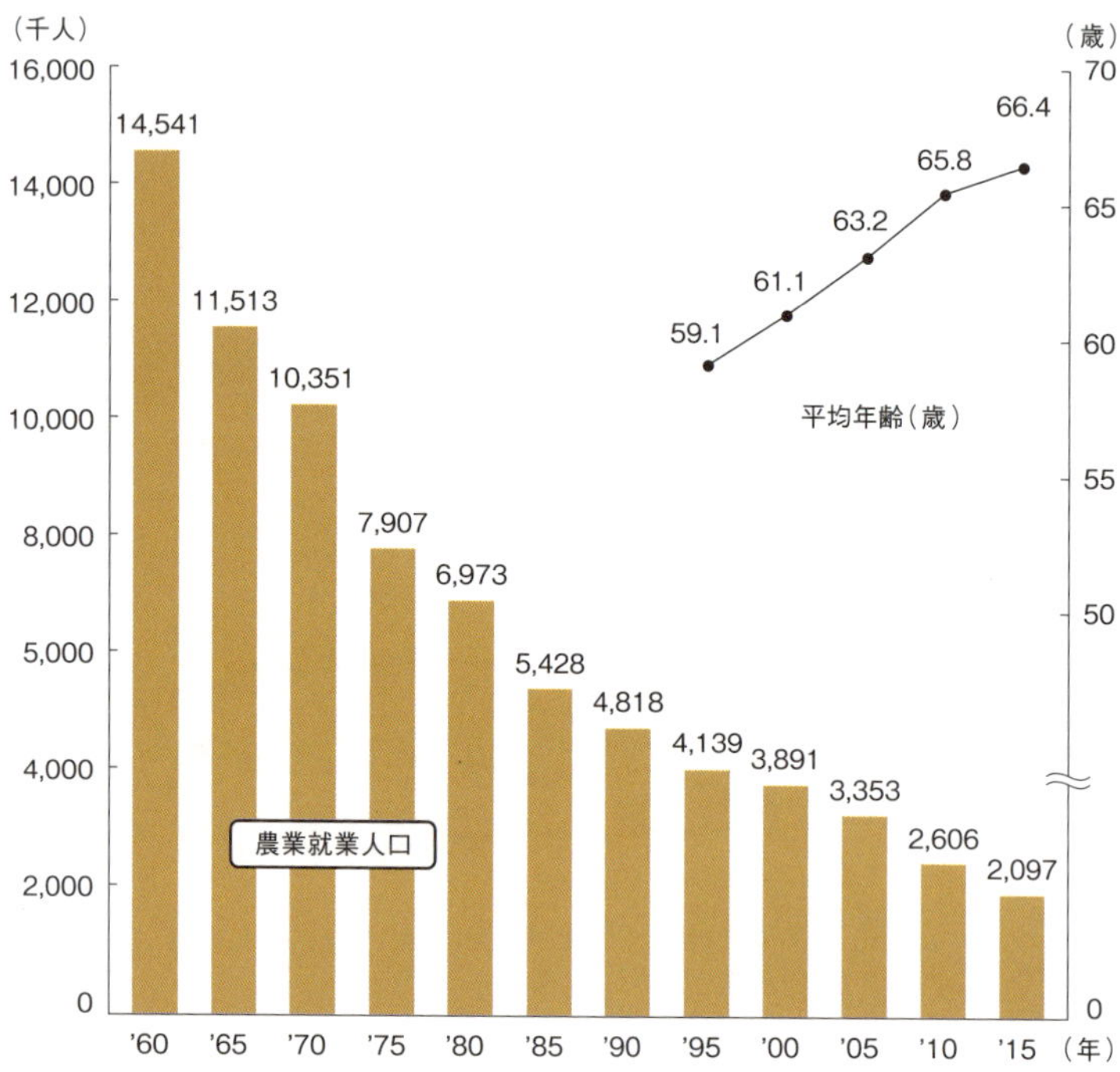

農家の平均年齢は66.4歳

農業を生業とする人々は年々減少の一途をたどっており、1960年から2015年の55年間で1200万人減少しました。高齢化も進み、過去20年間で平均年齢が約7歳上がっています。

☑ 農業就業人口：15歳以上の農家家族員のうち、過去1年間に従事した仕事が自家農業だけの者および他産業に従事していても年間従事日数において自家農業従事日数のほうが多い者の数

出典：農林水産省（2015）「農林業センサス農業構造動態調査」

すべての人に健康と福祉を

世界一の超高齢国家・日本には、ヘルスケア領域の世界の最先端課題が山積みです。介護が必要な人が増え、認知症のある方は500万人を超えました。医療・介護の人材不足は深刻です。不安定な経済やストレス負荷の高い生活環境から、うつ病等、精神疾患の方が増えています。都市化や家族構成の変化により、孤独死も増加傾向です。医療・介護・年金等の社会保障費用が国の財政を圧迫しています。国・地方自治体・住民一体となって、乗り越えるべき課題があふれています。

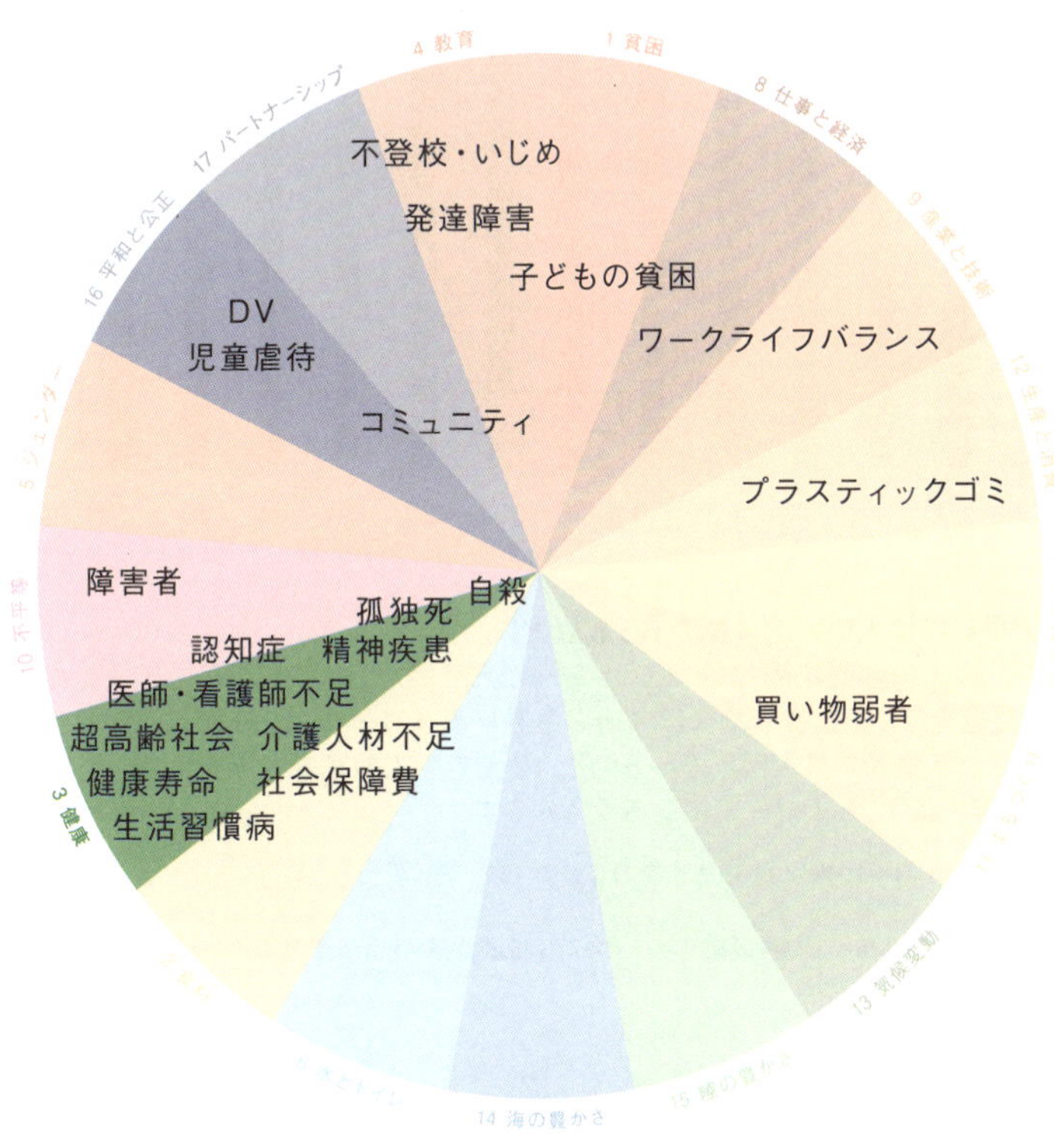

issue 06 | 超高齢社会

3 8 11 17

日本の人口と高齢者(65歳以上)人口・生産年齢人口比率の推移

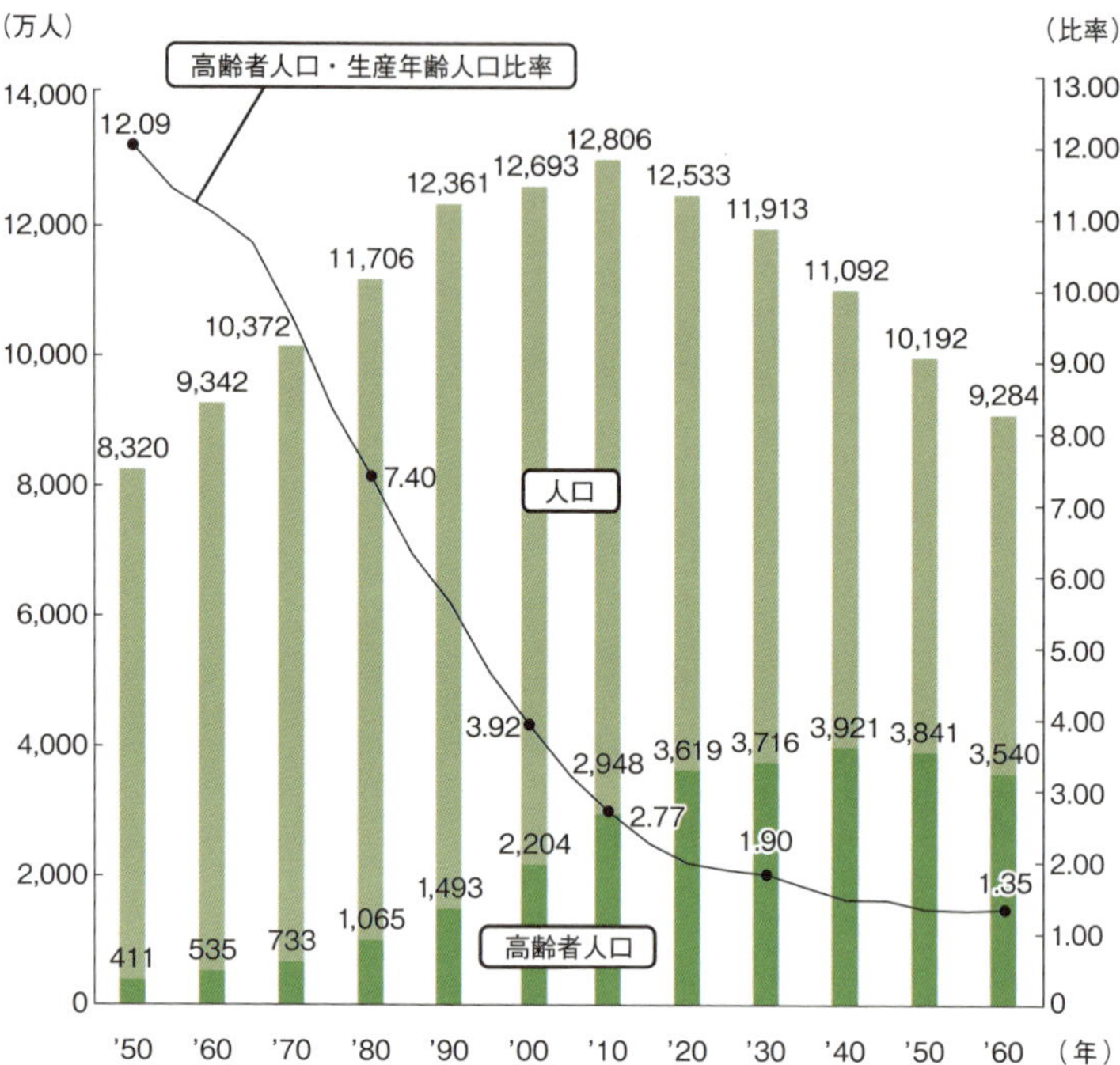

2060年には人口の約4割が65歳以上に

日本の総人口は既に減り始めている一方、65歳以上人口は2040年まで増加する見込みで、高齢者の割合は今後も急激に高まります。1950年には現役世代と呼ばれる生産年齢人口(15～64歳)12人で一人の高齢者を支えていたのが、2060年には1.35人で一人になる見込みです。

☑ 生産年齢人口：15歳以上65歳未満の年齢の人口。現役世代ともいう

出典：国立社会保障・人口問題研究所(2017)「日本の将来推計人口(平成29年推計)」

後期高齢者（75歳以上）の増加率（2015年〜2030年）

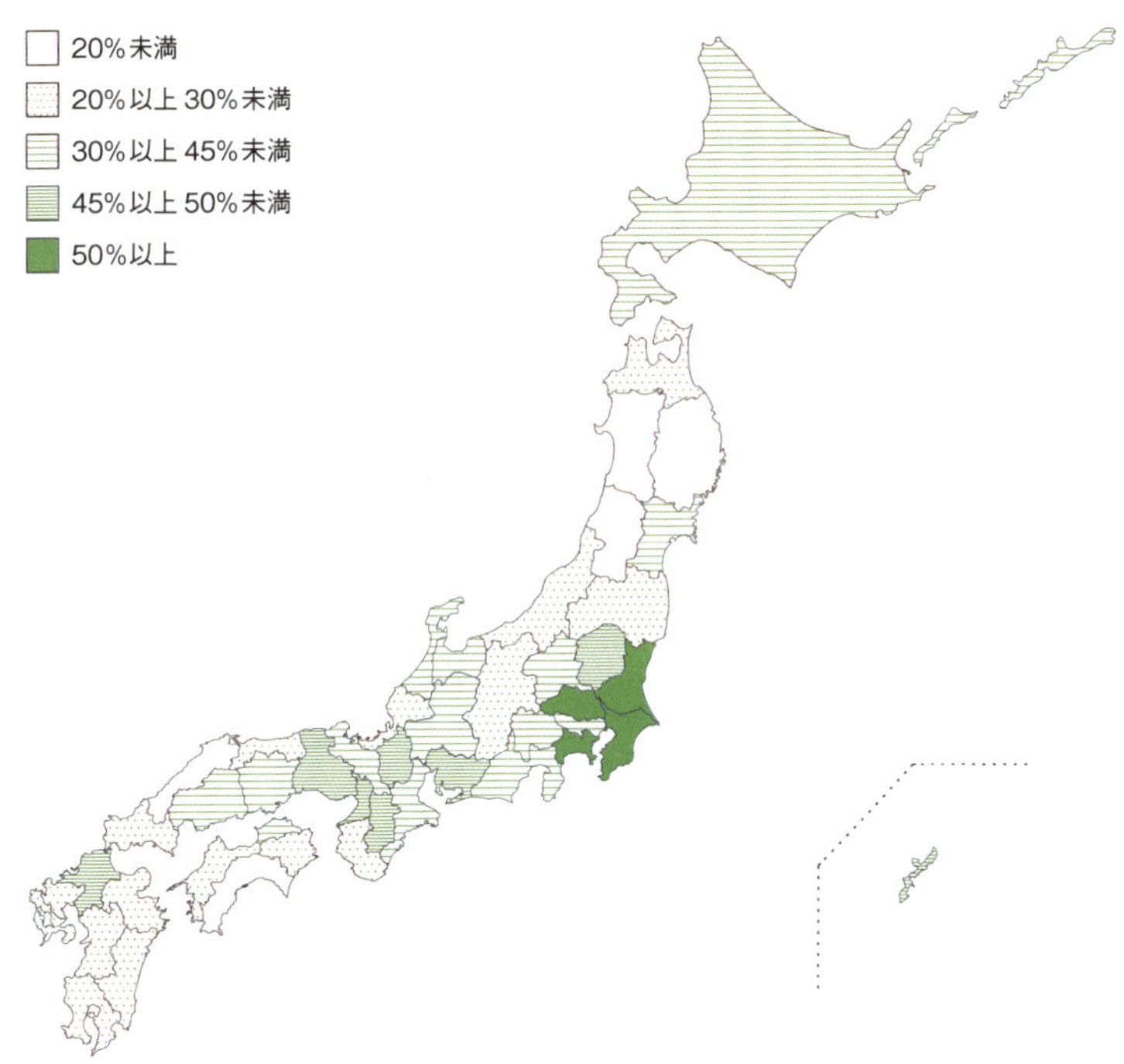

進む首都圏の超高齢化

高齢化は全国全ての地域で進んでいますが、進行具合は地域によって異なります。後期高齢者（75歳以上）の増加率は秋田、山形、島根、岩手、高知など、高齢化先進県では20%を下回りますが、埼玉、千葉、神奈川、茨城など東京の周辺自治体ではわずか15年で50%以上（2015年比1.5倍以上）と急激に増加する見込みです。

出典：国立社会保障・人口問題研究所（2018）「日本の地域別将来推計人口（平成30年推計）」

issue 07

健康寿命

平均寿命と健康寿命の推移

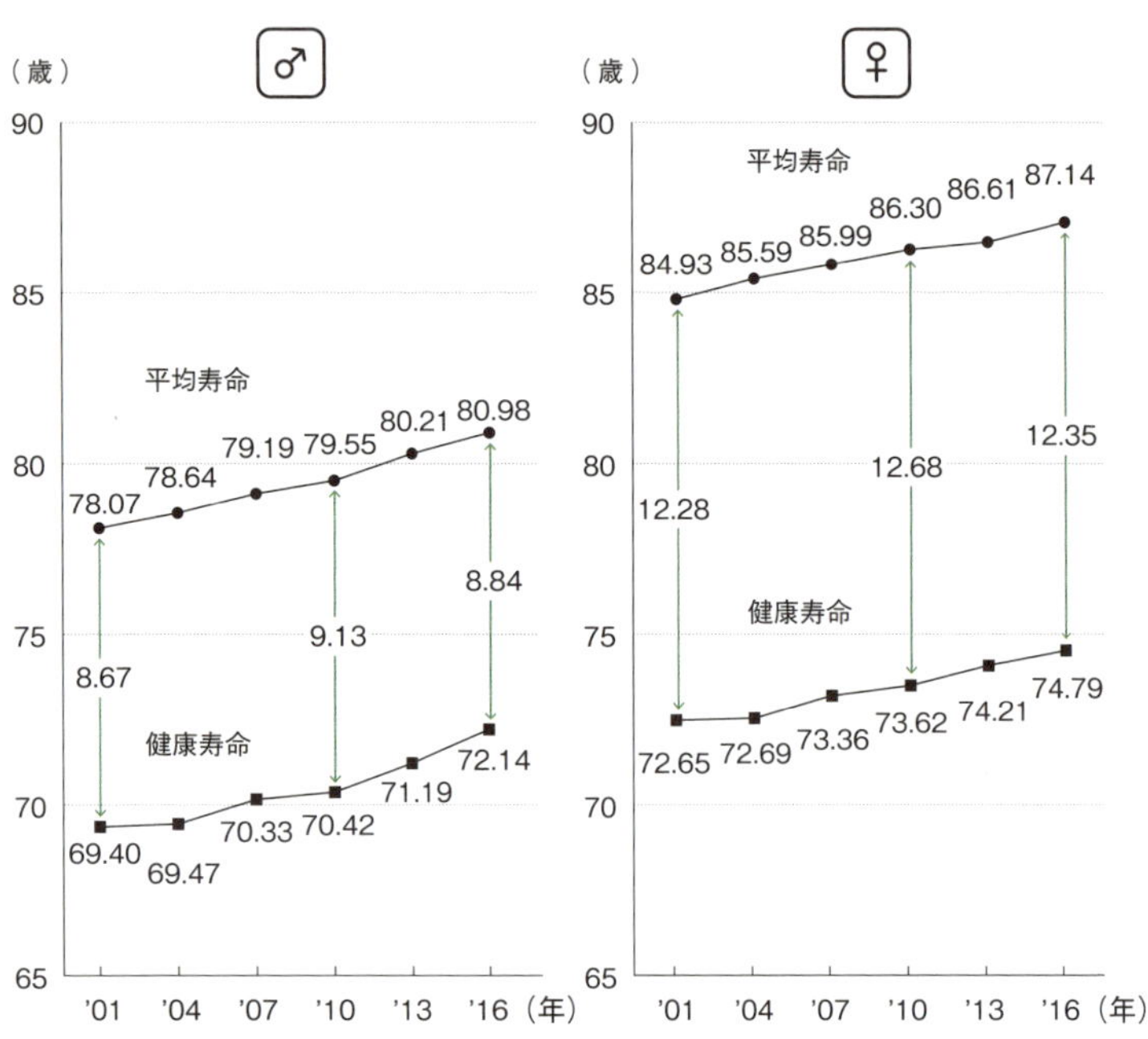

男性は約９年間、女性は約12年間、生活に制限が

平均寿命と健康寿命の差は、過去15年で男性は約0.17歳、女性は0.07歳と若干広がっており、生活に制限がある期間（≒要介護期間）が長期化しています。しかし、2000年代は男女ともに約0.5歳伸びた一方、2010年代に入り、男女ともに0.4歳縮み、制限がある期間は近年短縮傾向にあります。

☑ 健康寿命：健康上の問題がない状態で日常生活を送れる期間のこと
☑ 平均寿命：0歳から亡くなるまでの余命の平均的な年齢

出典：厚生労働省（2018）「平成30年版 高齢社会白書」

issue 08

社会保障費

3 10 17

日本の社会保障費の推移と予測

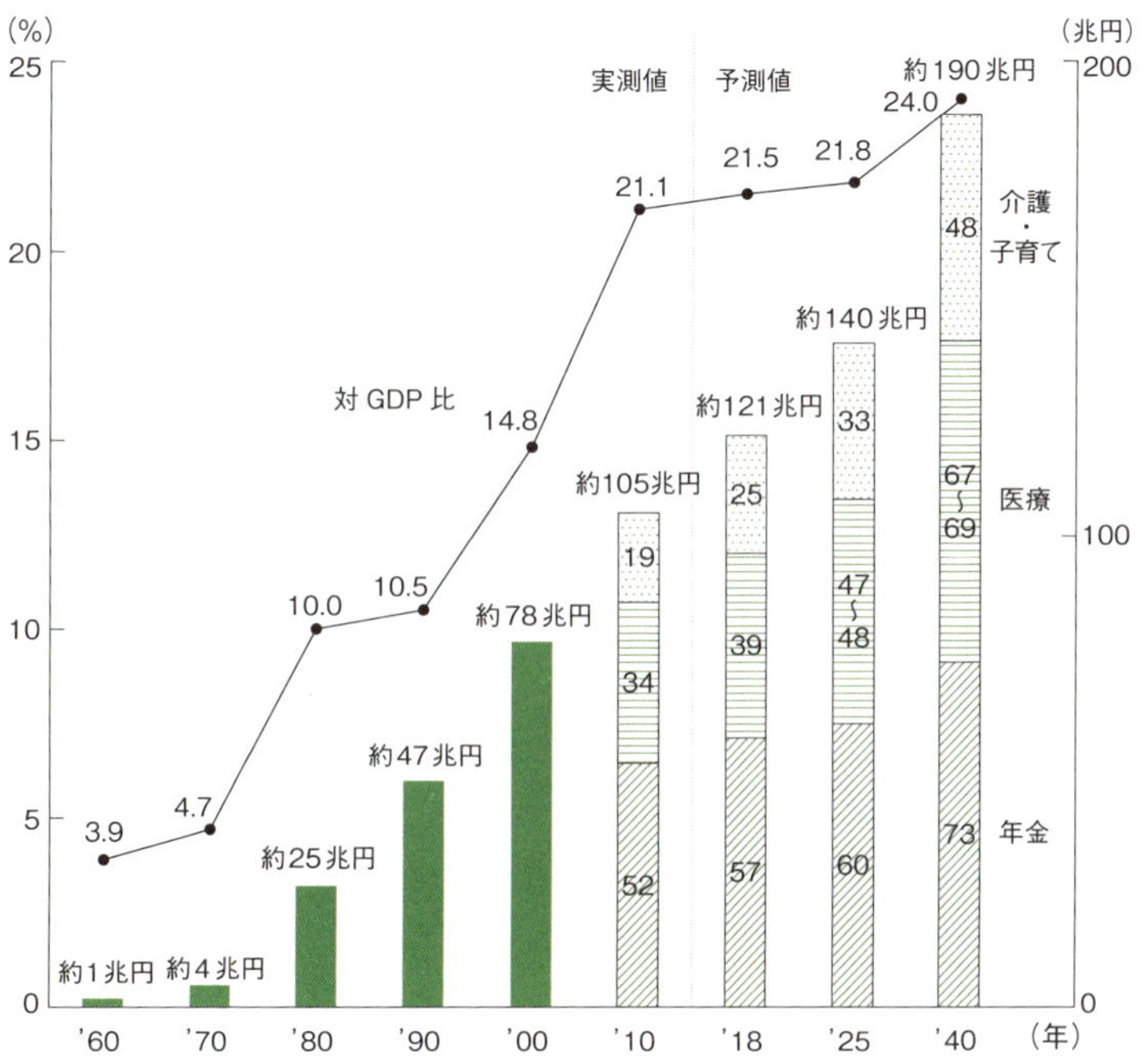

2010年代には100兆円、GDP比20%超え

超高齢化の進展により、日本の社会保障費は年々増加し続けており、100兆円、対GDP比20%を超えました。2040年には190兆円程度まで増える見込みで、財政面で持続可能な日本を実現するための最重要課題の一つです。

☑ 社会保障費：医療・介護の自己負担分以外に、社会保障制度によって国や地方公共団体から国民に給付される金銭・サービスの年間合計額

☑ GDP：国内総生産。消費や投資、貿易などによって国内で1年間に生み出された価値のこと

出典：国立社会保障・人口問題研究所（2016）「社会保障費用統計」/ 内閣官房・内閣府・財務省・厚生労働省（2018）「2040年を見据えた社会保障の将来見通し」

issue 09 | 介護人材不足

介護職員不足人数（2025年）

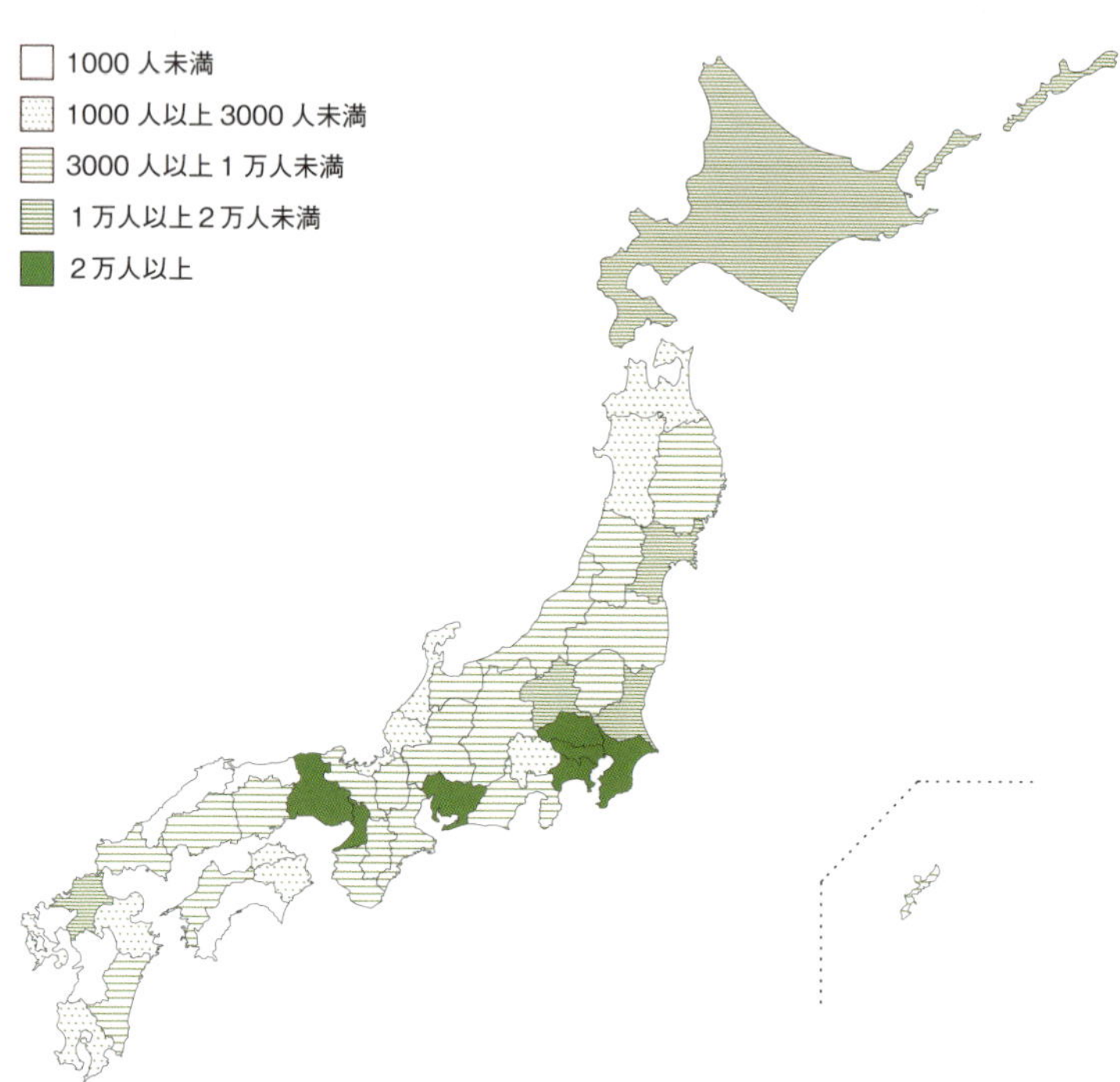

大都市圏の介護人材不足が深刻に

全国各地で深刻化している介護人材の不足は今後も続き、2025年には日本全体で30万人以上不足すると予測されています。高齢者の増加がひと山越えた地方圏以上に、これから大幅に増加する三大都市圏（首都圏、関西圏、名古屋圏）の人材不足は深刻で、東京・千葉・神奈川・愛知・大阪・兵庫では1県あたり2万人以上不足する見込みです。

☑ 介護職員数：介護保険給付の対象となる介護サービス事業所、介護保険施設に従事する職員数

出典：厚生労働省（2015）「2025年に向けた介護人材にかかる需給推計（確定値）（都道府県別）」

issue 10 認知症

認知症のある方の人数と65歳以上人口に占める割合

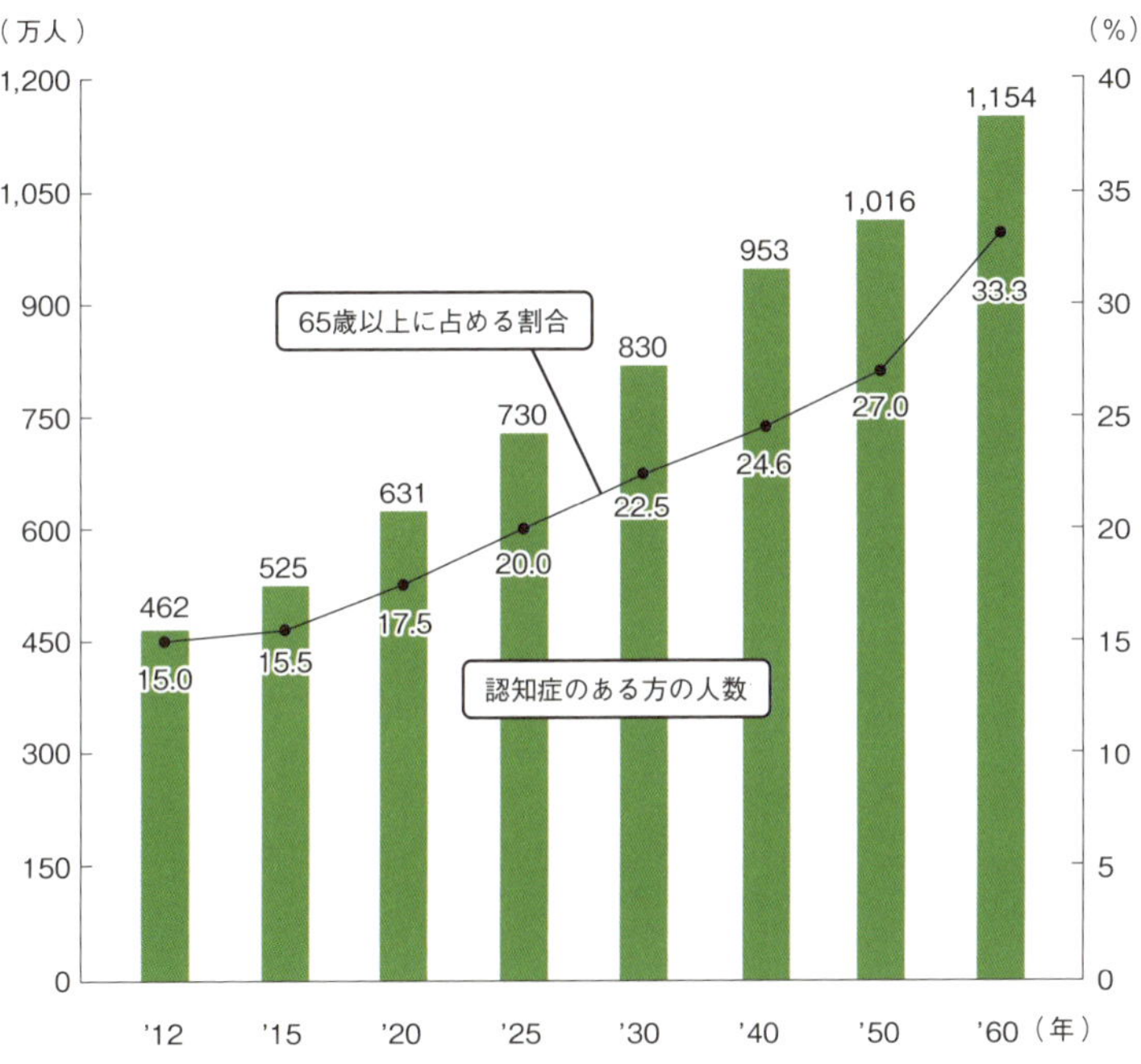

認知症のある方は2025年に700万人超え

年々、認知症のある方が増加し、2020年には600万人、2050年には1000万人を超えると予測されています。平均寿命の延びなどが理由で65歳以上に占める割合も2025年には20%を超える見込みです。認知症とは人生100年時代、超長寿国・日本に生きる誰もがなりうるものなのです。

☑ 認知症：認識、記憶、判断能力が障害を受け、社会生活に支障をきたす状態のこと。アルツハイマー型認知症、血管性認知症、レビー小体型認知症、前頭側頭型認知症などの疾患を総称して用いられる

出典：内閣府(2017)「平成29年版 高齢社会白書」

issue 11

生活習慣病

肥満割合の推移

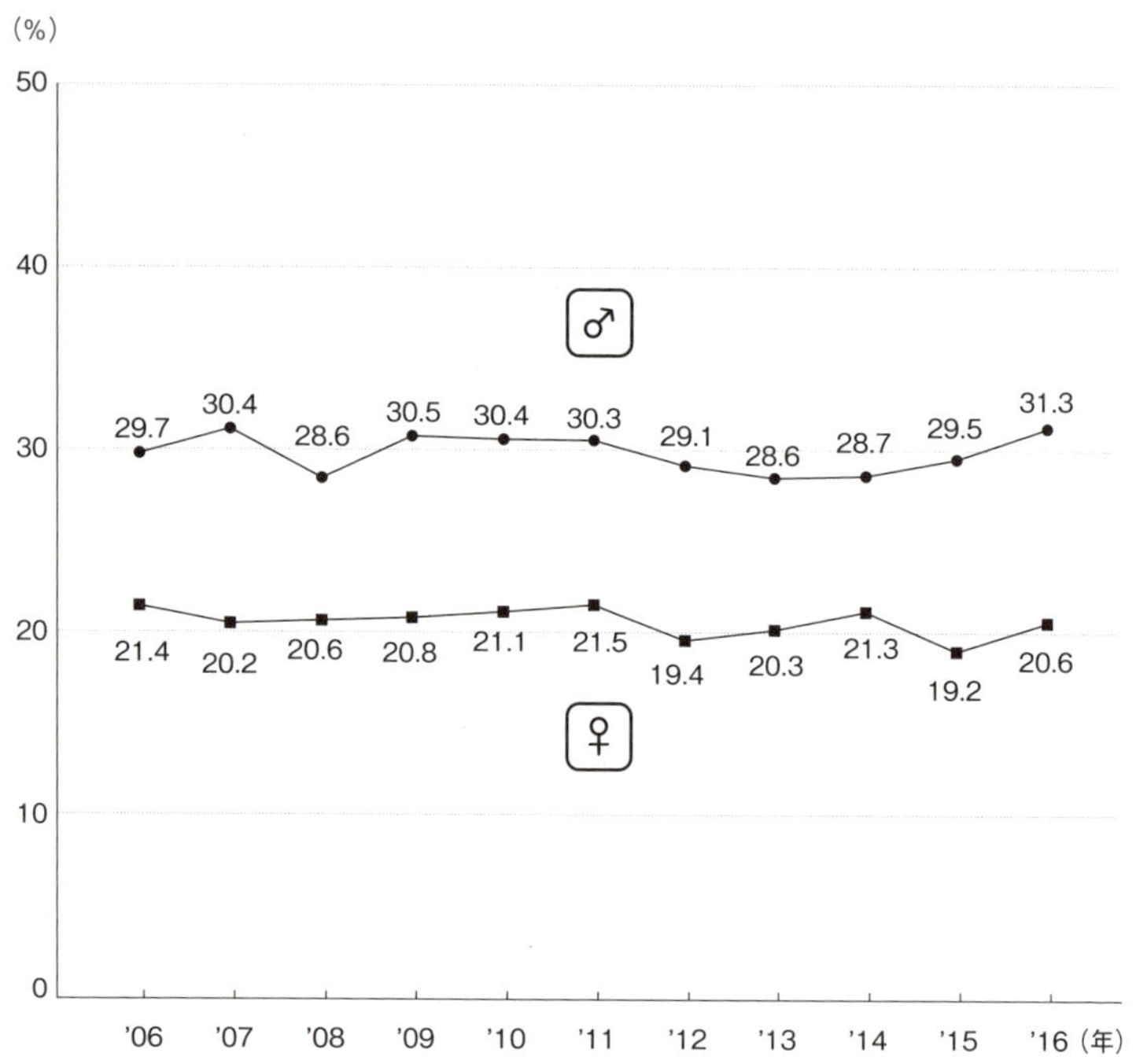

男性は約３割、女性は約２割が肥満

肥満割合はこの10年大きな変化はありません。肥満につながる食事、運動、睡眠などの生活習慣の乱れは、ガン（悪性新生物）・高血圧性疾患・心疾患・脳血管疾患・糖尿病・認知症など多くの病につながると言われています。

☑ 肥満：体重と身長から算出される、ヒトの肥満度を表す体格指数 BMI（Body Mass Index）が基準とされており、日本では、BMI 25以上が肥満と定義されています。

出典：厚生労働省（2016）「平成28年国民健康・栄養調査報告」

issue 12 医師・看護師不足

3 8 9 10 17

医師数の推移

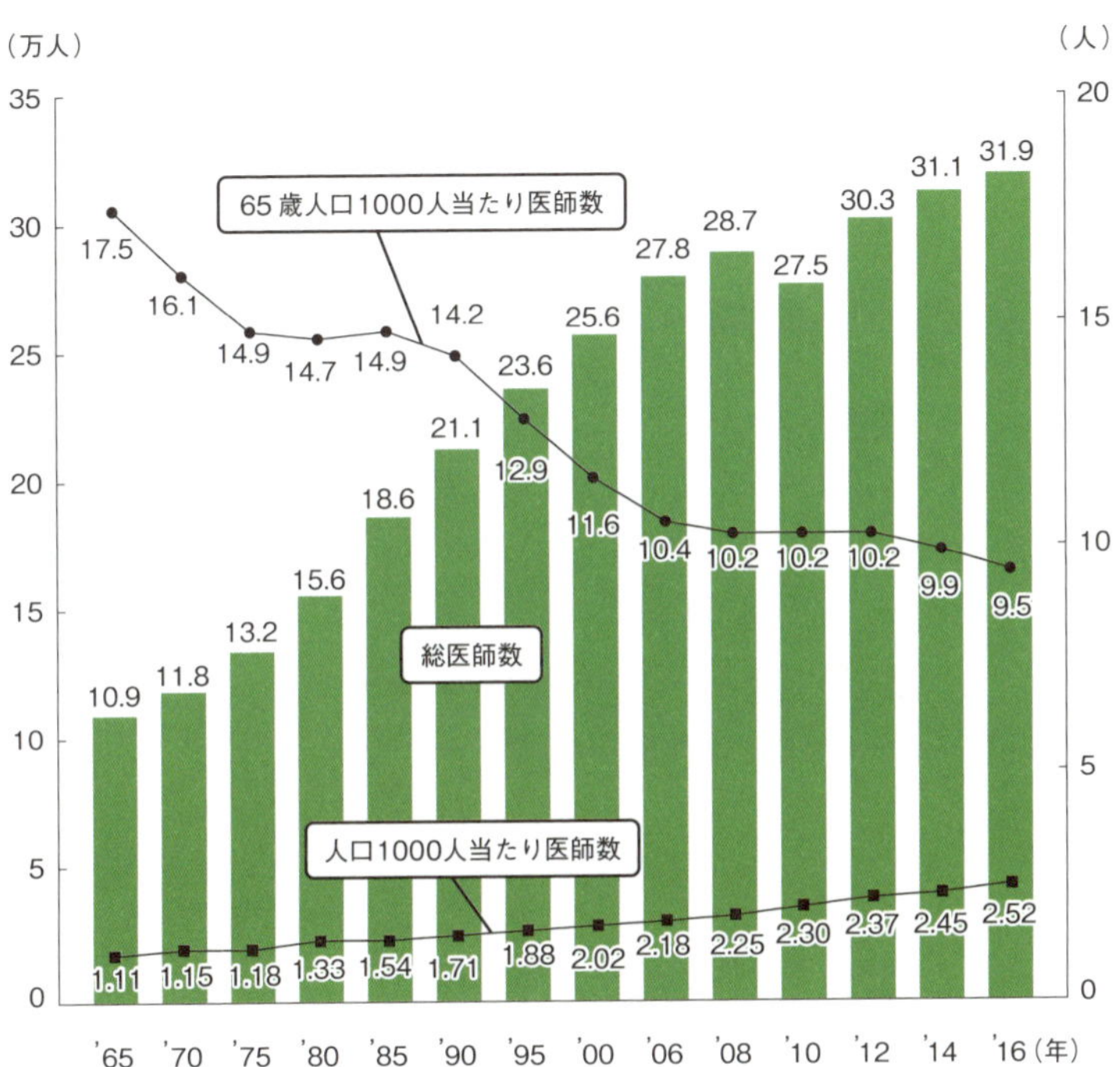

高齢化に追いつけず、医療人材の不足は慢性的に

医師の総数は増加しているものの、65歳以上の人口増のペースには追いついておらず、慢性的に医師・看護師が不足しています。特に地方圏では、小児科・産婦人科などの不足により、妊娠・出産・子育てに支障をきたすケースが増えています。

出典：厚生労働省（2008）「平成20年医師・歯科医師・薬剤師調査」

issue 13 精神疾患

精神疾患を有する総患者数の推移

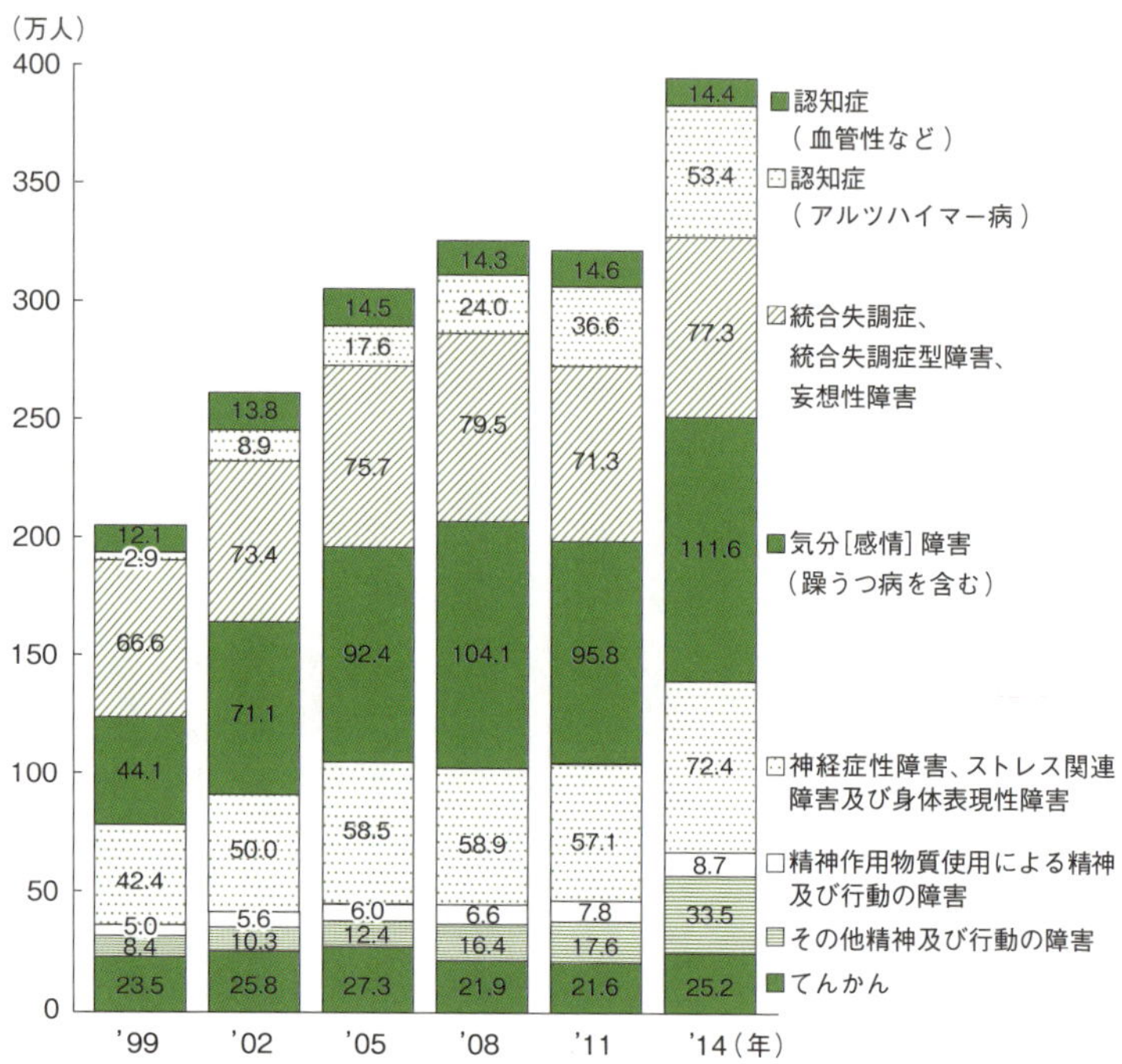

精神疾患の患者は15年間で約2倍に

2014年時点で、精神疾患の患者数は約400万人、この15年で約2倍になりました。うつ病等の気分障害は、44万人から112万人と3倍近くに増加しています。安定した経済成長の時代が終わり、仕事、家庭、生活の変化が激しく、様々なストレスが多い現代社会が日本人の心を蝕んでいます。

☑ 精神疾患:国際疾病分類(ICD-10)で「精神及び行動の障害」に分類されるものに、てんかん、アルツハイマーを加えたもの(厚生労働省「みんなのメンタルヘルス」より)

出典:厚生労働省(2014)「患者調査」

issue 14 | 自殺

1 3 16 17

自殺率（2017年）

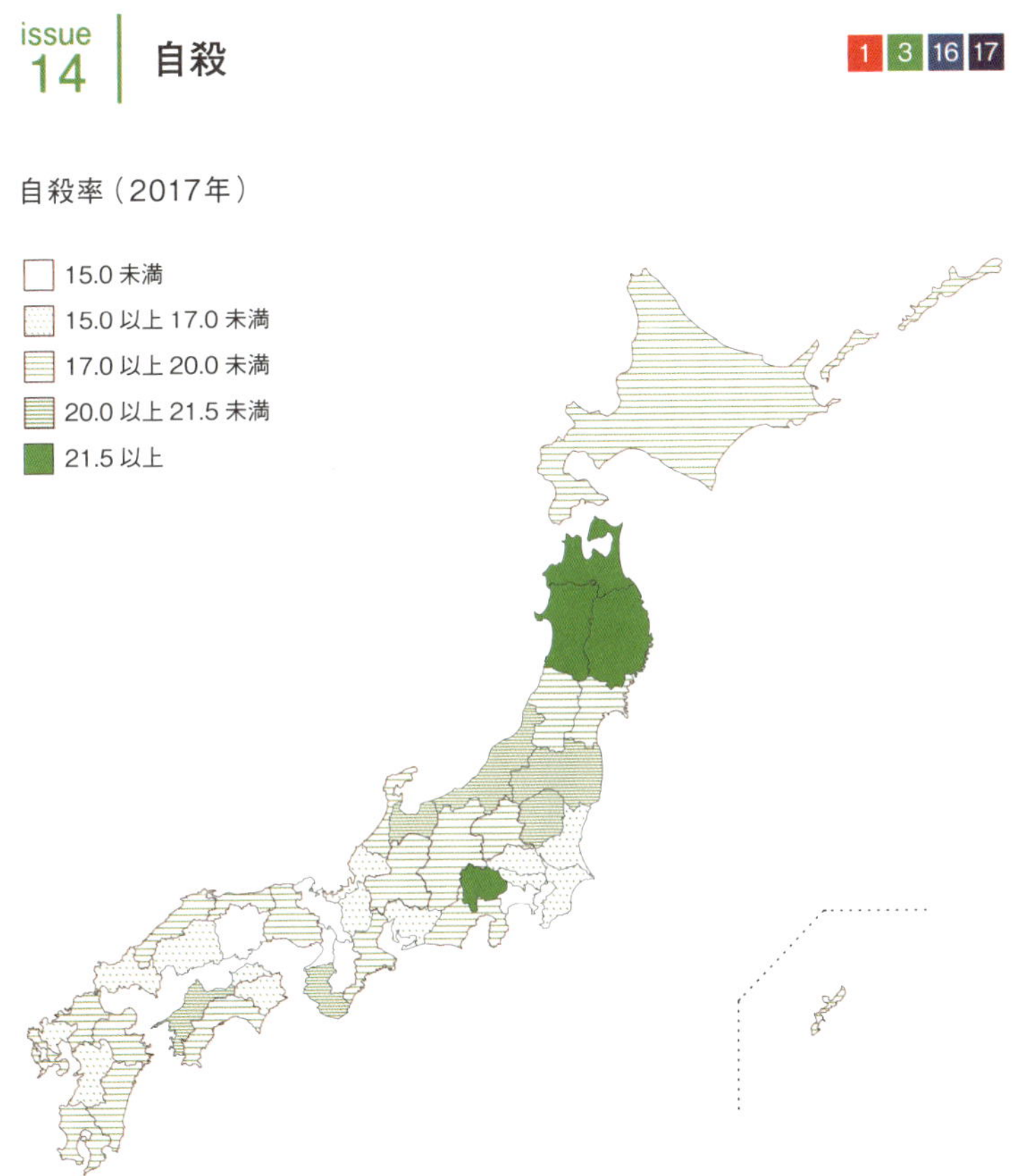

東北をはじめ、地方圏の自殺率が高い傾向
日本の自殺者数は2004年の約3.4万人をピークに徐々に減少し、2018年現在約2.1万人と近年は大きく減少しています。自殺率は地域差があり、三大都市圏では低く、地方圏では高い傾向、特に宮城県を除く東北地方、新潟、富山などの日本海沿岸エリアで高い傾向が見られます。

☑ 自殺率：人口10万人あたりの自殺死亡者数

出典：厚生労働省（2018）「平成30年版 自殺対策白書」

issue 15

孤独死

3 11 17

東京23区内の65歳以上一人暮らしの自宅での死亡者数の推移

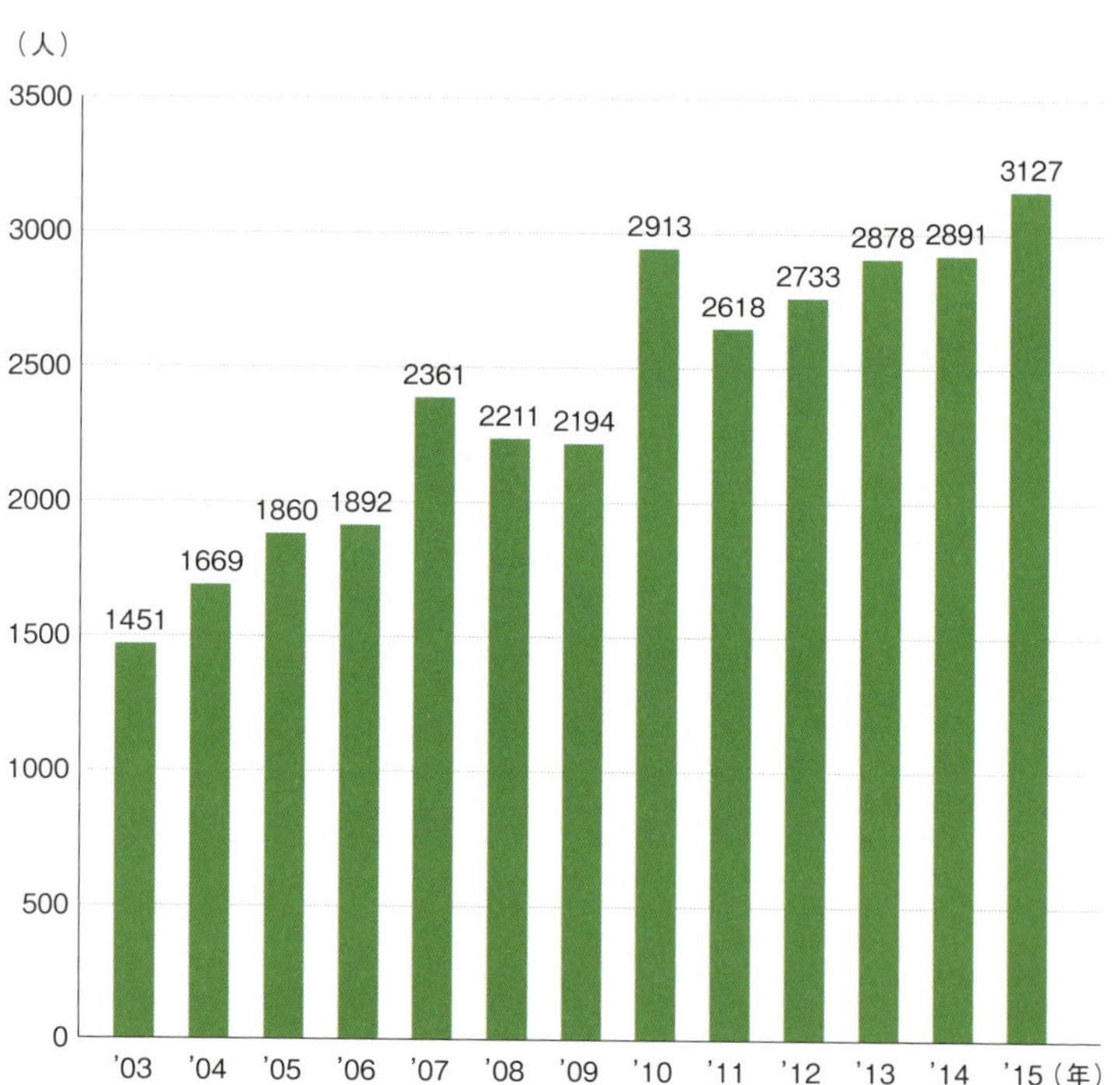

10年間で約2倍に増える孤独死

東京23区で一人暮らしで自宅で亡くなられた方は10年間でほぼ倍増しています。高齢者、特に一人暮らしの高齢者の絶対数が増加していることに加え、地域内での交流やご近所付き合いが希薄になってきていること、介護施設の不足など、様々な理由で、高齢者の孤独化が進んでいます。

出典：内閣府（2017）「平成29年版 高齢社会白書」

質の高い教育を みんなに

時代環境の急激な変化に伴い、日本の公教育が大きく変わるべき時を迎えています。家庭の収入などの経済面での、大学の立地等の環境面での地域格差が見られます。不登校やいじめ、発達障害の子も増えており、子どもたちを取り巻く学習環境は厳しさを増しています。STEAM教育、アクティブラーニングなど、新しい教育のスタイルが求められています。持続可能な地域・日本を実現するための次世代教育の変革は待ったなしです。

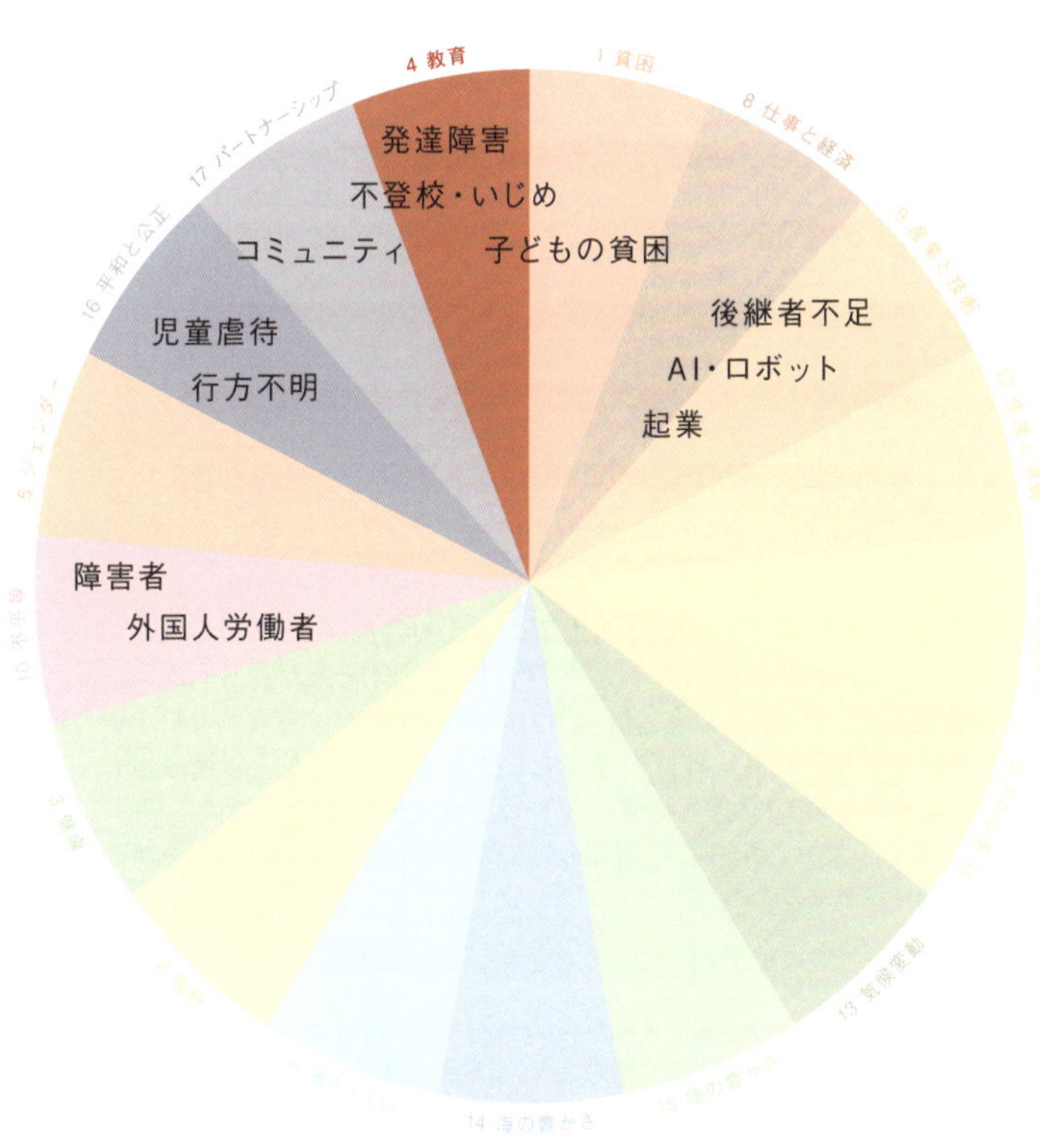

issue 16

教育格差

世帯収入と学力の関係性（2017年）

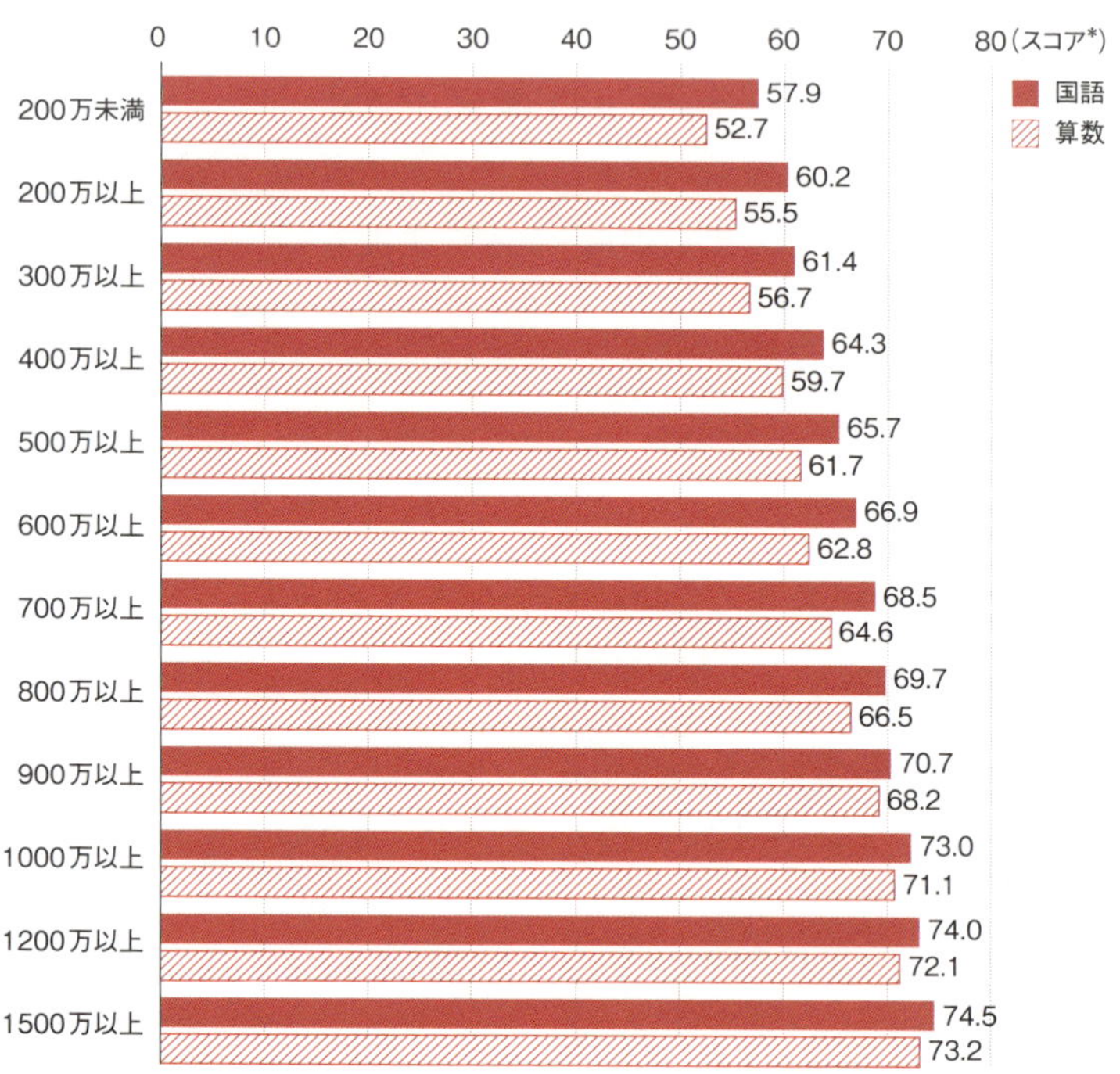

世帯収入200万未満と1500万以上で約20点の差

国語、算数ともに、世帯収入と子どもの学力に相関関係が見られます。しかし、家庭の教育にかける費用と子どもの学力の間には相関は見られないという研究結果もあり（P.345参照）、お金の格差だけではなく、子どもの学習意欲につながる知的・文化的体験の格差も影響していると考えられます。

＊ 国語と算数のスコアは、全国学力・学習状況調査（文部科学省）における国語A・国語B、算数A・算数Bそれぞれの正答率の平均

☑ 世帯収入：世帯全員の税金や社会保険などを引く前の総支給額

出典：浜野隆（2018）「家庭環境と子供の学力」国立大学法人お茶の水女子大学「保護者に対する調査の結果と学力等との関係の専門的な分析に関する調査研究」

大学定員数と進学率の関係性（2016年）

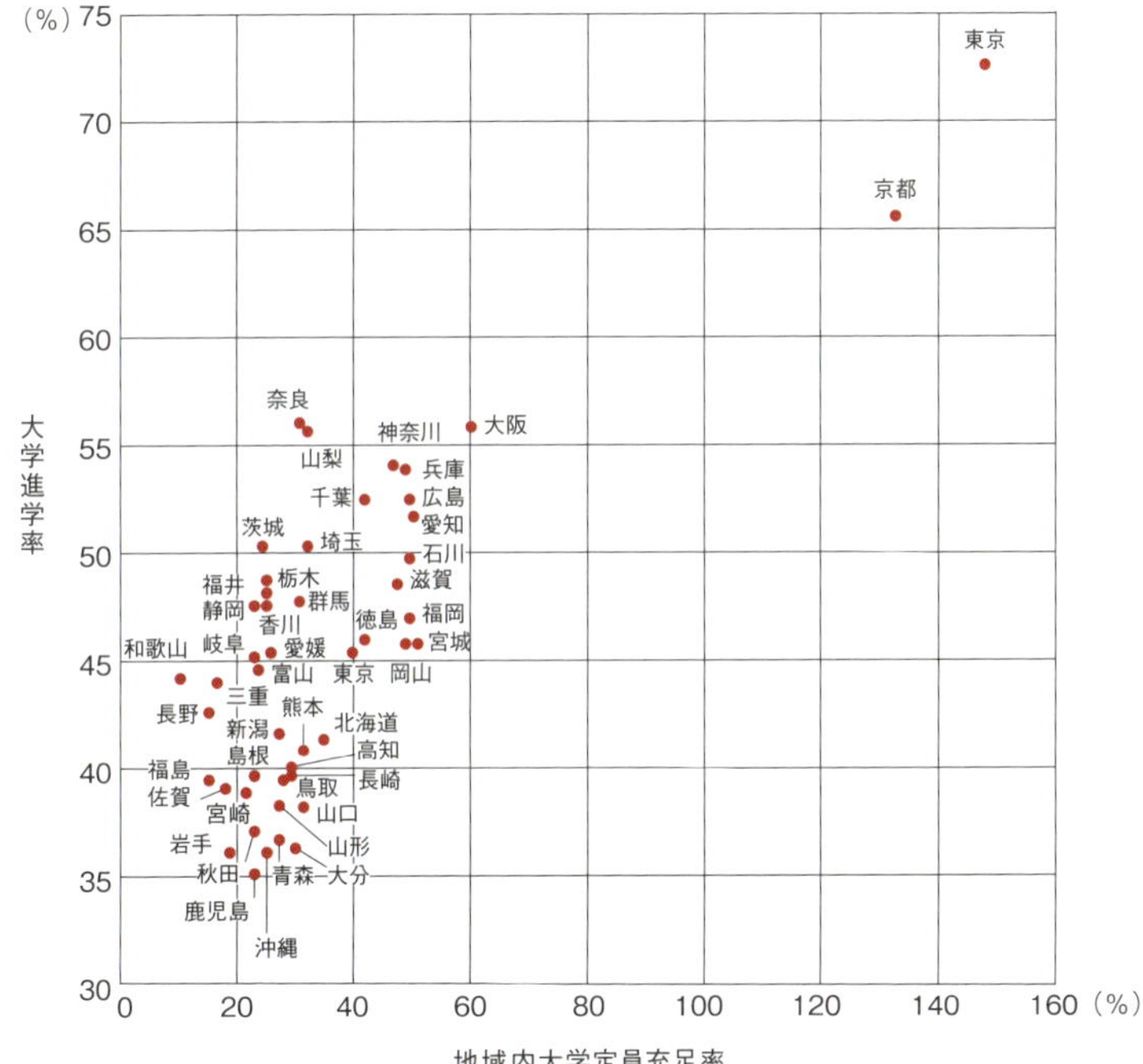

地域内の大学の数と大学進学率に相関あり
地域内に大学が多ければ多いほど、学生を受け入れる定員数が多ければ多いほど、その地域で暮らす18歳の大学進学率が高い傾向が見られます。身近に大学が少ない地域で暮らす若者は、身近に大学が多い東京や京都で暮らす若者に比べて大学進学の機会が限られている可能性があります。

☑ 大学進学率：各県における18歳人口に占める大学進学者数の割合（過年度卒業者等を含む）
☑ 大学定員充足率：大学定員数÷18歳人口

出典：文部科学省（2017）「高等教育に関する基礎データ（都道府県別）」

issue 17

不登校・いじめ

国公私立小学校・中学校におけるいじめ件数の推移

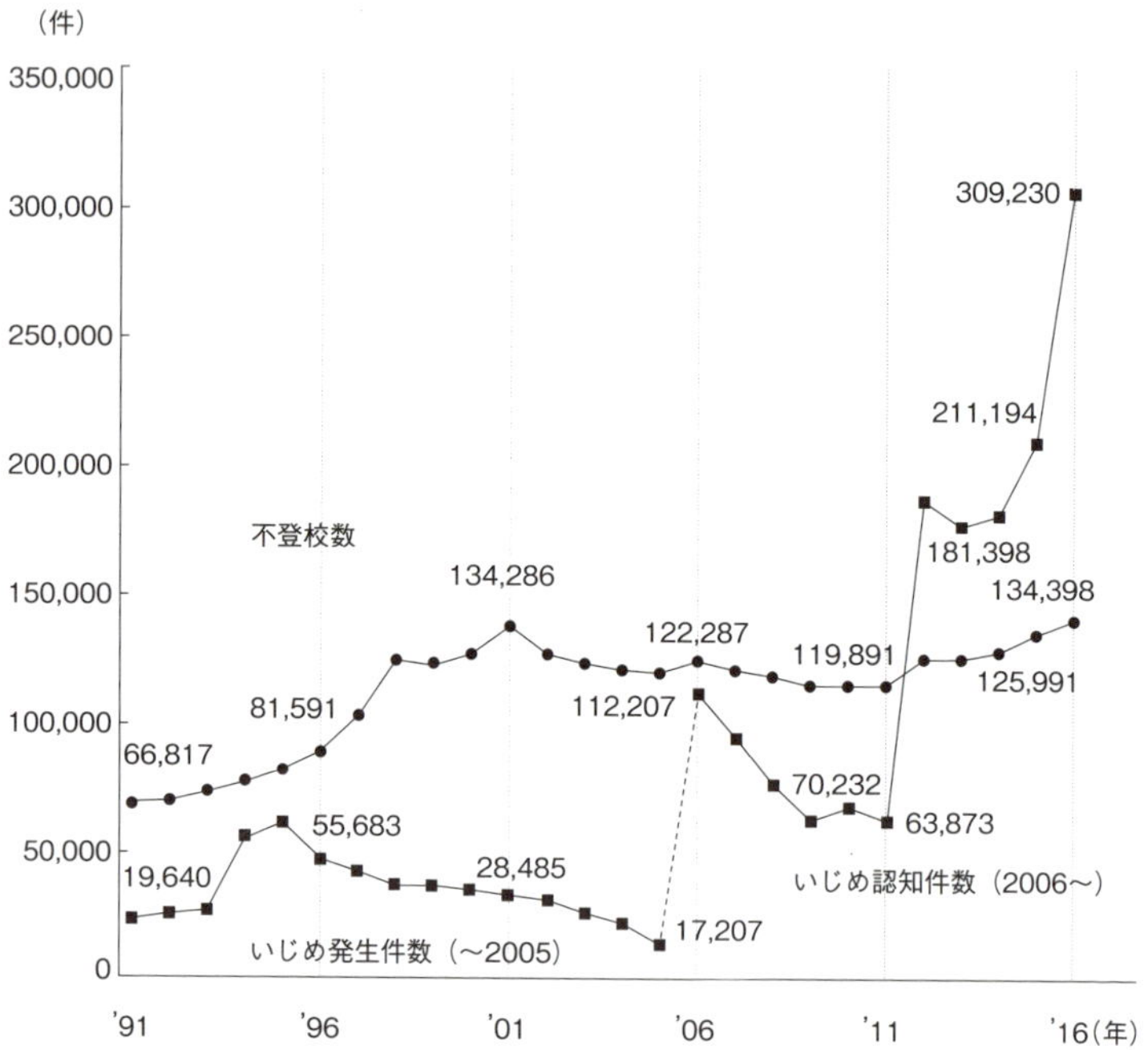

いじめ30万件、不登校13万人。ともに増加傾向

不登校の数は過去25年間、緩やかに増え続け、ほぼ倍増しました。児童生徒1000人あたりで見てみると、4.7人から13.5人と3倍に増えています。いじめの認知件数は学校や教員の取り組み・解釈・報告状況に左右されるため、実態を正確に把握するのが困難ですが、年間30万件と近年急増しています。

☑ いじめ：児童生徒に対して、同じ学校に在籍する等一定の人的関係のある他の児童生徒が行う心理的又は物理的な影響を与える行為（インターネットを通じて行われるものを含む。）のうち、児童生徒が心身の苦痛を感じているもの

☑ 不登校：何らかの心理的、情緒的、身体的、社会的要因・背景により、児童生徒が登校しない、したくともできない状況にある者（ただし、「病気」や「経済的理由」による者を除く）

出典：文部科学省(2016)「児童生徒の問題行動・不登校等生徒指導上の諸課題に関する調査」

issue 18 発達障害

3 4 8 10 17

公立小学校・中学校における通級による指導を受けている児童数の推移

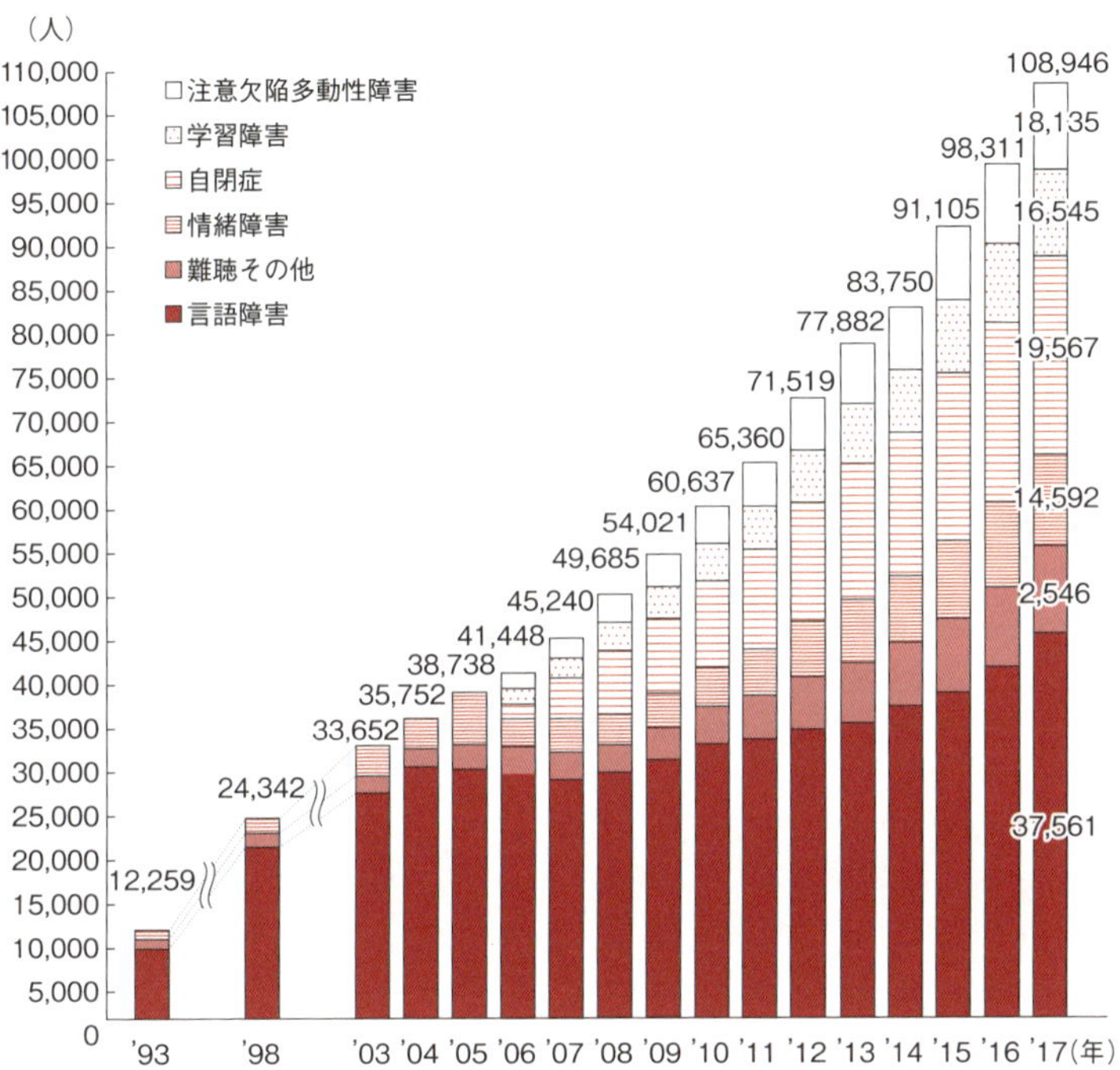

20年間で約4.5倍に

軽度の障害のため、通級による指導を受けている児童生徒数は10年間で倍増しています。子どもの生きる環境が厳しさを増しています。

- ☑ 通級による指導：各教科等の授業は通常の学級で行いながら、特別の指導を「通級指導教室」といった特別の場で行うこと
- ☑ 注意欠陥多動性障害（ADHD）：注意力、衝動性、多動性を特徴とする行動の障害
- ☑ 学習障害：聞く、話す、読む、書く、計算、推論のうち特定の能力の習得と使用に困難を示す状態
- ☑ 自閉症：3歳位までに現れ、他人との社会的関係形成の困難さ、言葉の発達の遅れ、興味関心が狭く特定のものにこだわることを特徴とする行動の障害
- ☑ 情緒障害：情緒の偏りや激しい状態を、意志でコントロールできないことが継続する状態

出典：文部科学省（2017）「通級による指導実施状況調査」

ジェンダー平等を実現しよう

17ゴールの中で日本の世界的な評価が最も低いものが「女性の活躍」です。ビジネスの世界も、政治の世界もまだまだ男性中心です。セクハラ・マタハラなど性差別の問題もまだまだ残ります。非正規雇用の比率も女性が男性を大きく上回ります。子育てと仕事の両立に必要な保育の環境整備や男性の育児参加も道半ばで、その影響もあり結婚や出産を控える男女が増えています。持続可能な地域の実現には、女性が当たり前に活躍できる社会の実現がカギとなります。

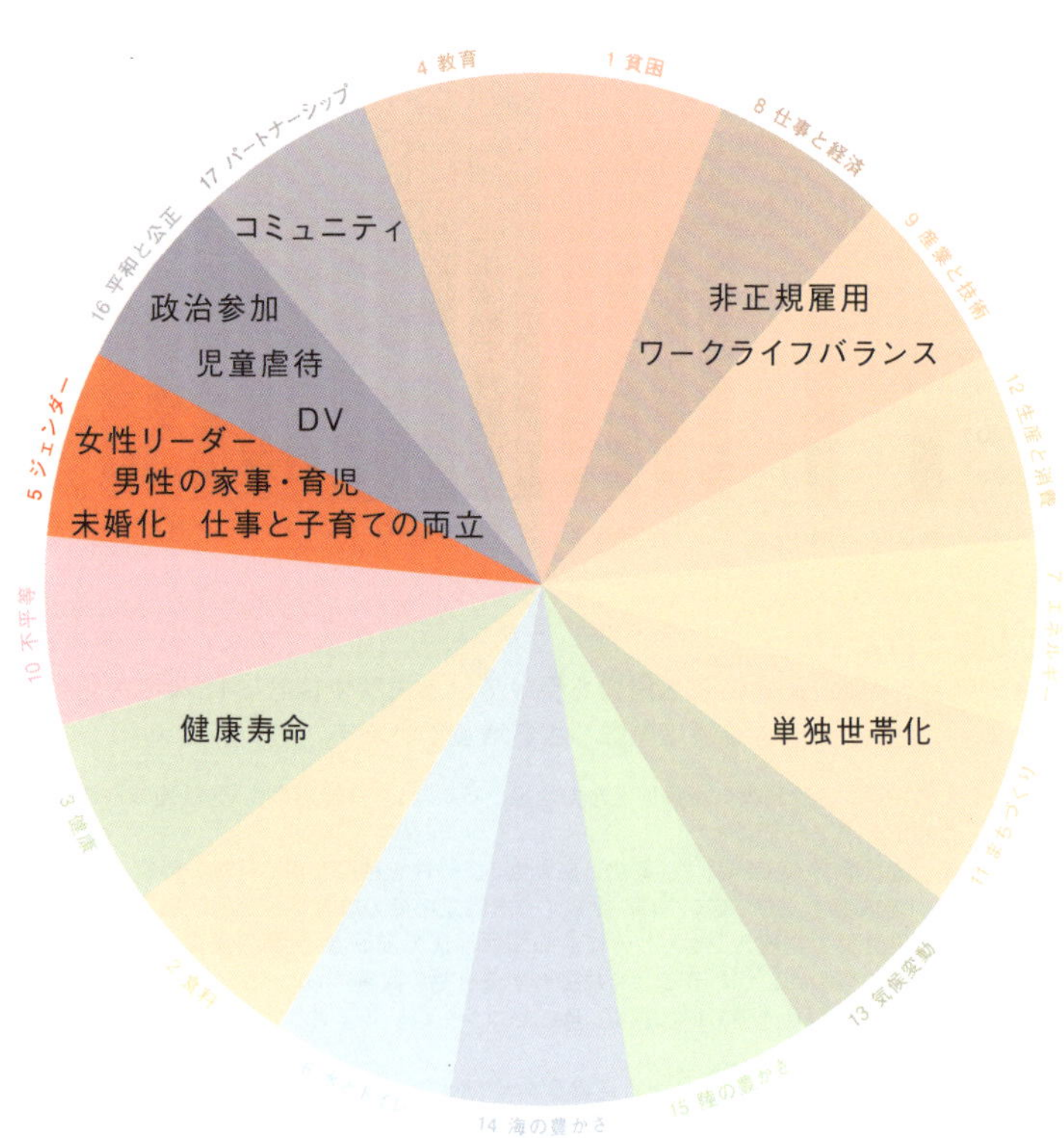

issue 19 女性リーダー

5 8 9 10 16 17

指導的地位に女性が占める割合

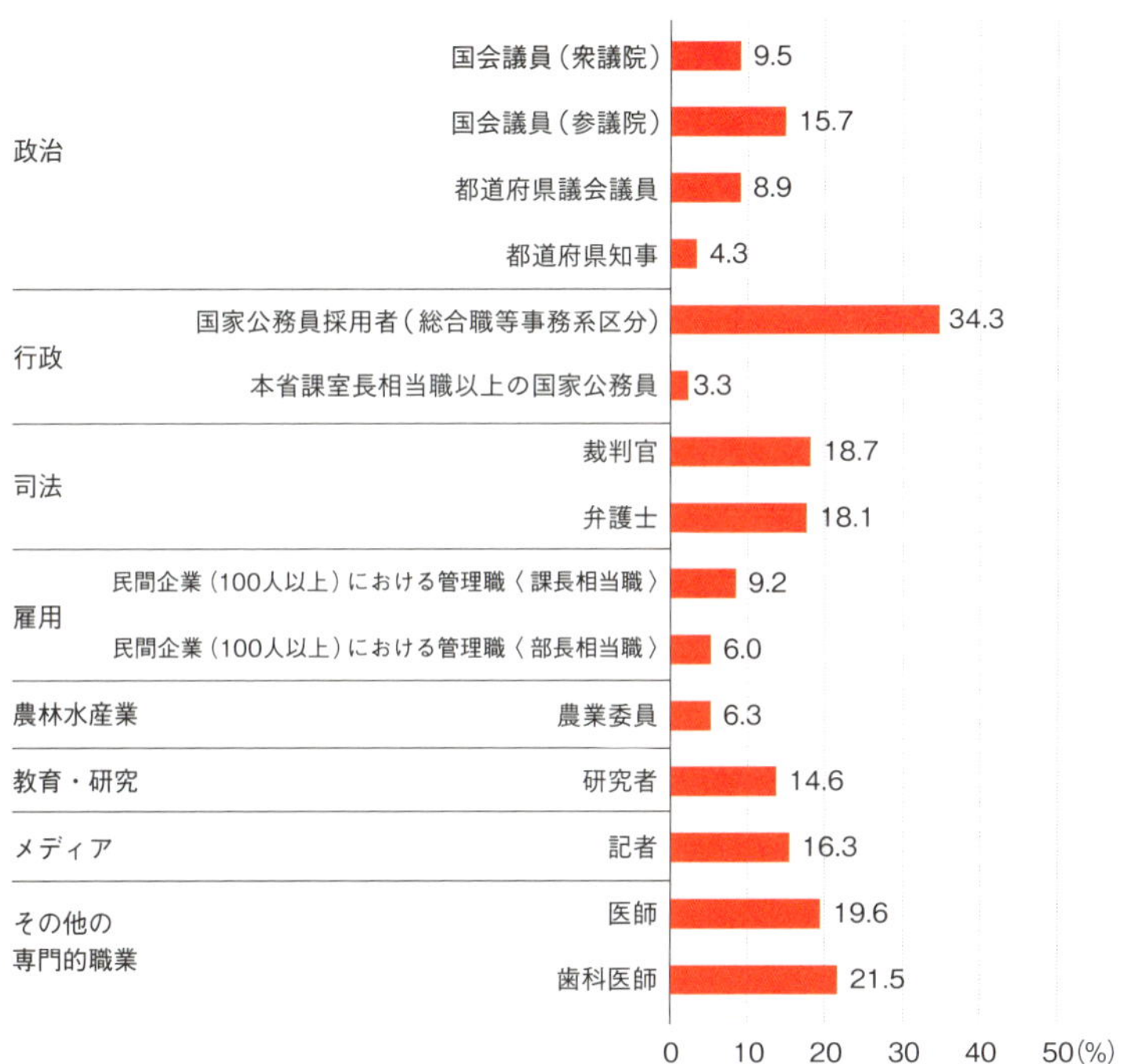

民間企業の管理職、衆議院議員は10％未満

衆議院議員、都道府県議会議員に占める女性の割合は10％未満、都道府県知事も5％未満と政治の世界でも女性の活躍はまだまだ発展途上です。国家公務員採用者の3分の1は女性ですが、課長・室長相当職以上はわずか3.3％とリーダークラスになると激減します。ビジネスの世界でも管理職に占める割合は10％未満に留まります。

出典：内閣府男女協同参画局（2015）「男女共同参画白書 平成27年版」

issue 20 | 仕事と子育ての両立

女性の年齢別就業率の推移

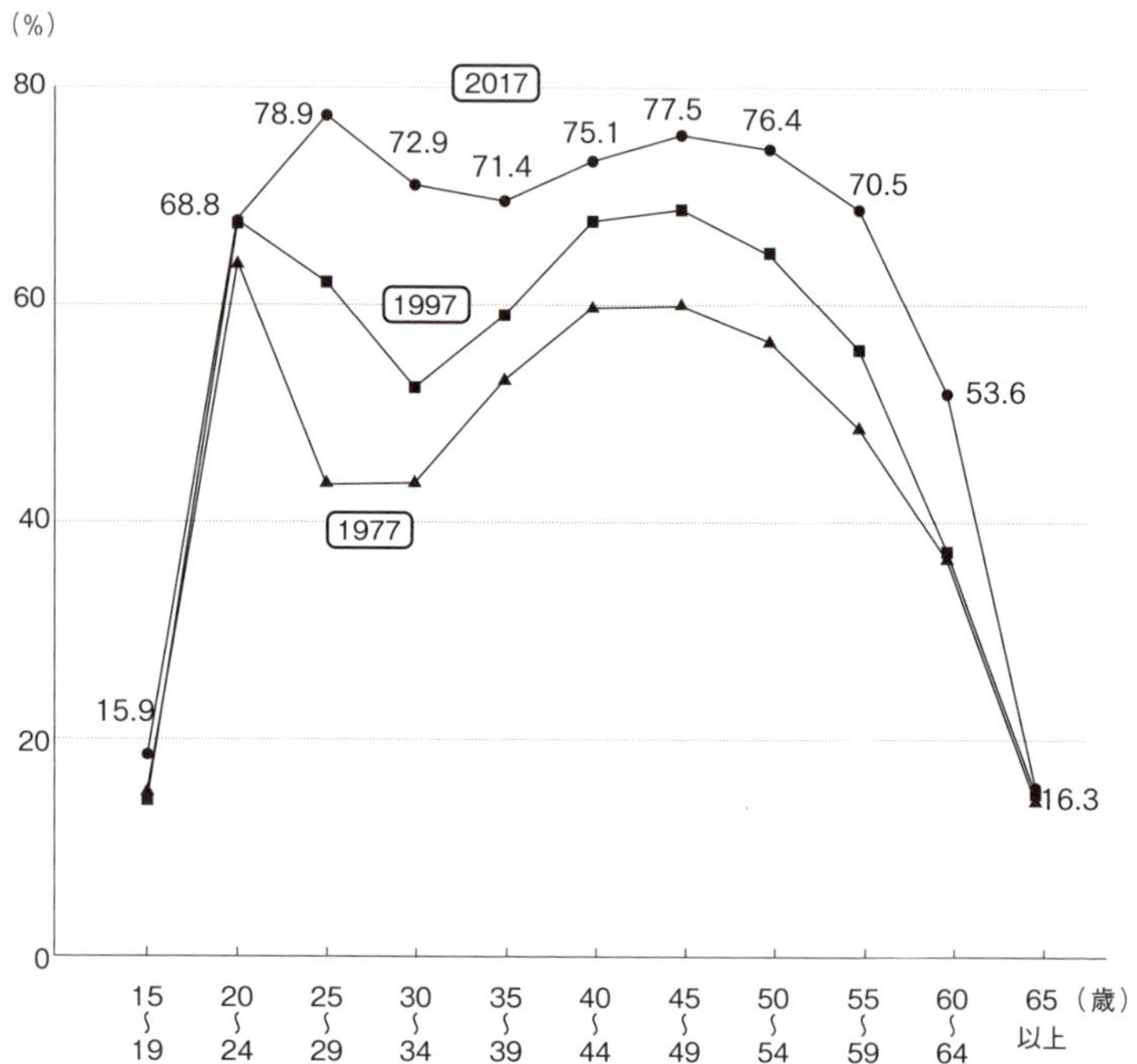

M字カーブの溝は徐々に浅く

女性が出産・育児を理由に一旦離職することで描かれるM字カーブ型のグラフは、その溝が急激に埋まりつつあります。1977年は20代後半〜30代前半女性の就業率は50%を切ってましたが、2017年現在は20代後半まで就業率は伸び続けます。30代でやや下がりますが、70%台を保っています。日本でも女性が働き続けることが一般的になりつつあります。

出典：総務省統計局（2018）「労働力調査 長期時系列データ」

保育所等待機児童率（2017年）

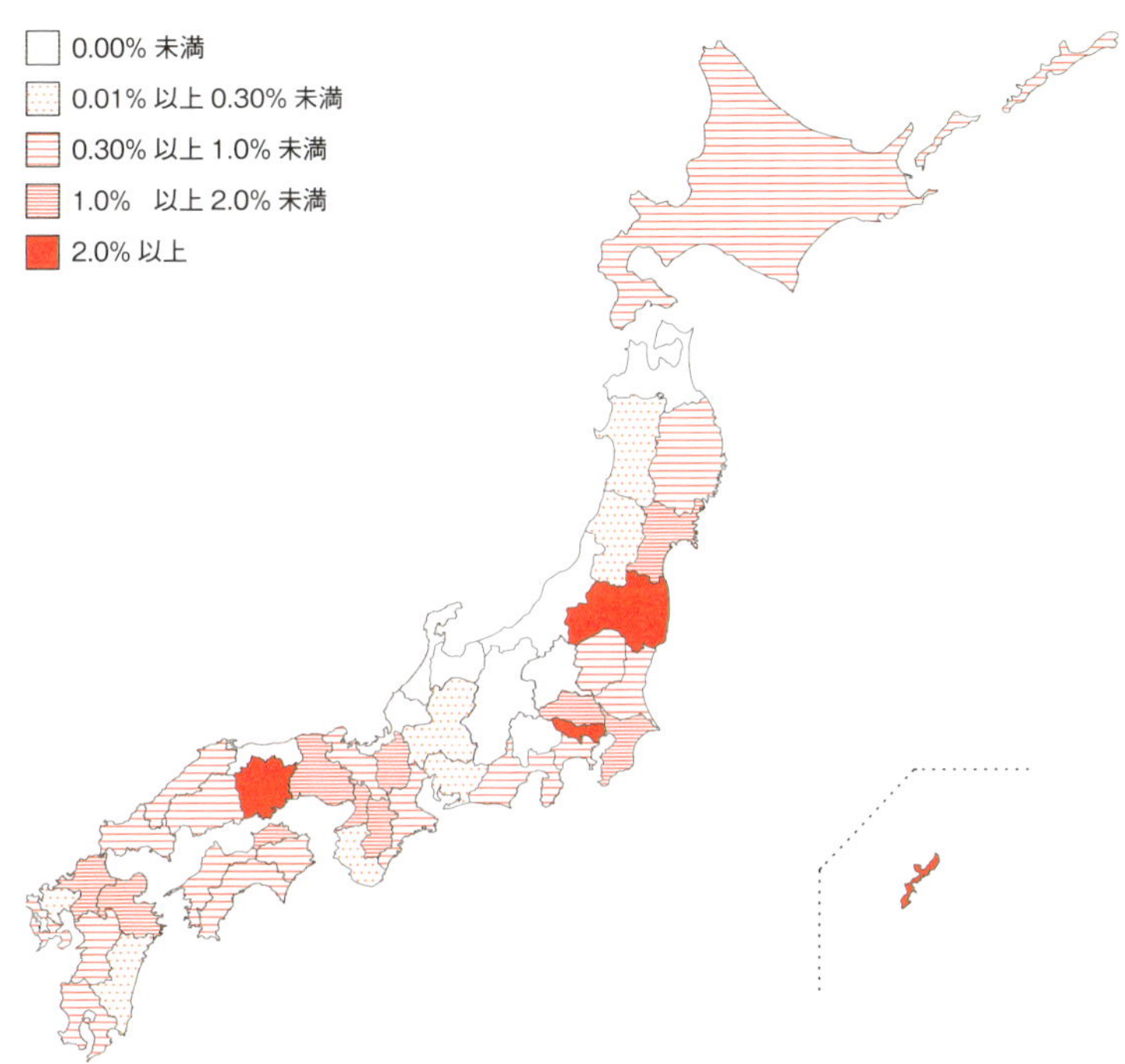

人口増地域で解消されない待機児童問題

沖縄・東京など、人口の維持・増加が続く地域を中心に、保育所の待機児童問題はなかなか解消の見込みが立ちません。出産後も女性が当たり前に働き続けられる日本社会の実現のためにも、人口減少時代の今だからこそ保育の環境整備が急がれます。

☑ 保育所等待機児童率：保育所等の利用を希望する児童（利用児童＋待機児童）のうち、待機児童の割合

出典：厚生労働省（2017）「保育所等関連状況取りまとめ」

issue 21 | 男性の家事・育児

5 8 10 17

国別男女別家事・育児時間*

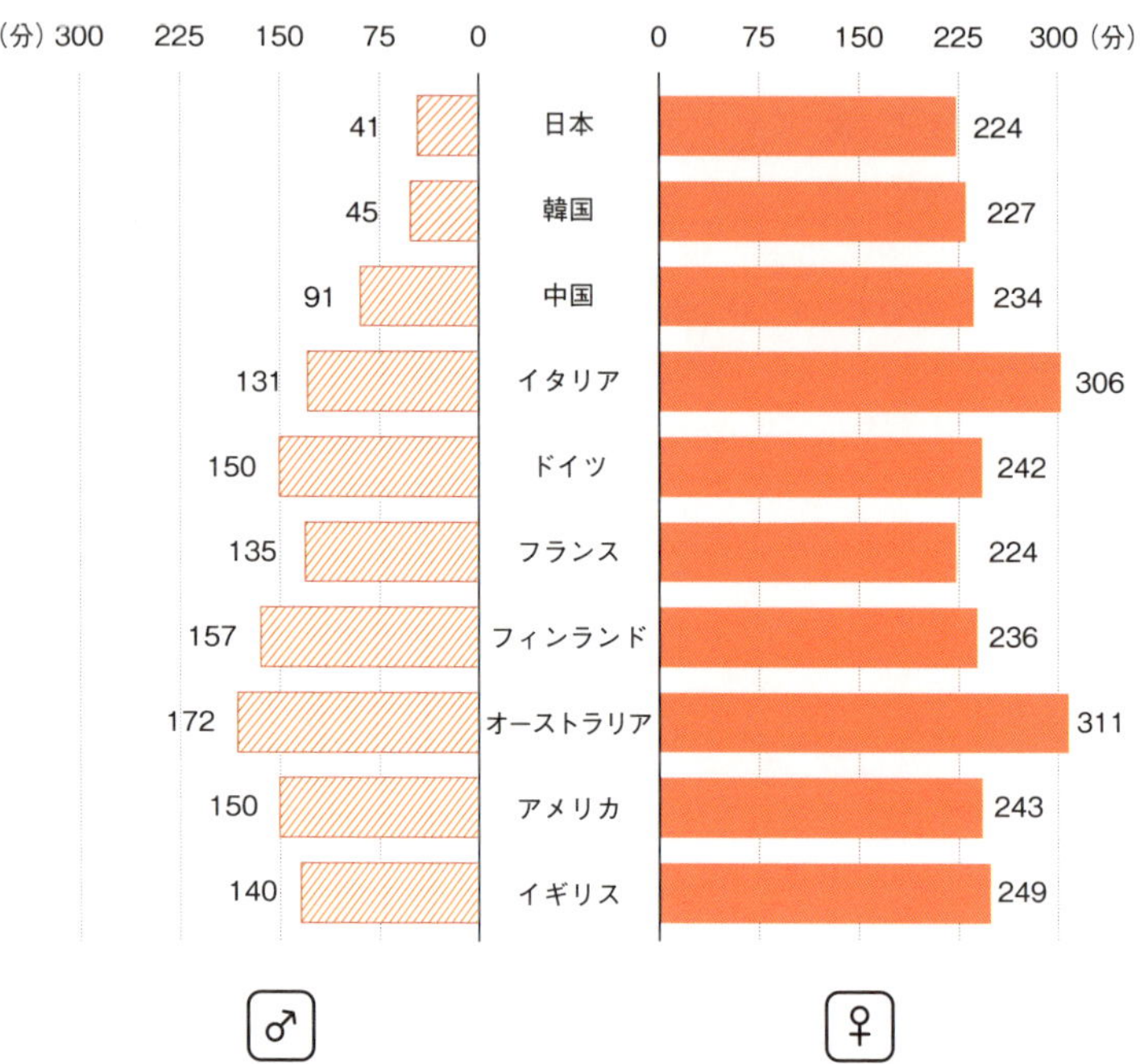

世界最低水準の男性の家事・育児参加

日本人の家事・育児への1日の参加時間は男性41分、女性224分と大きな差があります。韓国・中国などアジア各国でも、日本同様に男女差はありますが、男性の家事・育児参加時間は日本が3カ国中最低です。欧米各国をみると、男性が女性を下回るものの、全ての国で男性も2時間以上を家事・育児に費やしています。

＊ 調査年は国によって異なる

出典：OECD（2018）「Gender data portal」

issue 22 未婚化

生涯未婚率の推移と予測

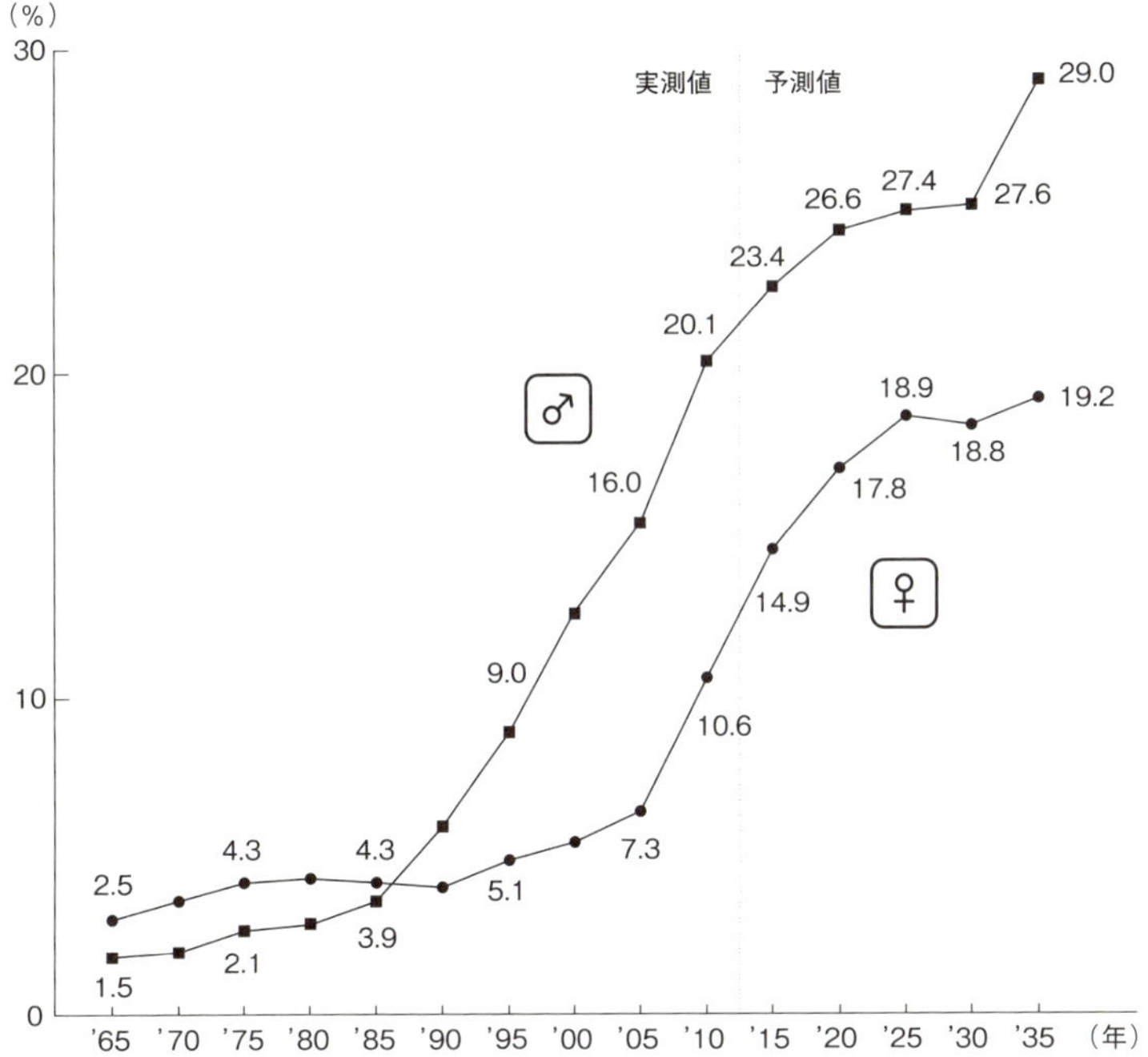

2035年には男性の3割、女性の2割が生涯未婚に

未婚率は男女ともに増加しており、今後も増加の見込みです。結婚に対する価値観が多様化し、一生未婚という選択に社会的な理解がある時代であると同時に、逆に結婚したい人が結婚できない時代でもあります。結婚を前提とした社会システムの見直しが求められています。

出典：厚生労働省（2015）「平成27年版 厚生労働白書」

安全な水とトイレを世界中に

日本は水資源が豊かな国というイメージがあります。しかし、国土の広さ、人口規模で考えると決して水が豊富なわけではありません。少雨による水不足は断続的に発生しています。日本は穀物や肉類などの輸入を通じて、その生育に必要な水（ヴァーチャル・ウォーター）を大量に輸入しているとも言えます。21世紀は水の世紀といわれるように、飲料水等の水源の確保は国全体の重要な課題であり、水源の大半が位置する地域の大切な役割です。

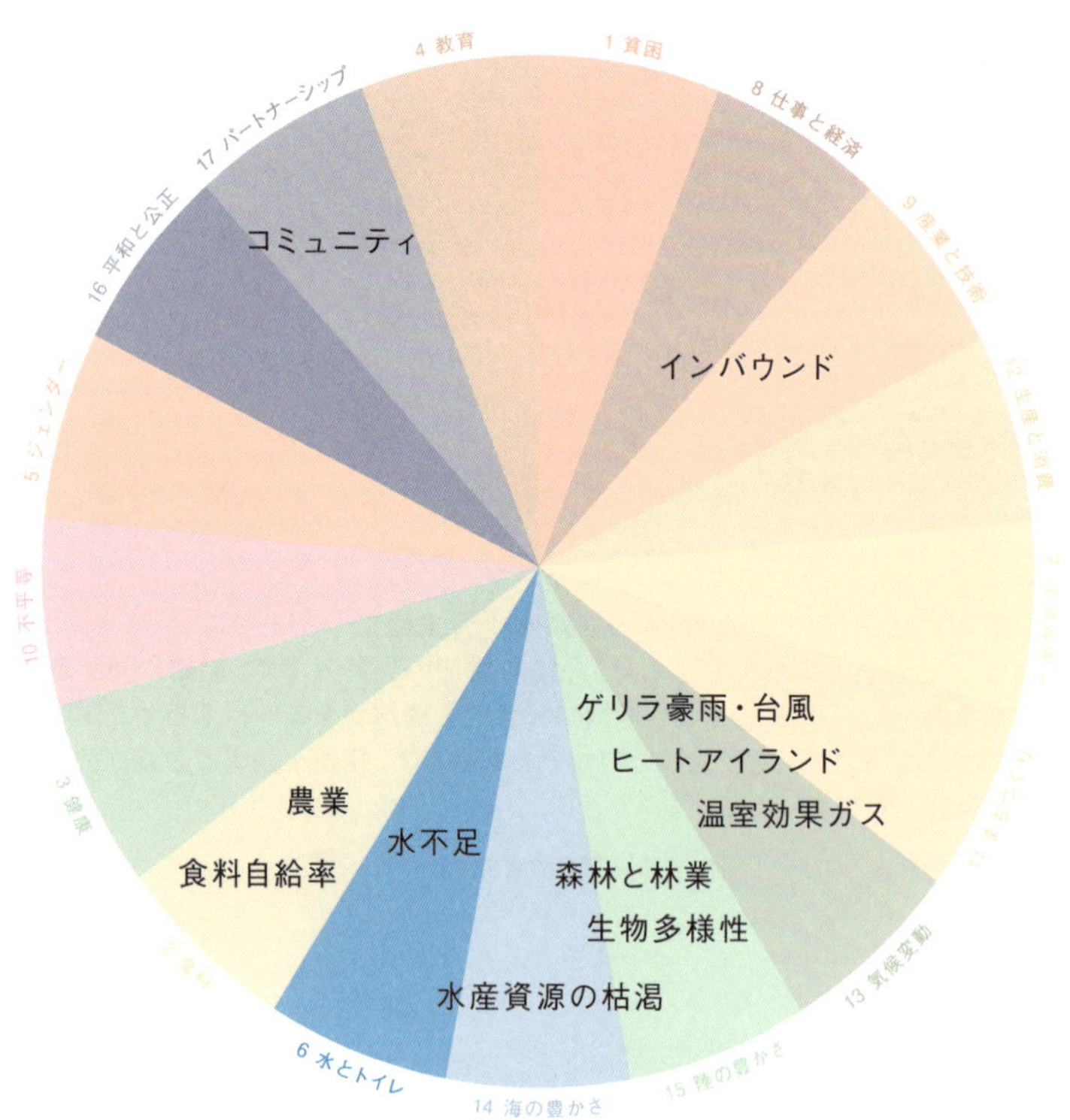

issue 23 水不足

2 6 13 14 15 17

渇水による上水道の減断水発生状況（1983年〜2012年）

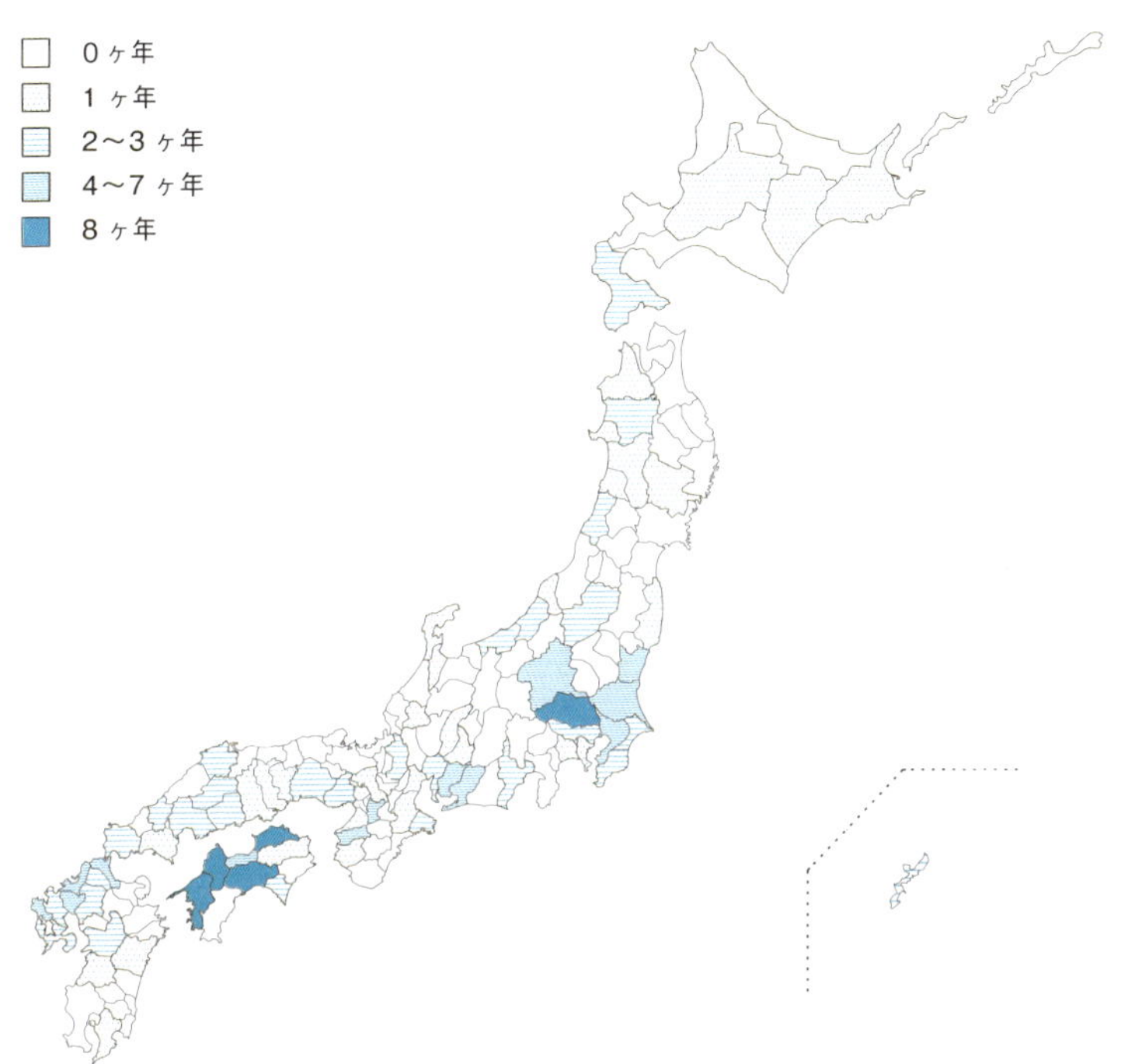

全国各地で水不足は断続的に発生

上水道の減断水は、四国や関東地方を中心に全国で多発しています。1994年の列島渇水の際には、全国約1,600万人が減断水を経験し、約1,400億円の農作物被害が発生しました。気候変動の影響で猛暑日が増加し、適度な雨が減少しており、水の重要性は今後ますます高まります。

☑ 渇水：降雨が少ないこと等により、ダムの貯水が枯渇すると想定される場合に水の供給制限を行うなど、平常時と同様の取水を行うことができない状態のこと

☑ 減断水：上水道の送水が停止する断水、量が減る減水を合わせた言葉

出典：国土交通省ホームページ「渇水の発生」

エネルギーをみんなに そしてクリーンに

現代の豊かで便利な生活は、地球の恵みを活用した化石エネルギーの消費と切っても切り離せません。温室効果ガスを排出しないクリーンな再生可能エネルギーは徐々に増えていますが、まだまだ限定的です。大きなリスクのある原子力発電の是非は日本全体、特に立地地域では大きな論点となっています。持続可能な地域の実現のためにも、エネルギー消費の少ない生活、水・風・森などの地域資源を活用したエネルギーによる生活を推し進めましょう。

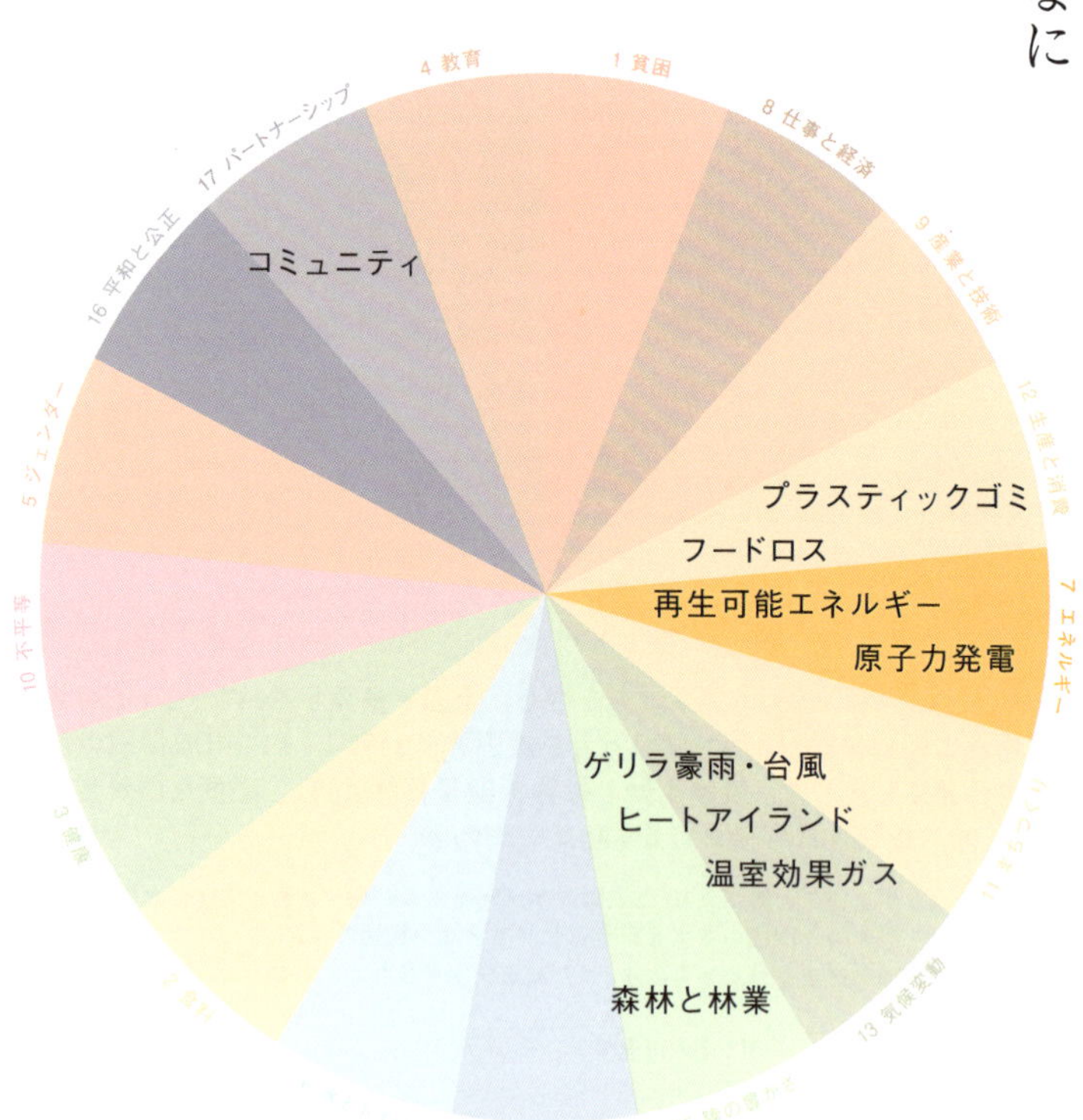

issue 24 再生可能エネルギー

7 8 9 12 13   17

再生可能エネルギー比率の推移

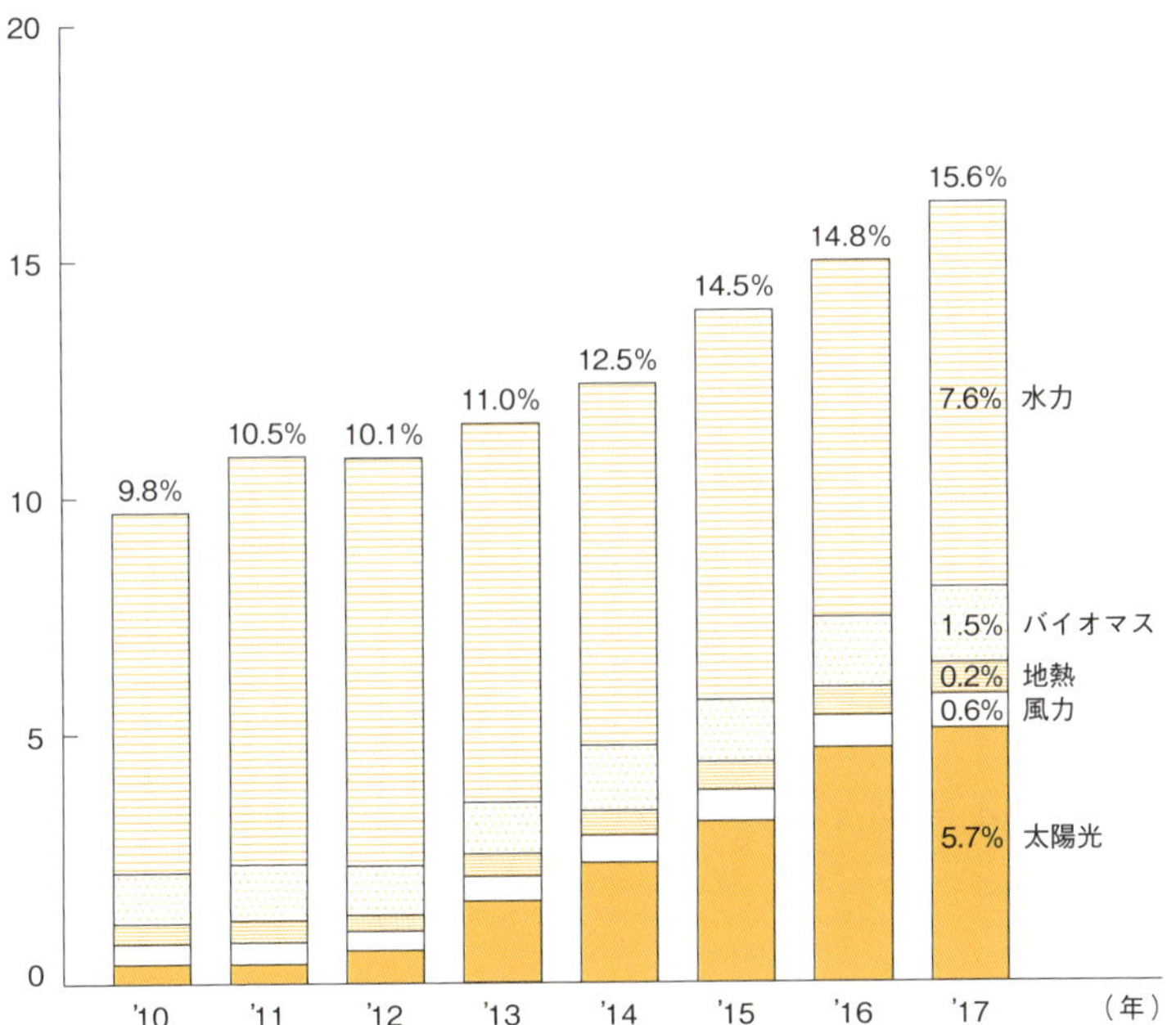

再生可能エネルギーはようやく15%超え

2009年に住宅用太陽光発電の固定価格買取制度が始まって以降、太陽光発電の割合が増加し、2017年に全発電量の5%を超えました。2016年の電力自由化によって再生可能エネルギー発電事業者の新規参入も増えており、今後ますます増えることが期待されます。

☑ バイオマス：動植物等の生物から作り出される有機性のエネルギー資源のこと
☑ 固定価格買取制度：再生可能エネルギーで発電した電気を買い取る制度（FIT 制度）
☑ 電力自由化：一部事業者に限られていた電気事業において市場参入規制を緩和し、市場競争を導入すること

出典：経済産業省資源エネルギー庁（2017）「電源調査統計」

issue 25

原子力発電

6 7 8 9 12 13 14 15 16 17

日本の原子力発電量と原子力発電所の状況(2018年)

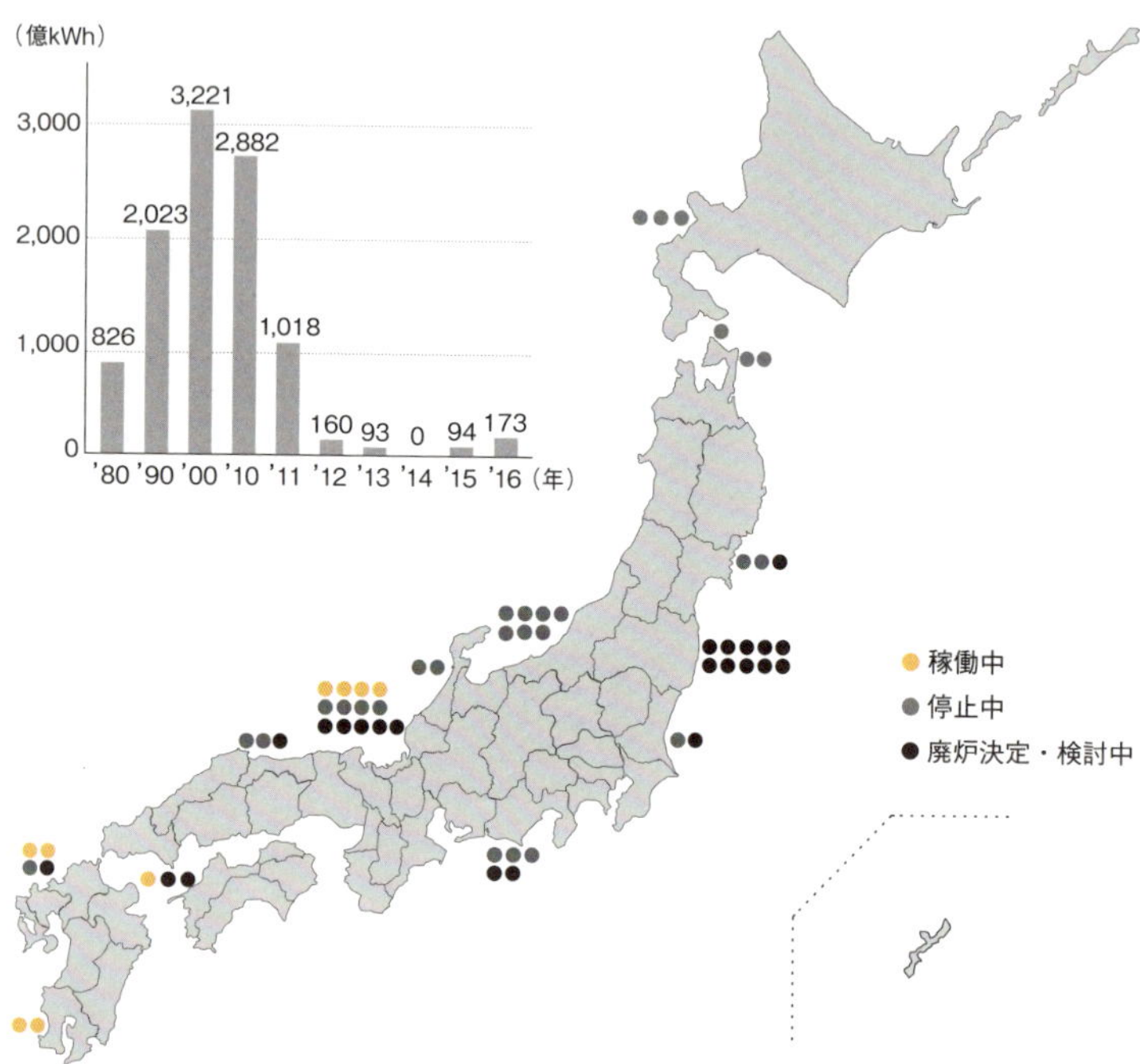

計60基が全国に点在。9基が稼働中

2011年3月11日時点では日本の電力の3割程度を原子力発電により賄っていました。しかし、東日本大震災にともなう福島第一原子力発電所の重大事故により、日本における原子力発電の位置付けは大きく変わりました。2018年現在、稼働中の原発は9基で、23基が廃炉を決定・検討しています。

☑ 廃炉:必要なくなった炉を停止させ、設備を解体する、あるいは危険がない程度に整理してその状態のまま放棄すること

出典:日本エネルギー経済研究所 計量分析ユニット編(2018)『EDMCエネルギー・経済統計要覧2018年版』一般財団法人省エネルギーセンター / 経済産業省資源エネルギー庁(2018)「日本の原子力発電所の状況」

働きがいも経済成長も 産業と技術革新の基盤をつくろう

持続可能な地域には、持続可能な経済が欠かせません。非正規雇用の増加、長時間労働など、厳しい環境で働く人が増えています。起業率は低く、中小企業は後継者問題に頭を悩ませています。一方、AI、IoTなどの技術には人口減少地域の課題解決の大きな可能性があり、外国人観光客の増加はビジネスチャンスです。地域ならではの資源や環境を生かした仕事を地域発でどんどん生み出しましょう。

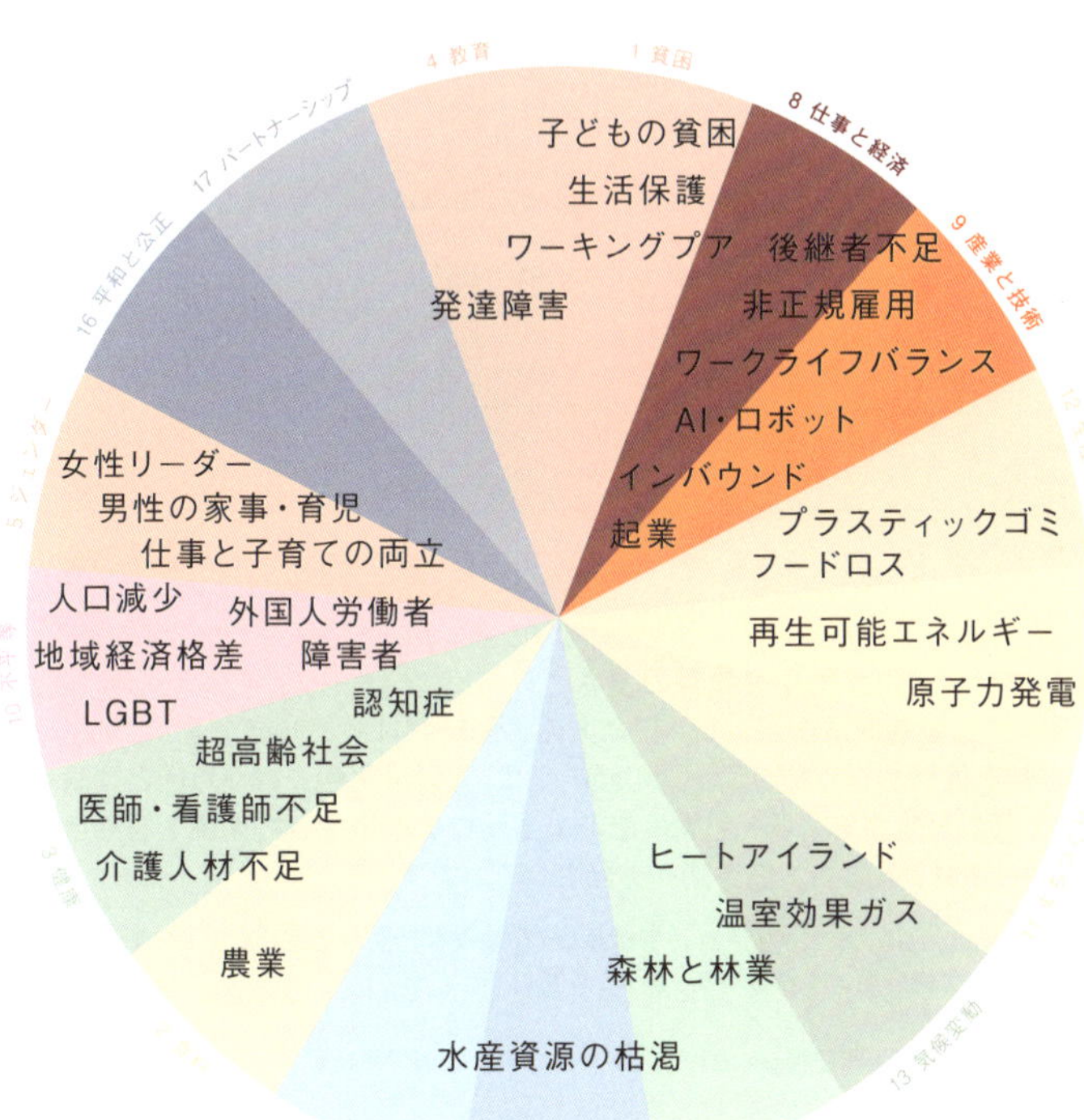

issue 26 **ワークライフバランス**

一人当たり平均年間実労働時間の推移

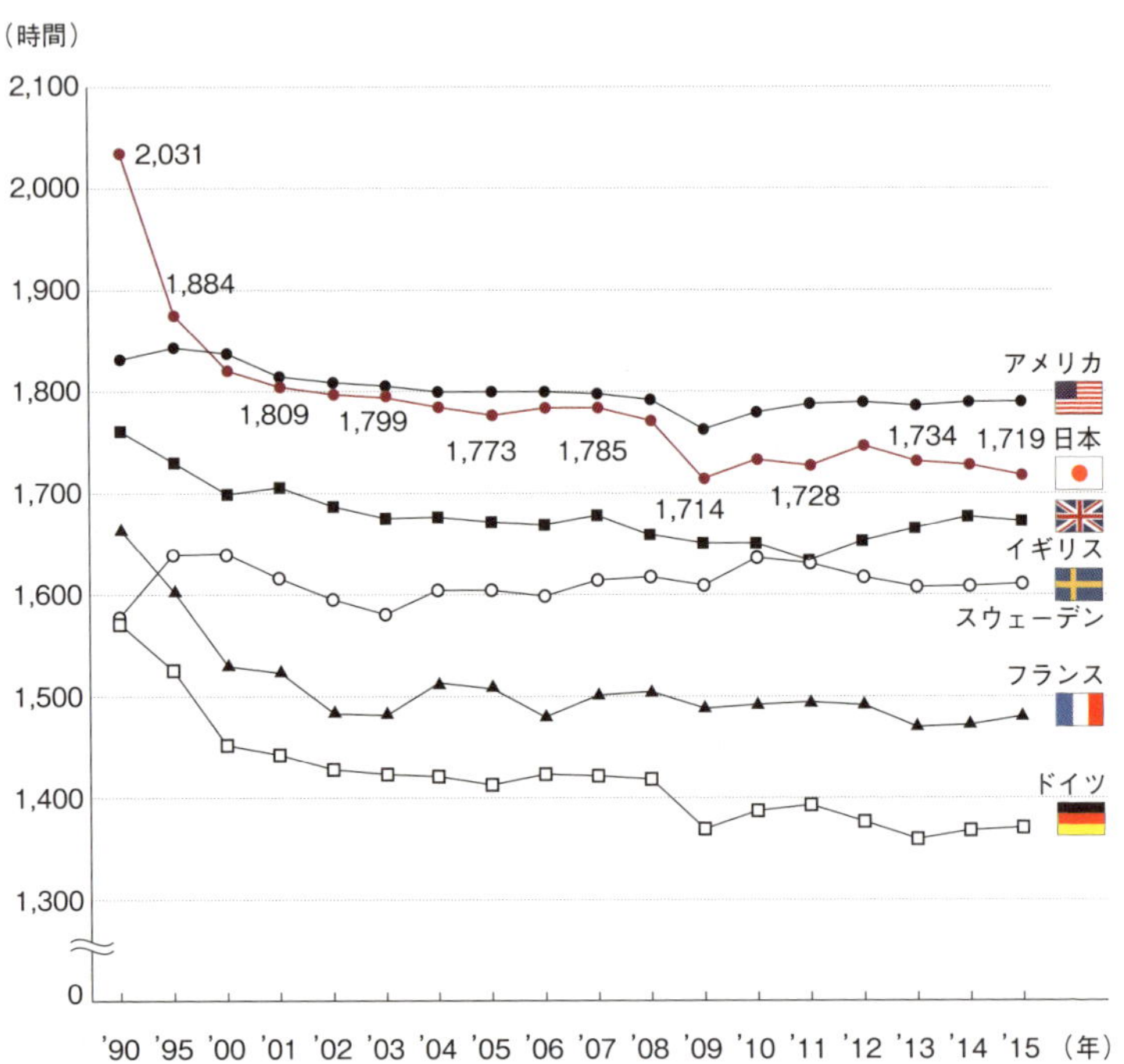

米国についで、先進国中２番目の長さ

1988年の労働基準法改正以降、日本人の労働時間は短縮傾向ですが、米国に次いで２位と依然として長時間労働の傾向です。長時間労働だけが原因とは限りませんが、労災認定された脳・心臓疾患による死亡が年間92件、未遂を含む自殺は同98件（2017年厚生労働省調べ）発生しています。

☑ 労働基準法：1947年に制定された労働基準（労働条件に関する最低基準）を定める法律。その中で、労働時間は１日８時間、週40時間以下とされている

出典：労働政策研究・研修機構（2017）「データブック国際労働比較」

「仕事が好き」な人の割合の推移

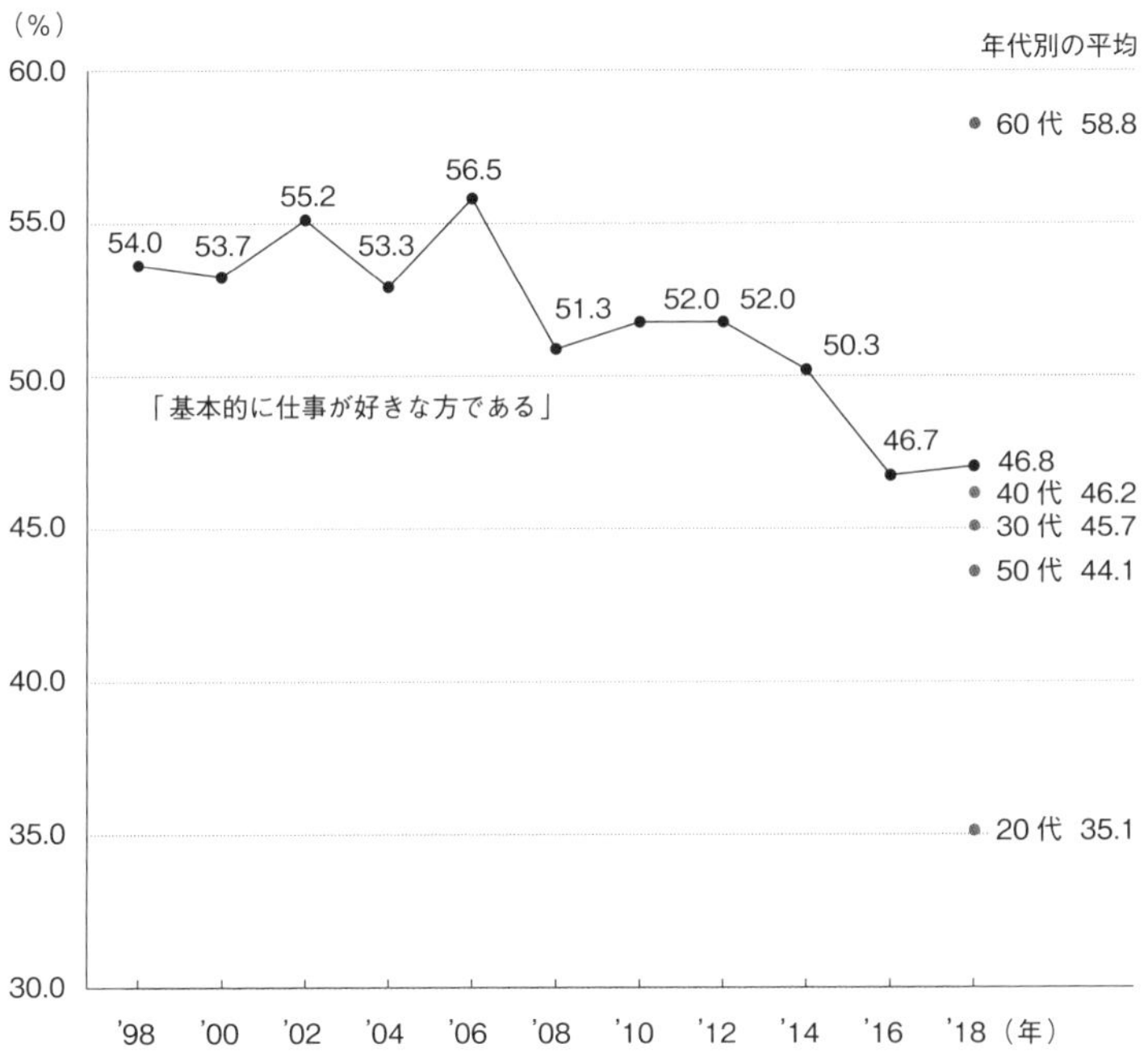

「仕事が好き」は半数以下。若い人ほど少ない

「仕事が好き」と答える人は50%以上で推移していましたが、ここ近年減少傾向で2016年調査では半数を切りました。年齢によって差が大きく、20代では4割を切るなど、中高年世代と大きな差があります。好きでもない仕事を、それも長時間し続けることは、精神面で持続可能な生活とは言えません。

出典：博報堂生活総研（2018）「生活定点 2018」

issue 27

非正規雇用

1 5 8 9 10 17

初職就業時に非正規雇用の割合の推移

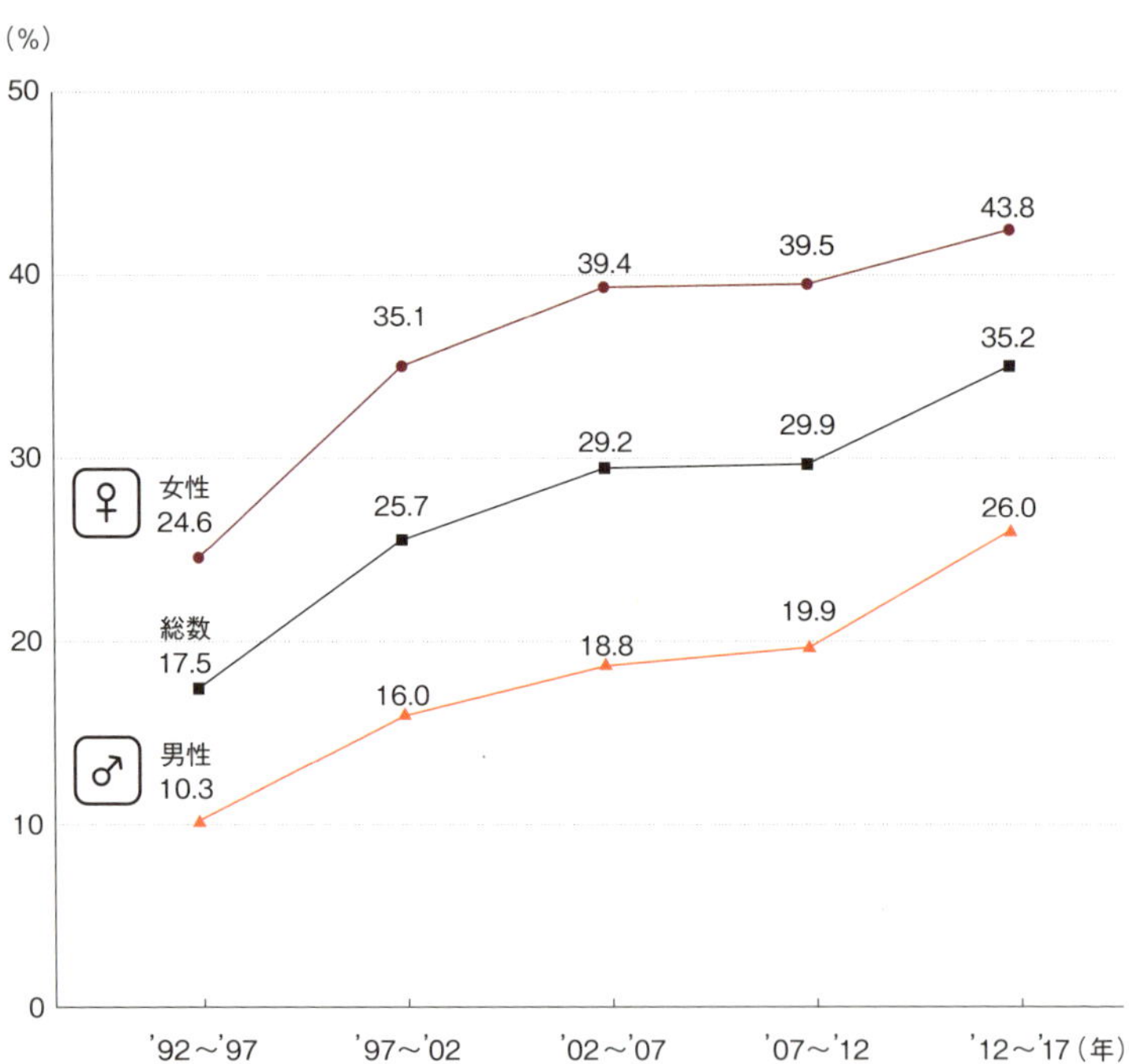

初職が非正規雇用の女性が4割超え

最初の就職が非正規雇用であった人の割合が女性では4割、男性でも25%を超え、年々増加しています。非正規雇用は柔軟な働き方をするための選択肢の一つですが、正規雇用を望む方が多いこと、不安定な雇用を理由に結婚や出産を控える人がいることも現実です。

☑ 非正規雇用：労働契約に応じた期間・時間に限定する働き方。パートタイマー、アルバイト、契約社員、派遣社員などがそれにあたる

出典：前田正子（2018）『無子高齢化』岩波書店

issue 28 AI・ロボット

4 8 9 17

機械化（AI・ロボット）代用可能性の国際比較（2013年）

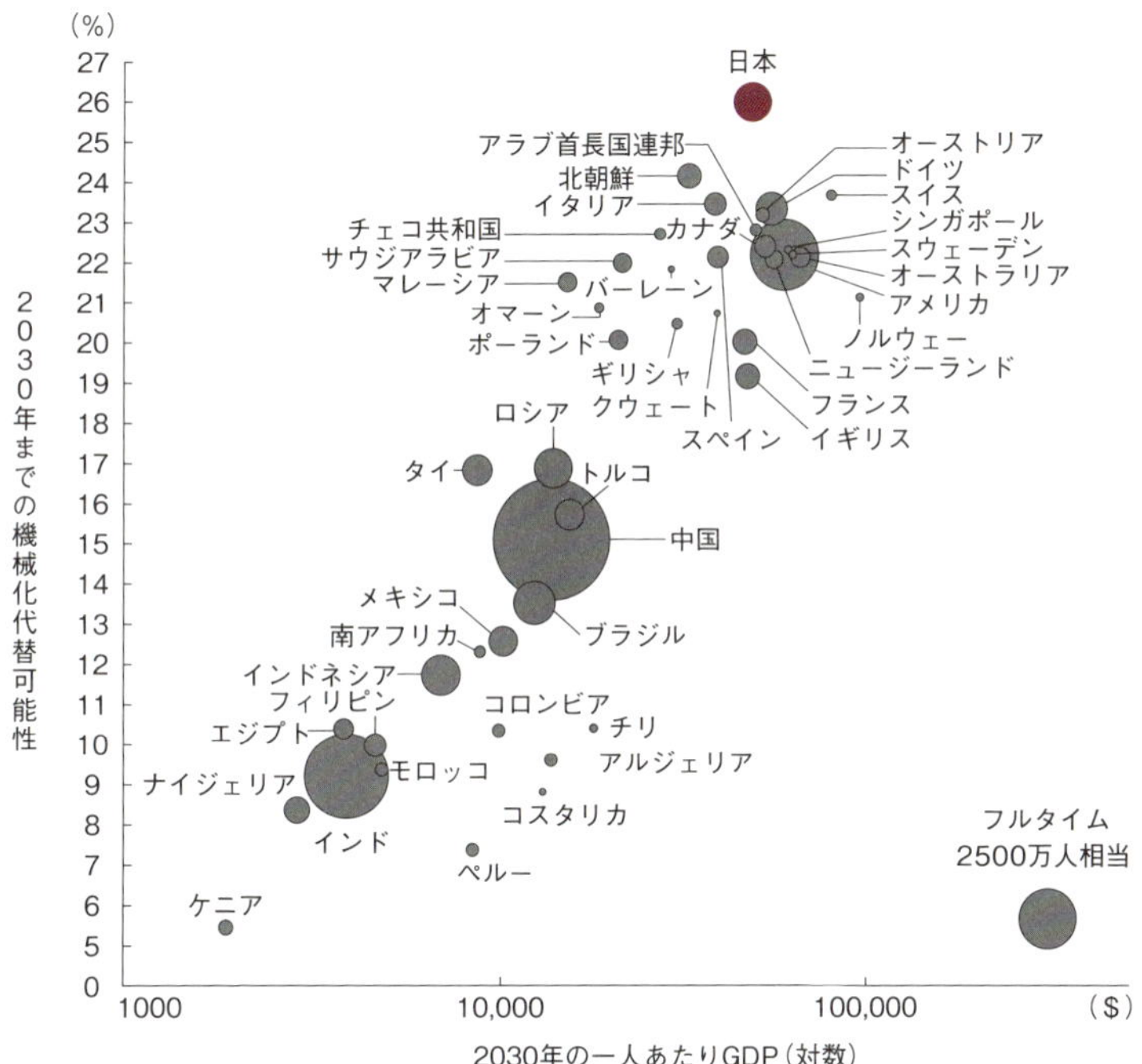

約1600万人分の仕事がAI・ロボットに代替

2030年までに、世界の労働人口の約２割に相当する約８億人が、ロボット導入や自動化の進展により職を失う可能性があります。日本の代替率は調査対象国の中で最も高く、労働人口の26%、約1600万人の職が代替されると予測されています。人口減少が進む地域にとっては、人手不足を補う手段として、期待されます。

出典：McKinsey Global Institute（2017）"Jobs lost, jobs gained：Workforce transitions in a time of automation"

issue 29 | 起業

開業率の国際比較

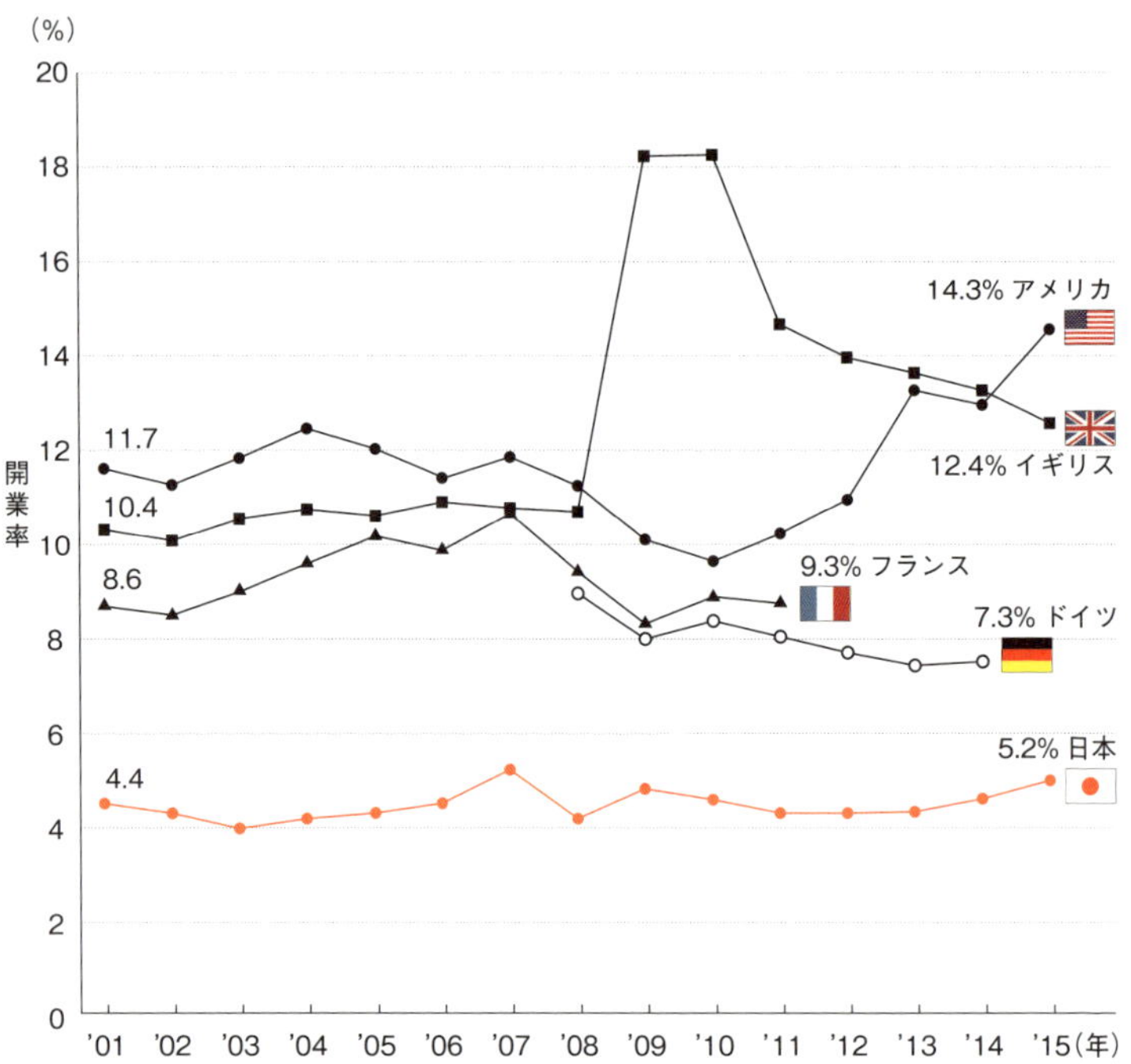

日本の開業率は5.2%と先進国最低レベル

日本の開業率は長年4～5%を推移しており、10%以上のアメリカ、イギリス、7%以上のフランス、ドイツなどの欧米各国と比べて、低い傾向です。自営業が減少し続け、大企業中心の経済システムが強固で、「起業」が働き方の選択肢の一つとして身近にないことは、日本社会全体の課題です。

☑ 開業率：新規開業した企業の数の年平均÷期間当初の企業数×100

出典：経済産業省中小企業庁（2017）「中小企業白書」

issue 30

インバウンド

訪日外国人数、一人当たり旅行支出の推移

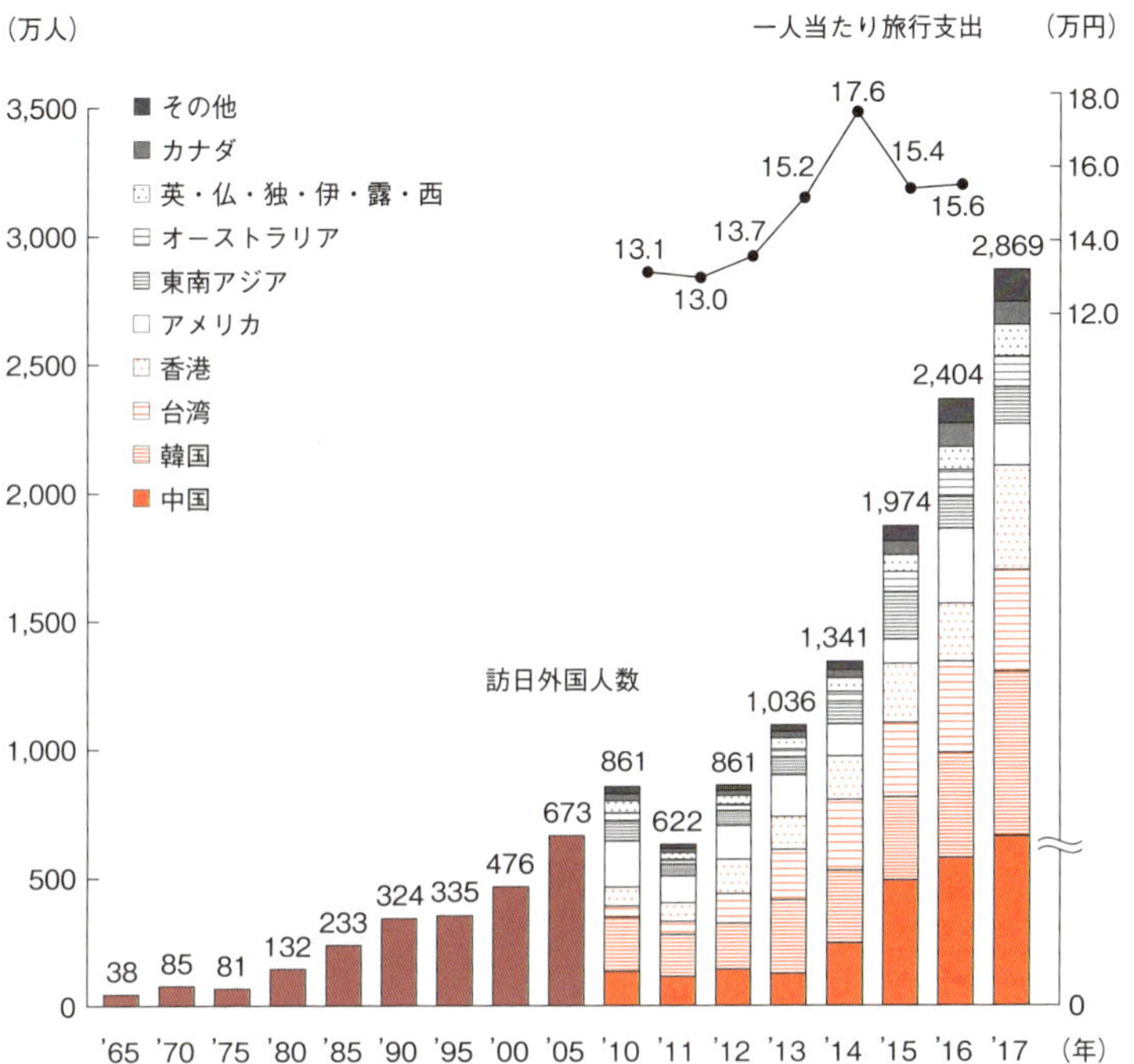

訪日外国人旅行者数3000万人超え

東日本大震災発生の2011年には一時的に減少しましたが、2013年に1000万人超え、2018年には3000万人を超えるなど、訪日外国人旅行者は急激に増加しています。しかし、一人当たり旅行支出は頭打ちで、より地域を楽しんでもらうためのコンテンツ開発が求められます。また、外国人旅行者の増加は地域にも恩恵があるものの、受け入れ体制などの課題も残ります。

☑ インバウンド(Inbound):外国人が訪れてくる旅行のこと。これに対し、自国から外国へ出かける旅行をアウトバウンド(Outbound)という

出典:観光庁(2018)「訪日外国人消費動向調査」

issue 31

後継者不足

中小企業経営者の年齢の推移

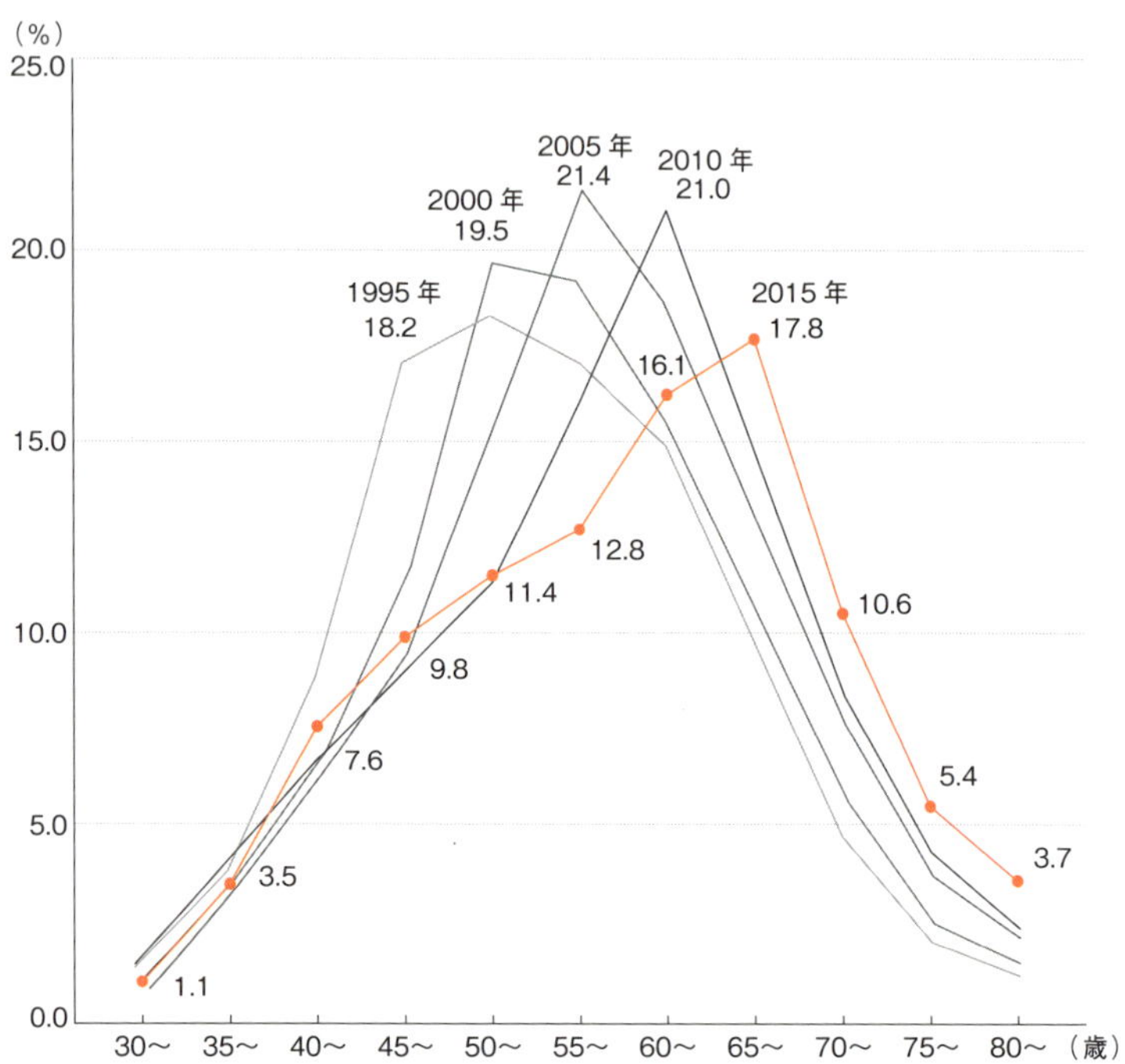

65歳以上経営者が4割近く

65〜69歳が中小企業経営者の最多ボリュームを占め、65歳以上が4割と高齢化が進んでいます。20年前に最多であった40代後半の経営者が20年を経てそのまま歳をとり、スライドしていることがわかります。若手の起業家が生まれにくい環境、中小企業の後継者不足は産業界の大きな課題です。

出典：経済産業省中小企業庁（2016）「2016年版 中小企業白書」

人や国の不平等をなくそう

日本にはまだまだ様々な格差や差別が残っています。障害者、性的少数者、外国人、被差別部落出身者、少数民族など、生きにくさを感じている人が多数います。大都市圏に人口と経済が集中し、地方圏で人口が急激に減少し、地場産業が衰退する、地域間の人口格差、経済格差が拡がっています。男女の格差も根強く残っています。あらゆる格差や差別をなくし、みんなが生きやすい社会、地域の実現を目指しましょう。

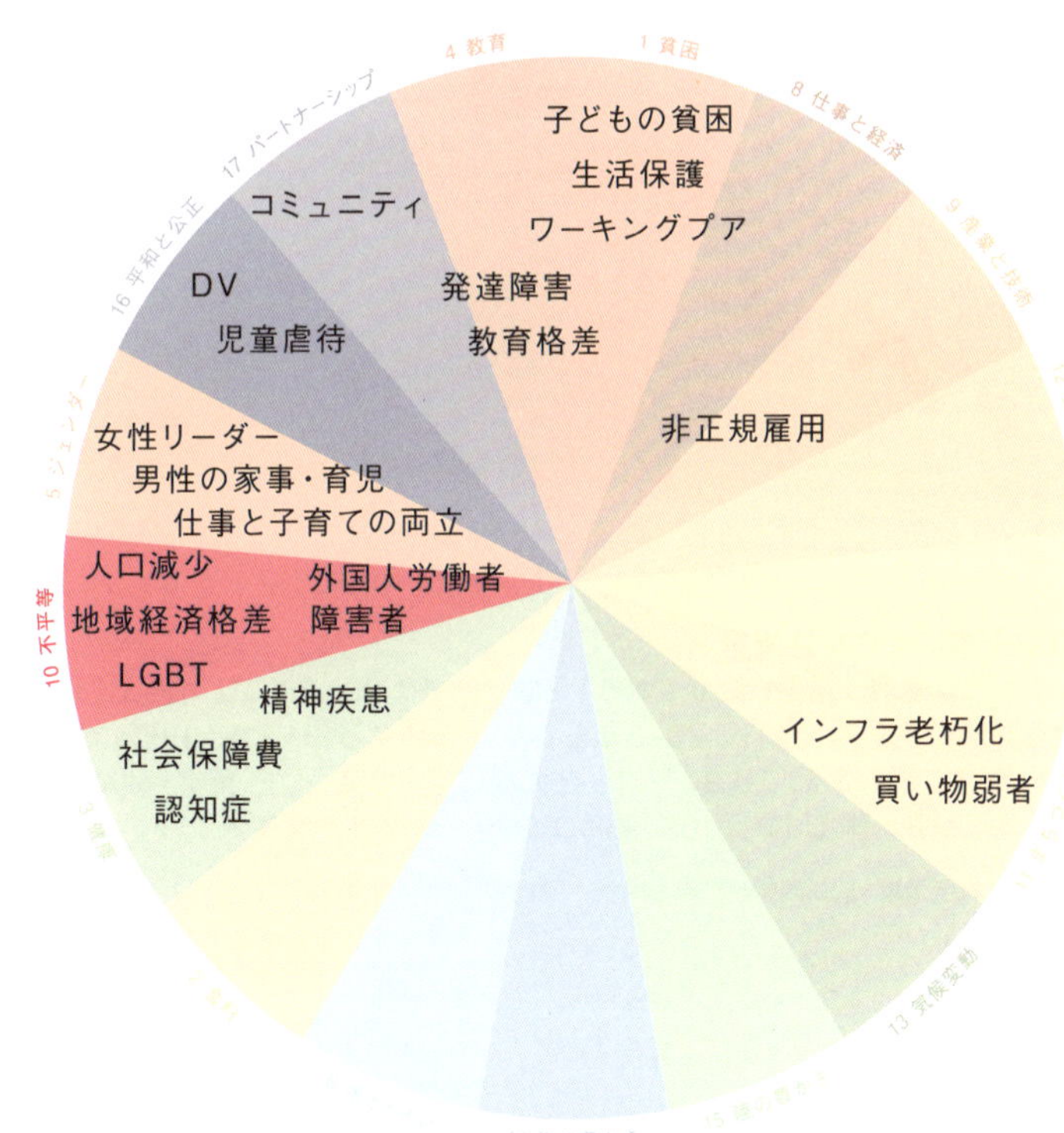

issue 32 | 人口減少

4 8 10 11 17

人口減少率（2015年～2045年）

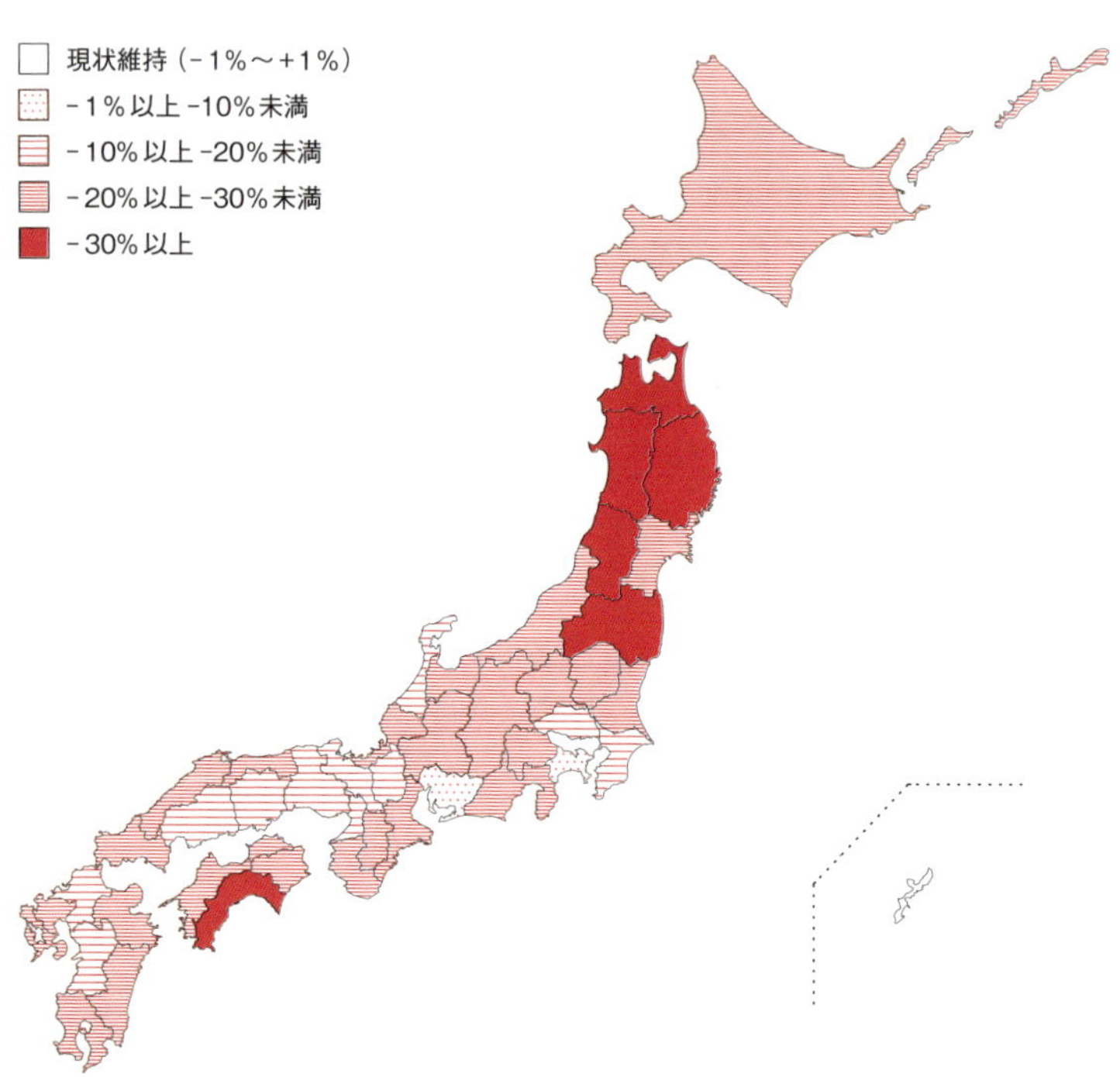

人口減少率に大きな地域差

日本の人口は急激に減少し始めており、日本全体では2050年には１億人を切ると見込まれています。しかし、2045年までの30年間で秋田・青森・山形・福島・岩手の東北５県と高知では30%以上と大幅に減少する一方、東京・沖縄では現状維持、愛知・神奈川では10%未満の減少と、地域差が顕著です。

出典：国立社会保障・人口問題研究所（2015）「日本の地域別将来推計人口」

issue 33 地域経済格差

地域別物価と給与の関係性（2016年）

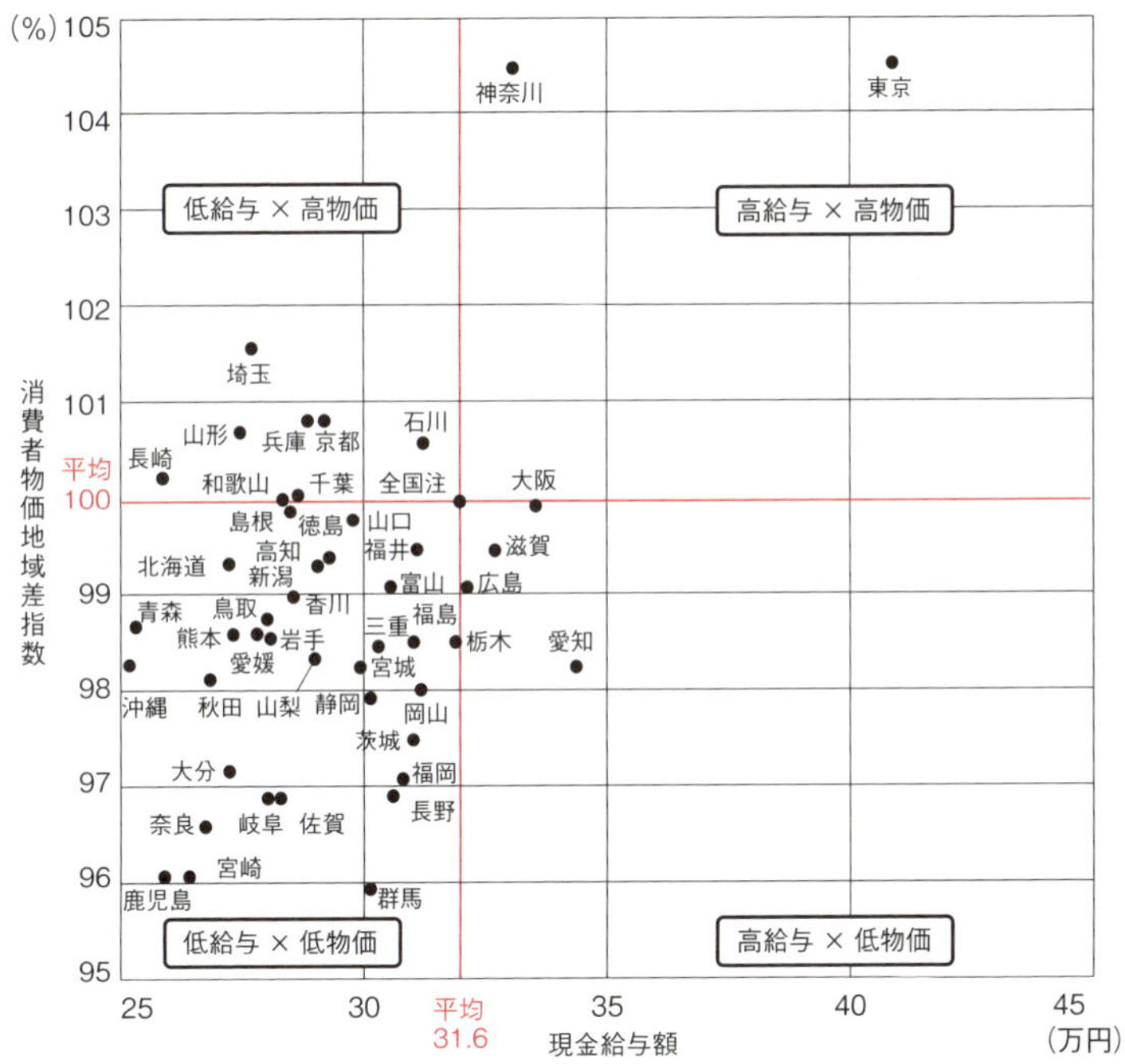

物価と給与に地域差が

地域間で給与の格差、物価の格差が見られます。横軸の給与は東京が一つ抜けており、愛知・大阪・神奈川・滋賀などの大都市圏が続く一方、九州、北海道・東北が左下に位置する傾向にあります。給与と物価の間には必ずしも相関関係が見られず、地域間で経済面での暮らしやすさに差が見られます。

☑ 消費者物価地域差指数：その年における地域間の物価水準の差を表す指数
☑ 現金給与額：所得税、社会保険料、組合費、購買代金等を差し引く以前の総額

出典：厚生労働省（2018）「毎月勤労統計調査」

issue 34 | LGBT

性的少数者、LGBTの人数とカミングアウト実態（2016年）

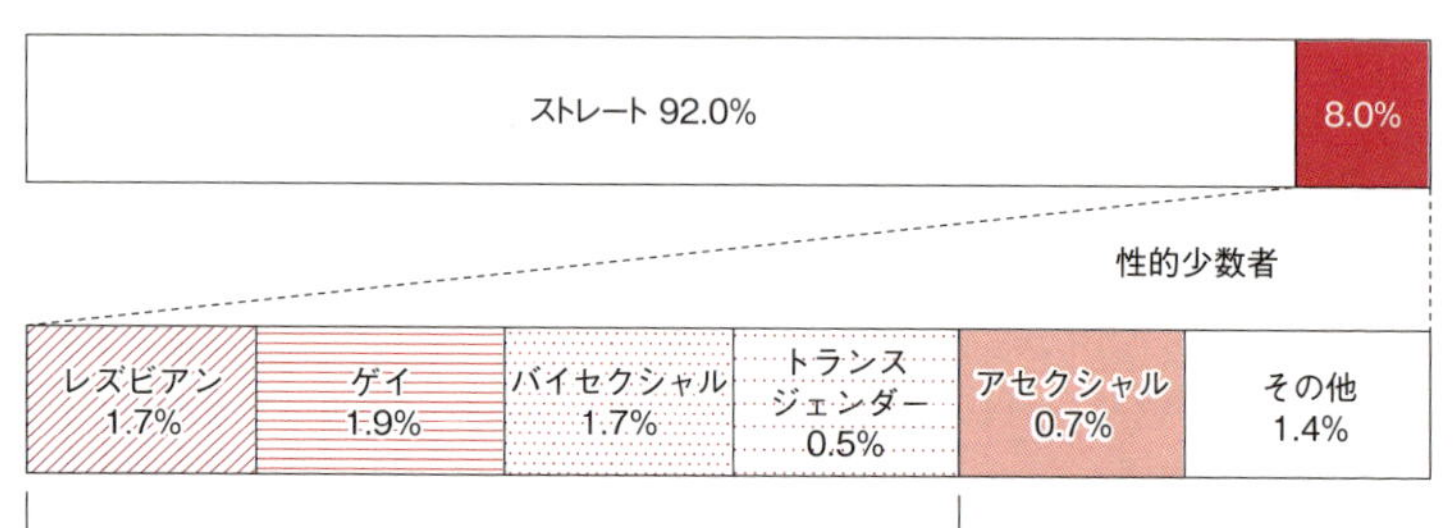

Q. LGBTであるということを自分の意思でどなたかにカミングアウトしたことはありますか？

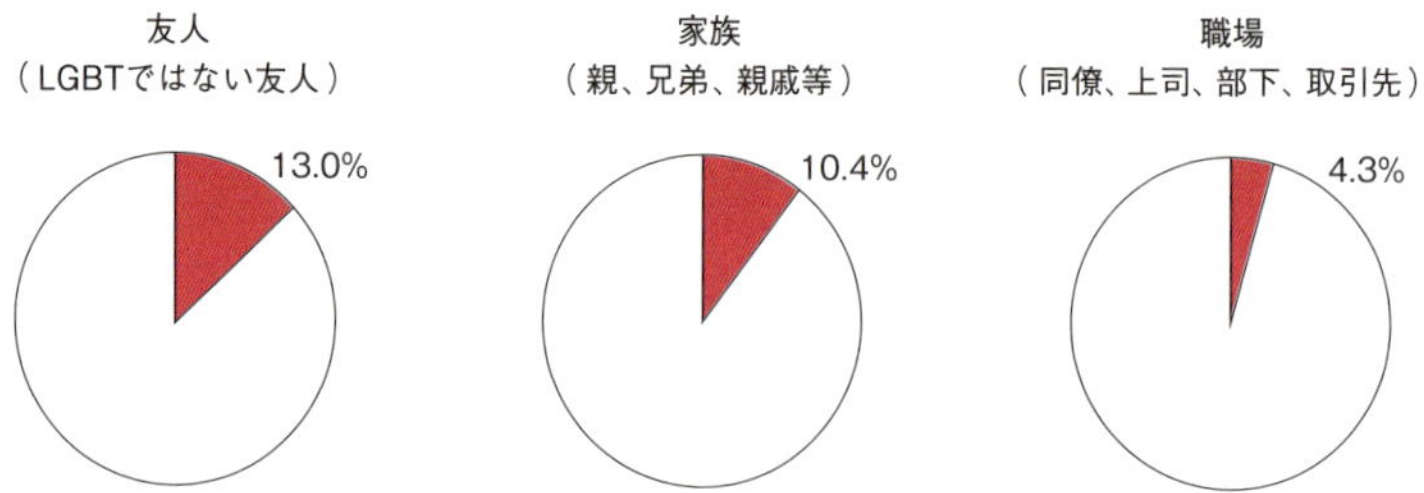

100人中８人が性的少数者

身近にLGBTを含む性的少数者と呼ばれる方が確実に存在します。しかし、大半の方が事実を口にできないなど、当事者にとって、まだまだ日本は暮らしやすい社会とは言えません。教育、就労、医療、福祉など多くの分野で、より理解が求められ、改善の必要があります。

- ☑ レズビアン：身体と心の性別は女性で、性的指向も女性である人
- ☑ ゲイ：身体と心の性別は男性で、性的指向も男性である人
- ☑ バイセクシュアル：身体と心の性別を問わず、性的指向が両性である人
- ☑ トランスジェンダー：身体の性別と心の性別が一致しない人
- ☑ アセクシュアル（無性愛）：性別に関係なく、他者に対して恋愛感情や性的欲求を抱かない人

出典：LGBT 総合研究所（2016）「LGBT意識行動調査 2016」

issue 35 障害者

3 4 8 10 11 17

18歳〜65歳在宅の障害者約355万人の雇用の状況（2016年）

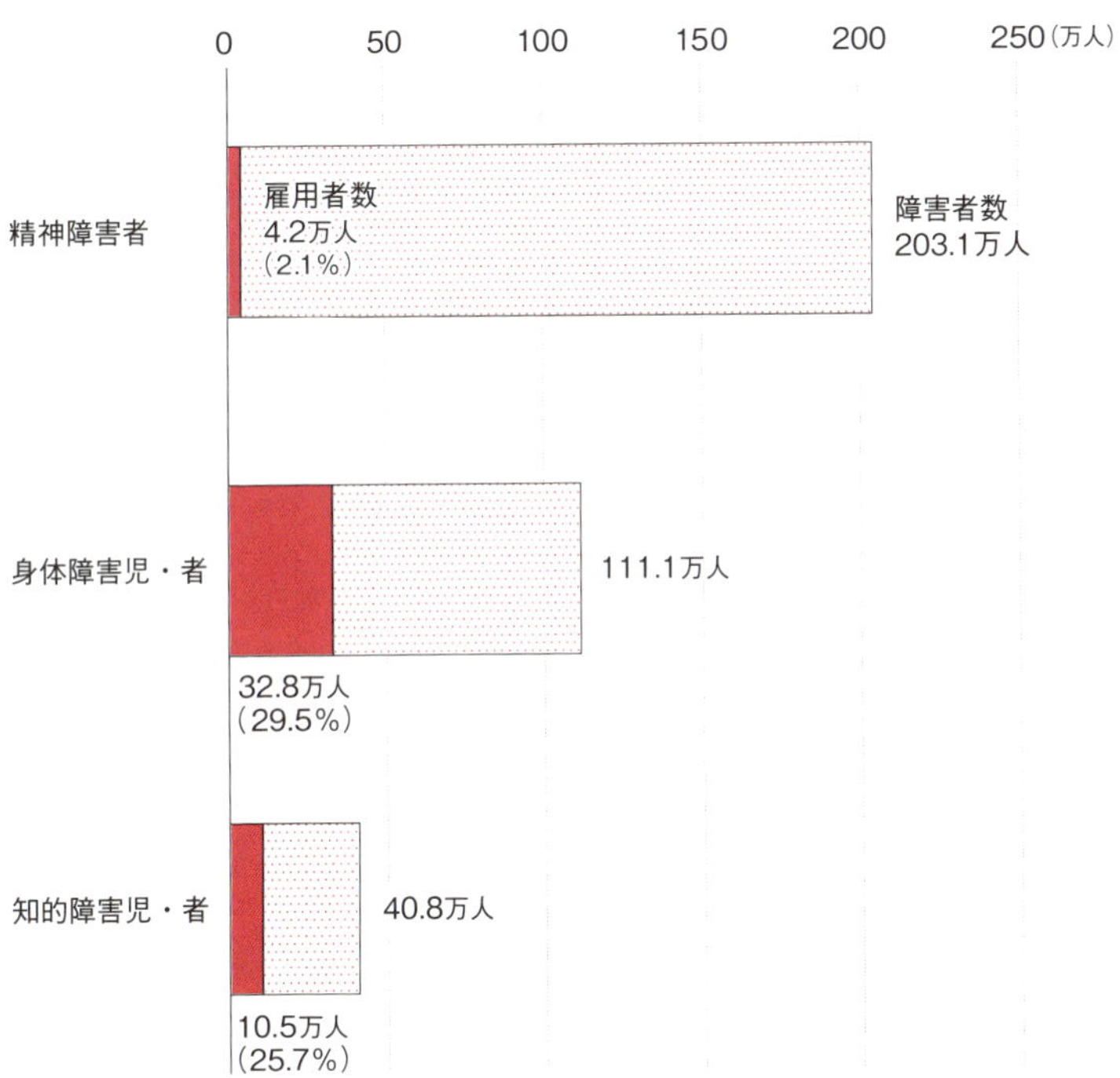

障害者数・障害者雇用率ともに増加

障害者の雇用者数は増加しているものの、まだまだ十分な雇用が確保されているとは言えません。身体障害者・知的障害者は約３割が働けているものの、精神障害者は２%に過ぎません。雇用する側の理解はまだまだ進まず、採用後も早期退社してしまう場合も多くあるなど、大きな課題が残ります。

☑ 障害者雇用促進法：企業と行政に一定数の障害者雇用を義務付ける法律で、1960年に制定された。2018年4月の改定によって、民間は従業員の全労働者の2.2%・行政機関は2.5%の割合以上の障害者を雇うよう義務付けられている

出典：厚生労働省（2017）「障害者雇用状況」

issue 36

外国人労働者

4 8 9 10 17

在留外国人数の推移

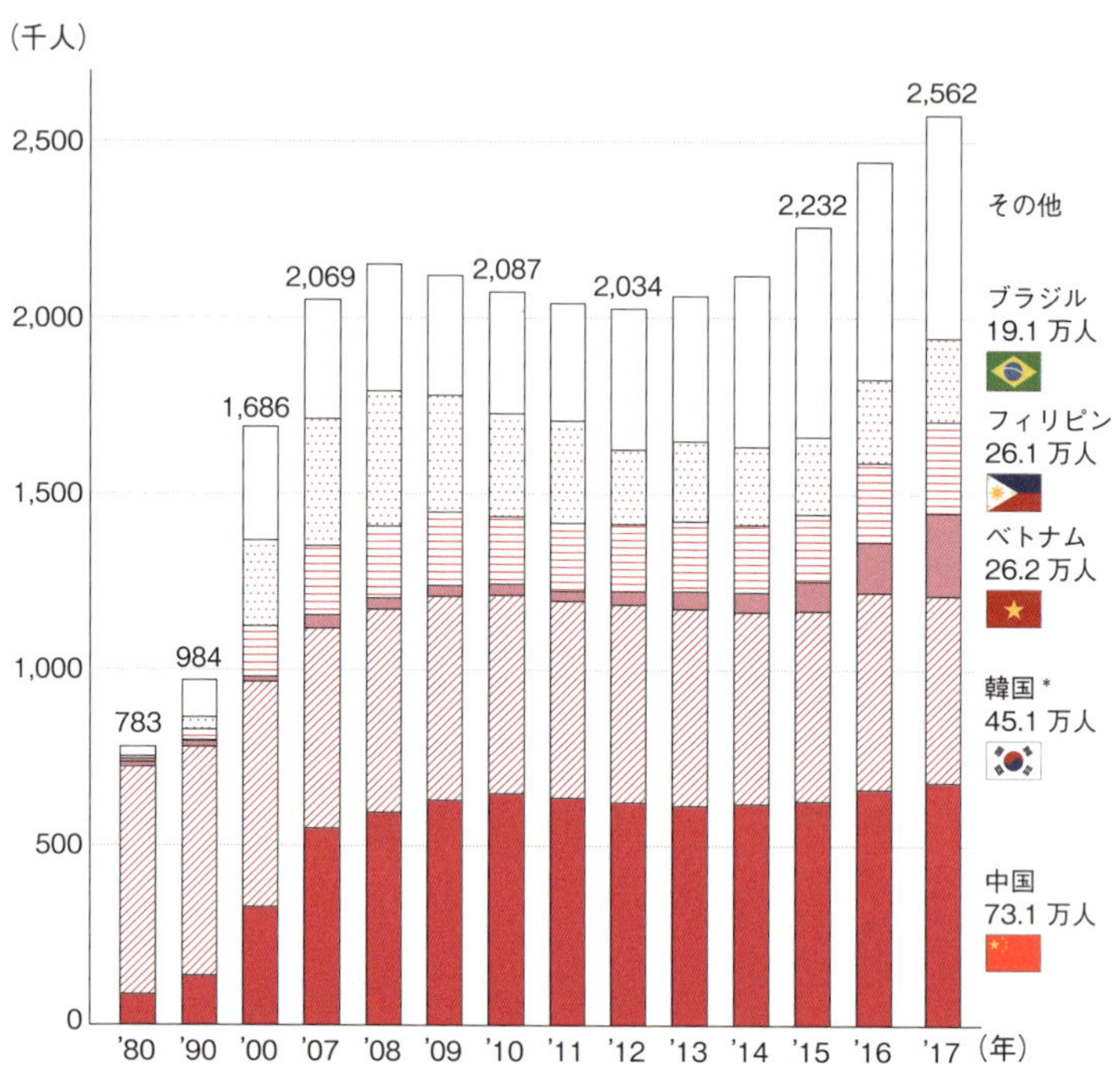

外国人労働者は256万人

近年、急激に外国人労働者は増え、全人口の2%程度にまで至っています。外国人労働者の増加は、不足する労働人口の補填や企業のグローバル化対応といったプラスの側面も多いものの、受け入れ側の企業や自治体、住民の意識や体制が整っていないケースやそれによるトラブルも多々見られます。多くの地域にとって早急な対応が必要な課題です。

＊ 2011年末の統計までは、外国人登録証明書の「国籍等」欄に「朝鮮」の表記がなされている者と「韓国」の表記がなされている韓国籍を有する者を合わせて計上

出典：法務省（2017）「平成29年末現在における在留外国人数について」

36 外国人労働者

住み続けられるまちづくりを

みんなの生活の場である「まち」が様々な課題を抱えています。人口減少の影響で空き地・空き家が急増しています。道路や橋などのインフラが老朽化し、維持・修繕費用が大きな負担になりつつあります。公共交通が減少し、自動車が使えない方が買い物難民化しています。日本全国あらゆる地域が、震災・津波・風水害のリスクを抱えています。誰もが暮らしやすいまち、安全・安心なまちをみんなでつくりあげましょう。

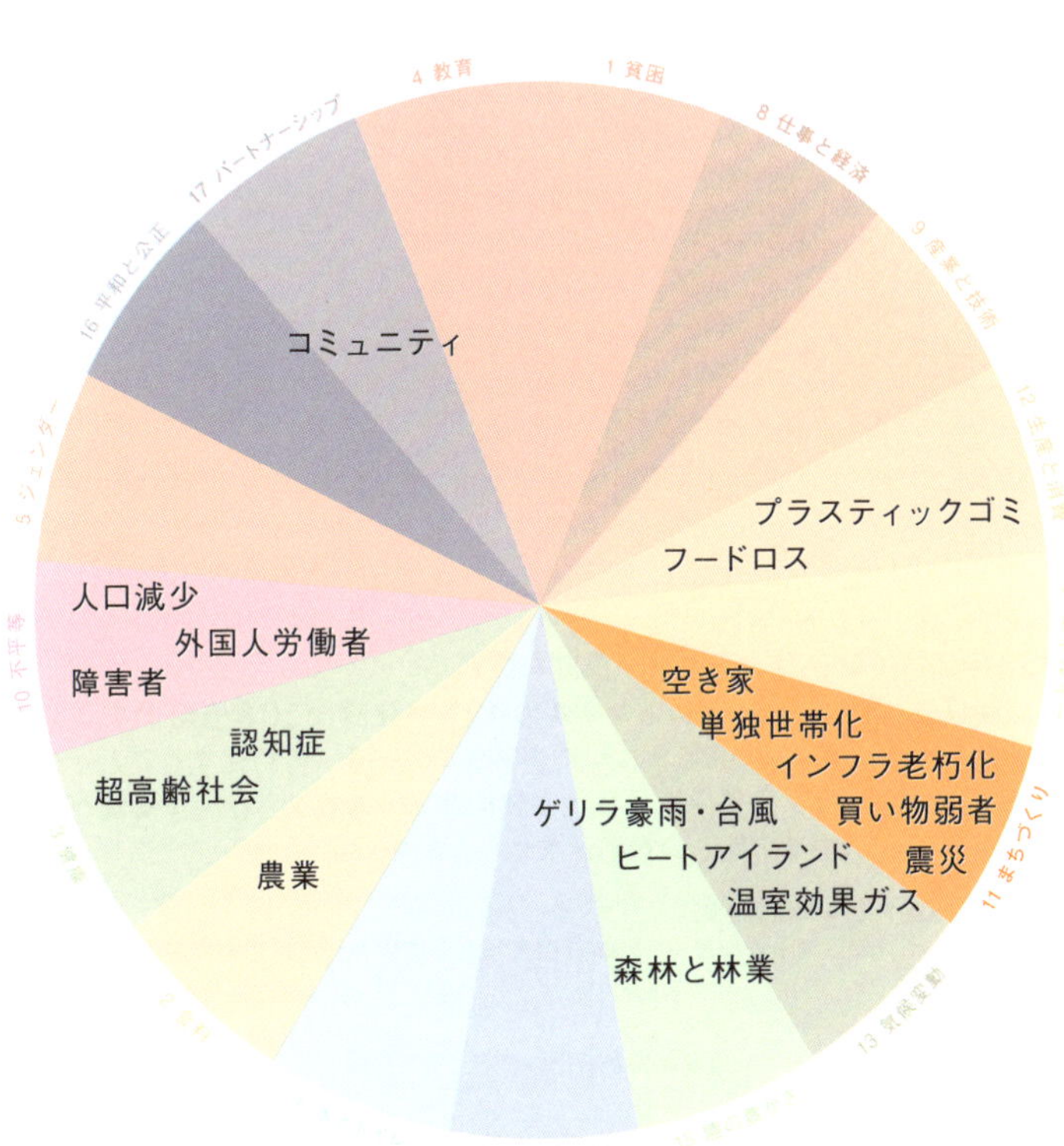

issue 37 インフラ老朽化

インフラ老朽化率（建設後50年経過したインフラの割合）の推移

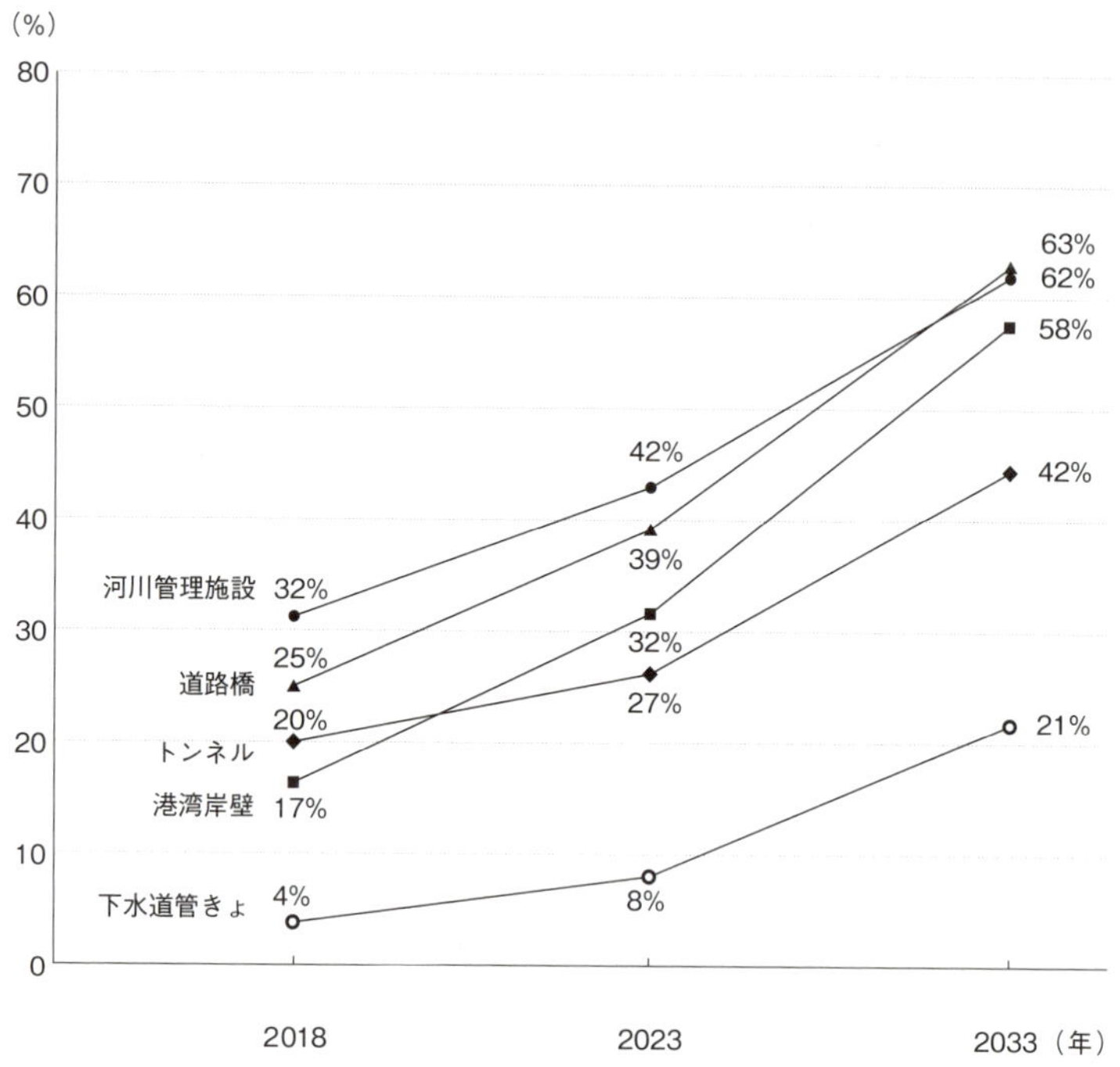

2033年にはインフラの老朽化が深刻な課題

2033年には、道路橋の63%、トンネルの42%が建設後50年を経過するなど、高度経済成長期に急速に整備されたインフラが、一斉に老朽化することが懸念されています。インフラ整備には莫大な費用がかかるため、社会保障費が増加する厳しい財政の中での難しい対応が求められます。

☑ 下水道管きょ：下水が通る水路
☑ インフラ：インフラストラクチャーの略。国民福祉の向上と国民経済の発展に必要な公共施設を指す

出典：国土交通省（2018）「社会資本の老朽化の現状と将来予測」

issue 38 ｜ 買い物弱者

2 3 10 11 17

65歳以上買い物弱者比率（2015年）

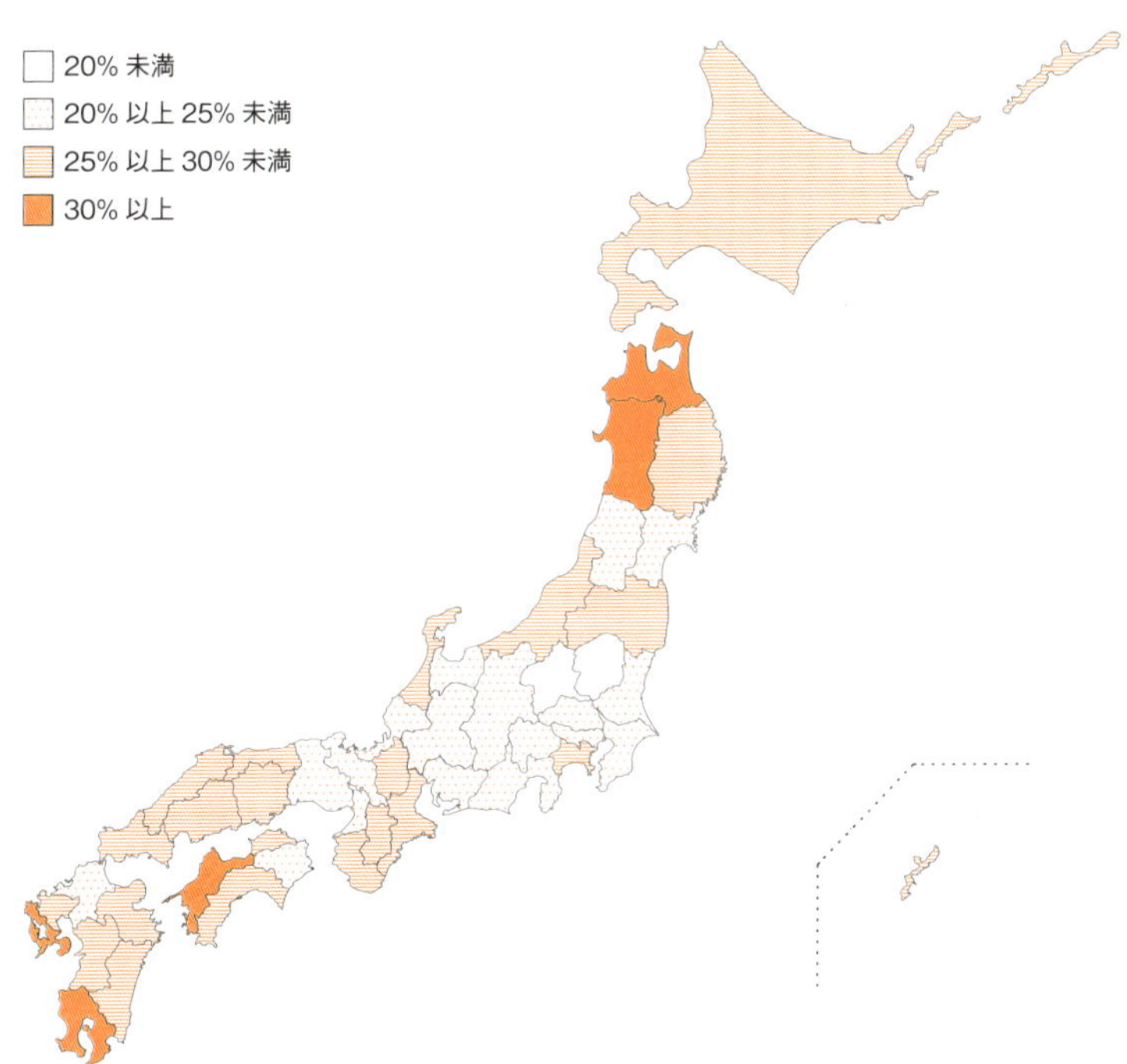

買い物が困難な人が日本全国に

高齢者、特に単身高齢世帯の増加、小規模小売業の廃業、公共交通の衰退などにより、自家用車や送迎無しでは食料品などの購入が困難な買い物弱者が増えています。大都市圏でも同様の問題は発生しており、過疎化が進む地域だけの問題ではありません。

☑ 買い物弱者：食肉店、鮮魚店、果実・野菜小売店、百貨店、総合スーパー、食料品スーパー、コンビニエンスストアといった店舗へのアクセスが困難な人のこと。店舗まで500m以上の距離に居住し自動車利用が困難な65歳以上高齢者を指す

出典：農林水産政策研究室（2018）「食料サプライチェーン（3）食料品アクセス問題」

issue 39 空き家

空家数の推移と予測

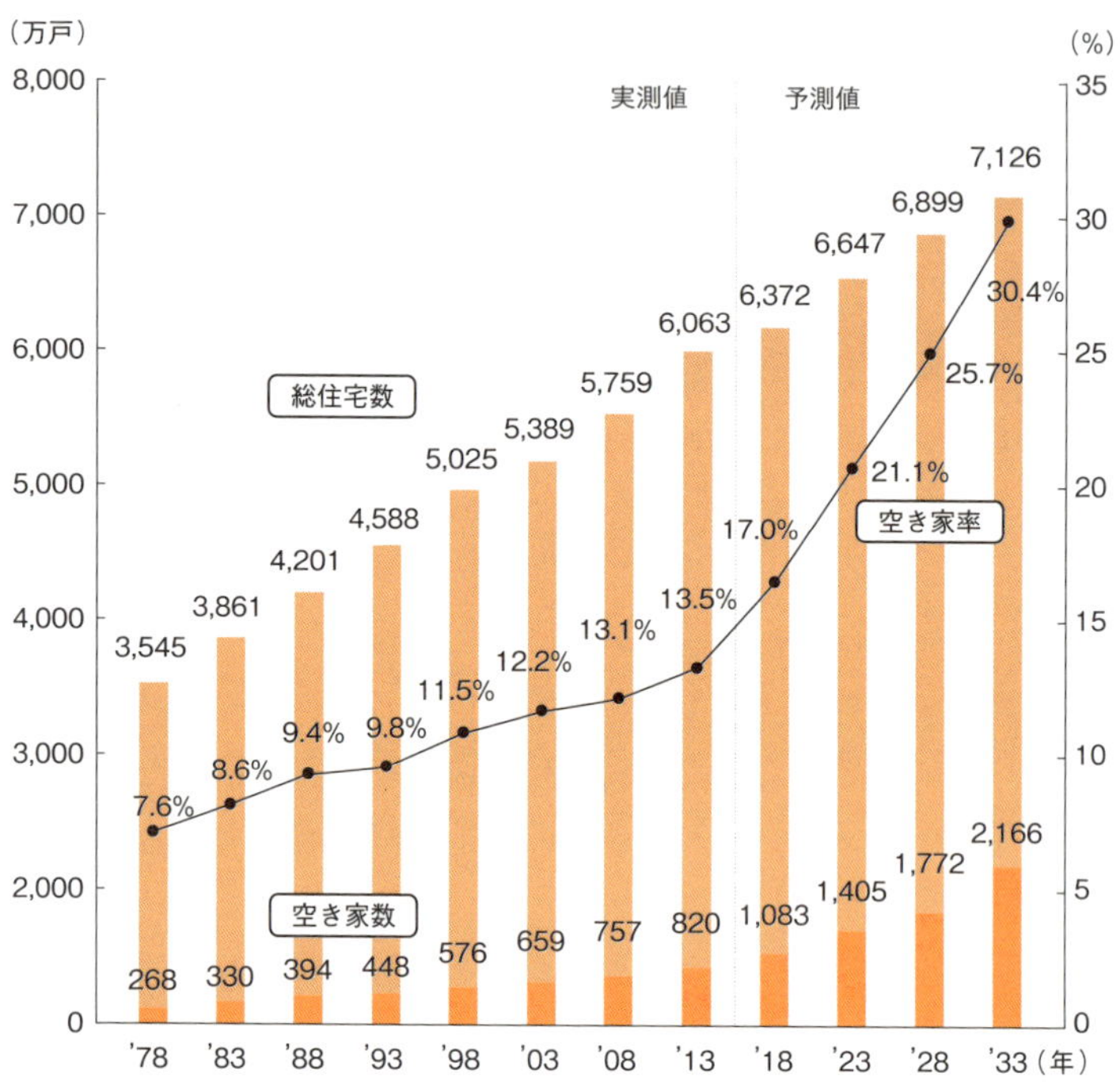

2033年には30%が空き家

人口は減り始めていますが、住宅の新設は続いており、空き家数、空き家率が増加しています。管理者不在の空き家は、防災・防犯・景観・衛生面など様々な問題も引き起こします。一方では移住者が増え住宅が不足する地域も出始めています。地域の資源でもある空き家を管理・運用する仕組みが求められています。

出典:〈実測値〉総務省統計局(2013)「住宅・土地統計調査」〈予測値〉野村総合研究所(2017)「2030年の住宅市場」

issue 40 単独世帯化

3 5 11 13 16 17

世帯タイプ別世帯数の推移と予測

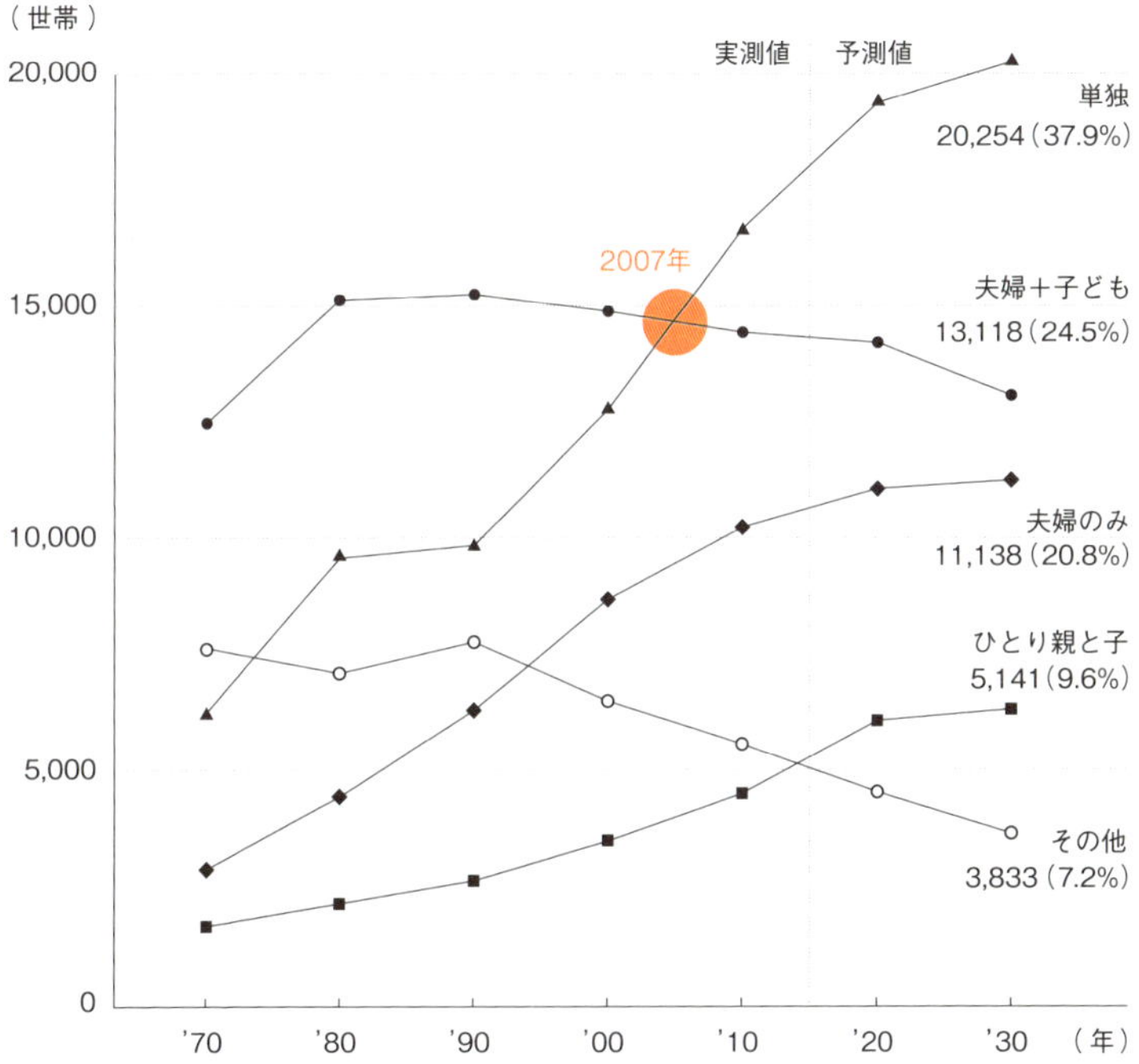

2030年には一人暮らしが全世帯の3分の1に

高度経済成長期の標準な家族の形、夫婦＋子ども世帯は徐々に減り、2007年には単独世帯が全世帯で最多を占めるようになりました。単独世帯は、引き続き増加傾向にあり、2030年には全世帯の３分の１以上を占めると予測されます。

出典：国立社会保障・人口問題研究所（2018）「日本の世帯数の将来推計（全国推計）」

issue 41 | 震災

自主防災組織活動カバー率（2017年）

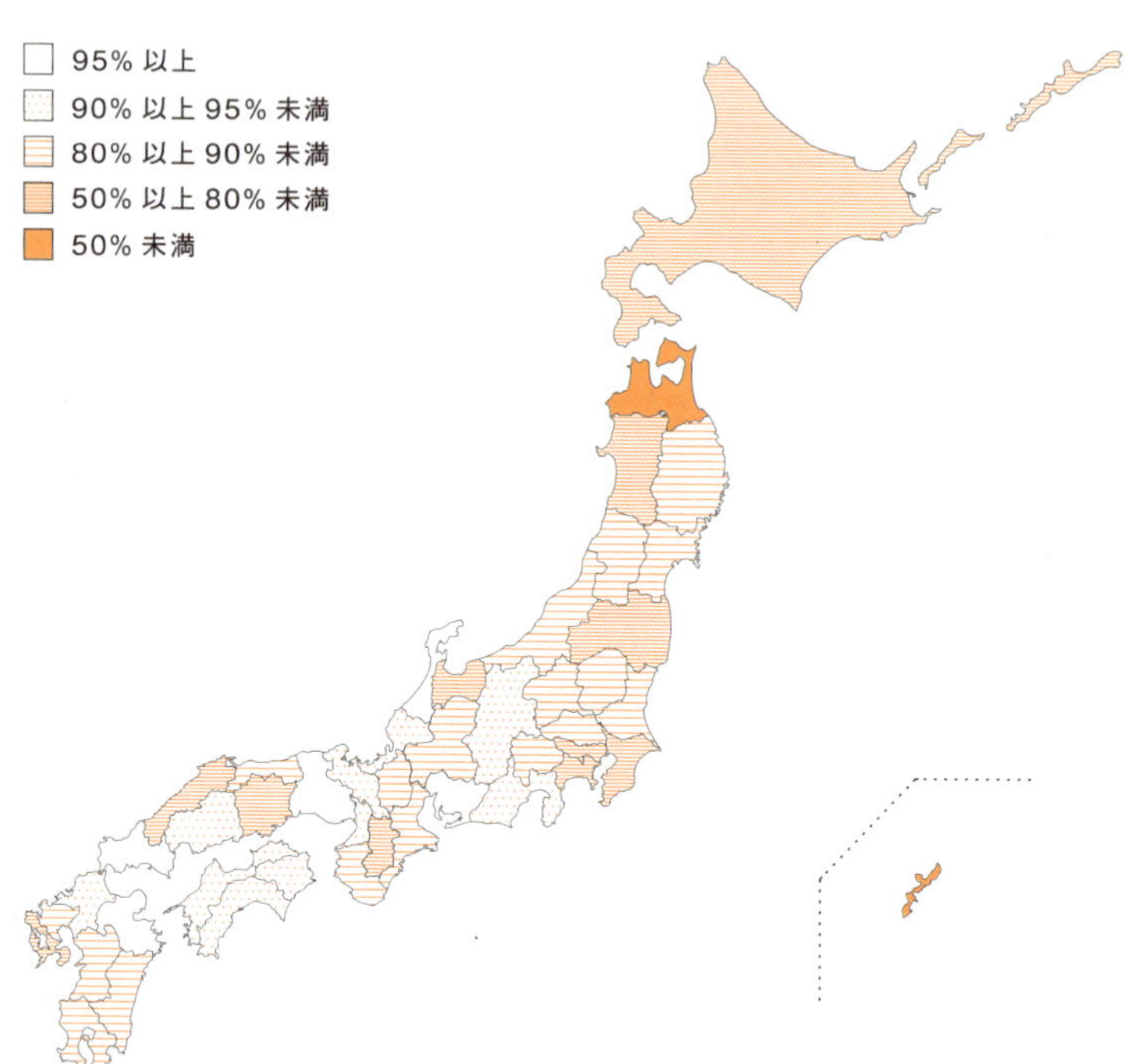

自主防災組織の活動は西日本優位

住民による自発的な防災活動の組織、自主防災組織の組織数及び活動カバー率は徐々に増加しています。しかし、地域差がまだまだ大きく、兵庫・山口・大分・石川・愛知では95%を超える一方、青森が50%を切るなど、西高東低の傾向が見られます。

☑ 自主防災組織：主に町内会・自治会が母体となり、地域住民が自主的に連帯して防災活動を行う任意団体のこと

☑ 自主防災組織カバー率：自主防災組織の活動範囲に含まれている地域の世帯数が全世帯数に占める割合

出典：総務省消防庁（2017）「消防白書」

つくる責任 つかう責任

人は大量にエネルギーと資源を使い、モノを生産・消費し、大量に廃棄し続けています。廃棄されたゴミや製造過程で生まれる有害な化学物質が地球環境を汚染しています。日本では、1日に1人あたりご飯1杯分の食べられる食品が廃棄されています。モノを大切にする、修繕し使い続ける、リサイクルする、環境負荷の高いモノやサービスの購入・利用は控える。住民一人ひとりが毎日の行動一つひとつを見直し、環境負荷の少ない地域をつくりましょう。

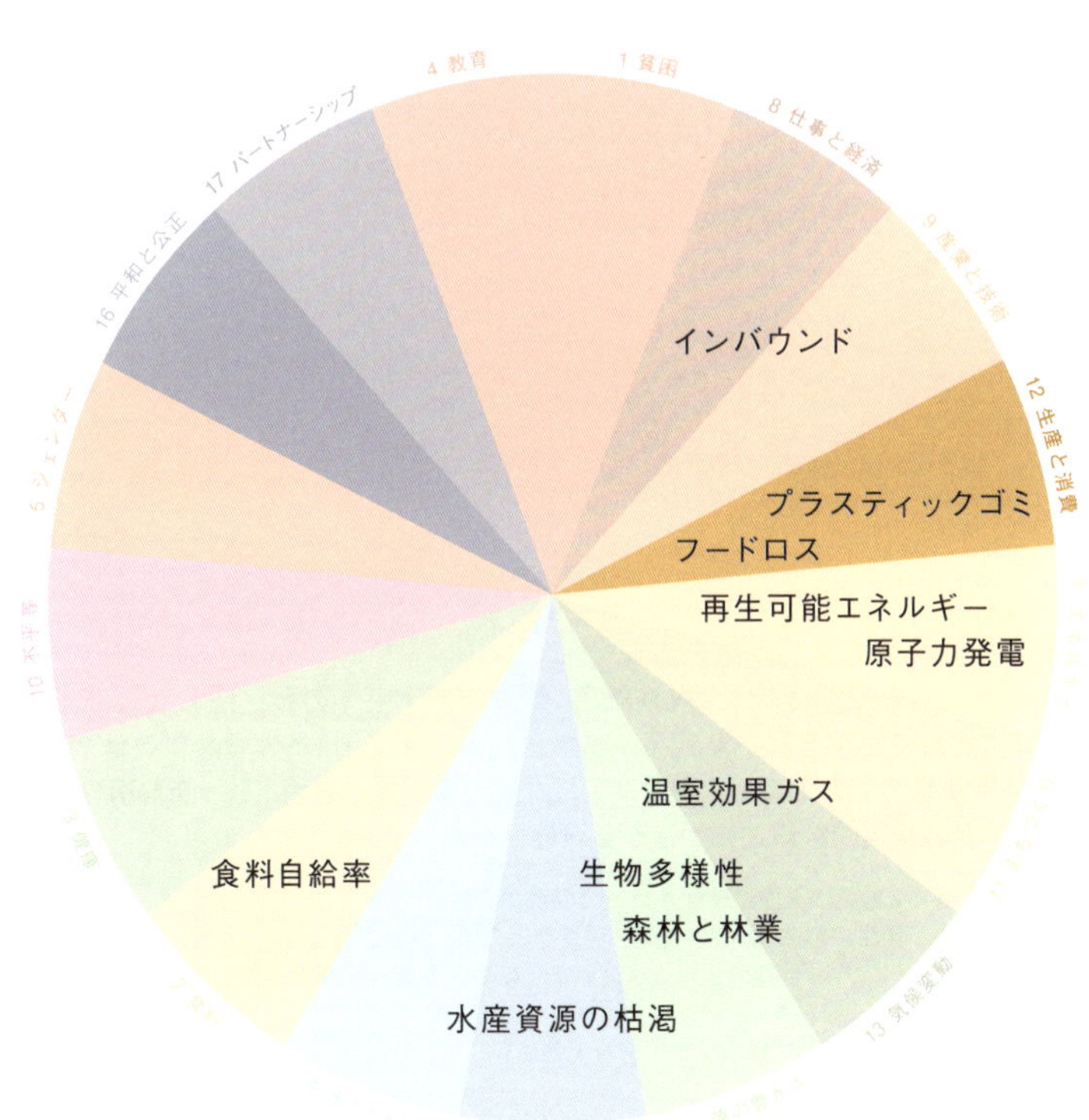

issue 42

フードロス

2 7 9 11 12 13 17

食料品廃棄物の状況（2015年）

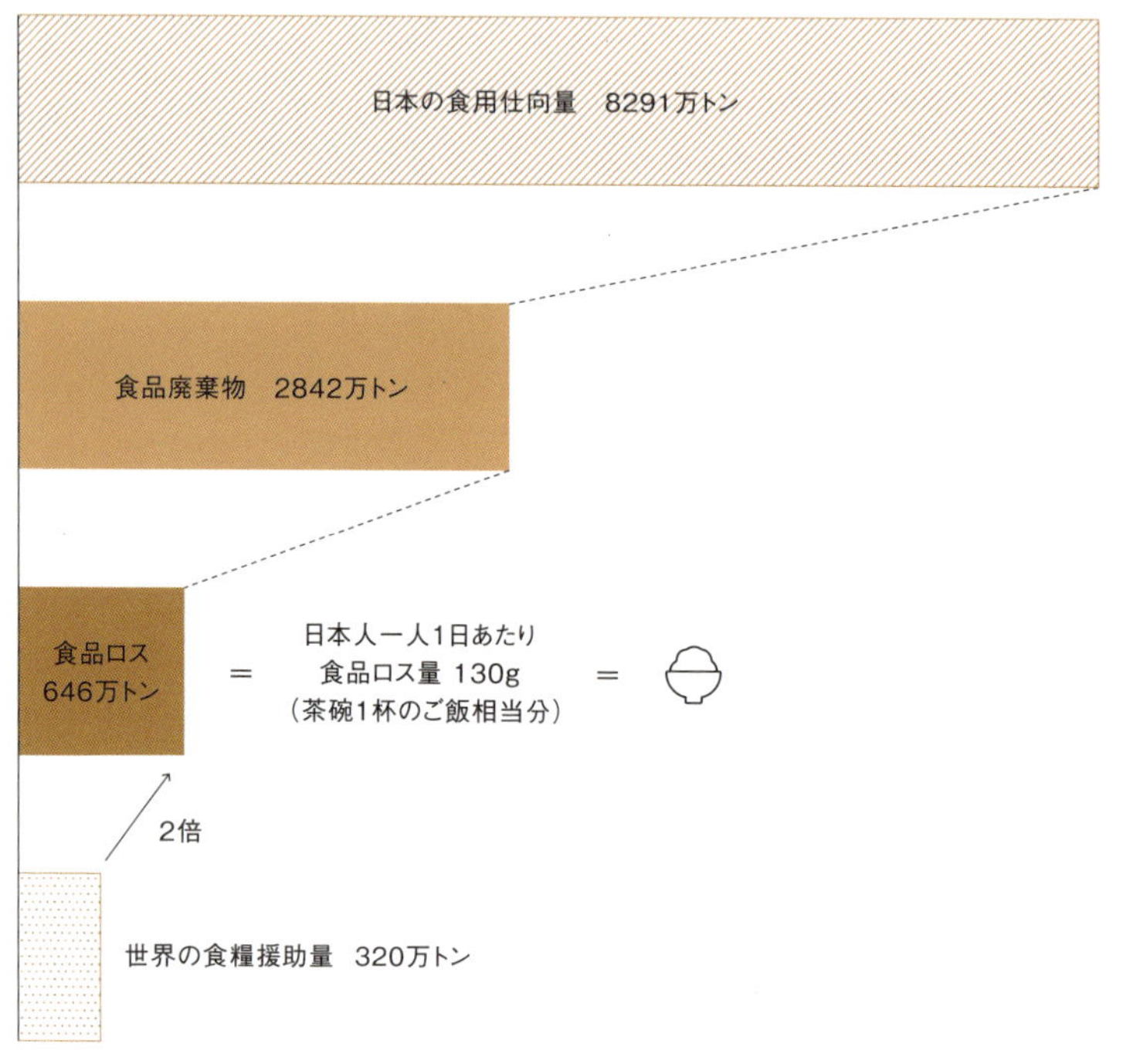

1人ご飯一杯分の食品が毎日廃棄

商品の売れ残りや期限切れ、規格外品、飲食店や家庭での食べ残しなどが主な原因で、大量の食べられる食料品が廃棄されています。日本の食品ロスは、世界の食糧援助量の約2倍におよびます。日本人の食生活や製造工程・商習慣の見直しは、世界の貧困問題解決につながる可能性があります。

☑ 食用仕向量：1年間に国内で消費された食料全体の量
☑ 食品廃棄物：食品の製造・加工・流通・消費などの際、廃棄される食品の総称
☑ 食品ロス（フードロス）：食べられる状態であるにもかかわらず廃棄される食品

出典：農林水産省（2015）「食品リサイクル・食品ロス」

issue 43 プラスティックゴミ

プラスティックゴミの排出量とリサイクル実態(2013年)

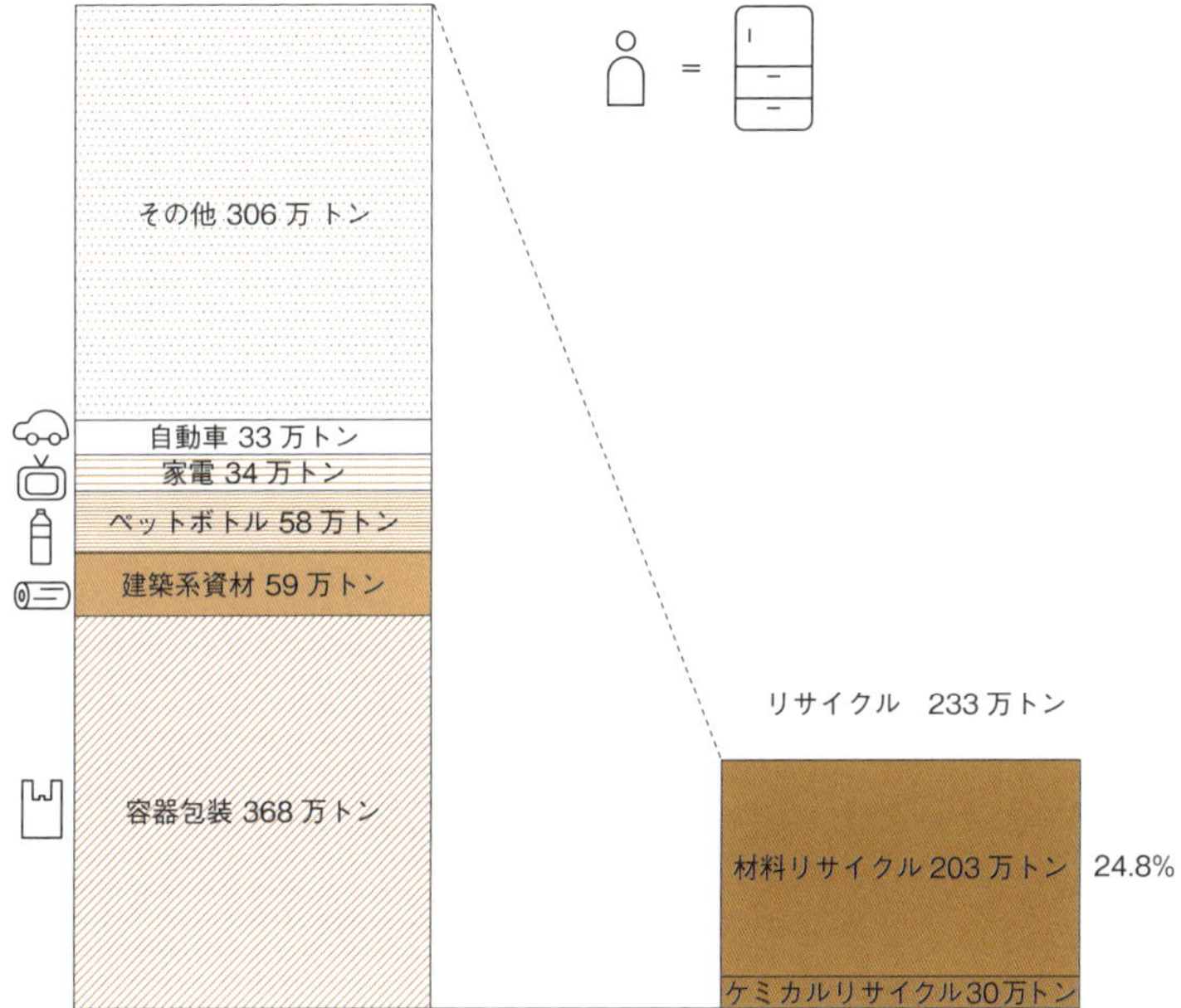

リサイクルされるプラスティックはわずか4分の1

総額4億トンもの膨大なプラスティックゴミが毎年地球にあふれ、地球環境を汚染し続けています。国内では、ペットボトル、包装、家電など、年間940万トンが排出されますが、リサイクルされるのはわずか4分の1にすぎません。マイクロプラスティックと呼ばれる海に浮遊する微細なプラスティックが海洋生物、そして人体へ害を及ぼす可能性も指摘されています。

出典:環境省(2016)「マテリアルサイクルによる天然資源消費量と環境負荷の削減に向けて」

気候変動に具体的な対策を

地球が悲鳴をあげています。2018年の夏の猛暑は気候変動の影響を強く実感させる出来事でした。世界経済の発展に伴い、温室効果ガスの排出量は増え続けています。日本の排出量の削減も順調には進んでいません。近年、ゲリラ豪雨や台風が頻発し、重大な被害が相次いでおり、地域にとっても大きな課題です。我々人類が、これからもこの地球で生存し続けるために、今すぐに根本的な課題解決に取り組まねばならない課題です。

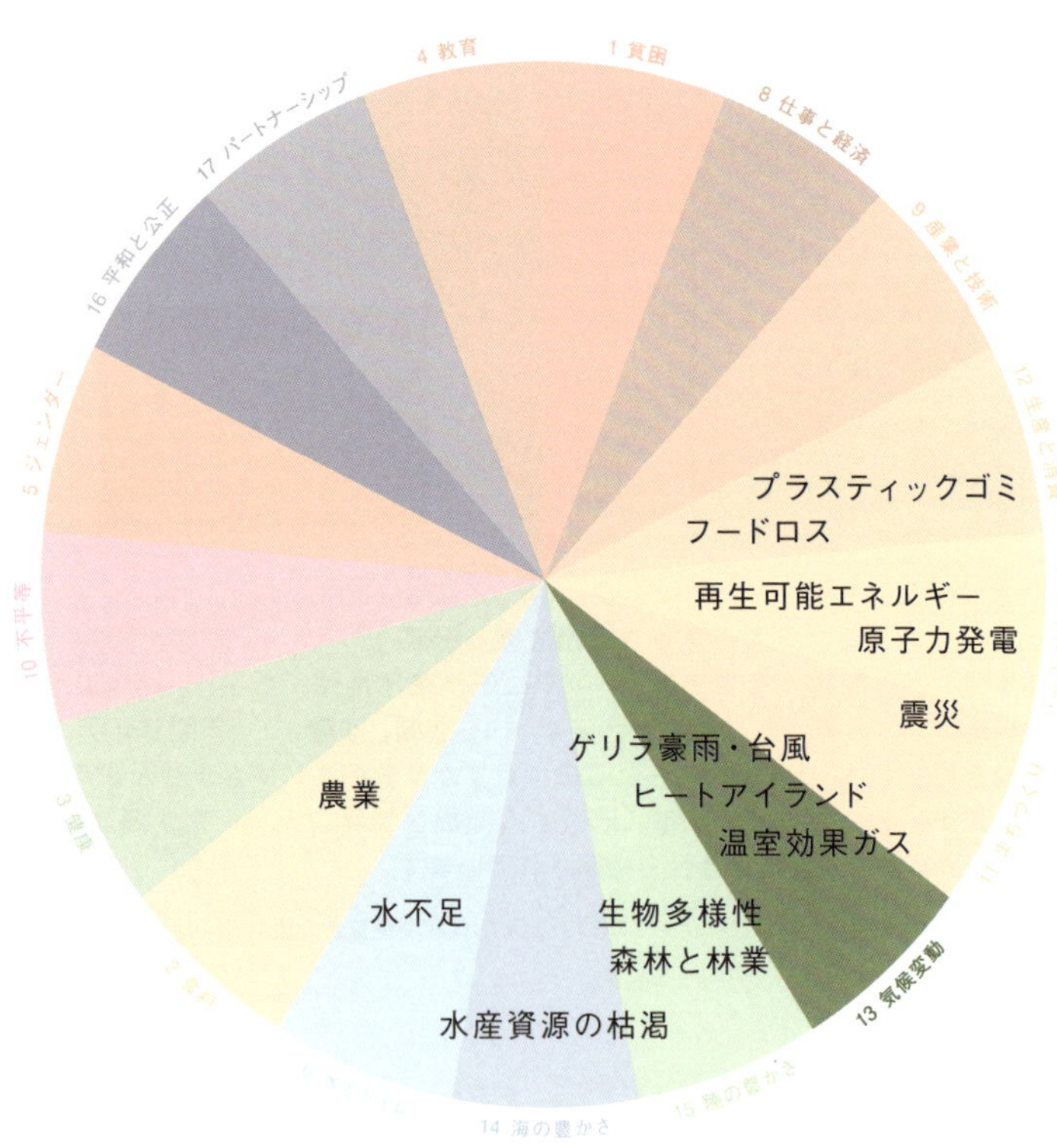

issue 44

温室効果ガス

人口一人あたり温室効果ガス排出量の推移

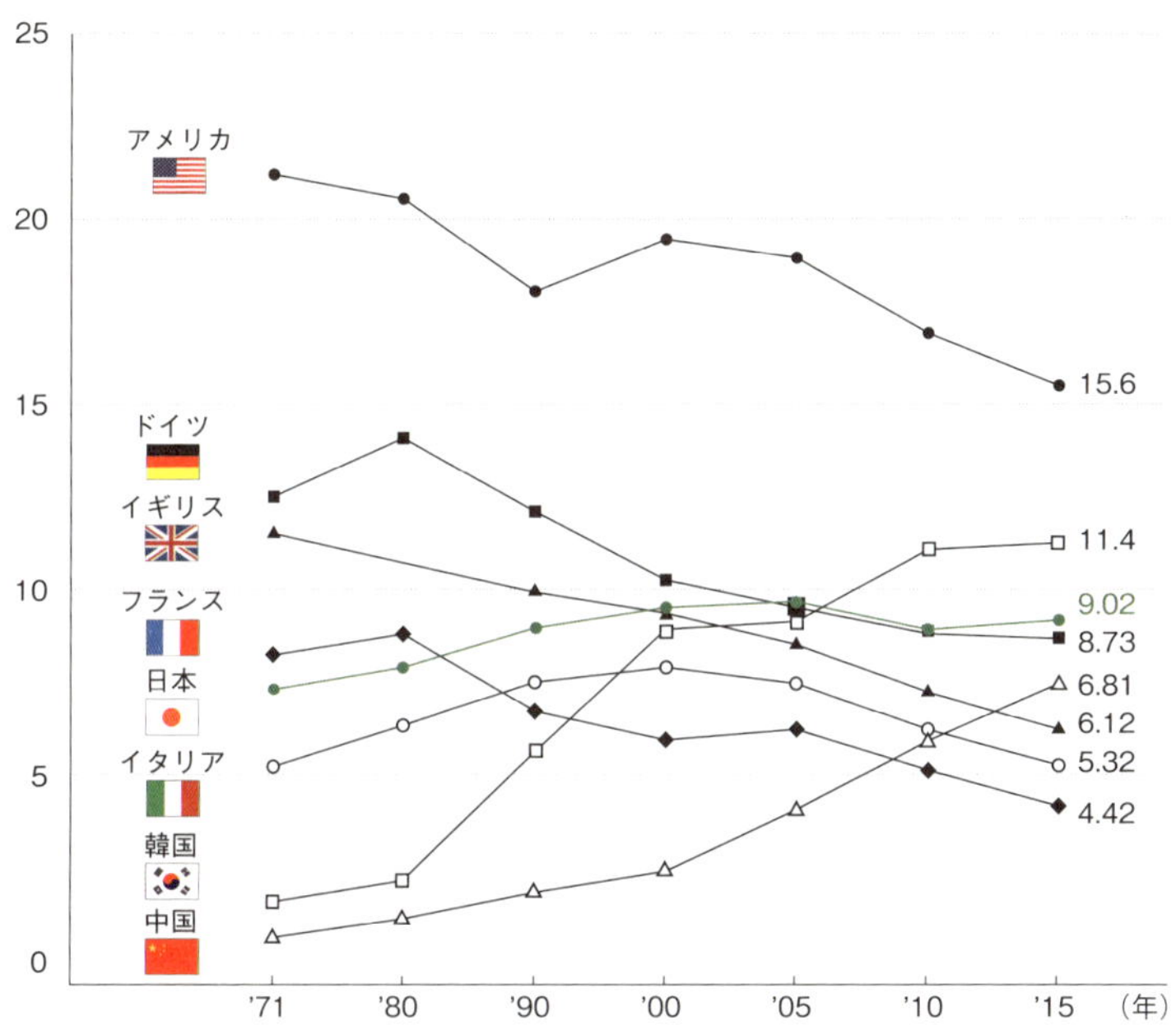

人口一人当たり排出量が増加する日本と中国

1997年の京都議定書以降、2000年代は排出量削減に向けた官民一体の国民運動が活発だったものの、2011年の東日本大震災以降、削減に向けた日本の動きは停滞しています。日本はパリ協定により、2030年までに2013年度比で26%削減を中期目標として掲げており、その達成に向けた根本的な対策が求められます。

☑ パリ協定：2015年に採択された、2020年以降の気候変動問題に関する、国際的な協定

☑ 京都議定書：1997年に京都で開催された気候変動枠組条約第3回締約国会議（COP3）で採択された、気候変動への国際的な取り組みを定めた条約。先進国全体で、先進国の温室効果ガスの排出量を1990年比で5%減少させることを目標として掲げた

出典：日本エネルギー経済研究所計量分析ユニット編（2018）『EDMCエネルギー・経済統計要覧 2018年版』一般財団法人省エネルギーセンター

issue 45

ヒートアイランド

平均気温の上昇値(100年あたり換算)と最高気温ランキング

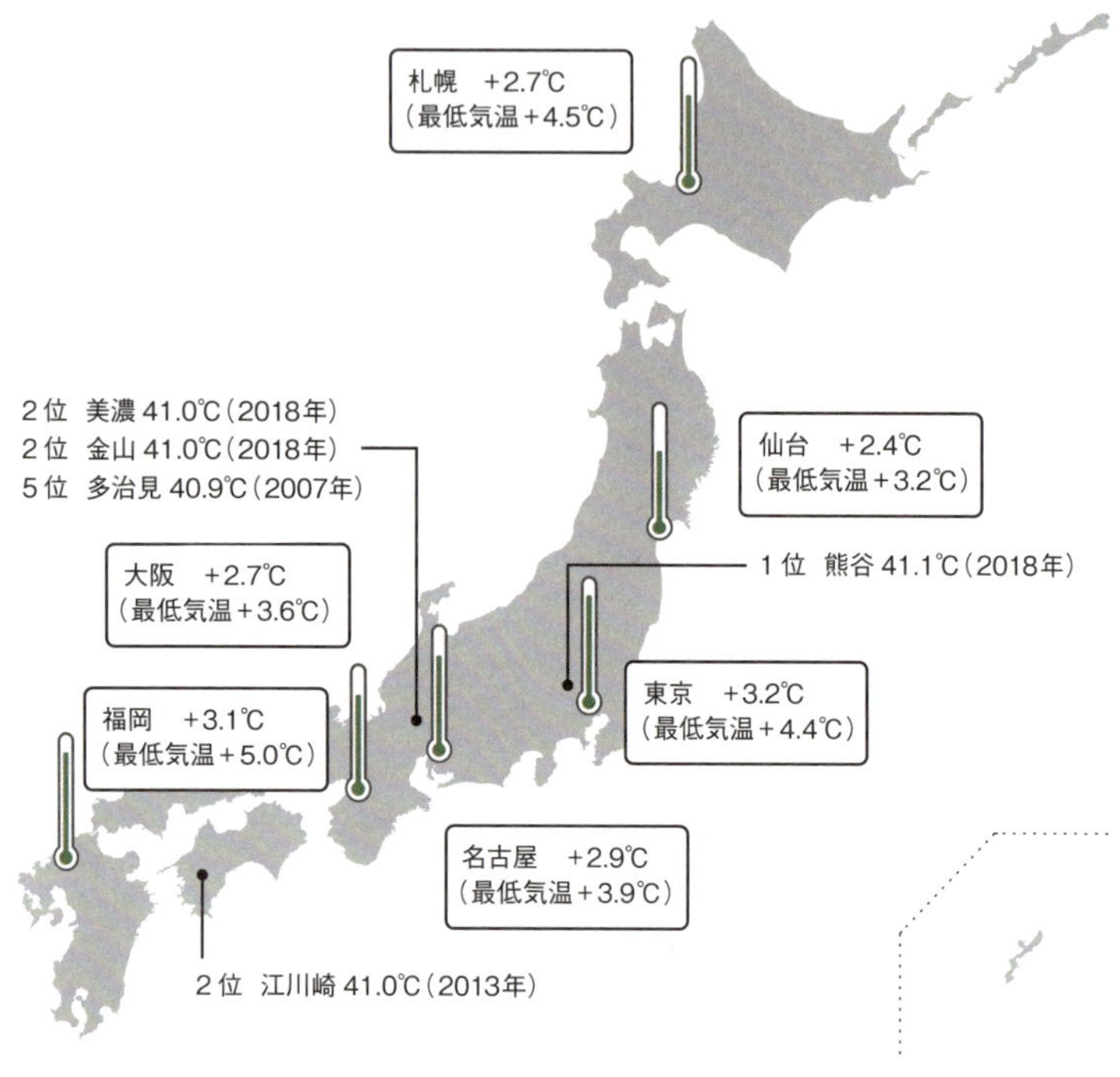

100年換算で約3度上昇

北海道から九州まで、年平均気温が100年換算で約3℃、最低気温は5℃弱上昇しています。ヒートアイランドと呼ばれる都市部が異常に高温化する現象が各地で見られます。猛暑や熱帯夜の増加により、熱中症の発症など健康被害にもつながっています。

☑ ヒートアイランド現象：熱を蓄積しやすいコンクリートの増加、自動車や冷暖房機などの産業・社会活動による熱の排出の増加、建物の高層化・高密度化による地表面からの放射冷却が弱体化などが原因で、都市部の気温がその周辺の郊外部に比べて高温を示す現象

出典：気象庁(2017)「気候変動監視レポート2017」

issue 46 ゲリラ豪雨・台風

日降水量1.0mm以上の年間日数（51地点平均）の推移

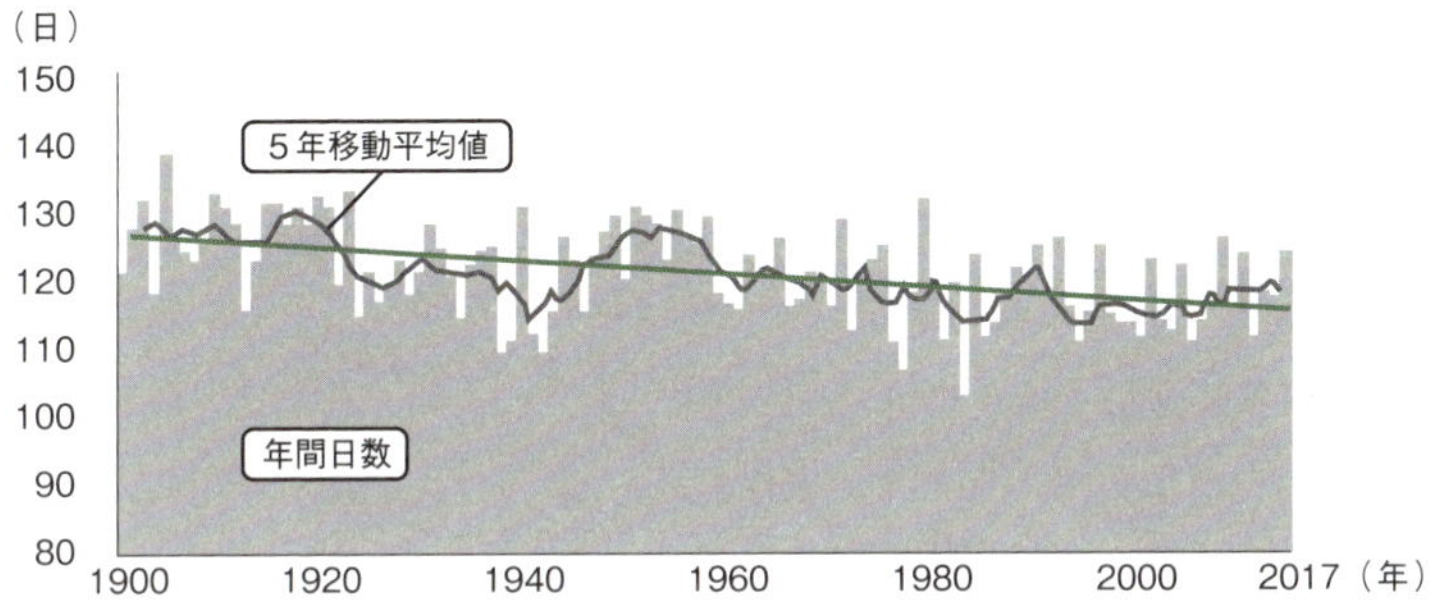

日降水量200mm以上の年間日数（51地点平均）の推移

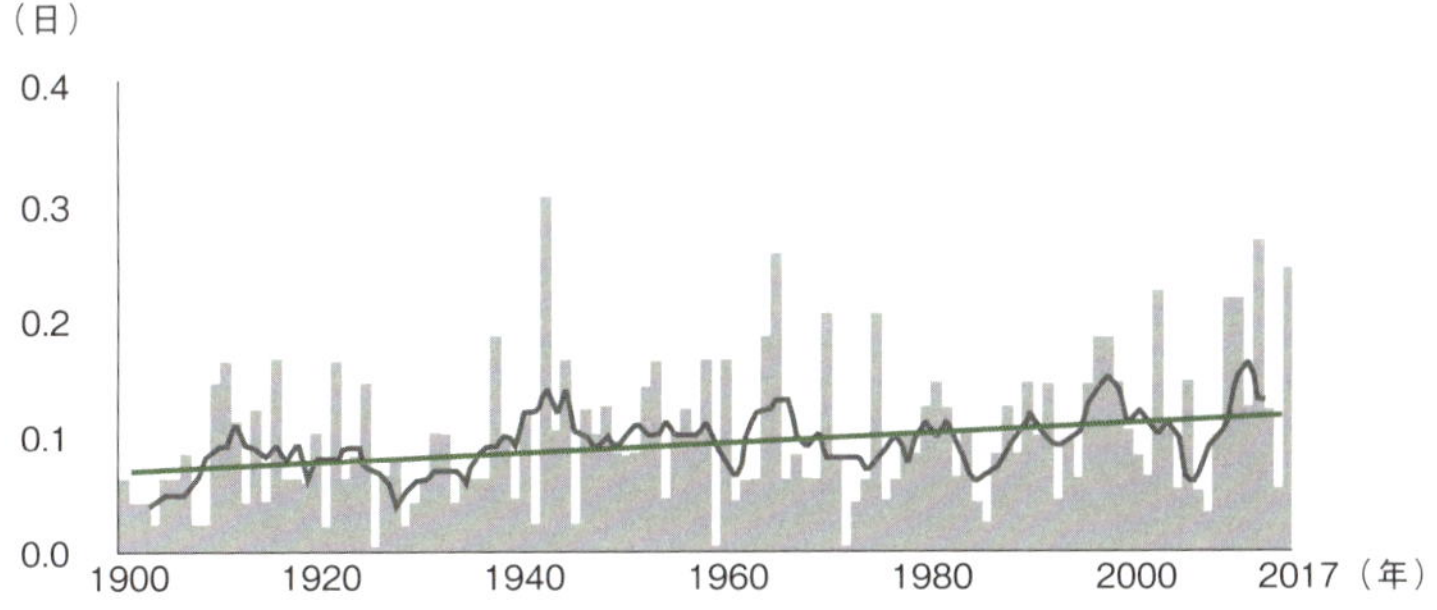

増える大雨、減る適度な雨

過去120年で見てみると、日降水量が1.0mmという弱雨の頻度が減っているのに対して、200mm以上の大雨が増えています。適度な雨が減り、極端な大雨が増えているのです。適度な雨の減少は水不足につながり、農業や日常生活に悪影響を与えます。極端な大雨による、家屋の浸水や土砂崩れ、農作物の被害など、人的・経済的被害が近年増加しています。

出典：気象庁（2017）「気候変動監視レポート2017」

海の豊かさを守ろう

日本は国土の360度を海に囲まれる世界有数の海洋大国です。日本人の生活に海は欠かせません。人間の出すゴミや化学物質が海を汚染しています。海に浮遊したマイクロプラスティックが海洋生物の、そして人間の生命を脅かしています。日本人の魚食量は減少傾向ですが、世界的な魚需要の増加で水産資源が危機的状況です。地域の豊かな自然環境の源泉でもある海と海洋生物を守り、海とともに暮らし続けましょう。

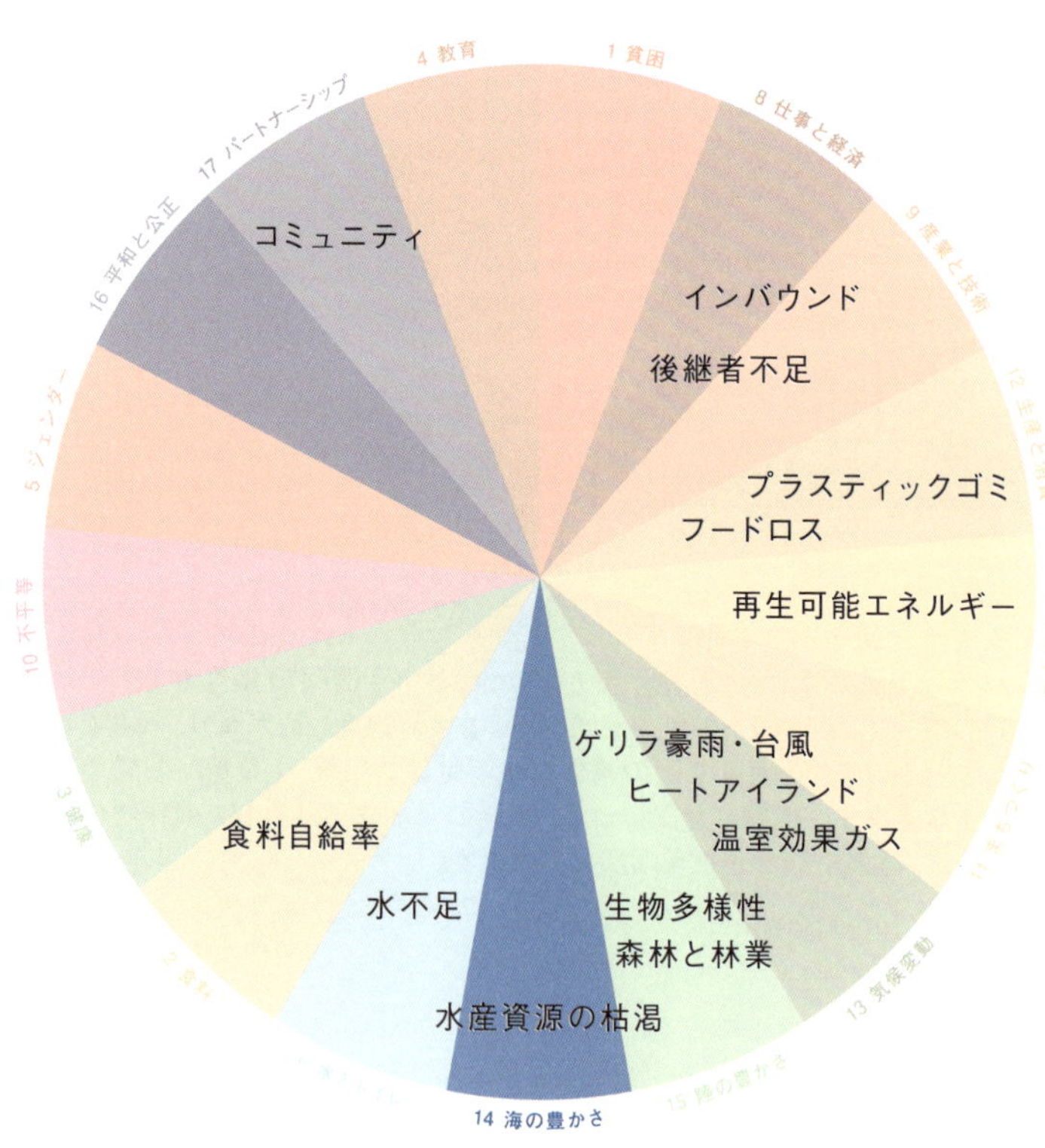

47 水産資源の枯渇

issue 47 水産資源の枯渇

2 9 12 13 14 15 17

世界の漁業・養殖業生産量の推移

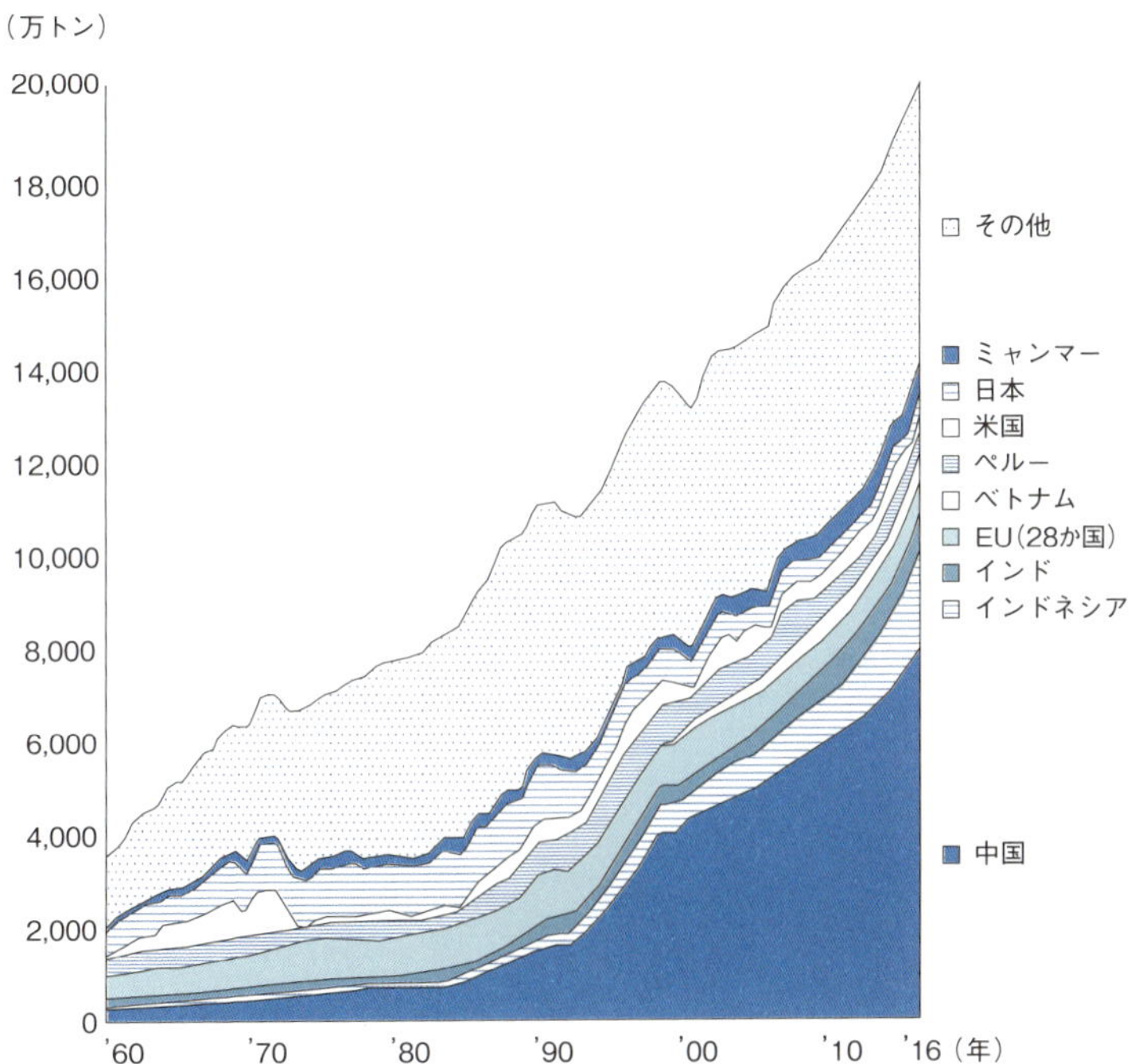

20年で漁業生産量は倍増。水産資源は危機的状況

全世界的な魚食の普及、特にアジア各国を中心とした経済成長により、90年代以降、世界の漁業・養殖業生産量はほぼ倍増しており、水産資源の枯渇が危惧されています。魚食は日本人の食、地域の独自性や魅力を支える大切な文化です。漁業大国・日本の知を世界の水産資源を守るために活用することが求められます。

出典：水産庁(2017)「水産白書」

陸の豊かさも守ろう

日本は国土の66％が森林に覆われた世界有数の森林大国です。しかし、持続可能な森づくりに必要な林業従事者は激減し、日本の森は危機的状況です。適切な手入れを行うことで、森林は二酸化炭素を吸着し、温室効果ガスを抑える効果があります。土壌を安定させ自然災害の被害を減らす、水を貯蓄する、生物多様性を維持するのも森の役割です。地域の生活を支え魅力を生む陸の豊かさを守りましょう。

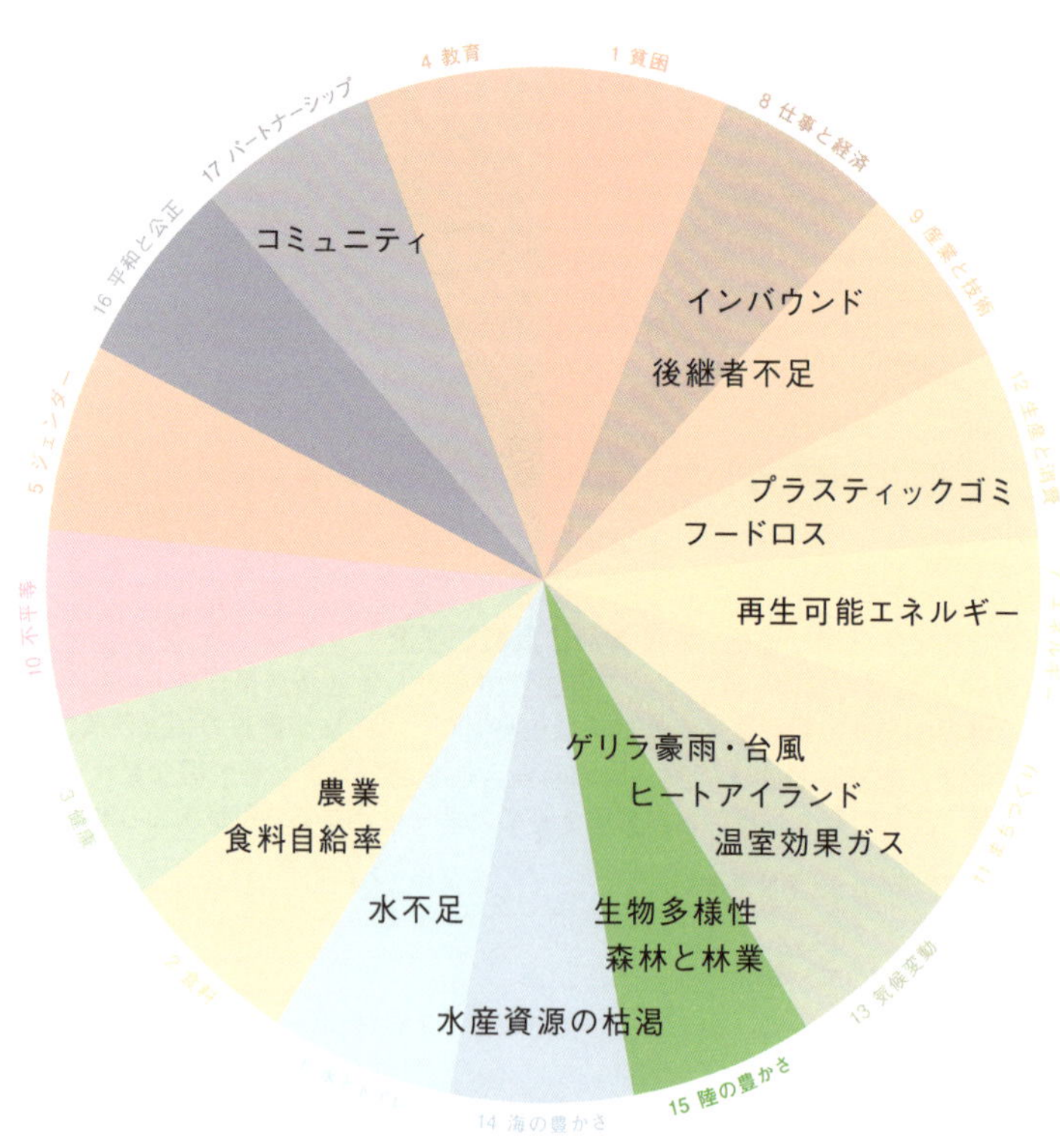

48 生物多様性

issue 48 生物多様性

2 6 9 12 13 14 15 17

絶滅危惧種の割合（2012年）

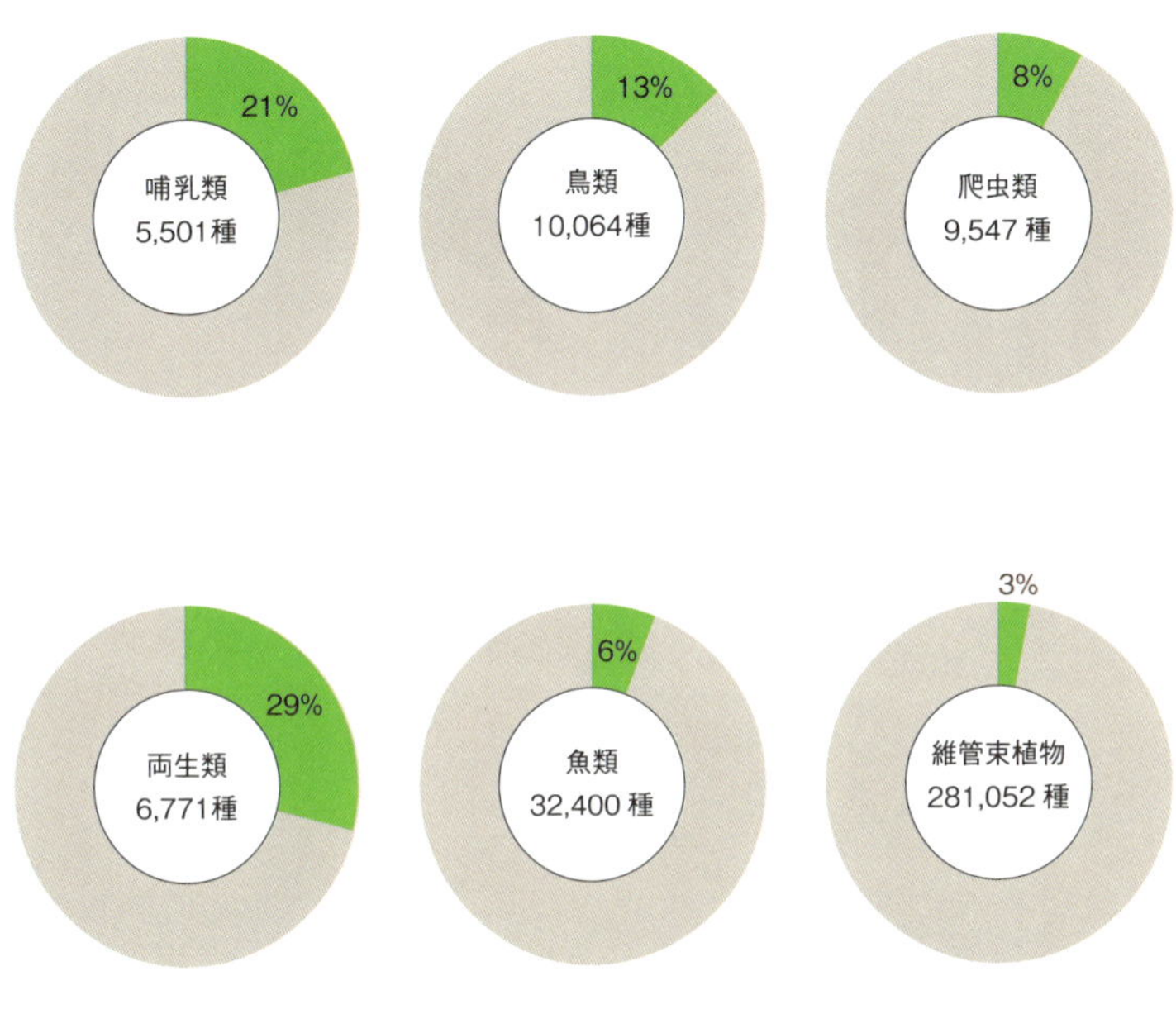

年間４万種ペースで生物が絶滅中

生物多様性は人類の生存を支え、地球に、地域に様々な恵みをもたらします。日本の生物多様性は、開発や乱獲による種の減少、里山の自然の質の低下、外来種による生態系のかく乱、地球環境の変化による危機、この４つの危機にさらされています。過去にも生物の大量絶滅が起きていますが、現在は年間４万種ペースで進む第６の大量絶滅期と呼ばれる危機的状況です。

☑ 生物多様性：生きものたちの豊かな個性とつながりのこと

出典：国際自然保護連合（2012）「レッドリスト」

issue 49

森林と林業

6 7 8 9 11 12 13 14 15 17

林業従事者人口（2015年）

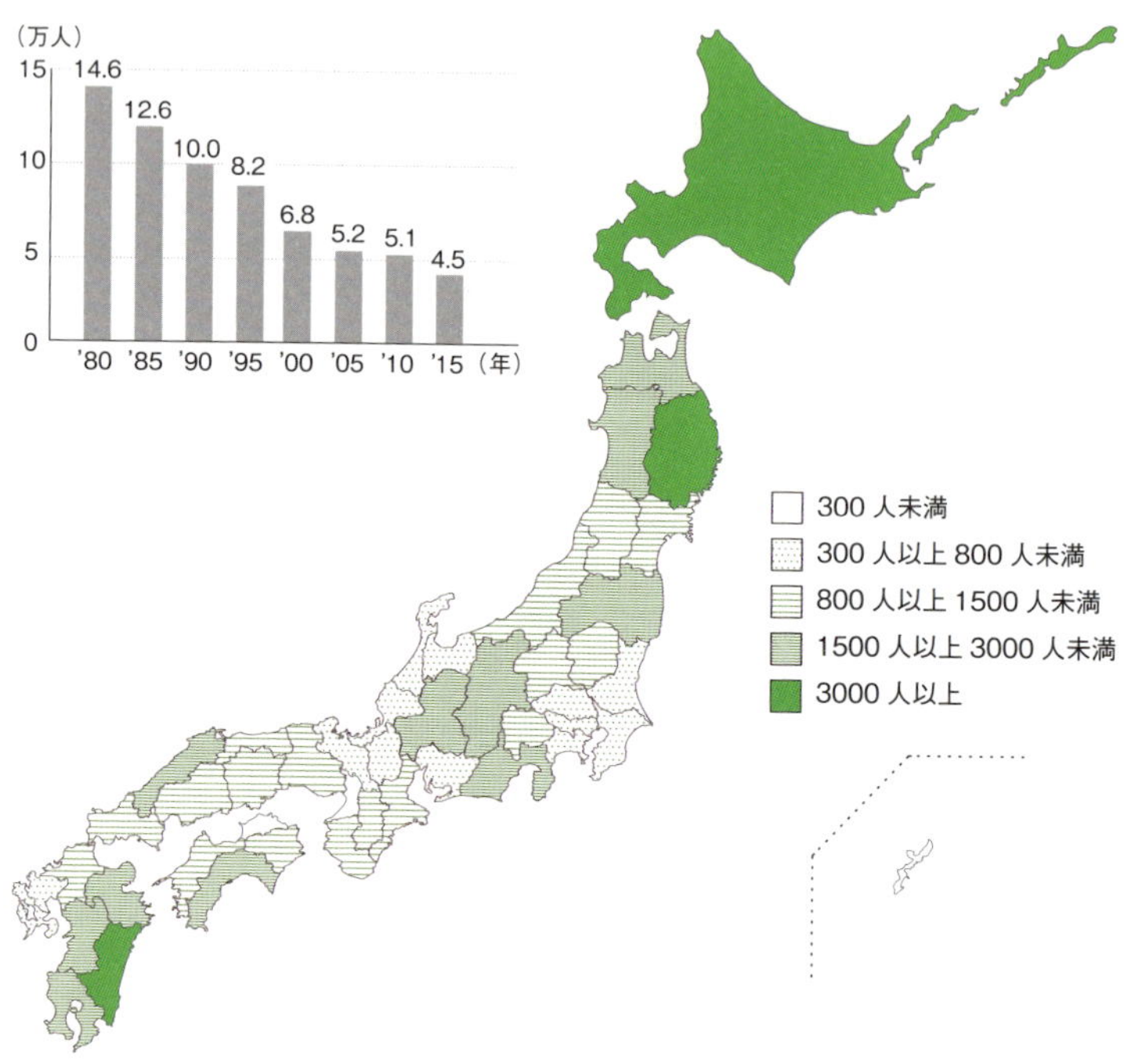

森林は日本の国土の７割。林業従事者は日本人の0.04%

林業従事者は全国的に減少し、年々高齢化が進んでおり、担い手不足が深刻です。日本の国土の約７割を占める森林を適切に維持・管理することは、生物多様性・豊かな水源・美しい景観を保ち、温室効果ガスの削減に貢献し、風水害から住民を守り、持続可能な地域と地球の実現に欠かせません。

出典：総務省（2015）「平成27年国勢調査」

平和と公正をすべての人に

暴力で傷つけられる人、命を落とす人、財産を奪われる人、人権を侵害される人が大勢います。特に立場が弱い女性や子ども、高齢者がその犠牲になりがちです。また世界的にみても、日本の選挙の投票率は低く、市民の政治参加は大きな課題です。企業や行政機関の不正・汚職・違法行為は後を絶ちません。誰もが安心・安全に暮らせる地域、公平・公正な政治・ビジネスが行われる地域を目指しましょう。

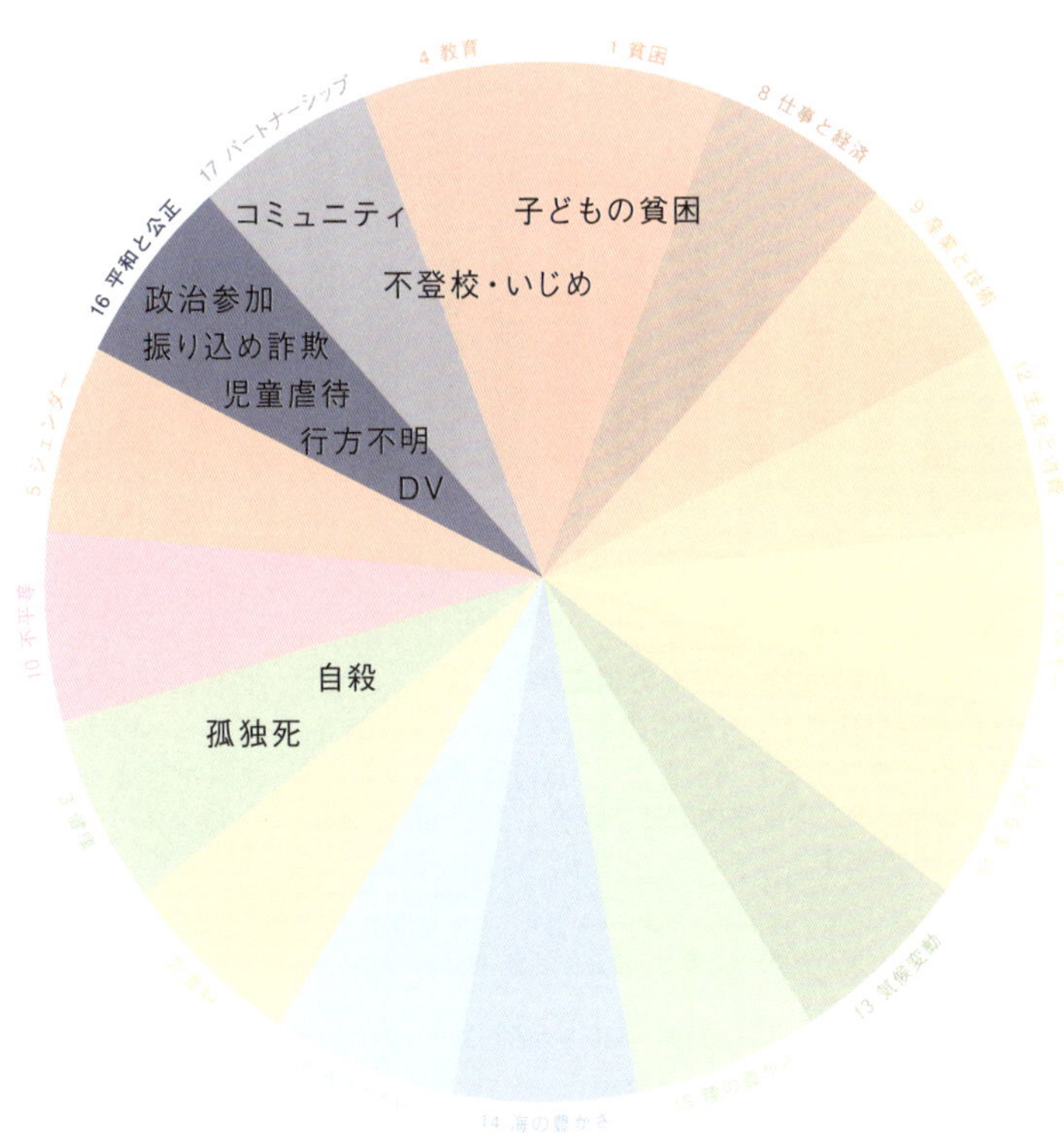

issue 50 | DV

1 2 3 5 10 16 17

DV相談受理件数の推移

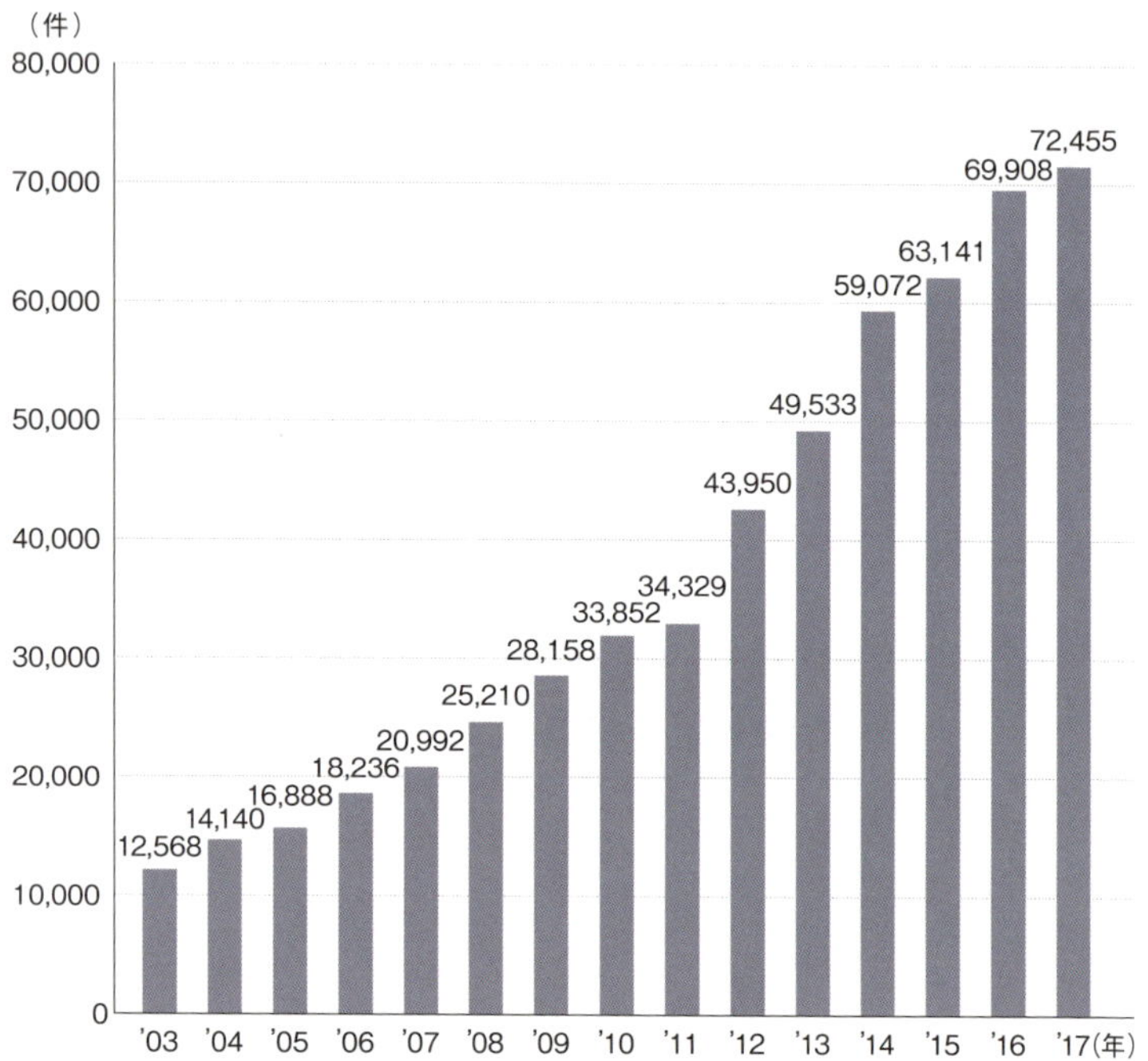

約10年で3倍、増加するDV

夫婦間・カップル間の暴力行為の相談が年々増えています。85％は女性、15％が男性からの相談です。夫婦間の暴力は子どもへの暴力へ、子どもへの暴力は次世代（子どもや未来のパートナー）への暴力へつながる、連鎖が起きると言われています。本人や家庭内だけで解決できない問題であり、地域全体で支えることが求められます。

☑ DV（ドメスティック・バイオレンス）：夫や恋人など親密な関係、または関係のあった者から受ける、身体的暴力、心理的暴力、経済的暴力、性的暴力のこと

出典：内閣府男女共同参画局（2018）「配偶者からの暴力に関するデータ」

issue 51 児童虐待

2 3 4 5 10 16 17

児童虐待相談件数・死亡数（心中以外）の推移

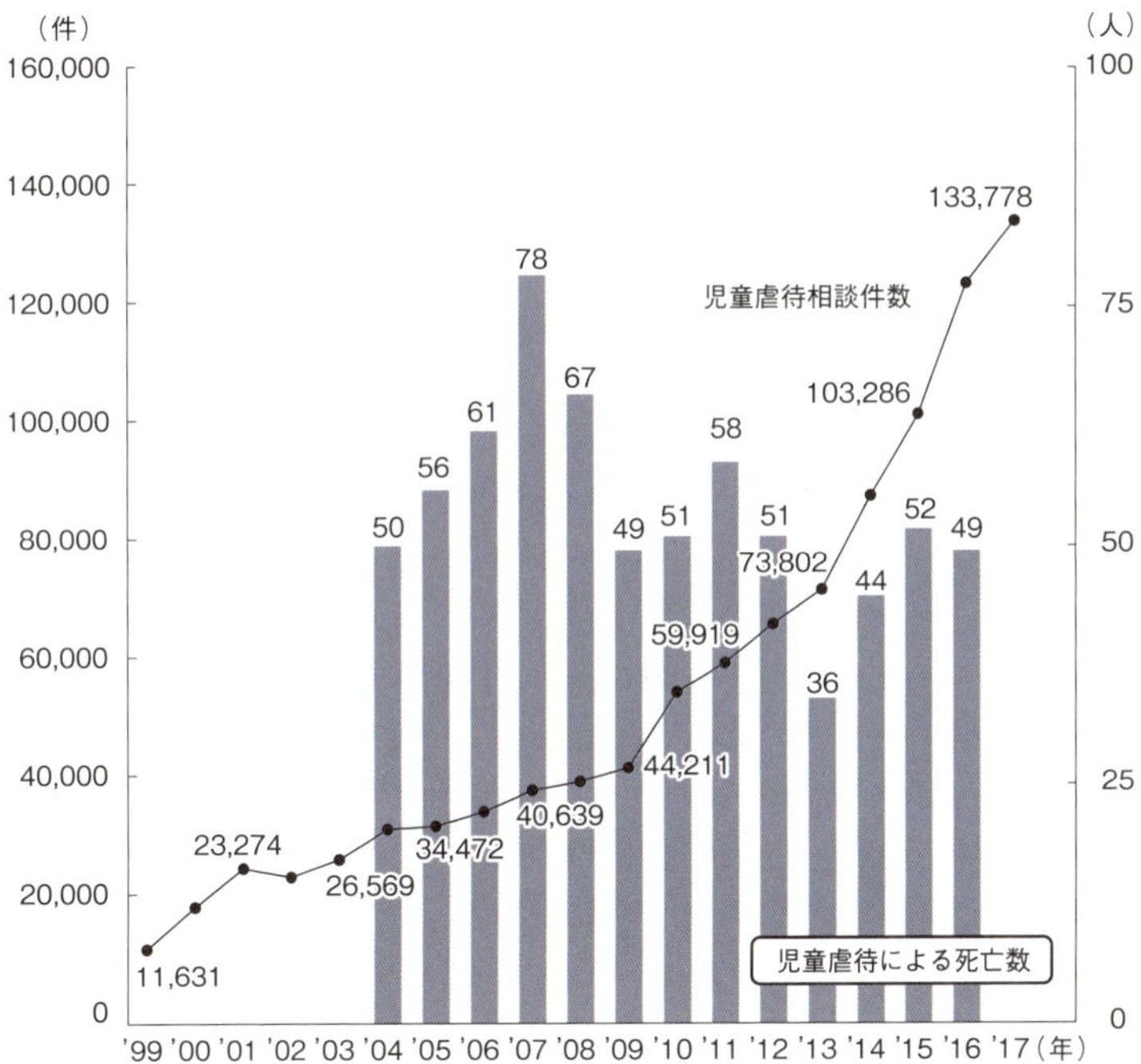

1週間に1人、子どもが虐待で命を落とす

児童虐待の相談件数は急激に増加しています。年によって変動がありますが、毎年50件程度虐待による死亡が報告されています。死亡や児童虐待は、10代の出産、離婚率の上昇、若年母子家庭の増加、母子家庭の貧困など、他の問題と密接な関係があり、包括的な対策が求められます。

☑ ネグレクト：養育すべき者が食事や衣服等の世話を怠り、放置すること。育児放棄
☑ 児童虐待：心理的虐待、身体的虐待、ネグレクト、性的虐待の４つの虐待のこと

出典：厚生労働省（2018）「平成29年度の児童相談所での児童虐待相談対応件数」／厚生労働省（2018）「子ども虐待による死亡事例等の検証結果等について（第14次報告）」

issue 52

行方不明

3 4 16 17

行方不明者数の推移

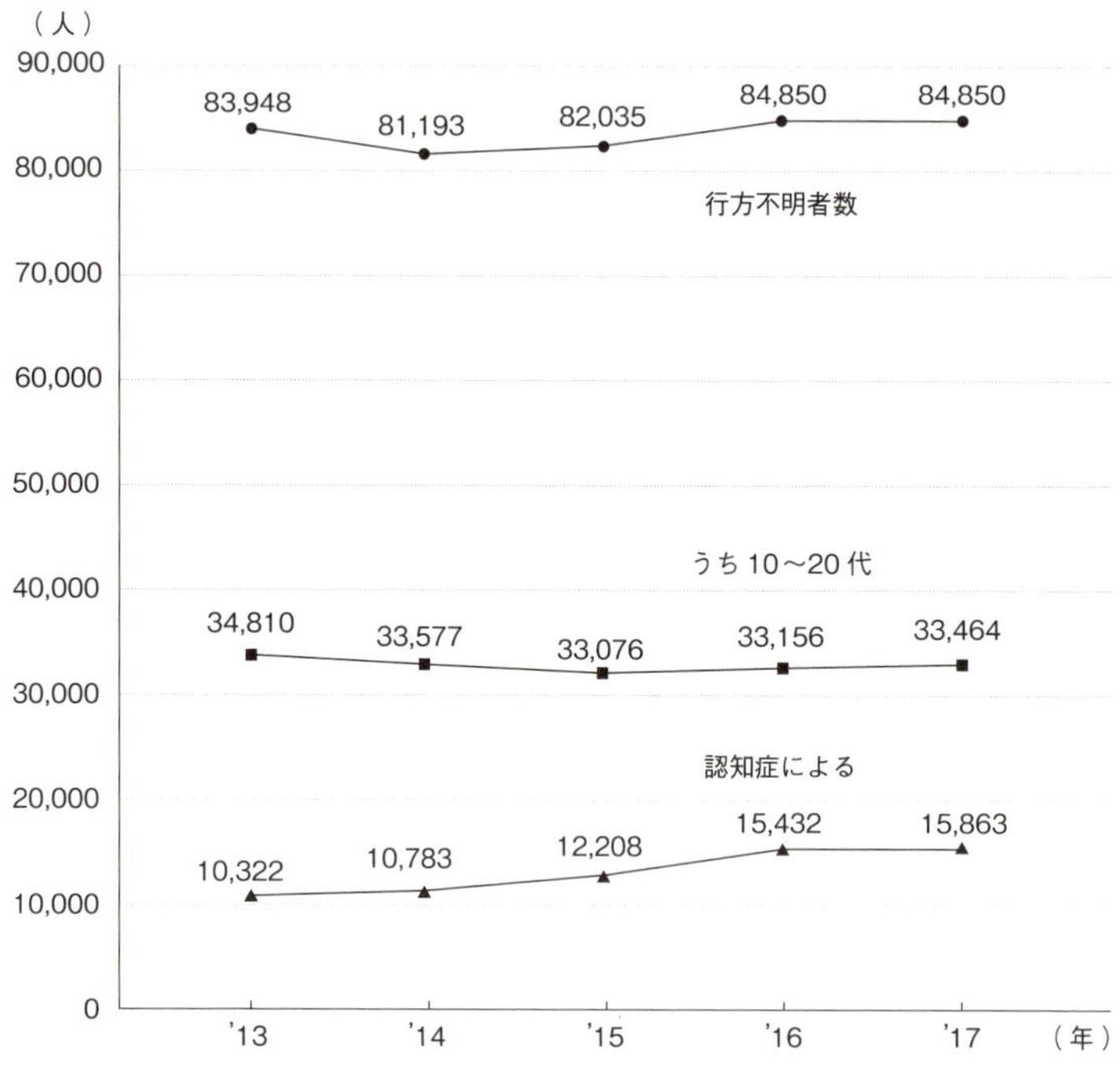

年間３万人の若者が行方不明者に

年間８万人もの行方不明者が発生しています。その中でも多くを占めるのが10～20代の若者です。家庭や学校、地域等で問題を抱えた若者が突然行方をくらます事態が多発しています。また、超高齢化の進展により、認知症のある方の行方不明は今後も増加が見込まれます。

☑ 行方不明者：生活の本拠を離れ、その行方が明らかでない者で、届出がなされた者のこと

出典：警察庁生活安全局生活安全企画課（2017）「平成29年における行方不明者の状況」

issue 53 振り込め詐欺

3 16 17

振り込め詐欺の認知件数と被害金額の推移

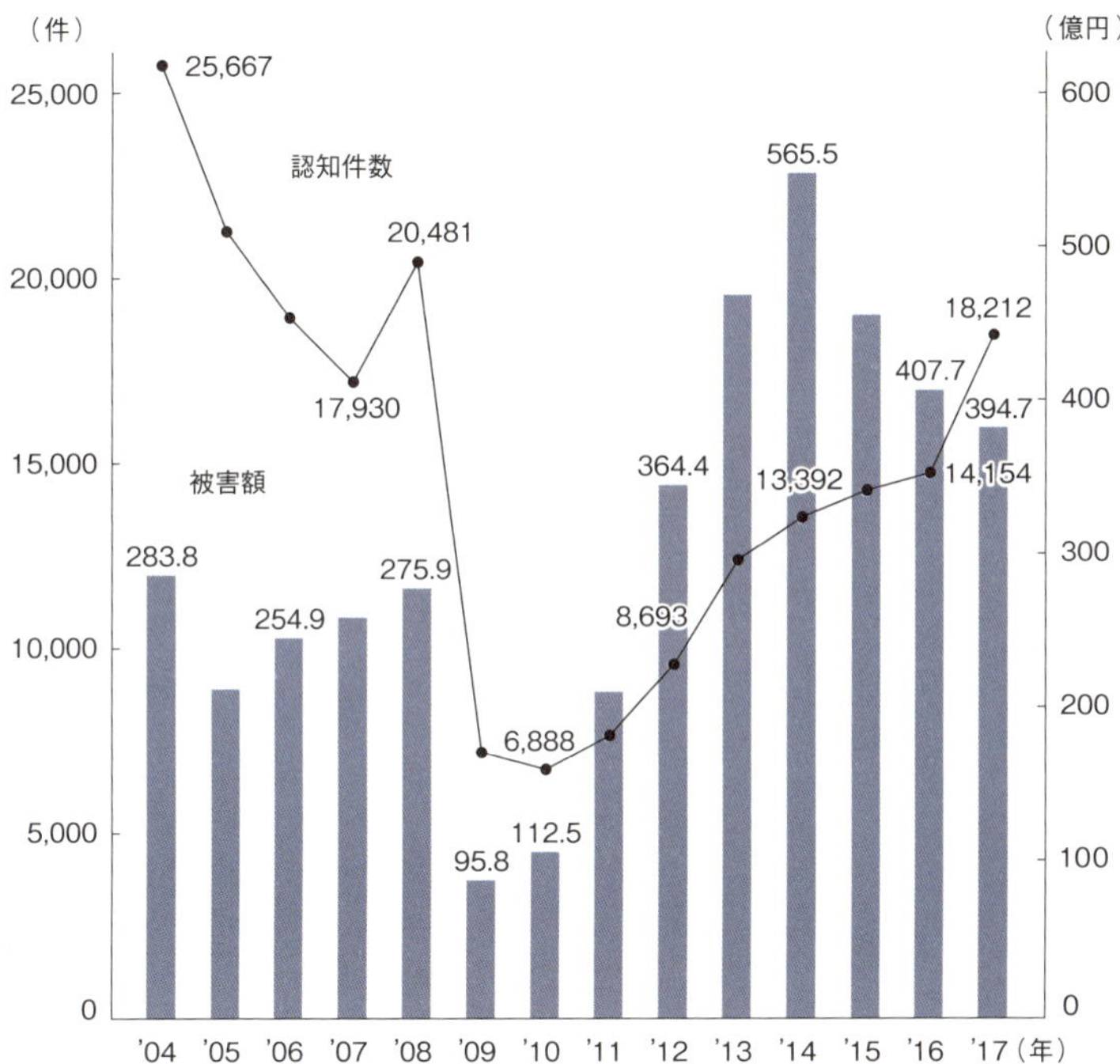

被害額は減少も、件数は依然増加中

被害金額は近年減少傾向ですが、認知件数は2011年以降増加を続けています。電話で家族や知人、業者になりすまして振込を要求するものだけでなく、宅配便の送付、メールでの電子ギフトマネーの送信など様々な手口が発生しています。高齢者が多い地域での被害が多く、地域全体での対策が求められます。

☑ 認知件数：警察において認知した、刑法に規定される犯罪の発生件数

出典：警視庁（2018）「平成30年上半期における特殊詐欺認知・検挙状況等について」

issue 54

政治参加

5 10 16 17

選挙投票率（衆議院議員選挙）の推移

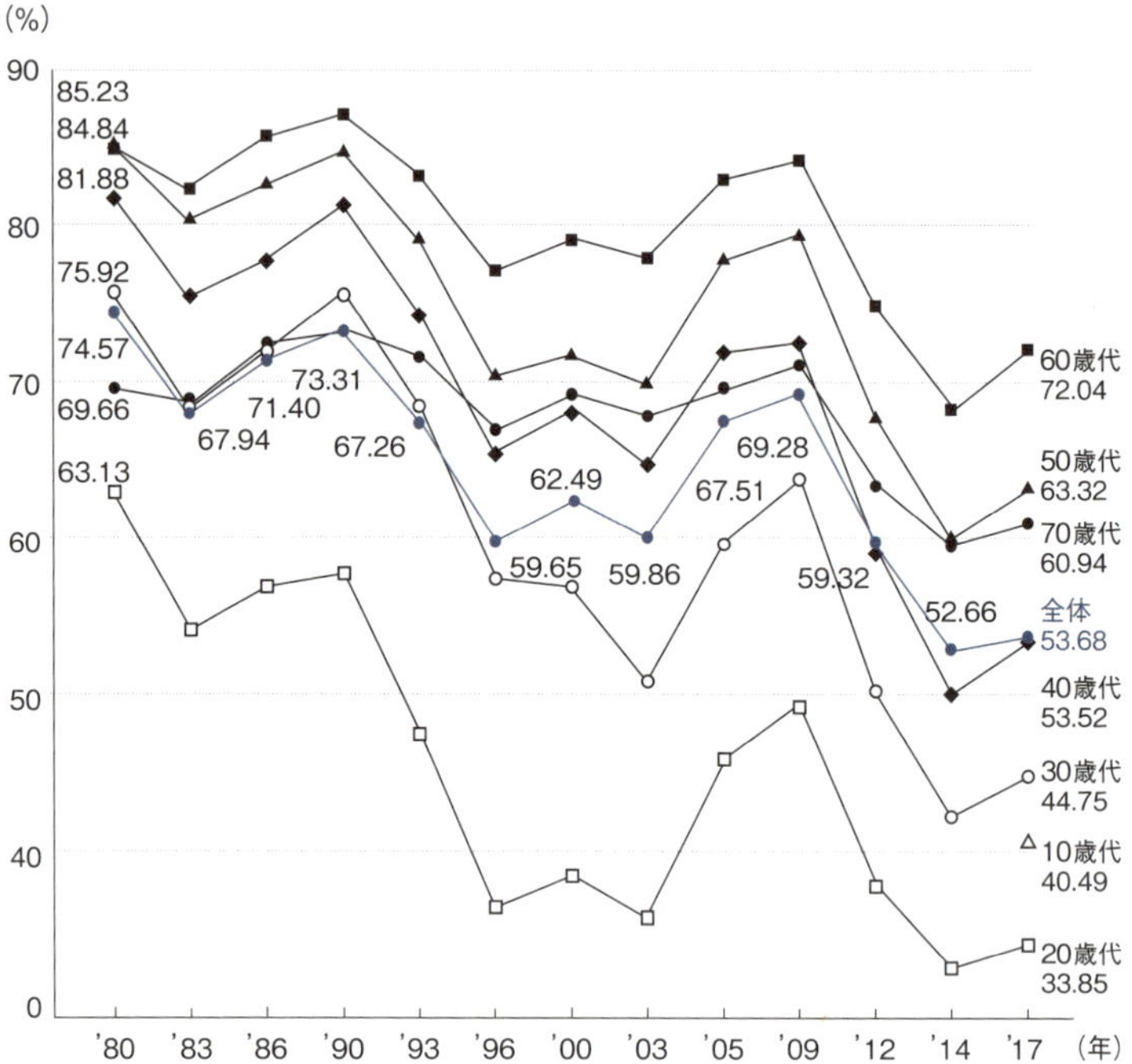

下がり続ける投票率。若者の選挙離れは深刻

2017年の衆議院総選挙では、全年代を通じた投票率は53.68％に対して、10歳代が40.49％、20歳代が33.85％、30歳代が44.75％と若年層の投票率が低い傾向です。1980年と比べると、全年代で減少していますが、20歳代、30歳代はいずれも約30％減と大きく減少しています。

出典：総務省ホームページ「国政選挙の年代別投票率の推移について」

パートナーシップで 目標を達成しよう

17番目のゴールはこれまでの16ゴールと少し毛色が違います。16番目までは地球と地域が抱える課題を示すものなのに対して、17番目はその解決方法を示したものです。国連、国、地域、大学、企業、NPO、市民、様々な立場のプレイヤーが協働し、パートナーシップを組み、地球が、国が、地球と地域が抱えるすべての課題にみんなで取り組み、持続可能な未来を切り拓きましょう。

4 教育
1 貧困
8 仕事と経済
17 パートナーシップ
16 平和と公正
5 ジェンダー
10 不平等
13 気候変動
14 海の豊かさ

不登校・いじめ
子どもの貧困
後継者不足
コミュニティ
教育格差
生活保護
政治参加
発達障害
ワークライフバランス
振り込め詐欺
ワーキングプア
非正規雇用
児童虐待
AI・ロボット
女性リーダー
行方不明
インバウンド
男性の家事・育児
DV
プラスティックゴミ
起業
未婚化
仕事と子育ての両立
フードロス
地域経済格差
外国人労働者
再生可能エネルギー
人口減少
自殺
障害者
孤独死
空き家
原子力発電
LGBT
認知症
精神疾患
単独世帯化
医師・看護師不足
インフラ老朽化
超高齢社会
介護人材不足
ゲリラ豪雨・台風
買い物弱者
健康寿命
社会保障費
ヒートアイランド
震災
生活習慣病
水不足
農業
温室効果ガス
食料自給率
生物多様性
森林と林業
水産資源の枯渇

issue 55 | コミュニティ

1 2 3 4 5 6 7 8 9 10 11 12 13 14 15 16 17

高齢者の近所との人間関係の国際比較（2015年）

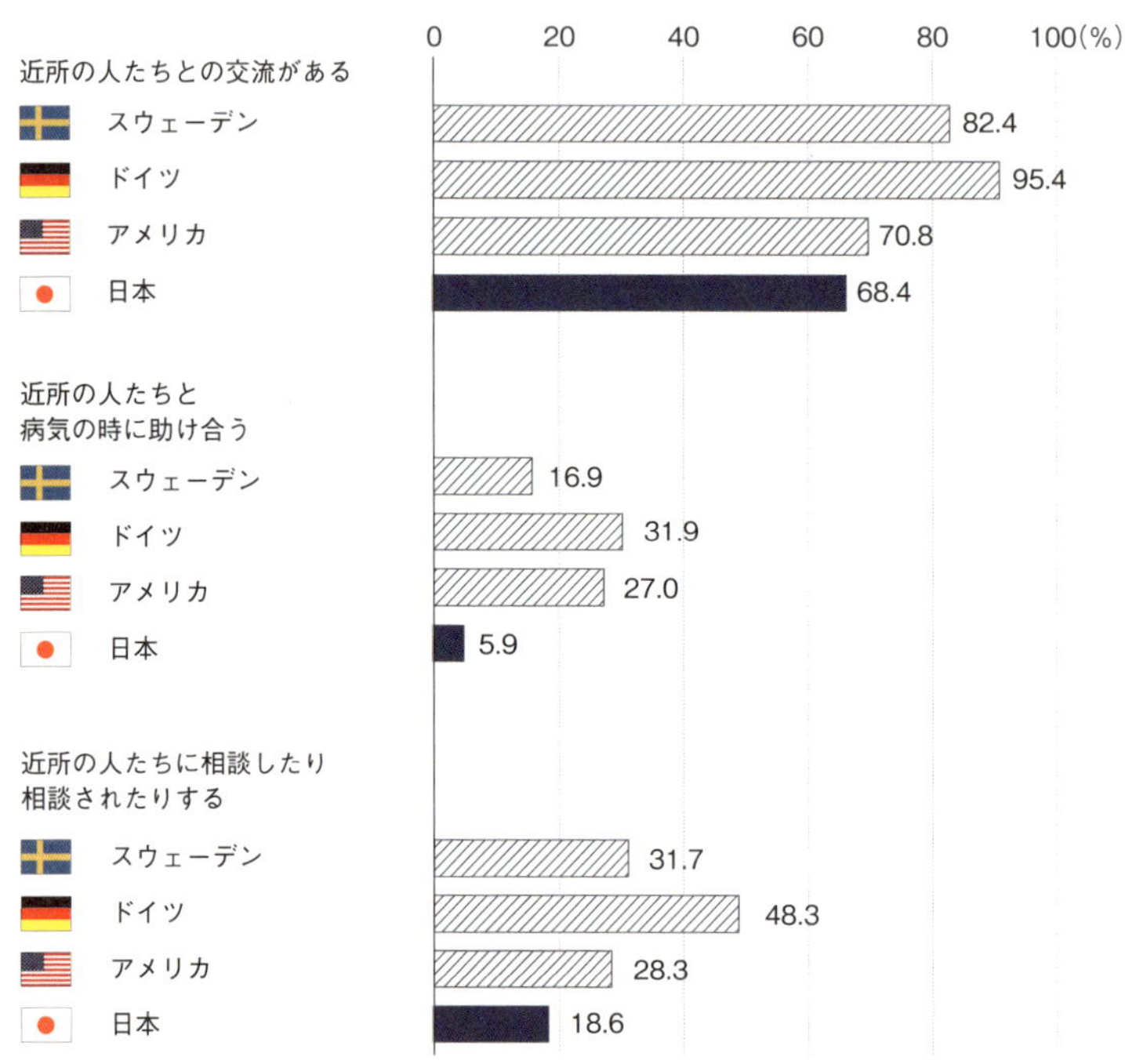

国際的に見ても、無縁化・孤独化が進む日本

日本人の高齢者は「近所の人たちとの交流がある」人の割合は７割弱と、欧米３カ国と大きな差はありません。しかし、「近所の人たちと病気の時に助け合う」はわずか5.9%、「近所の人たちに相談したり相談されたりする」は18.6%と他３カ国と大きな差があります。つきあいはあるものの、支え合う関係を築けている人が限られているのです。

出典：内閣府（2015）「高齢者の生活と意識に関する国際比較調査」

人口一人あたり地縁団体数（2013年）

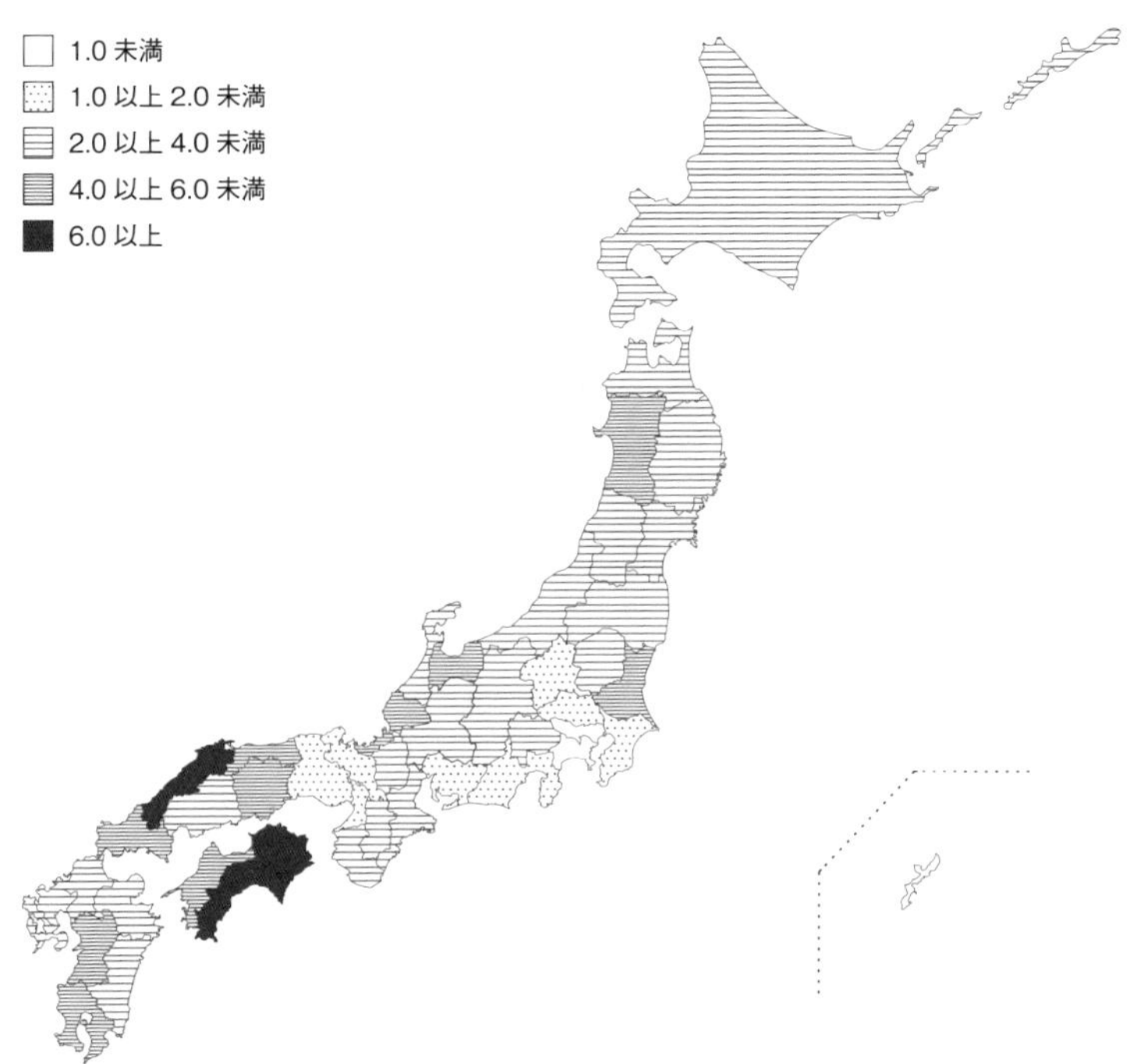

地縁団体数は西高東低

自治会、子ども会、婦人会などの地縁型コミュニティは全国的に弱体化しつつあります。しかし、地縁団体数は三大都市圏の都道府県のほとんどで１人当たり２つ未満なのに対して、四国４県、中国地方（広島をのぞく）、北陸地方（石川をのぞく）では４つ以上と地域差があります。

☑ 地縁団体：自治会、町内会等広く地域社会全般の維持や形成を目的とした団体・組織のこと

出典：総務省（2013）「地縁による団体の認可事務の状況等に関する調査結果」

インタビュー2

都市の総合力が持続可能な地域をつくる

森 雅志

1952年、富山市生まれ1995年より富山県議会議員を務めたのち、2002年1月に富山市長に当選。以来、「公共交通を軸とした拠点集中型のコンパクトなまちづくり」を政策の基本方針として掲げ、ライトレールの導入をはじめとする公共交通の整備、中心市街地の活性化と公共交通沿線への居住促進等の施策を行い、「コンパクトシティ」として注目を集めている。

Q1 SDGsとの出会いについて教えてください。

採択の1年前、国連気候変動サミットの開会式でSDGsの考え方を予兆させる出来事がありました。マーシャル諸島出身のキャシー・ジェトニル＝キジナーという女性が「生後6か月の娘のために書いた詩」という題名のスピーチ*をしたのです。彼女は、ツバルの海面上昇、フィリピンの台風、パキスタンの大洪水などの環境問題を引き合いに出し、「この子が成長するまで私の国はないかもしれない。でも、私たちには豊かな未来を切り開く権利があるはずだ」と訴えたのです。彼女の話を聴いた瞬間、私の頭には、気候変動がもたらす地球の危機的な未来の姿がはっきりと思い浮かびました。会場全体が感動の拍手に包まれ、SDGsに向けた世界の一体感を作る素晴らしいスピーチでした。

その1年後、国連総会でSDGsが採択された時、彼女の話がすぐに思い浮かび、SDGsの意義を深く感じ、私自身も、富山市としても、しっかりと取り組みたいと決意しました。

Q2 富山市は、2018年6月にSDGs未来都市*に選定されましたが、その中心の取り組みである、「コンパクトシティ」について教えてください。

市長就任当初、一番の問題意識は人口減少でした。2050年までに日本の人口は3000万人減る見込みで、富山のような中核都市は激しく減ると予測できたからです。そのための施策として3つの柱を立てました。

1つ目は公共交通を軸としたコンパクトなまちづくりです。2つ目はその便利な交通沿線に住む人を緩やかに誘導することです。3つ目は高齢者から見ても若者から見ても魅力的な中心市街地を作り、外出機会を増やすことです。

最初の取り組みとして、2006年4月に、富山駅から富山港までの約8kmを結ぶLRT(Light Rail Transit・次世代型路面電車)を導入し、2009年には市内電車の環状線化を行いました。電停の数を増やし、バリアフリー化を進め、高齢者を含めあらゆる市民の使いやすさ、乗りやすさを高めるための様々な取り組みを現在まで継続的に行っています。

象徴的な取り組みが65歳以上を対象にどこから乗車しても、中心市街地で降りれば運賃が100円になる「おでかけ定期券」です。この取り組みの成果で、昼の時間帯に中高年女性が郊外から都心部へ遊びに来るという新たな習慣が生まれ、LRTの利用客は初年度の2倍になりました。

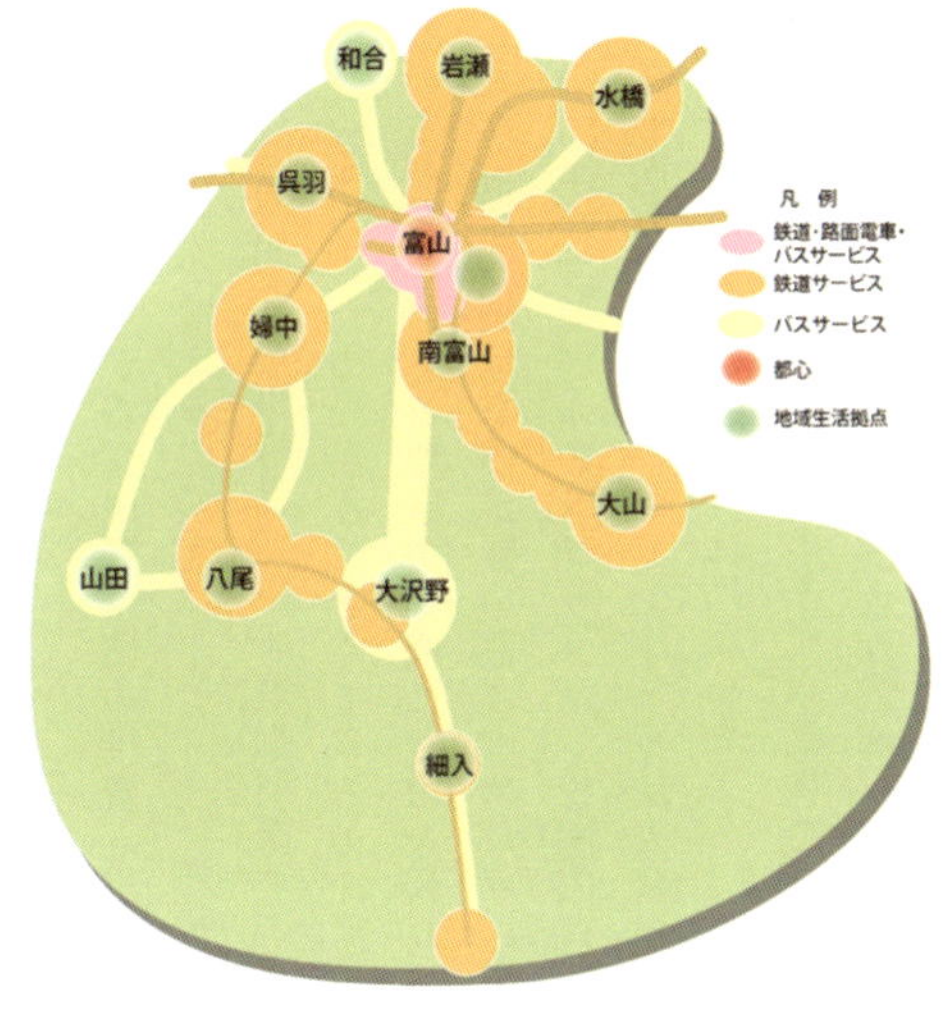

実は、車で来る人より電車で来る人の方が滞在時間が長いんです。それに伴い、街中での消費額も増えます。調査で、飲食、特にアルコールの消費額が上がっていることがわかりました。

中心部にある富山唯一の百貨店の隣が再開発事業の対象になったのですが、賑わいの核となる全天候型の多目的広場を整備しました。今では休日はほぼ１００％、平日でも75％の市民の皆さんが何らかのイベントを開催しています。土日の中心部は本当に賑わっています。

こうした施策の積み重ねで、自然と中心に人が集まり、中山間地域の市民が公共交通で街に出るスタイルが定着していきます。すると、ガソリン消費量も減り、温室効果ガスの排出量も下がります。健康増進にもつながります。

郊外や中山間地域の人からみれば不公平だと感じるかもしれませんが、市全体としてメリットが多数あります。保健師が行う在宅医療・介護の保険サービスを効率的に巡回でき、行政コストを抑えることができます。

一番大きいのは税収です。固定資産税と都市計画税が市の税収の半分近くを占めます。中心市街地が活性化し、店舗の売り上げが上がる、民間企業の投資も集まり、地価が上がり税収が増えるのです。

こうした効率的な都市経営で生まれた財源を、中山間地域で暮らす人のために使うこともできるのです。中山間地域の主要産業である農業の育成にも力を入れています。広大な耕作放棄地を市が買い取り、エゴマの露地栽培を行い、エゴマオイルのサプリメントを国内外に販売する事業も進めています。エゴマオイルは人気が高く富山産はあっという間に売り切れになります。

30～40年前の人口増加時代の基礎自治体では、市内どこにいても同じサービスが提供されるべきだという考え方が常識でした。人口減少時代の今は、包括的な視点を持ち、地域全体としての最適な選択をしなければなりません。時には反対されることもあります。そんな時、私は説明する説明責任だけでなく、市民の皆さんに受け入れてもらう、説得責任があると常々言っています。市民の皆さんに納得頂いた上で、政策を実現していかなければいけません。

Q3 富山市の考える、持続可能な地域実現のためのポイントはどんなところですか？

一番大事なのは、都市の総合力を上げることです。

コンパクトシティの取り組みは、交通政策だけではありません。産業の活性化、高齢者の生きがいと健康促進、若者の雇用、住環境整備、教育水準の維持など、包括的な取り組みを実現しなければならないと思っています。日本一の福祉水準の町を作っても、そこに雇用がなければ人は来ません。雇用があっても、教育水準が低く子育て環境が良くなければ、家族で住みたいとは思いません。

どこか一領域ではなく、総合的な力が必要です。そして、一時的な取り組みではなく、10年以上のスパンで継続的に都市全体の力を徐々に高めていく仕組みを整えていく必要があります。その結果、市民が負担を感じることなく、誇りを持ち住みたいと思う街になっていくと考えています。

総合力を高めるための多方面の取り組みが、富山市にはあります。高齢者が孫と一緒に動物園や科学館などの

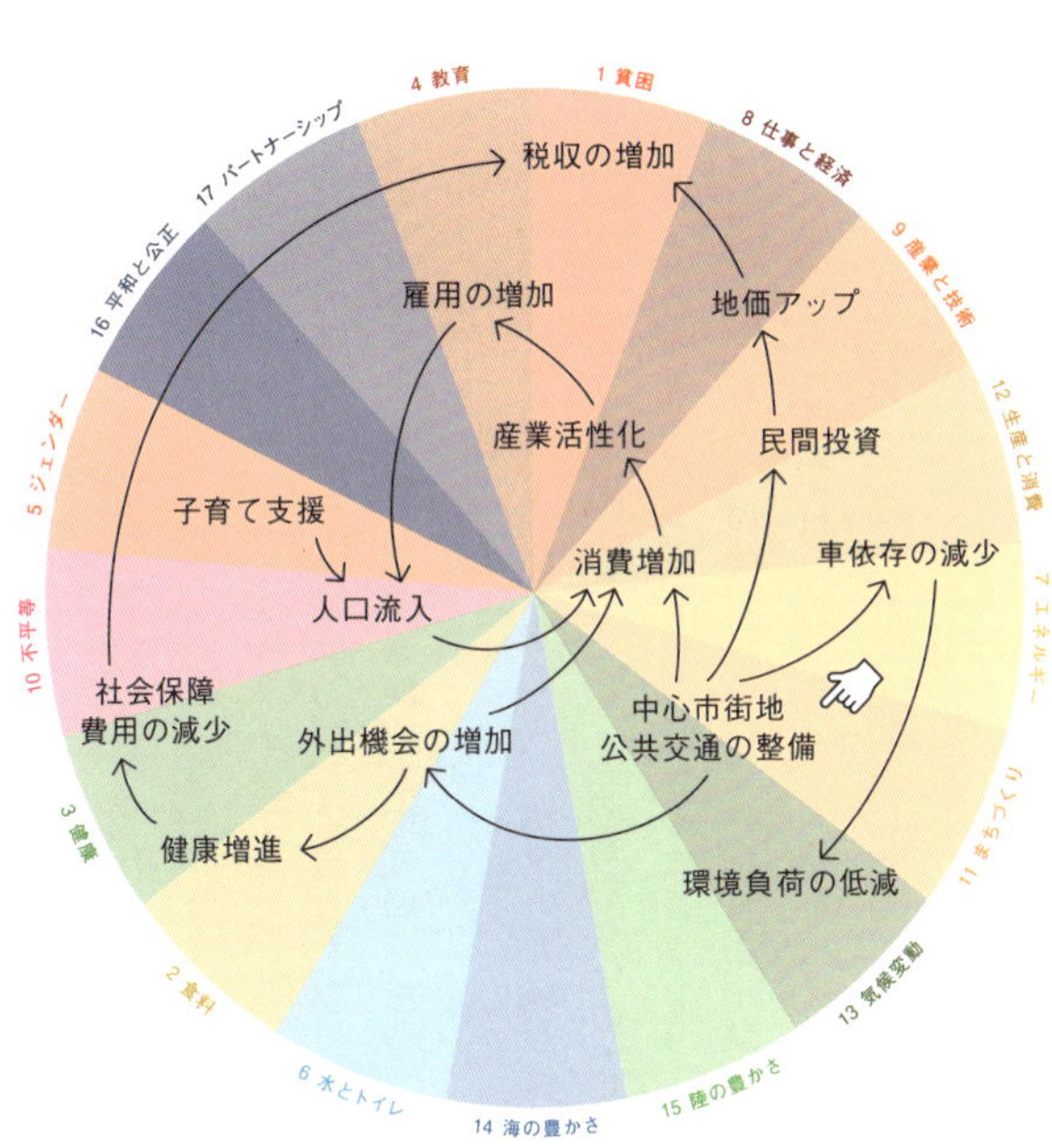

市営施設に行くと入場料が無料になります（孫とおでかけ支援事業）。仕事中に子どもが発熱した時、お母さんの代わりに、看護師と保育士が揃ってタクシーで迎えに行き、指定病院に連れて行くサービスも日本で初めて導入しました（お迎え型病児保育事業）。

教育分野では、生活保護家庭とひとり親家庭の子どもを対象に、中学在学時から就職まで、市の職員との面会や学費・資格取得費用の支援を行い、貧困の連鎖を断ち切ることにも取り組んでいます。

花屋さんで500円以上花を買って電車に乗ると運賃無料という取り組みも始めました（花Ｔｒａｍモデル事業）。街中に花をもって歩く人を増やし、華やかでお洒落なまちのイメージをつくり、シビックプライドを高める取り組みです。

様々な取り組みの成果もあって、富山市は今、圧倒的に転入超過（転出者数を転入者数が上回る）です。人口減少を止めることはできなくても、マイルドに減るように都市を作り変えることは可能なのです。

Q4　総合力を高めるために、市役所として意識的に取り組んでいることは何かありますか？

従来型の交通、環境、産業振興という組織の枠組では、総合的な施策は実現できないので、市役所の中で組織間の連携体制を整えることに力を入れています。そのために、16年前の就任当時から各部局の若手職員を選抜してタスクフォースを組み、部署横断的な取り組みを行っています。

でも、やはり最初は失敗しました。選ばれた職員はみな意欲的なのに、なぜかプロジェクトが動かないのです。現場を見てみると、所属部署の業務外のタスクフォース業務に対して部署内の理解が得られていないことがわかりました。以来、僕が自ら「こういう人材を出してほしい」と部局長に伝え、部局長から課長に伝え、職員を選出してもらうようにしています。いまでは、タスクフォースの成果が出てきて、本人はもちろん、上司が部下が参加していることをを誇らしく思い、応援する風土ができてきました。

タスクフォースから生まれた事業で僕が一番驚いたのは、女性職員のチームが発案した「がんばるママにありがとうと花束事業」です。ひとり親家庭の子どもに1年に一度、花束券を贈呈するというものです。この提案を受けたとき、僕は目頭が熱くなり、自分には絶対出てこないアイデアだと感心しました。

ただ、この事業を実施した時、ある問題が起こりました。僕の知り合いのシングルマザーにクリスマス前に電話をして、この事業を勧めたところ、「花屋さんに行ったら『11月いっぱいで終わりなんです』と言われた」と言うんです。クリスマス間近の最もお花需要があるこの時期に、なぜ利用できないのかと思い担当部署で理由を聞くと、原因がわかりました。僕は、この事業の予算を農林水産部の花卉振興係に付けていました。この部署は農業のサイクルで仕事をしているため、助成金の支給期間を種まきの春から収穫の秋までに設定していたのです。女性支援や教育、市内行事を扱う部署と連携が取れていて、花束の贈答シーンをイメージできていれば、冬には、クリスマスの他にも、お正月、バレンタイン、卒業式など、花束贈呈券が活躍するシーンがたくさんあることに気づけたはずです。以来、事業予算を付ける際には、その事業に関連する他部署と連携するようにきちんと伝えるようにしています。

タスクフォースの取り組みを行う事で、職員の中に、困難なこともなんとかやってみようという姿勢が生まれ始めています。また、自分たちの部署だけで考えるのではなく、他部署の職員や住民、民間企業の方々と分け隔てなく協力し合う雰囲気ができてきています。

まずは役所の職員自らが様々な立場の人々と対話し協力し合う事で、市民生活のためのよりよいプランがどんどん生まれ、都市の総合力を高めるような、包括的な地域づくりにこれからも取り組んで行きたいと思っています。

＊ **生後6ヶ月の娘のために書いた詩**
２０１４年９月23日ニューヨークの国連本部で開催された国連気候変動サミットの開会式でのキャシー・ジェトニル＝キジナー氏によるスピーチ。

＊ **ＳＤＧｓ未来都市**
２０１８年に内閣府地方創生推進事務局が、ＳＤＧｓの達成に向けた優れた取組を提案する29都市を選定。富山市は初年度に選定。

第3章

地域の生態系を再生する

地域は生きている

生物学者の福岡伸一氏*はその著書『生物と無生物のあいだ』で、生物（生命体）と無生物（機械）の違いを次のように説明している。

無生物（機械）、例えばテレビの背面パネルを外すと、赤や緑や黄色のパーツが並んでいる。各パーツはそれぞれ特定の役割がある。音出力のパーツを外したら、音が出なくなる。カラー出力のパーツを外したら、白黒になる。そのパーツを外しておくと、その機能は失われたままである。

生物（生命体）ではどうだろうか。実験用マウスから、すい臓機能を果たすＧＰ２タンパク質*を遺伝子操作で削除してみる。しかし、マウスのすい臓機能は異常をきたさない。欠落した機能はバックアップが働き、何らかの方法で補完されるのだ。これが生物と無生物との決定的な違いである。生命を構成するタンパク質は絶え間なく製造され、排出され、少しずつ入れ替わりながら、一定のバランスを保っている。このバランス状態のことを動的平衡と呼ぶ。入れ替わりの過程で、欠けた機能を他が埋め合わせ、全体を最適化する仕組みが生命体には備わっているのだ。

＊福岡伸一
生物学者。1959年生まれ。京都大学卒。著書『生物と無生物のあいだ』、『動的平衡』『せいめいのはなし』ほか、「生命とは何か」を分かりやすく解説した著書多数。大のフェルメール好きとして知られる。

＊ＧＰ２タンパク質
Glycoprotein2の略。すい臓の細胞に存在するタンパク質のひとつ。消化酵素を運ぶ分泌顆粒（物質を分泌する細胞内にみられる小さな顆粒で、分泌物質を含んでいる小体）の膜に結合しているタンパク質のうち、もっとも多く存在している。

地域は生物なのか、無生物なのか

地域とは、特定の機能を果たす人・組織・建物・インフラの集合体である無生物（機械）だと考えることもできる。その考え方に従うと、地域の魅力を高めるためには、高品質なスピーカーに交換してテレビの音質をあげるように、パーツを修理・交換すれば良い。図書館をリニューアルして住民の文化度をあげ、実績ある校長先生を連れてきて教育レベルを高め、古い商店の代わりに大型ショッピングモールを誘致して買い物利便性を高めれば、街はよくなるはずだ。しかし、そう簡単にはいかない。客を失った小売店主は店をたたみ、街を出ていく。車がないお年寄りが買い物に困る。シャッター街化した商店街の治安と景観が悪化し、観光客が減る。そんなことが起きる。

地域を構成する要素は互いにつながり、機能を補い合い、常に少しずつ入れ替わりながら、一定の平衡状態を保っている。つまり、地域は生物（生命体）なのだ。

福岡氏は生命を感じる地域として、新宿のゴールデン街の名前を挙げている。戦後の闇市の名残として残る昔ながらの飲屋街である。細い路地に小さな店が約２００軒ひしめき合い、個性豊かな店と客が集まる独特なエリアである。現在に至るまで、店もお客も徐々に入れ替わっていて、中身は戦後直後とは別物だが、「ゴールデン街」という生物の生き様には大きな変化がない。

ある店が閉じ、新しい店が入る。昔からの客の足が遠のき、新しい客が訪れる。古い客が新しい客を連れてくる。古い関係の中に新しい関係が生まれる、そんな相互作用を通じて、時代の変化に適応しながら進化した結果が、現在のゴールデン街なのだ。

排他的で新しい店や客を閉ざしていたら、代謝は進まず、時代の変化に取り残され、死に絶えていただろう。再開発ブームに飲まれ、新しいビルに建て替えてしまっていれば、古いものと新しいものの相互作用がなくなり、全く別物になっていただろう。

地域に必要な豊かな生態系

地域とは動的平衡状態にある1つの生命体であると同時に、無数の生命体が集まり、つながり、循環している生態系である。

自然界の全ての種は、各々が独立して存在しているのではなく、食うもの食われるものの食物連鎖に組み込まれ、相互に影響しあってバランスを維持している。これらの種に加えて、それを支配している気象、土壌、地形などの環境要因を含めたものを生態系と呼ぶ。各要素はそれぞれ変化し、徐々に入れ替わり、互いに関連しながら、バランスを保っている。

「生態系」の英訳、ecosystem はビジネスの世界でイノベーションを生み出す仕組みを意味する言葉として使われる。シリコンバレー*のお膝元である米・サンフランシスコには、起業家、エンジニア、投資家、大学などが集い、街全体にスタートアップを孵化させるエコシステムが形成されていると言われる。大学が人材や技術を生み、大志を抱いた若者が起業し、投資家や企業が投資する。成功した起業家が会社を売却し、再度起業する、または次世代の起業家を育成する。多くの成功者の存在が世界中から優秀な人材を引きつける。この好循環を生み出す仕組みがエコシステムである。

地域を舞台にした人間の生活や経済活動も、住民、事業者、役場職員、観光客などの人間、企業・組合・行政機関などの組織、気候・地形・動植物などの自然環境の相互作用による生態系、エコシステムの基に成り立っている。

森・海・里山などの自然の恵みを活かした仕事をし、住民同士が繋がり助けあう。豊かなコミュニティ環境のもとで次の世代が確実に育つ。地域を離れる人もいれば、新たにやってくる移住者もいて、新陳代謝が活発である。外から見て大きな変化はないものの、徐々に中は入れ替わり、時代環境の変化に応じて、要素同士の相互作用により、失った部分は補い、傷ついた部分は修復し、新しい機能を加え、進化を遂げていく。持続可能な地域とは、そんな「生きているシステム」が存在する地域なのだ。

＊シリコンバレー
アメリカ合衆国カリフォルニア州サンフランシスコの南部に位置するソフトウェアやインターネット関連企業が多数生まれ、IT企業の一大拠点となっているエリア。特定地域を指す地名ではなく、広い地域一帯の通称。

ecosystem

生態系崩壊と人口減少

ＳＤＧｓの考え方を最初に聞いた時、危機に瀕している地球の生態系を再生する取り組みなのだと感じた。人類の行き過ぎた経済活動の結果、地球全体の動的平衡状態が崩れ、多くの生物種が絶滅に追いやられている。その主犯である人類の中にも、生命の危機に瀕している人が多数存在し、富める人と貧しい人、ひいては富める地域と貧しい地域の間の格差が広がっている。

日本の多くの地域でも、動的平衡状態であるべき生態系が崩れつつある。生態系の異変が目に見える形で表れているのが、日本各地で急激に進む「人口減少」である。

日本の人口減少の３大要因

日本の人口は２０５０年には、２０１０年比で20％以上減少し１億人を割り、２１１０年には５０００万人を割ると予測されている。*

しかし、Ｐ98で紹介したように、その減少率は地域間で大きな差がある。秋田、青森、山形、高知、福島、岩手では、２０１５年比30％以上と大幅に減少する。一方、東京と沖縄はほぼ維持（２０５０年には減少に転ずる見込み）、神奈川と愛知は一桁台の減

＊日本の将来人口

国立社会保障・人口問題研究所ウェブサイト「日本の将来推計人口（平成29年推計）」。

少率に留まる。

生態系が平衡状態を保っている持続可能な地域では、生まれる、死ぬ、流入する、流出するを繰り返し、徐々に中身は入れ替わりながら、緩やかに変化していく。生きるものは全ていずれ死に向かう。そのため、地域を生命体だと考えると緩やかに死に行く、人口が減少するのは自然の摂理である。しかし、これだけ急激なペースで人口が減少するのは、日本と地域の生態系システムに大きな異常が生じているためである。

日本の人口減少は、日本人の価値観（結婚観）、ライフスタイル（核家族化、女性の社会進出、晩婚、晩産）、経済状況（景気低迷、非正規雇用の増）、社会インフラ（保育所不足）など様々な要因が複雑に絡み合い生じている。これらの要因は全て次の3つに集約される。

3大要因①　若者（出産適齢世代）人口の減少
3大要因②　既婚率（人口当たりの既婚者数）の低下
3大要因③　夫婦あたり出生数の減少

子どもを産む世代の人口が減り、その中でも結婚する人が減り、減少した夫婦がつくる子どもの数が減る。その結果、生まれてくる次の世代の子供の数が減り、その30年後の出産適齢世代が減る……この負のスパイラルにより、急激に人口減少が進みつ

図表　人口減少を引き起こす負の循環

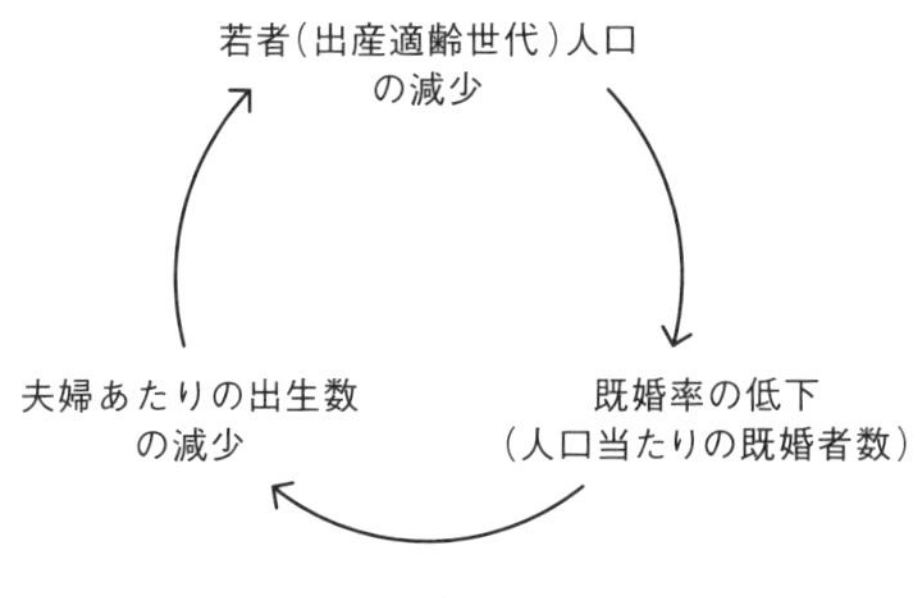

つある、すなわち生態系が平衡状態を保てていないのだ。

日本の中でも、特に人口減少率が高いのが地域である。地域は大都市に比べて、一般的に既婚率も夫婦あたり出生数も高く、急激な人口減少は若者人口の減少（3大要因①）によるところが大きい。地域の経済・生活・文化を支えるキー生態である若者の絶対数がどんどん減り、地域全体の生態系が循環しなくなっているのだ。

生態系を壊す負の連鎖構造

地域で急激に人口減少が進み、地域経済が縮小し、様々な課題が引き起こされる構造を整理したものが、次ページの負の連鎖マップである。多くの地域課題は根底ではつながっており、互いに影響を与え合っている。こうした要素同士のつながり（生態系）を示す地図が今後も本書の中でたびたび登場する。この地図の描き方の詳細は後ほど紹介する。[*] マップ内に登場するキーワードは地域の衰退の背景にある事象である。キーワード同士を結ぶ矢印は因果関係を示す。A→Bであれば、AがBに影響を与えると

＊ 地図を描く技術 P166〜

いう意味である。

このマップを見る際に注目すべきことが2つある。1つは多くの矢印が集中している事象である。多くの事象とつながっており、問題解決の鍵を握っている可能性が高い。もう1つは先ほどの人口減少を引き起こす負の循環[*]と同様に、同方向の矢印が連なり同じ場所をぐるぐる回っている好循環・悪循環のループが発生しているポイントである。ループ構造になると、地域の人口減少のように、加速度的に状況が激変する。特に事態が急激に悪化する負のループ（悪循環）を生み出しているポイントは課題解決の鍵を握ることが多い。

このマップを眺めてみると、次の5つの負のループが見えてくる。

1　経済衰退ループ
2　生活困難ループ
3　孤立無縁化ループ
4　教育水準低下ループ
5　環境破壊ループ

＊人口減少を引き起こす負の循環
P143〜

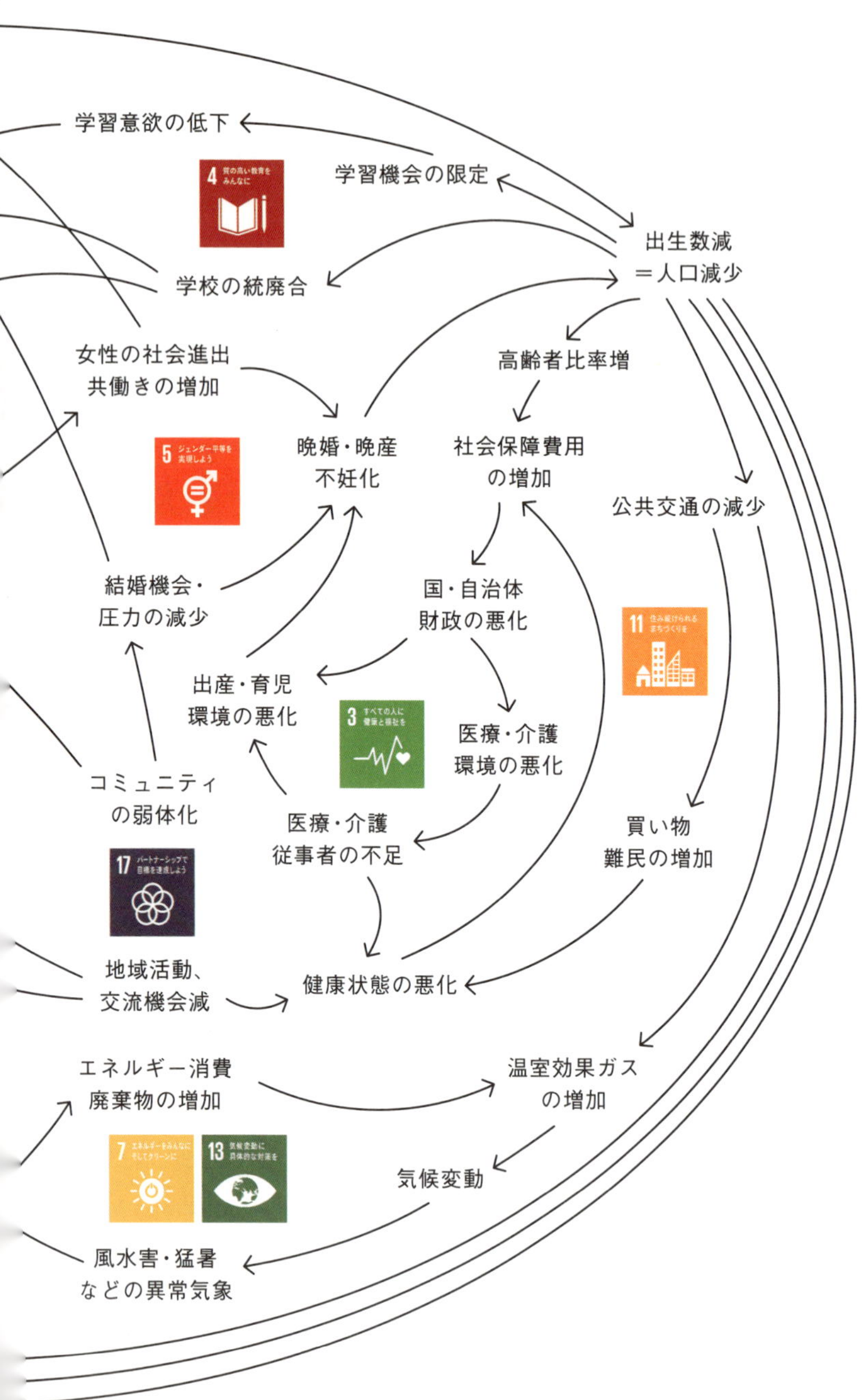
学習意欲の低下
学習機会の限定
出生数減
＝人口減少
学校の統廃合
女性の社会進出
共働きの増加
高齢者比率増
晩婚・晩産
不妊化
社会保障費用
の増加
公共交通の減少
結婚機会・
圧力の減少
国・自治体
財政の悪化
出産・育児
環境の悪化
医療・介護
環境の悪化
コミュニティ
の弱体化
医療・介護
従事者の不足
買い物
難民の増加
地域活動、
交流機会減
健康状態の悪化
エネルギー消費
廃棄物の増加
温室効果ガス
の増加
気候変動
風水害・猛暑
などの異常気象

proposal
地域の生態系を再生する

1　経済衰退ループ

地方圏の主力産業である農業、林業、漁業などの一次産業、ものづくりの二次産業、流通・サービス業などの三次産業。多くの地場産業が衰退し（1）、若い人が、給与面でも、内容面でも魅力的と感じる仕事が不足する（2）。地域外の大都市圏での就職が選ばれ（3）、若者が流出する（4）。結果的に地域内の若年人口が減少するため（5）、必要な人材・後継者が不足し（6）、地場産業はますます衰退する（1）。

仕事・余暇・子育てなどで物入りがちな若年層は消費の主役であり、若年人口の減少は地域内の消費の減少（7）、市場の縮小を意味する。それが産業衰退に拍車をかける（1）。

地域の市場縮小はコンビニや大型スーパーなど地域外資本の進出、インターネット通販など、東京やグローバル経済の影響も大きい。地元の工務店で、地元産木材で家を建てるのではなく、全国展開のナショナルメーカーの輸入建材の住宅を買うことで、工務店も、大工も、鳶職人も、左官屋も、きこり（林業従事者）も仕事がなくなる。オンラインで書籍や洋服などの買い物をする人が増えると、地域の商店やショッピングセンターの売り上げが減り、いずれ閉店に追い込まれる。

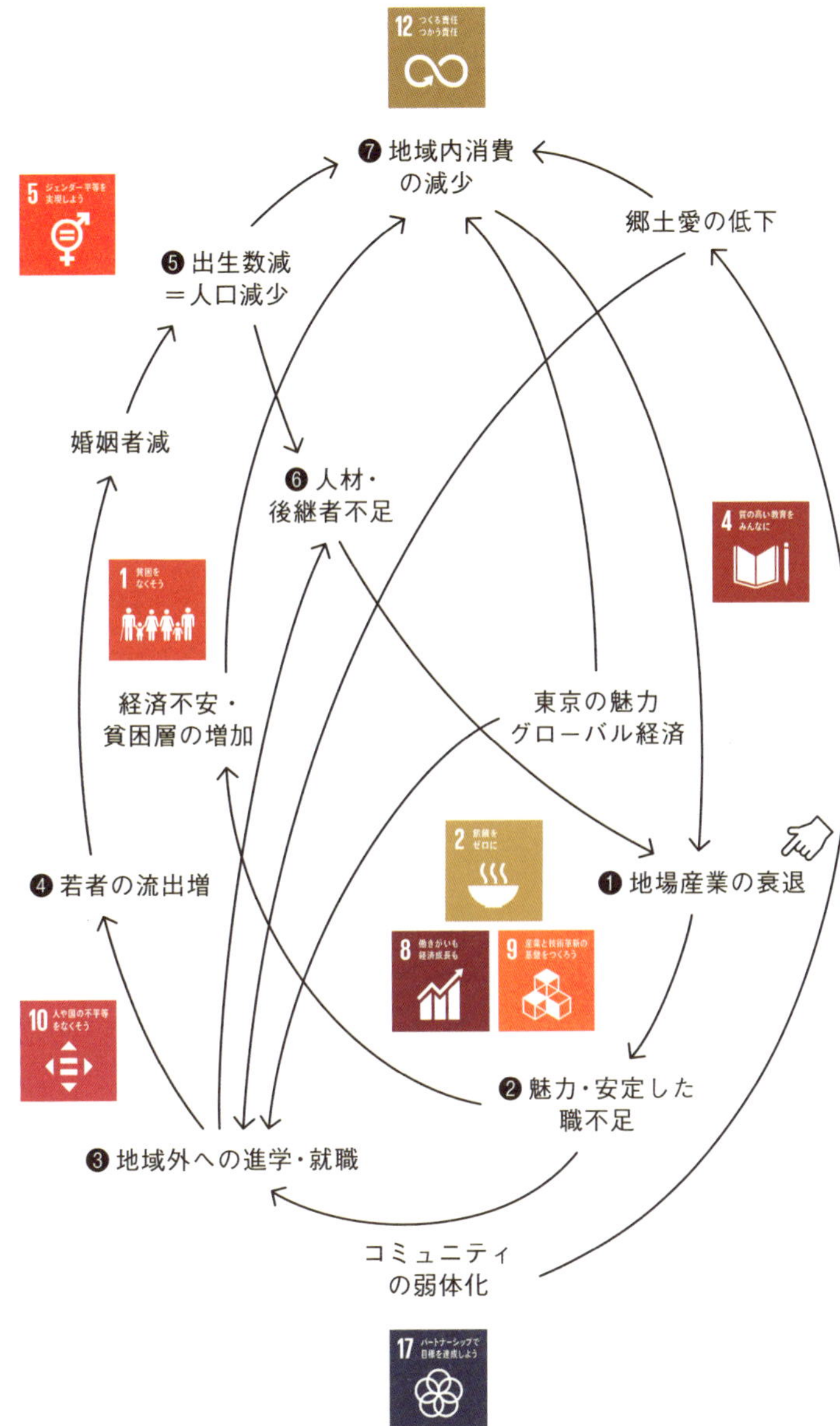
❼地域内消費
の減少
郷土愛の低下
❺出生数減
＝人口減少
婚姻者減
❻人材・
後継者不足
経済不安・
貧困層の増加
東京の魅力
グローバル経済
❹若者の流出増
❶地場産業の衰退
❷魅力・安定した
職不足
❸地域外への進学・就職
コミュニティ
の弱体化

2　生活困難ループ

人口減少と地場産業の衰退が地域での生活を困難にする負の連鎖を生んでいる。

人口減少（1）が進んだ大半の中山間地域では公共交通での移動は難しく（2）、車なしでは生活できない。高齢のため運転できず、近隣の商店の廃業（3）により、食料品などの日用品の購入が困難な人、買い物難民が増える（4）。そのため、缶詰等の日持ちする塩分や添加物の多い保存食のまとめ買いが中心となり、野菜などの生鮮品の購入が難しくなる。地域活動や交流の機会が減り（5）、コミュニティの弱体化が進む（6）。栄養バランスの悪い食事、運動不足、会話・交流不足は健康状態の悪化にもつながる（7）。

また、子ども・若年人口が減り（1）、医療費の支出が大きい高齢者が占める割合が増え（8）、自治体の財政を圧迫している（9）。その結果、地域の医療・介護・福祉の環境が悪化し（10）、医療・介護従事者の確保がさらに困難になる（11）。産婦人科医や小児科医は全国的にも不足しており、地方圏ではさらに確保が難しい（12）。離島など、妊娠・出産・育児環境が厳しい地域では、子どもの産み控えや大都市への転出にもつながり、さらなる人口減少も引き起こす。

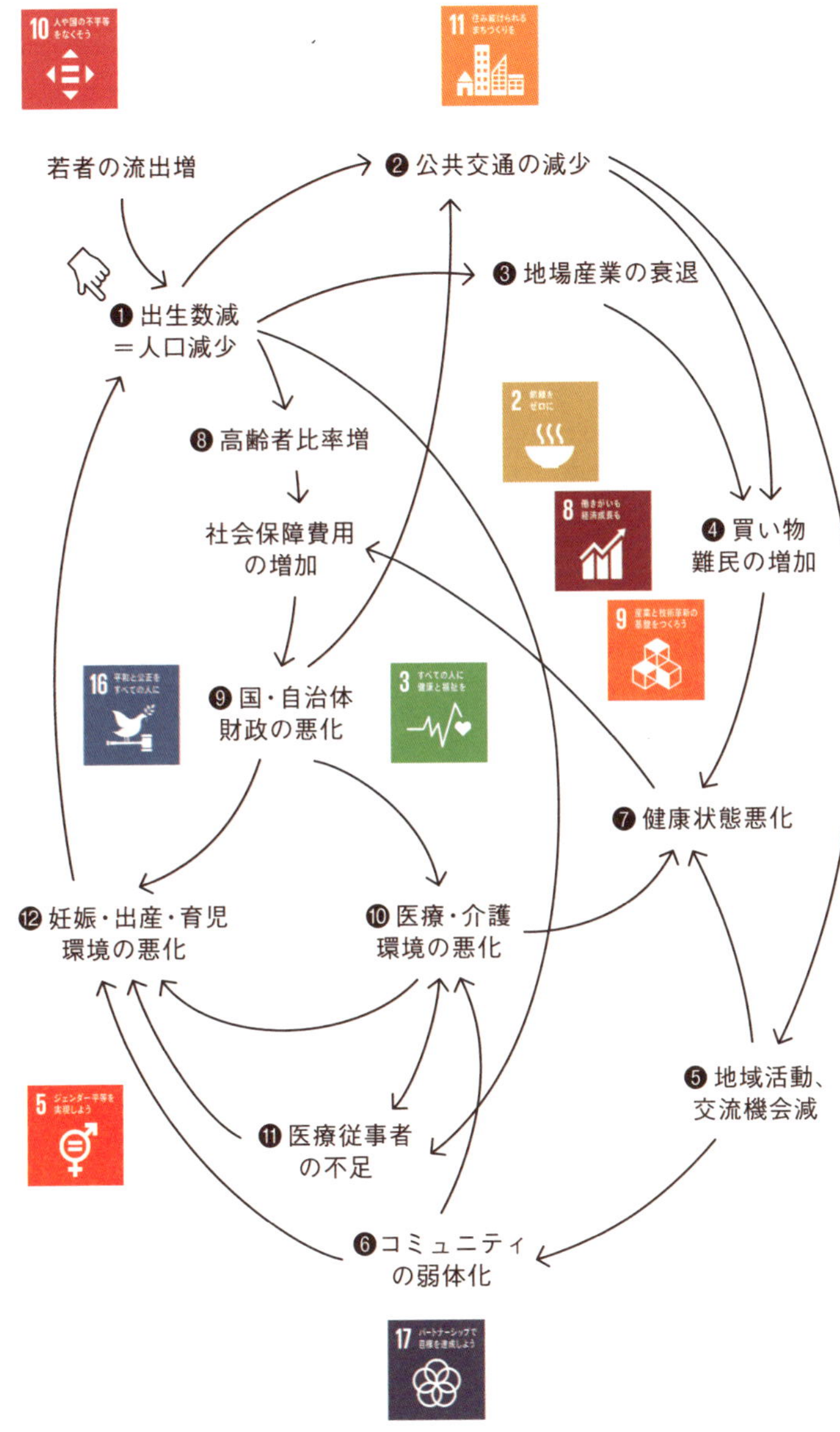
若者の流出増
❷ 公共交通の減少
❸ 地場産業の衰退
❶ 出生数減
＝人口減少
❽ 高齢者比率増
社会保障費用
の増加
❹ 買い物
難民の増加
❾ 国・自治体
財政の悪化
❼ 健康状態悪化
⓬ 妊娠・出産・育児
環境の悪化
❿ 医療・介護
環境の悪化
❺ 地域活動、
交流機会減
⓫ 医療従事者
の不足
❻ コミュニティ
の弱体化

3　孤立無縁化ループ

複数世代が同居する大家族時代から、夫婦＋子どもの核家族時代を経て、単独世帯が全世帯中の3分の1を超えるシングル時代に日本は突入しつつある。

大人と地域をつなぐ存在の子どもが減り（1）、地域コミュニティとの関係も薄れていく（2）。

「若い時に結婚するのは当然」、そんな社会通念は徐々に薄れ、生涯独身を貫くことも容易な時代だ。お節介な人が相手を手配してくれることもない（3）。選択の幅が広がるのは素晴らしいことだが、結婚したい人ができない時代でもある（4）。

地場産業は衰退し（5）、非正規雇用が増え（6）、安定した職が減ることで、経済不安（7）から結婚や出産を選択できない人も増えている（1＆4）。たとえ結婚しても、共働きが当たり前の時代（8）で晩婚・晩産・不妊化（9）が進み、保育環境も不十分（10）なため、望む子どもの人数を達成できない夫婦が増えている。

コミュニティの弱体化や貧困層の増加により、ドメスティック・バイオレンスや幼児虐待（11）、孤独死（12）などの新たな課題も引き起こされている（11）。

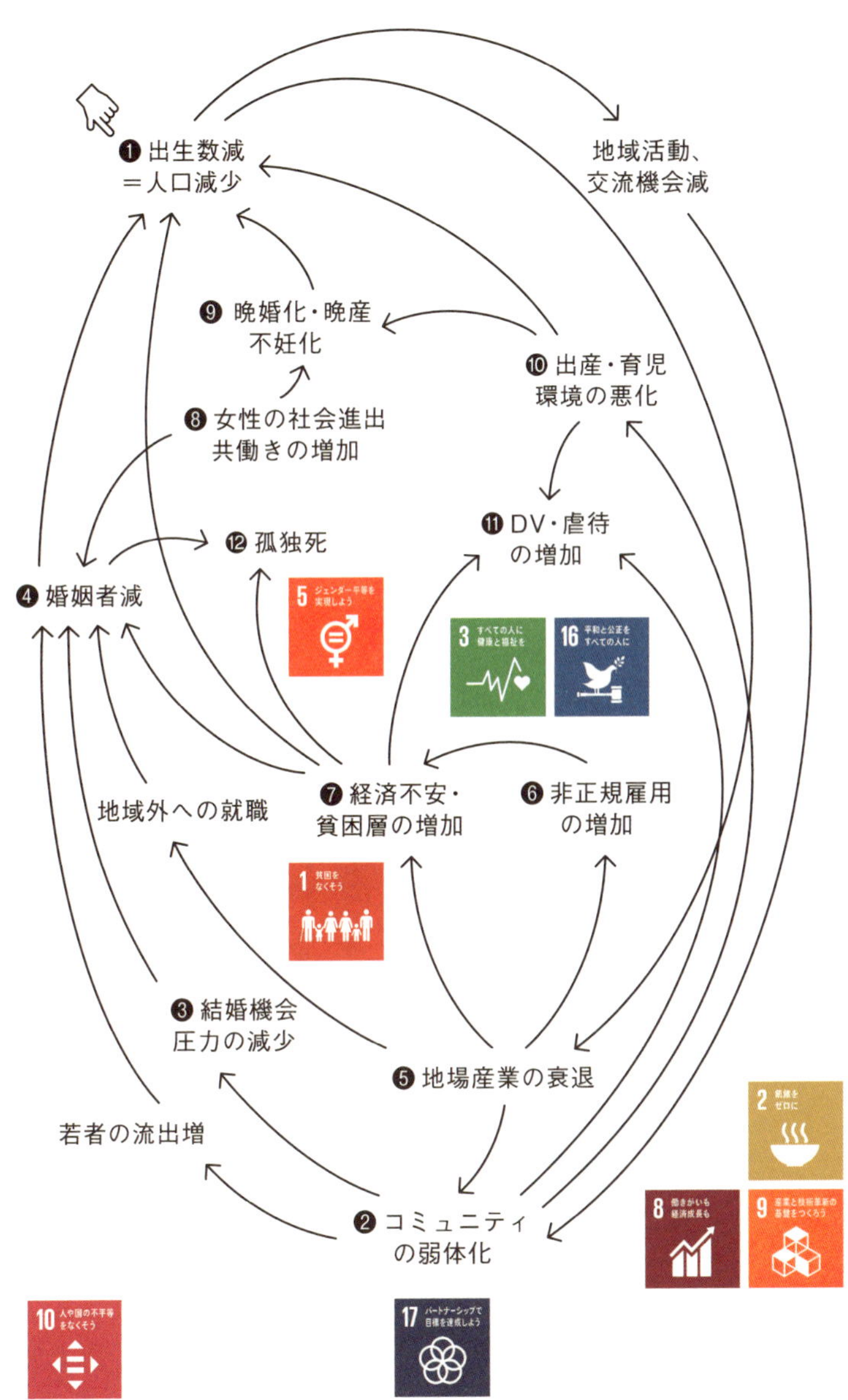
❶ 出生数減
＝人口減少
地域活動、
交流機会減
❾ 晩婚化・晩産
不妊化
❿ 出産・育児
環境の悪化
❽ 女性の社会進出
共働きの増加
⓫ DV・虐待
の増加
⓬ 孤独死
❹ 婚姻者減
地域外への就職
❼ 経済不安・
貧困層の増加
❻ 非正規雇用
の増加
❸ 結婚機会
圧力の減少
❺ 地場産業の衰退
若者の流出増
❷ コミュニティ
の弱体化

4　教育水準低下ループ

出生数、子どもの数の低下（1）は、学校の統廃合につながる（2）。その結果、遠距離通学になると、地域外への進学（3）や家族ごとの転居（4）が加速する。そして、地域内の子どもが減り、さらなる統廃合へとつながる。

また、子どもの数が減ることで、その地域で暮らす子どもたちは学びの機会が限定的になる（5）。限られた学校、先生に依存することになり、塾や習い事等の選択肢もあまりない。

中山間地域に多い小規模校では、数名から十数名の同級生とともに小学校中学校の9年間を過ごすため、スクールカースト*と呼ばれる序列から抜け出せない事態も起きる。小さい頃に勉強ができなかった子はずっとそういう目で見られ、学習意欲を失い（6）、勉強ができる子はできる子で井の中の蛙状態になり、成長が妨げられる（7）。

地場産業の衰退（8）やコミュニティの弱体化（9）で、将来の夢や道筋、地元で働く姿を見せてくれる格好いい年長者と出会う機会も不足しがちで、子どもたちの学習意欲が生まれにくい構造も生まれている。

＊スクールカースト
学校空間において子どもたちの間に自然発生する人気や立場の度合いを表す序列を意味する言葉。クラス替えができない小規模校では一旦できあがると、その序列から長期間抜け出せなくなることが問題。ヒンドゥー教における身分制度・カースト制度が語源。

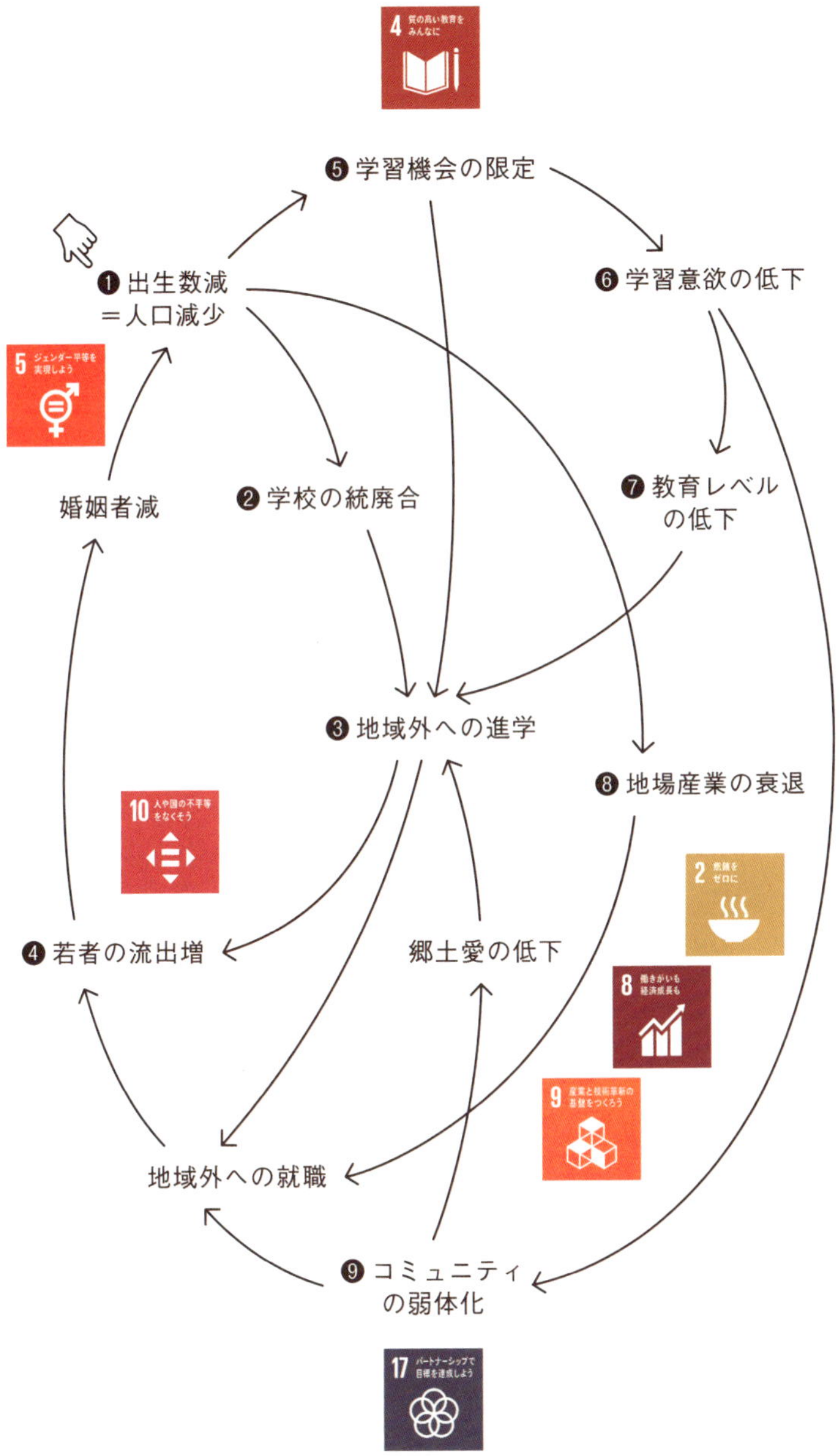

proposal

地域の生態系を再生する

❺ 学習機会の限定

❶ 出生数減
＝人口減少

❻ 学習意欲の低下

婚姻者減

❷ 学校の統廃合

❼ 教育レベル
の低下

❸ 地域外への進学

❽ 地場産業の衰退

❹ 若者の流出増

郷土愛の低下

地域外への就職

❾ コミュニティ
の弱体化

5　環境破壊ループ

自然環境が豊かな日本では、多くの地域が里山エリアを抱えている。里山は地域資源の宝庫であり、地域の豊かな生活と地場産業を支える大切な存在である。

しかし、農業や林業の衰退（1）により、耕作放棄地や荒れた林地が増え（2）、里山環境が悪化している（3）。

温室効果ガスの増加（4）による気候変動（5）が、近年増加している台風やゲリラ豪雨、2018年に代表される猛暑などの異常気象（6）を引き起こしている可能性が高い。台風や集中豪雨の際には、手入れ不足の山が土砂崩れを起こし、被害を拡大させる（7）。手入れ不足の森林や農地（3）は温室効果ガスの吸着効果も低い（4）。

美しい自然環境は、地域外からの観光、消費、移住などにつながる大切な地域資源であり、里山の荒廃（3）は動植物などの生物多様性を損ない（8）、地域の魅力低下、そして産業の衰退につながる（1）。

地域の自然環境、地域産業、災害、地球規模の気候変動がつながっている、壮大な負のループである。

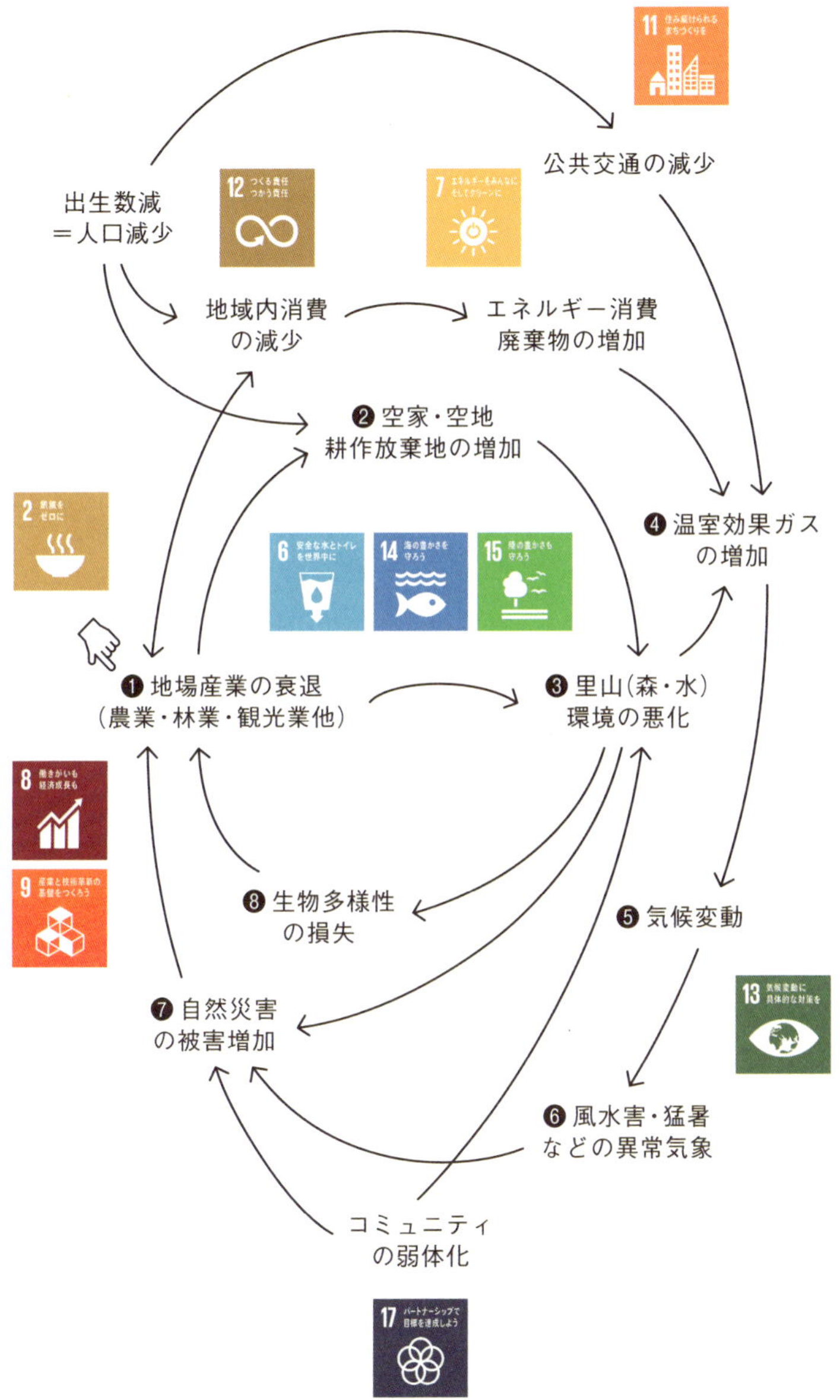
出生数減
＝人口減少
公共交通の減少
地域内消費
の減少
エネルギー消費
廃棄物の増加
❷ 空家・空地
耕作放棄地の増加
❹ 温室効果ガス
の増加
❶ 地場産業の衰退
（農業・林業・観光業他）
❸ 里山（森・水）
環境の悪化
❺ 気候変動
❽ 生物多様性
の損失
❼ 自然災害
の被害増加
❻ 風水害・猛暑
などの異常気象
コミュニティ
の弱体化

2つのレバレッジポイント

マップ全体、そして5つの負のループを眺めていると、多くのループに関わり、地域課題の深刻化・悪化を引き起こす2つのレバレッジポイント*が見えてくる。

レバレッジポイント1　コミュニティの弱体化

全5つのループに登場する地域の負の連鎖の鍵を握る事象である。

地域には官民の分断、縦割り組織の分断、現在と未来の分断、地域間の分断、世代の分断、ジェンダーの分断など、様々な分断*が生じている。こうした分断により、地域内の人間関係が希薄になり、地域への愛着は低下していく。郷土愛の低下は進学や就職・転職などの人生の転機に地域外への転出の選択を後押しする。結果として、若年人口が減り、子どもが減る。これが学校の統廃合、地域内での消費の縮小、産業の衰退につながる（経済衰退・教育水準低下ループ）。コミュニティが持つ人と人をつなぐ機能、生活を支援する機能の低下が、結婚・出産・子育てがしにくい環境を生む（孤立無縁化ループ）。地域活動が減少し、高齢者は外出機会が減り健康状態が悪化する。地域での見守りも機能せず、医療費負担が増える（生活困難ループ）。里山の手

＊レバレッジポイント
課題に関係する大きな障害、影響を与えている事象、状況改善の鍵を握る出来事。詳細は「地図を描く技術（P１６６）」参照

＊地域に存在する様々な分断
P35〜

入れや防災活動も行き届かず、自然災害の被害にもつながる（環境破壊ループ）。

コミュニティの弱体化は5つ全てのループの一部分となっているのだが、いずれもそのループを決定づける最大要因ではないため、放置されがちな課題である。地域が抱える様々な問題の背後に必ず存在しており、じわじわと真綿で首を絞めるように地域の生態系を破壊していくもの、それがコミュニティの弱体化である。

レバレッジポイント2　若者の流出・地場産業の衰退

経済衰退・孤立無縁化・教育水準低下・生活困難の4つのループに登場する。

地域で生まれた多くの若者は進学先や仕事を求めて、地域を離れる（もしくは進学を機に離れ、そのまま就職する）。若者が地域を離れる理由は大きく2つに分かれる。

1つは、前向きな理由だ。世界で活躍したい、ビジネスや学業の第一線で仕事・勉強したい。夢やチャレンジのために、地域を離れるケースだ。これはもちろん喜ばしいことであり、地域の未来にとっても大切なことだ。

もう1つは、後ろ向きな理由だ。「こんな田舎には楽しいことがない」「魅力的な仕事がない」「東京にはいい仕事がありそうだ」、そんな声をよく聞く。若者の中に根付く偏見や思い込み、大人からの刷り込みが、大都市圏への流出を後押ししている。

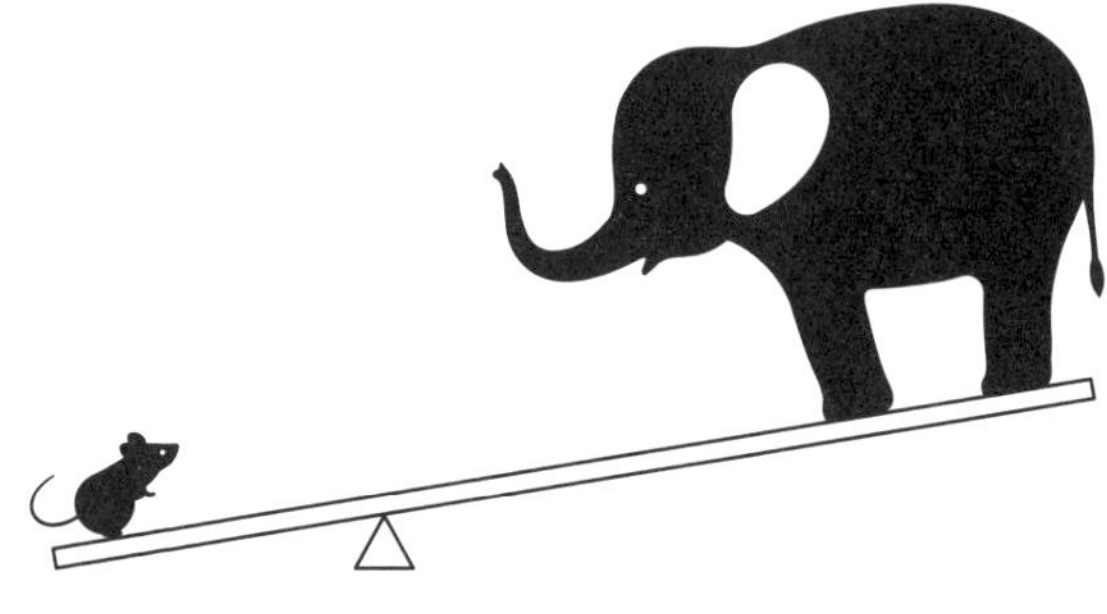

地域の産業が厳しい状況にあるのは間違いない。給与も大都市圏の方が高水準である。ただし、東京に素晴らしい仕事があふれかえっているわけではない。

逆に、地域にも魅力的な仕事はたくさんある。熊本県上天草市の計画づくりの仕事をしていた時にこんな話を耳にした。大型産直ショップを数店舗経営する40代前半の若手経営者が言うには、地元で社員やアルバイトを募集してもなかなか集まらないそうだ。「若い子は天草に興味はなく、観光の仕事に見向きもしない」とのこと。天草といえば、誰もが知る天草四郎を生んだ地であり、天草五橋、クルマエビ、天草大王などが著名な九州有数のブランド観光地だ。この地域の観光を引っ張る若手リーダーのもとでの仕事は引く手あまたな気がするが、実際はそうではないようだ。

若者が「地域には魅力的な仕事がない」と思い込む理由は4つ考えられる。

1つはコミュニティの弱体化により、地域で魅力的な仕事につくカッコいい大人との接点がないことだ。2つ目は、日本社会全体で、手や身体を使い手間暇かけて取り組む仕事への敬意が薄れていることだ。効率性が重視される社会では、金融やITなどの、効率的にお金を稼げそうな仕事が脚光を浴びがちだ。農家などの一次産業、ものづくりの職人や技術者の仕事が正当に評価されていない。3つ目は地域の大人たちの問題である。地域の仕事の魅力や素晴らしさを次の世代に伝えていない。農家や職人にも「自分の子には勤め人になって欲しい」と口にする人が多い。
そして、最後4つ目が、東京という「万能生命体」の存在である。

万能生命体・東京

日本の都市、地域の中でも異色であり超強力な巨大都市・東京。この万能生命体が地域の生態系に大きな影響を与えて、日本の地域の多様性を奪っている。

動物生理学者である本川氏*によると、同地域に多数の種が共生している状態を保つためには、3つの条件が必要なのだそうだ。

条件1　環境の異質性が高く、多様な資源があること(多様性)
条件2　種の特殊化が進んでいること(特殊性)
条件3　誰にでも強い、万能の天才のような種が存在しないこと(万能性の排除)

ある地域の生態系を壊してしまった身近な万能生命体がヤギである。ヤギは中近東などの乾燥地域の生き物だが、粗食に耐え、険しい地形や気候を苦にせず、乳・毛・肉を活用できるという理由で、日本でも1930年代以降に肉の確保が困難な離島に家畜として移入された。沖縄でヤギ汁*などのヤギ料理が名物であることを疑問に思ったことがある人もいるのではないだろうか。世界遺産のガラパゴス諸島ではヤギが野

＊本川達雄
生物学者、シンガーソングライター。1948年生まれ。著書に『ゾウの時間ネズミの時間』『生物多様性』など。"歌う生物学者"としても知られる。

＊ヤギ汁
ヤギ肉を野菜と煮込んでつくる沖縄の郷土料理。ヤギ肉は独特の強いにおいがあるため、におい消しのためにショウガやヨモギを一緒に煮込んで食べる。

生化し、島全体の植物を食べ尽くし、植物相*が崩壊する事態が起きている。その結果、地盤が緩んだ土が海に流れ込み、サンゴ礁の破壊や漁場汚染を招き、イグアナの休息場所の植物群落が消滅し、種の存亡の危機を引き起こしている。

ガラパゴス諸島におけるヤギのように、個性豊かな地域が共存している日本の「多様性」を、東京という突出した万能都市の存在が、2つの意味で脅かしている。

1つは人口と経済の東京一極集中である。東京中心の資本主義経済に依存してきた地域は、長年大都市への人材輩出機能を果たしてきた。地域で暮らす若者にとって、東京は全てのものが揃っている万能都市に見える。その魔力で若者を東京に呼び込み、その労働力を活用して巨大な富を生み出してきた。その見返りを公共工事や税金など国からの配分という形で地域に戻してきた。経済成長の時代は、日本経済の巨大な生態系は、この役割分担で平衡状態を保てていた。しかし、地域を支えられる十分な雇用や経済を東京が生み出せる時代は終焉した。人材が相変わらず東京に吸い込まれているが、安定した職を得られる人は減っている。地域からは人材が流出し続け、経済的な見返りも減り続けている。一方通行の負のスパイラルが深刻化している。

もう1つは文化的な側面である。東京・海外資本の飲食店、衣料品店、スーパーなど、世界中どこでも生きられる万能性の高い店舗に、地元商店というニッチな種がどんど

＊ 植物相
特定の地域（もしくは時代）に生育するすべての植物種の総体。とくに自生の植物あるいは在来種の植物のことをさすことが多い。

ん駆逐されている。地域ならではの魅力的な店や仕事が死に絶え、日本中どこの地域でも、同じような店舗が並ぶロードサイドの風景が広がっている。

万能動物・ヤギが植物を食べ尽くし、イグアナの生存を脅かしているガラパゴス諸島同様に、万能経済都市・東京が地方経済を食い尽くした先の日本に未来はない。

再生に必要な4つの生態環境

こうした負のスパイラルを解消し、地域に人と経済の流れを生み出し、「持続可能な地域」を実現するためには、外部に流出する一方の流れを食い止めて、地域内で循環する独自の生態系を再生する必要がある。

そんな豊かな「生態系」の再生のために、地域に必要な生態環境が次の４つである。

１つ目は、地域内の様々な立場、職業、年齢の住民・事業者・行政がつながり、対話し、協働し、互いの力を高め合うコミュニティである。「経済衰退」「生活困難」「孤立無縁化」「教育水準低下」「環境破壊」５つの負のループ全てに関わり、地域の力をじわじわと損なう原因の一翼を担っている、第1のレバレッジポイントへのアプローチである。深刻な課題を直接的に引き起こす訳ではないため軽視されがちだが、全ての問題の根底にある最重要課題である。人と人がつながり、ともに課題解決に取り組む、そんなコミュニティをつくり直すことから、持続可能な地域づくりは始まる。

2つ目は、地域で暮らす人々みんなが生き生きと取り組むチャレンジである。第2のレバレッジポイント「若者の流出・地場産業の衰退」へのアプローチである。万能生命体・東京に若者が吸い取られ、地場産業が衰退する負の流れを食い止めるためには、住民一人ひとりの、住民同士の協働によるチャレンジが欠かせない。魅力的なチャレンジは人材を留め、地域外から惹きつける。住民同士の協働は地域内の経済循環を促す。

3つ目が未来の地域経済の担い手であり、地域コミュニティの中心的存在を育てる次世代教育である。短期的な成果は得られにくい領域であるが、10年以上の長期にわたり持続可能な地域を実現するためには欠かせない。

最後が未来ビジョンである。希望に満ちた地域の未来の姿は、住民の地域愛を育み、住民同士をつなぎ、新たなチャレンジを促す。最初の3つを後押しするものである。

この4つの生態環境を地域内に整えていくこと、それがSDGsの実現、持続可能な地域づくりのために必要なのだ。

道を照らしみんなを導く
「未来ビジョン」
一人ひとりの生きがいを創る
「チャレンジ」
未来を切り拓く力を育む
「次世代教育」
つながり協働し高め合う
「地域コミュニティ」

技術1　地図を描く技術

地域で起きている様々な事象同士の複雑なつながりをひも解き、その相互作用、環境変化、変化を引き起こす構造を理解するために、紙の上で、頭の中で大きな地図を描く技術です。住民一人ひとりが地域の生態系の一部であり、地域で起きている様々な事象とつながっていることを理解し、行動するためにも大切です。

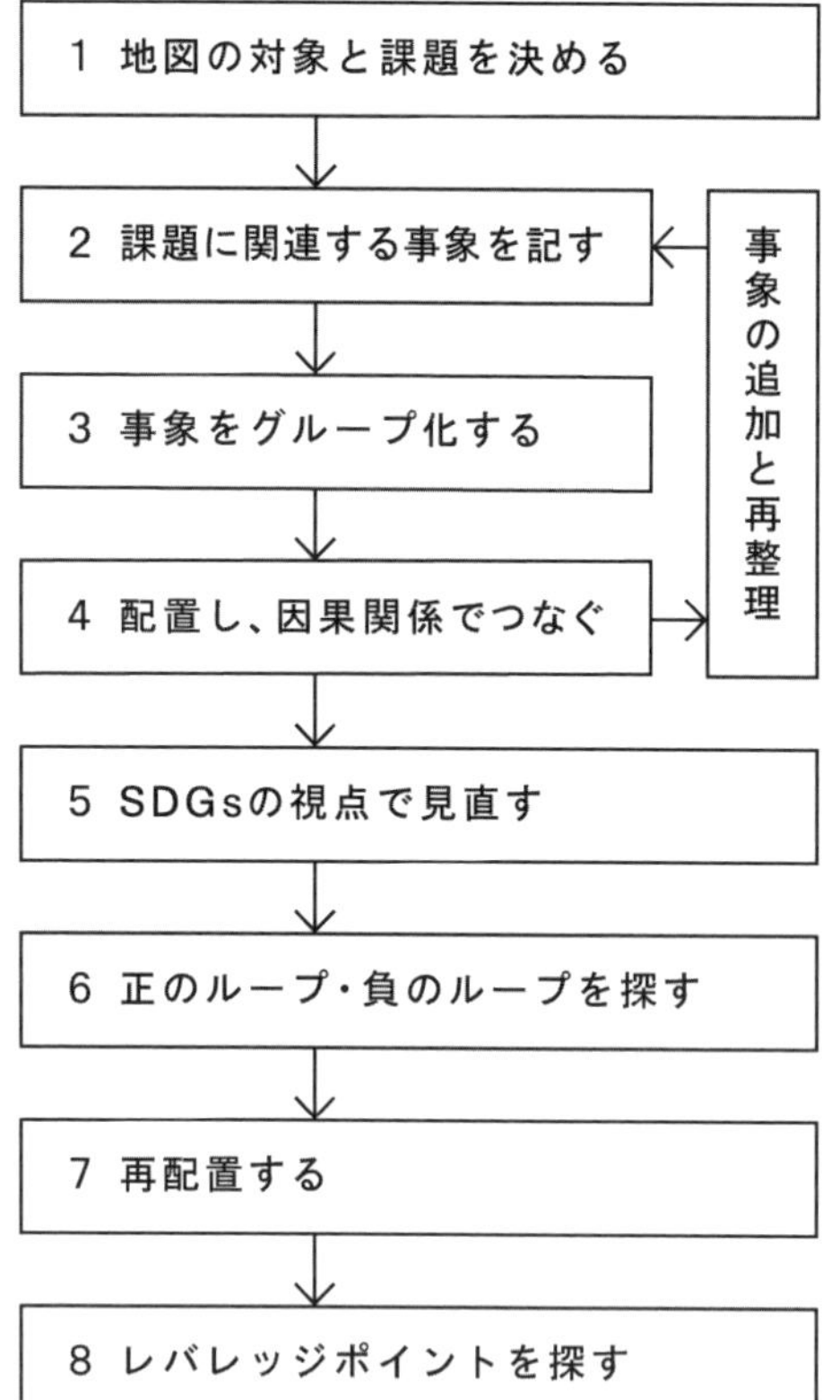

地図を描く思考整理法とは
1　個ではなく、全体で捉える
2　部分（個）ではなく、相互関係で考える
3　現象ではなく、構造を考える
5つの効能
1　離れたもの同士の関係をイメージできる
2　他者と自分をともに考えられる
3　新しいことに気づける、出会える
4　未来への道筋を思い描ける
5　変化の構造と原因を捉えられる
1　地図の対象と課題を決める
2　課題に関連する事象を記す
3　事象をグループ化する
4　配置し、因果関係でつなぐ
事象の追加と再整理
5　SDGsの視点で見直す
6　正のループ・負のループを探す
7　再配置する
8　レバレッジポイントを探す

地図を描く

旅をする時に欠かせないもの、それが地図です。旅でもプロジェクトでも目的地までの間に障害があったり、分かれ道あったり、迷い込むとぐるぐる回って出られない罠のような場所があったりするものです。そんな時に現在地や全体像を確認するもの、進むべき道を示唆してくれるもの、それが地図です。負の連鎖構造マップ（P146）などが、本書で登場しています。

私は何か新しいプロジェクトを始める時、課題を整理したい時、取り巻く環境を可視化したい時など、大きめの紙を広げ、関連する要素を付箋に書き出し、並べ、矢印でつなぎ、地図を描きます。頭の中に突っ込んである乱雑な情報を取り出し、紙の上で整理する作業です。地図が上手に書けると、頭が実にすっきりします。関係する課題にどんなものがあるのか？　誰とどんな話をすべきなのか？　目的達成にはまず最初に何をすべきなのか？　そんな、自分がやるべきことがクリアになります。

なお、「地図を描く」とは、紙の上に物理的に描くことに加えて、頭の中で常に地図を描きながら思考を整理することの両者を意味します。地図を描く行為を専門用語で「システム思考」と呼びます。

具体例：南三陸町の牡蠣養殖漁業の課題

次ページの地図は、南三陸町戸倉地区の牡蠣養殖漁業者を取り巻く課題を表したものです。上が改善前、下が改善後です。

牡蠣養殖業者は長年、養殖高を増やすため、海の生産能力を超える密度で養殖施設を設置する過密養殖を行なっていました。その結果、品質も落ち、種付けから収穫まで3年かかり、かなりの重労働が強いられていました。そんな折に、襲ったのが東日本大震災です。3年分の養殖が一瞬で消えてしまったのです。

そこで漁業者同士での対話の機会を設けました。大きなテーマは、痩せ細る海、長時間労働、災害リスクを抱える「従来の養殖法を継続するか、否か」です。対話の結果、彼らが下した決断が「新しい養殖法の導入」でした。これまで組合員に割り当ててきた区画を一度白紙にし、養殖筏を7割削減することを決定。個人への割り当てにポイント制を導入し、後継者のいる漁業者に多く配分する仕組みを導入しました。

改革の結果、1年で出荷できるようになり、漁業者の生活に余裕が生まれました。品質も高まり、日本初の国際認証を取得。ブランド価値も高まったのです。

南三陸の牡蠣漁MAP 改善前

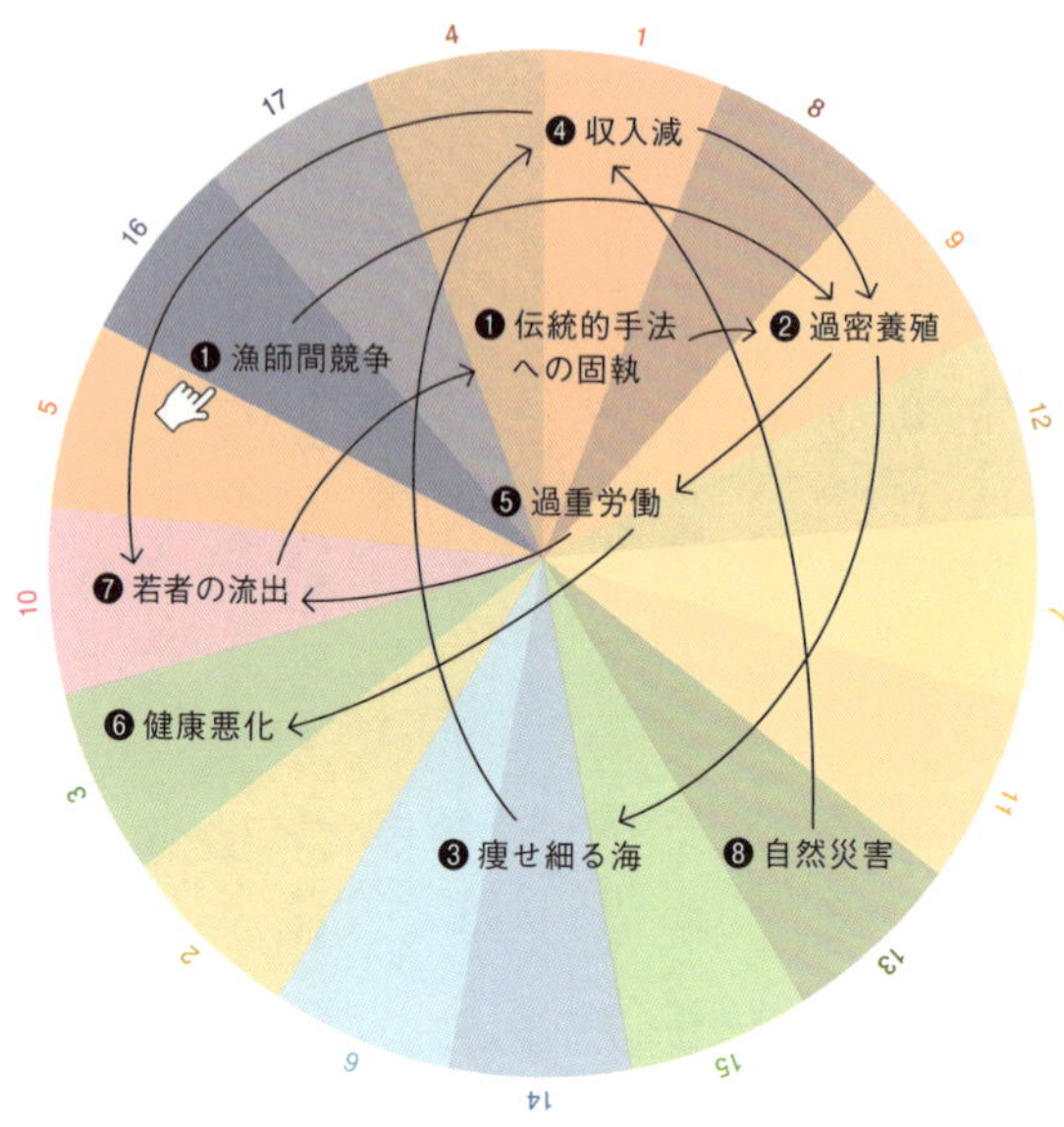

南三陸の牡蠣漁MAP 改善後

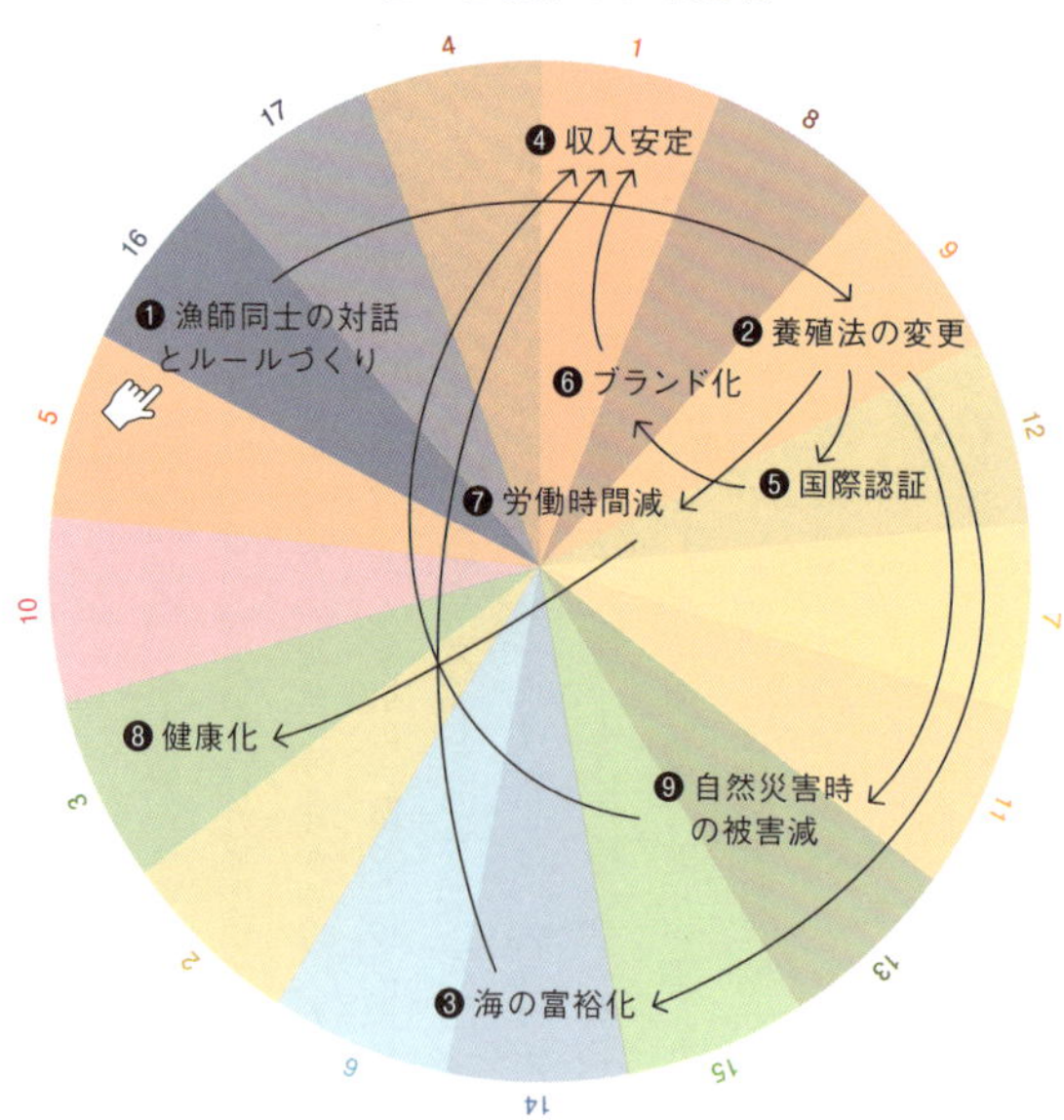

地図を描くという思考整理法

地図を描くとは、次の3つの視点で、あなたが取り組むテーマに関する情報、頭の中の考えを整理することを意味します。

1　個(断片・部分)ではなく、全体で考える

「木を見て森を見ず」という言葉があります。人は細部や個別の事象に気をとられてしまい、その一つ上のレベルの大きな全体を見られなくなりがちです。

あなたは大海原を航海する船の船長です。自分の目の前の航路や航路上の岩(自分の役割、事業、課題)だけを見る(点の視点)のではなく、潮の流れや満ち干き、周辺の地形や他の船の動きなど、海全体(地域や会社全体)の状況という一つ上の大きな「面」の視点を持つことで、あなたの航海の質は大きく変わります。

2　部分(個)ではなく、相互関係で考える

面の視点とともに、事象同士、関係者同士のつながり、連携という「線」の視点も大切です。震災前の南三陸町で起きていた、過密養殖→出荷に3年→重労働・震災での被害のつながりがその一例です。

潮の流れや地形などにより、A地点とB地点は一見遠くに見えていてもあっという間に移動できることもあれば、他の船の動きや潮の流れ次第では非常に危険な場合もあるでしょう。事象同士のつながり、関係性を意識して、航路を考える必要があります。

3　現象ではなく、構造を考える

氷山は一部のみが海面上に現れ、本体の大半は海中に沈んでいます。これになぞらえた氷山モデルという考え方があります。目の前で起きた事象が海面より上の部分です。海中で見えないものが、事象を引き起こした人の行動であり、その行動に至った思考です。

複数の氷山（目の前の事象）が離れて浮かんで見えているとします。これらは無関係に見えていても、実は海中ではつながっている1つの巨大な氷山（事象の原因）の可能性があります。目の前の氷山を迂回しても、海底まで認識していなければ、船の底が氷山に激突し、大事故です。

地図がもたらす5つの効能

この思考整理法による効能が5つあります。

1　離れたもの同士の関係をイメージできるようになる

一見すると無関係なもの同士、物理的・空間的に離れているもの同士につながりがあることがイメージできるようになります。地域の複雑な個人同士、集落同士の関係、歴史的な経緯など、言葉にはされずに残る複雑な背景を読み取ることは、地域で活動するには欠かせません。また、イノベーションは異なるもの同士の結合から生まれます。新しいつながりを見出す能力とはイノベーションを起こす能力でもあります。

2　他者と自分をともに考えられるようになる

地図を描いてみると、自分とは無関係に見えるものに、たいていの場合自分が何かしら関わっていること、何事にも切り離された完全に無関係な「他者」という存在はいないことがわかります。

日常生活や仕事で思い通りにいかないことは多数あるでしょう。人は自分の関与に目をつぶり、他者の責任にしがちです。それが他者のせいにするのではなく、全て自分につながっていると考えられると、その障壁を受けいれ、前向きに対処できるようになります。また、教師と生徒、医師と患者、支援者と被支援者のような立場が異なる場合、相手の立場から考えることが困難な場合があります。そんな際にも役立つ思考法です。

3　新しいことに気づける、出会えるようになる

一見自分とは無関係に見えるものと自分の関係を意識できるようになると、今までの自分では享受できなかった知識、視点、人との出会いが得られます。シンプルに自分の世界が広がります。

4　未来への道筋を思い描けるようになる

今の自分、自分の活動にどんなことが影響を与え、結果的に何が起きる可能性があるのか？ そんな現在から未来への連なりをイメージできるようになります。未来の可能性を意識しておくことで、変化を前向きに捉え、障壁に備えられるようになります。

5　変化の構造と原因を捉えられるようになる

事象と事象の関係性、未来への連なりをイメージできるようになると、この複雑な世の中で起きていることの根底にある深い構造や本質的な原因をつかむことができるようになります。

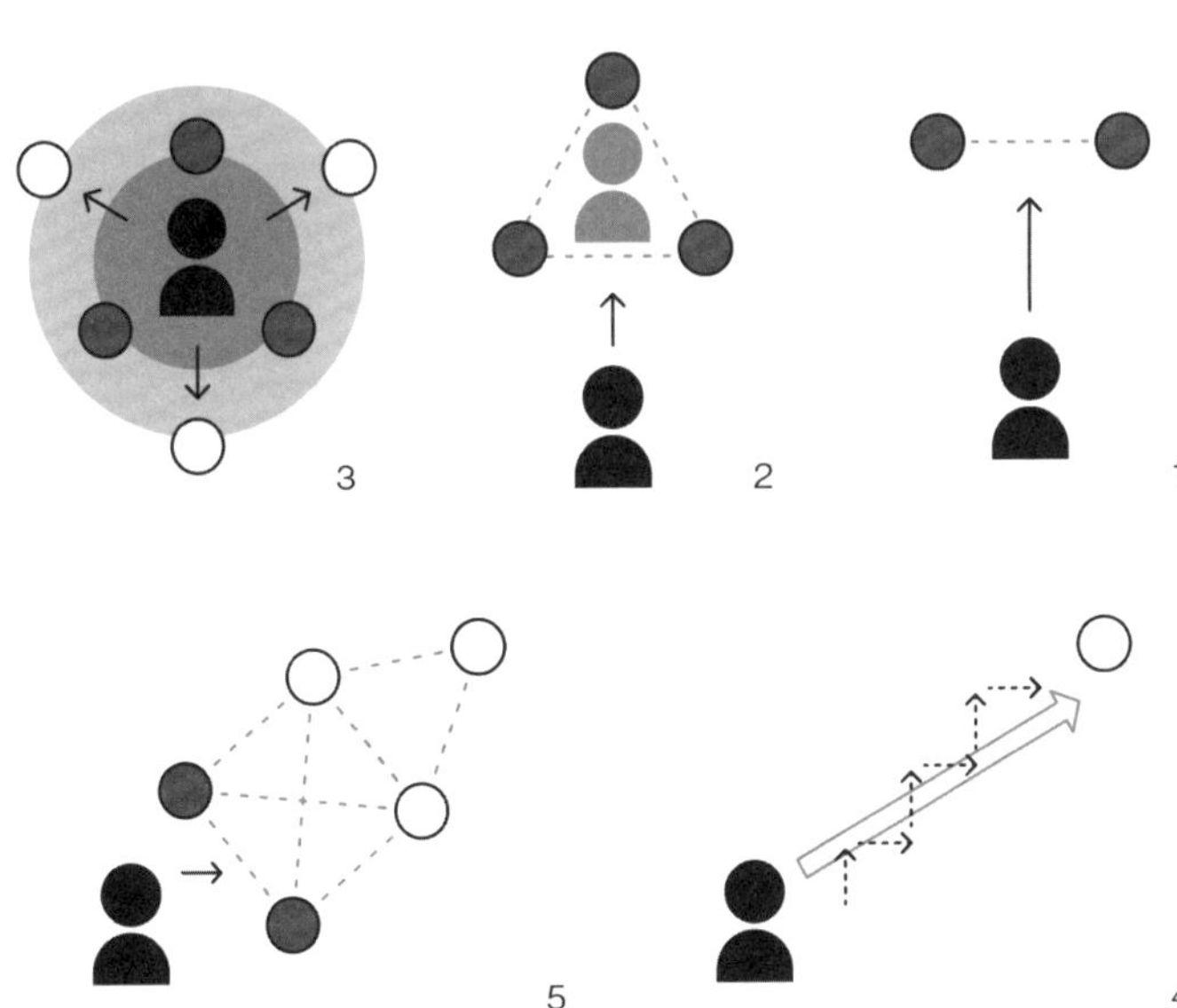

地図をペンと紙で描く

それでは、具体的に自分たちが暮らす地域や自分が取り組む事業を取り巻く環境、時代の変化、社会構造を大きく理解するための地図を描く方法を紹介します。

本書では、2種類の地図が登場しています。1つはP168のようなSDGsの17ゴールのつながりを示したものです。もう1つが3章に登場した5つの「負の連鎖構造マップ」に代表される自由に描いたものです。どちらも思考法、描き方は同じです。

用意するもの

・付箋（2色）
・複数の色のペン（ホワイトボード用、もしくは消せるペン）
・大きな紙と大きなテーブル（もしくはホワイトボード）

パソコンの普及により、手書きで何かを書く機会は格段に減りました。しかし、私は地図だけは、今も昔と変わらず、最初は手で書くことにしています。頭の中の乱雑な情報をどんどん出し、並べていく際、スペースに制約があると範囲や時間軸のスケールが小さな地図になってしまいます。大きな机やホワイトボードなど、大きく描ける場所で描くと、広い展望を描いた大きな地図になります。大画面モニターやプロジェクター等を活用できる場合は、パソコンで描くのも一つの有効なやり方でしょう。

ステップ1　地図の対象と課題を決める

「牡蠣養殖事業者の課題マップ」「地域の人口減少による産業衰退マップ」のように、どの地域のどんな課題の地図を描くのかを明確にしましょう。

ステップ2　課題に関連する事象（障壁、原因、出来事）を記す

その課題を引き起こしている障壁、考えられる原因、関連する出来事など、課題に関連する事象をできるだけ多く付箋に書き出します。必ず付箋1枚につき1つずつ書きましょう。

ステップ3　事象をグループ化する

付箋を模造紙やホワイトボードに貼り付け、似ているものを近くにまとめます。完全に同一のものは重ねてしまってよいですが、無理にまとめようとはせず、違う意味を含む場合は残すことを意識しましょう。

ステップ2、3

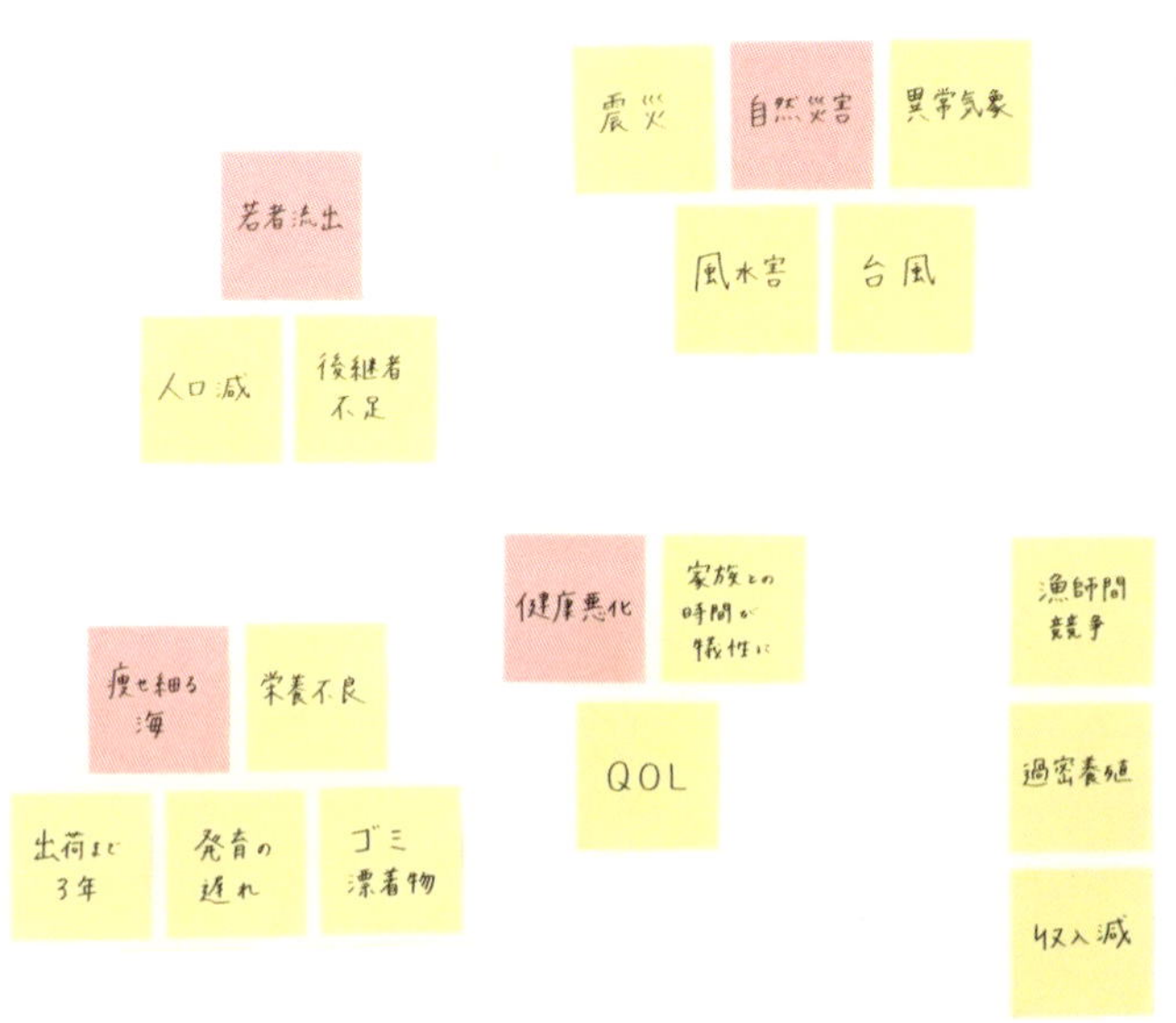

ステップ4　配置し、因果関係でつなぐ

次に事象と事象の関係を整理し、因果関係がある事象同士を原因→結果の方向で矢印で結びましょう（双方向の場合は↔）。多くの事象とつながりそうなものを真ん中に置くと、整理しやすくなります。因果関係を整理した結果、意味が類似しているもの同士はまとめてしまいます。他の事象とつながらないものは、周りに置いておきましょう。

ステップ2＋3＋4　事象を追加し、因果関係を再整理する

ステップ2・3・4を繰り返し、精度を高めます。

全体を眺め、十分に書き出せていない事象、少し遠いが関係しそうな事象をさらに書き出します。矢印が書けそうで書けない事象と事象との間には、そこをつなぐ第三の事象が潜んでいる可能性が高いので、意識的に探して書き出しましょう。

ステップ5　SDGsの視点で見直す

書き出した事象の横に関連する17のゴールを書き入れましょう。17ゴール、55イシューを一通り眺めて、課題に関連していて書き漏れている事象がないかを確認しましょう。

ステップ4

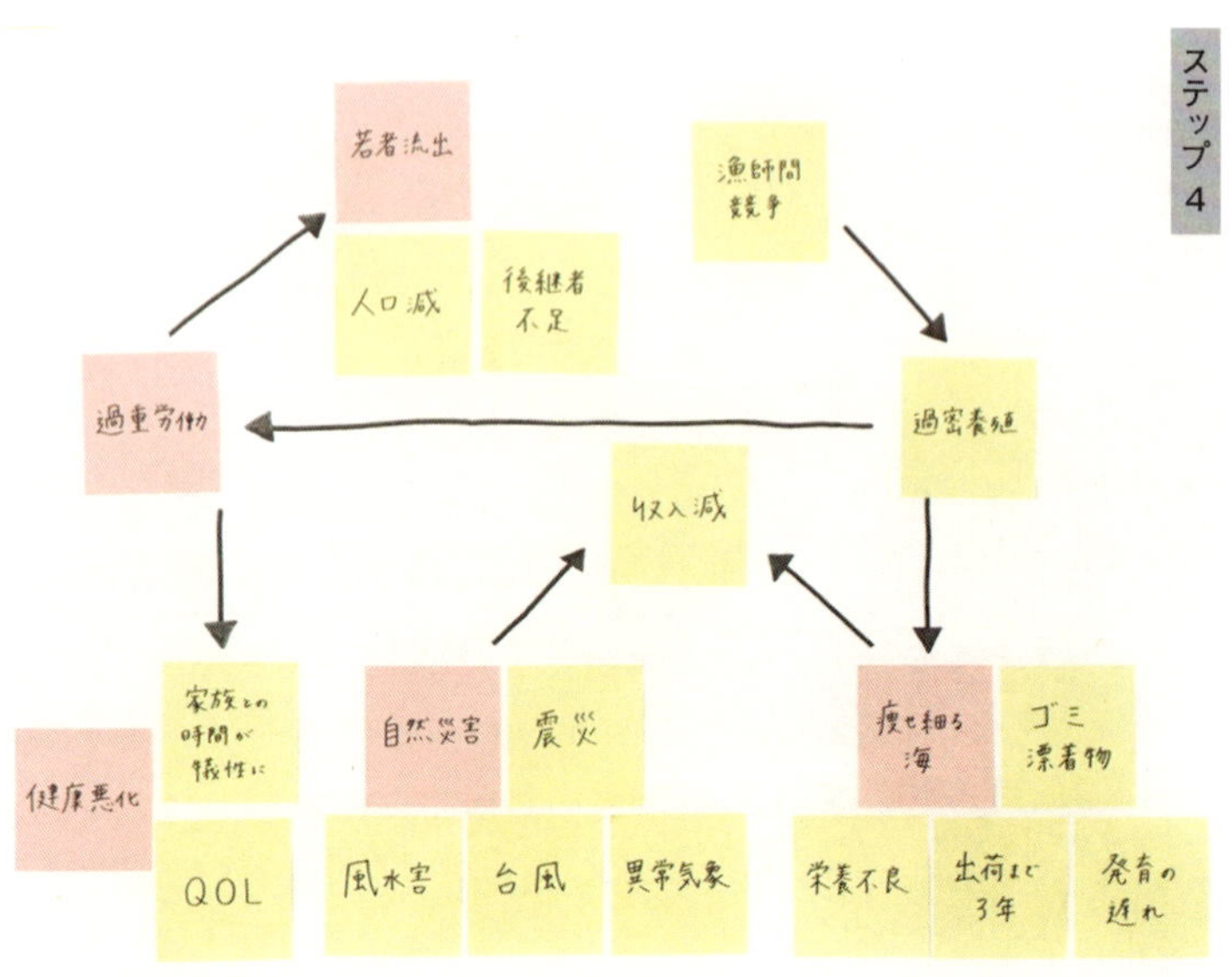

ステップ6　正のループ（循環）・負のループ（循環）を探す

矢印の中に、A→B→C→Aと元に戻り、ぐるぐると回り、ある現象を強化・拡大（正の循環）、弱体化・縮小（負の循環）させている部分を見つけ、違う色の矢印を記しましょう。地域の生態系を壊す5つの負のループがその一例です。

ループを発見できると、テーマの背後で起きている構造、課題の本質の理解がぐっと深まり、解決策に至りやすくなります。

隣り合わせ同士のわかりやすいループもあれば、地図全体を大きく回るループもあります。部分から全体まで幅広く観察しループを探しましょう。

中には、ループしそうでしないところが必ずあるはずです。その場合は事象を意図的に追加してみると、新たなつながりとループを発見できることがあります。

ステップ7　再配置する

事象同士の矢印、ループがわかりやすくなるように、付箋を配置しなおして、全体を整えましょう。

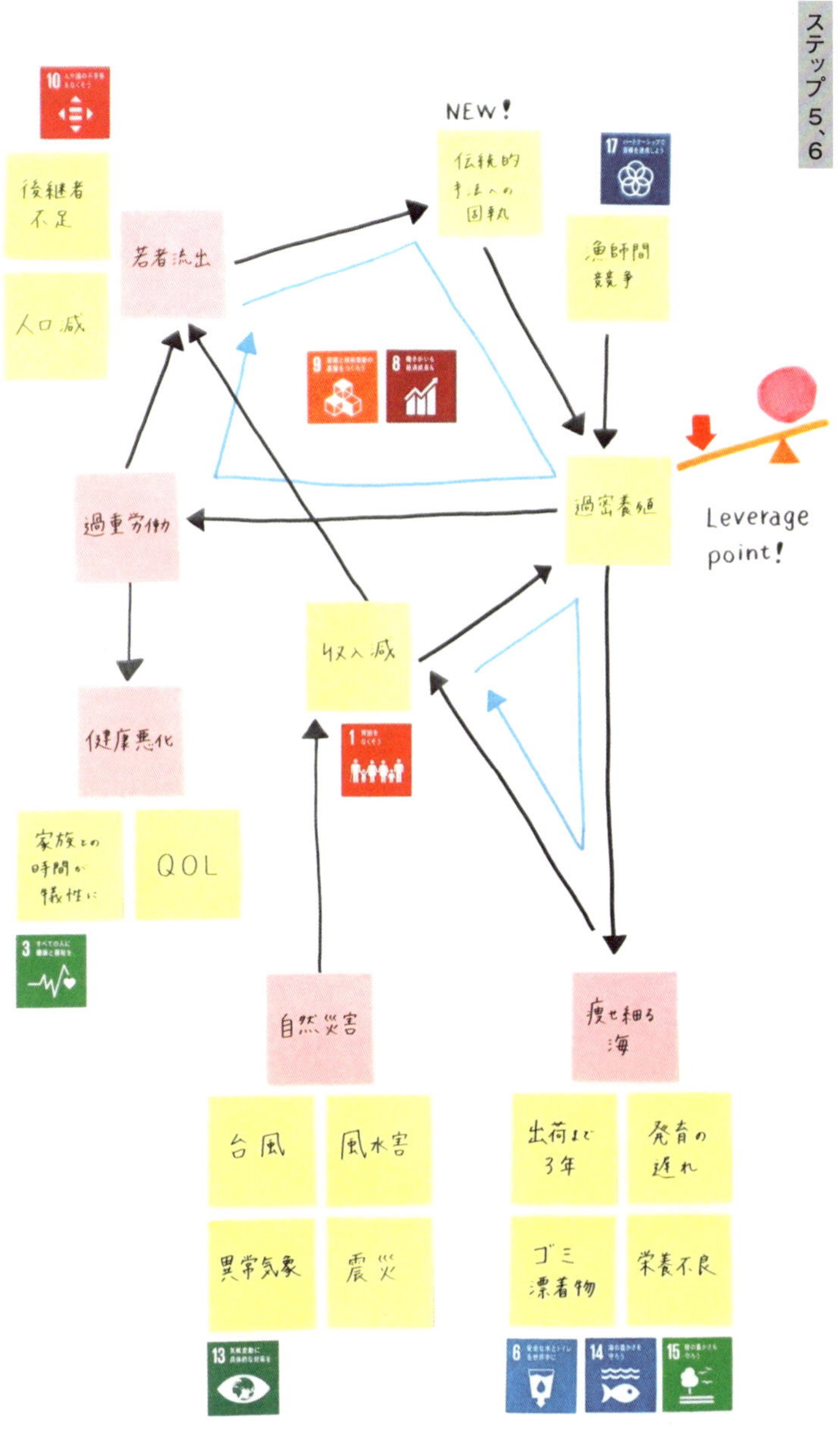
ステップ5、6
NEW!
伝統的手法への固執
漁師間競争
後継者不足
人口減
若者流出
過密養殖
Leverage point!
過重労働
収入減
健康悪化
家族との時間が犠牲に
QOL
自然災害
痩せ細る海
台風
風水害
異常気象
震災
出荷まで3年
発育の遅れ
ゴミ漂着物
栄養不良

ステップ8　レバレッジポイントを探す

あなたの取り組む課題に関係する大きな障害、影響を与えている事象、状況改善の鍵を握る出来事、レバレッジポイントを探しましょう。

一番可能性が高いのは、ループを生み出している、ループの原因となっている事象です。ループを構成する事象を1つずつ眺め、ループを加速させている、問題を深刻化させているポイントを見極めましょう。

もう1つは、多くの事象と繋がっている事象です。その事象の解決が課題全体を好転させる可能性を秘めています。

描く際のポイント

- 大きな紙にゆったりと付箋を配置して、動かしやすい環境を準備しましょう。
- とにかく関連する事象を広くたくさん書き出すことが大切です。書き出しているうちに、「これも関連するのでは？」と思いついたら、それもどんどん出しましょう。
- 目的は綺麗につながるマップを書くことではないので、上手に線をつなぐことを意識するのはやめましょう。最後に整えれば良いだけです。
- ある程度完成したら、全体を大きく俯瞰してみましょう。遠くの付箋同士の関係や紙いっぱいに広がる大きなループなど、新しいものを発見できるかもしれません。
- ゼロから描くのが難しい場合は、負の連鎖構造マップ（P146）もしくはSDGsイシューマップ（P52）をベースに、加筆修正することから始めてみましょう。

地図とともに対話する

南三陸の牡蠣養殖業者の事例では、「漁師の過密養殖」が負の循環を生み出すレバレッジポイントでした。そこで、漁師間の対話により、自分たちの未来の働き方を考え直し、養殖方法を変えることに決めました。

課題に関係する様々な立場のプレイヤーが、1つの地図をもとに対話する機会を持ちましょう。地図上に不足している事象を追加し、因果関係を整理するところから始めても良いかもしれません。完成した地図をもとに、現在起きている負の連鎖を解消し、課題を解決するために、地域全体で取り組むべきことを話し合い、みんなが幸せになれる道を模索し、地域にイノベーションを起こすこと、それがまさにSDGsの本質的な活動です。

地図を描く思考を習得する

地図を描く技術を習得することの効能を5つ紹介しました。ただ、この5つをすぐにできるようになるとは思えないでしょう。

全てのことがすぐにできなくても、他者と自分の関係、一見無関係に見える事象同士の関係、現在から未来への連なりなど、その一部を頭の中でイメージできるようになるだけでも、あなたの思考の世界は広がり、役立つことがたくさんあるはずです。

しかし、この技術を習得することが、わかりやすく仕事や生活の何かに結びつくわけではないこともあり、描く習慣を身につけるのが難しい技術でもあります。

まずは、本書の中で度々登場する地図を見て、この表現方法に慣れ、地図を描くことがあなたの思考の助けになることを実感してもらえると幸いです。

できれば日常生活の中で地図を描くことに少しずつ挑戦してみてください。私は普段から頻繁に大きなテーブルの上で一人で地図を描いています。大きな紙の上で頭の中を整理すると、自分の脳が大きくなった感覚になり、本当におすすめです。繰り返し描いているうちに、次第に頭の中で「A↓B↓Cとつながっているなー」「CからまたAに戻るループがあるなー」などと地図が頭に浮かんでくるようになります。

サッカーでゲームメーカーと呼ばれる優れたサッカー選手は、上空から敵味方22人の動きや関係性が全て見えているようにプレイすると形容されます。実際は、地上で限られた視野で限られた人数のプレイヤーしか見えていないはずですが、フィールド全体を意識できる「地図を描く技術」を習得できているため、ゴールにつながる道筋がイメージでき、決定的なパスやシュートの選択ができるのです。このようにあらゆる領域で役立つ技術、それが「地図を描く技術」なのです。

パート2 実践編

持続可能な地域づくりを実践する

第４章

つながり協働し高め合う「地域コミュニティ」

つなぎ、育む。豊かな土壌

植物は光合成により自力でエネルギーを生み出すことはよく知られている。しかし、生命体の身体をつくるタンパク質を自力で生み出すことはできない。タンパク質を合成するために欠かせないもの、それが土である。植物は微生物が土の中に固定化した窒素を吸収することではじめてタンパク質を合成できる。動物はその植物（もしくは植物を食した動物）からしかタンパク質を摂取できない。土は生命体が生きるために欠かせない、生態系の連鎖のつなぎの役割を果たしている。

地域の生態系を再生し、持続可能な地域を実現するために必要な４つの生態環境の１つ目が「土」。多様な人を受け入れ、人と人をつなぎ、協働を促し、互いに高め合う地域コミュニティである。

異なる価値観、ライフスタイル、人生観の元で生きる多様な人が「持続可能な地域」という同じ方向に歩むために、地域が抱える経済・環境・社会・生活上の様々な課題を解決するために、地域で暮らす様々なプレーヤーがつながり、対話し、協働し、お互いの力を高められるような、一つの強いチーム、コミュニティとなる必要がある。

つながりが地域と住民にもたらすもの

ＳＤＧｓ、17番目のゴール「パートナーシップで目標を達成しよう」はパートナーシップの力で残り16ゴールを達成しようと呼びかける内容であるように、つながり・協働は地域課題解決の大きな力を生む。

住民同士がつながり、豊かなコミュニティが生まれることは、持続可能な地域の実現にとっても、地域で暮らす住民個人にとっても、多くの効果・効能（結果の質）がある。様々な研究を参考に、人と人がつながること、地域に強いコミュニティが存在することによる次の５つの効果を紹介する。

幸福度を高める
生命力を高める
生産性・創造性を高める
利他性を高める
経済的利益を生む

幸福度を高める

下図は友人の数別に見た主観的幸福度（「私は現在、幸せである」に「当てはまる」「やや当てはまる」と回答した人の比率）を表したものである。* 友人が0人の人の場合は、幸福度29・4％であるのに対して、20人以上の場合は66・1％と倍以上のスコアになる。仕事や趣味などの所属団体の数でも、同様の傾向だ。その他にも、ボランティア活動、ホームパーティーなどの社会参加の有無と幸福度のつながりを示す研究は多い。

また、幸福は連鎖する、伝染するというのが幸福学の研究の世界では定説になっている。クリスタキスら*は1020人の対象者同士のつながりと各人の幸福度を分析し、他人との社会的ネットワークを通じて幸福が人から人へと広がっていくことを実証する研究を行った。彼の研究では、直接つながっている人（一次の隔たりにある人）が幸福だと、本人も約15％幸福度がアップすることが明らかになっている。なお、幸福は三次の隔たり（友人の友人の友人）まで連鎖するようだ。

この研究では、幸福が連鎖する理由が2つ挙げられている。1つは、感情は伝染しやすく、友人の感情状態が自分の感情状態に影響を与えること。もう1つは友人がいること（つながりがあること）自体が人の幸福を増進するということだ。

私は現在、幸せである

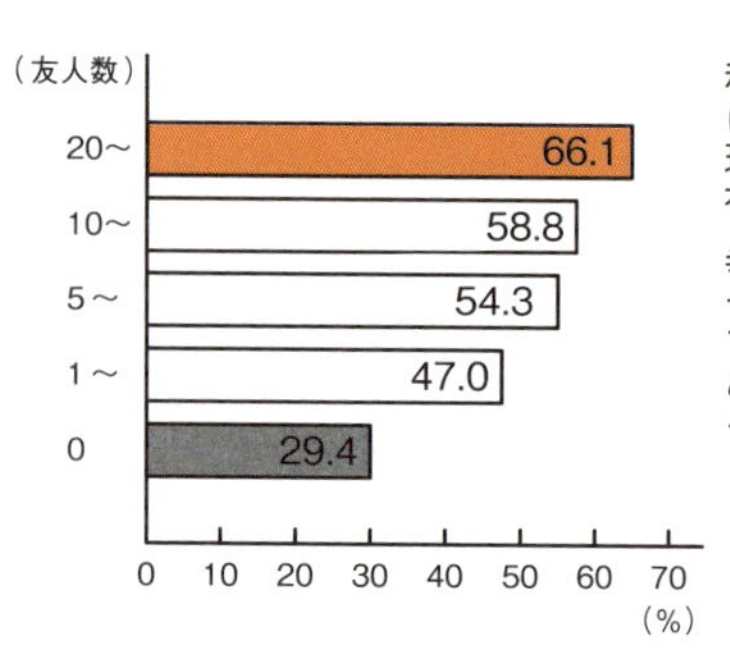

＊地域の豊かさ調査
調査日時：2017年4月
サンプル数：15〜64歳男女 9400名
調査手法：インターネット調査
調査実施主体：イシュープラスデザイン

＊ニコラス・D・クリスタキス
アメリカの社会的ネットワークの研究者。著書に『つながり 社会的ネットワークの驚くべき力』（講談社）

生命力を高める

下図は趣味関係のグループへの参加と要支援・介護認定率の関係を表したものである。年数回以上参加している人の割合が高ければ高いほど、その地域で介護の必要な人が減少する傾向が見られる。コミュニティへの参加は健康の維持につながるのだ。

逆につながりを失うこと、孤独は精神的にも身体的にも悪影響を与えることも明らかになっている。*

ホルトランスタッドは、30万人の患者の分析の結果、「タバコ」「お酒の飲みすぎ」「運動不足」「太り過ぎ」よりも、「つながり不足」が、寿命に悪影響が大きいという結論を導き出している。孤独は喫煙より健康に悪いのだ。

バークマンによると、急性心筋梗塞の治療を受けた患者の6ヶ月以内の死亡率はお見舞いに来てくれた知人数と大きな関係がある。お見舞いが0人の患者の約7割が6ヶ月以内に死亡するのに対し、お見舞いが2人以上の患者の死亡率は3割を切る。心配してくれる家族や仲間の存在が人の生死に大きく影響を与えるのだ。

人はつながることで、幸せを感じ、生きる力を満たす生き物なのだ。

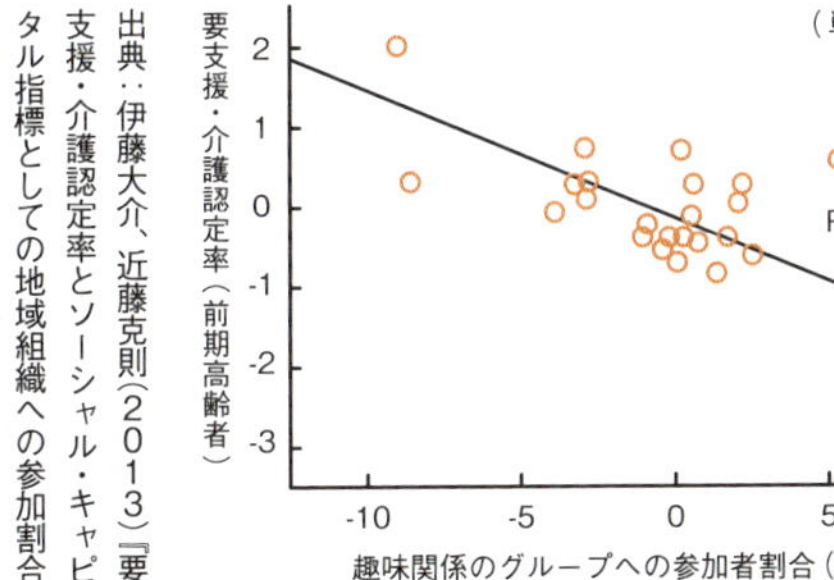

出典：伊藤大介、近藤克則（2013）『要支援・介護認定率とソーシャル・キャピタル指標としての地域組織への参加割合の関連』社会福祉学54巻2号

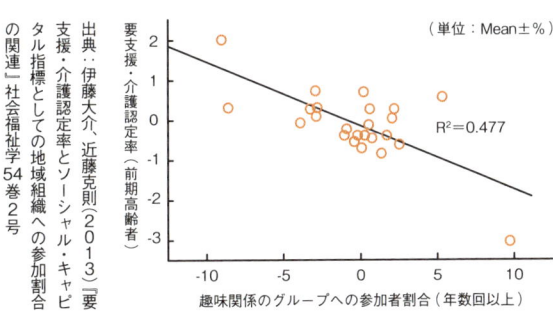

＊つながりと健康
詳しくは、石川善樹『友だちの数で寿命はきまる』（マガジンハウス）を参照

生産性・創造性を高める

スタンフォード大学の心理学者、シュワルツは中学生が同じ問題を1人で解く場合と2人1組で解く場合とを比較してチームの創造性を検証する実験を行った。

被験者は、5つの同じ歯の数の歯車が横一列に組み合わさった状態で置かれているのをみて、「左端の歯車を時計回りに回すと、右端の歯車はどちらに回るか」という問いに8問回答する（歯車の数が質問ごとに異なる）。

被験者は誰もが、まず歯車を手で一つずつ動かしながら、どちらに動くかを考え、最後の5番目の歯車が動く向きを考える方法をやってみる。これを地道にやり続ければ、誰でも確実に解くことができる。ただし、途中である法則を発見する被験者が必ず出てくる。歯車の数が奇数の時は左端と右端が同方向に、偶数の時は逆方向に回転するという偶奇性の法則である。発見できた被験者はその後の問題をあっという間に回答できるようになる。この法則を発見できた比率は、1人で解いている被験者のわずか14％に対して、ペアで解いていた被験者は58％と4倍以上であった。

マサチューセッツ工科大学のペントランドは銀行のコールセンター間の生産性*の違いの原因を分析したところ、個人の能力やリーダーシップでは説明できず、従業員同

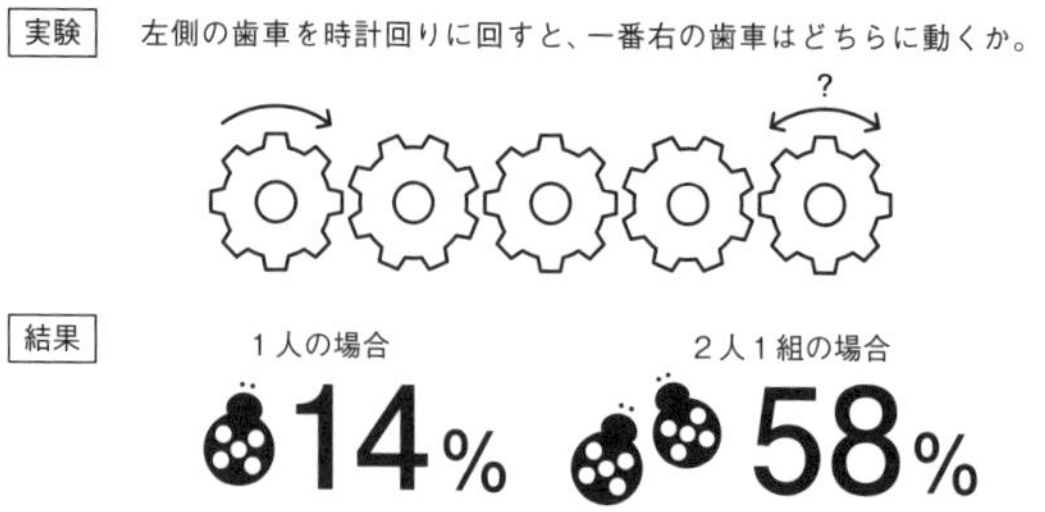

実験　左側の歯車を時計回りに回すと、一番右の歯車はどちらに動くか。

?

結果

1人の場合　14％

2人1組の場合　58％

＊コールセンター実験

出典："The science of building great teams",Harvard business review, September 2012

士の交流時間と関係性（会話への参加レベル）の影響が大きいことがわかった。*

研究チームは経営層に、休憩時間を個別にバラバラにとるのではなく、チーム全員一緒にとるように改善することを提案した。すると、導入したコールセンター全体で8％、パフォーマンスの低いチームには20％の生産性向上の成果*が見られたのだ。

つながりが人の創造性・生産性を高める理由が2つ考えられる。

1つ目は、生物が持つ学習本能によるものだ。動物は他の個体の成功した行動を真似することで繁殖行為、生息地選択の精度を高め、種の生存確率を高める本能を備えている。人も他者の成功や失敗から学び、より良い選択ができるようになる。

2つ目は、考え、行動、視点同士の摩擦・刺激から新しいアイデアが生まれる視点結合効果によるものだ。歯車問題では、2人組の発見確率は1人の場合の4倍以上になったが、これは2人で試行錯誤し、推測し、意見を交換したりしている間に、

「この歯車の動き方に見覚えがあるなー」

「何か共通点があるんじゃない？」

「歯車の数に何か関係がある？」

といったそれぞれのちょっとした気づきが相手の気づきを誘発し、その積み重ねで偶奇性の法則という一つの解に至ったと考えられる。

＊生産性の指標

「平均通話処理時間」、お客様からの質問やクレームに対して、どれだけの時間で対応が可能だったかを測る指標を利用。

＊生産性向上の成果

全コールセンターに導入すると年間1500万ドル（1ドル100円換算で15億円）の効果が見込まれる計算。

担い手不足を補うチームの力

人口減少、高齢化が進む地域では、あらゆる領域で担い手不足が深刻化しつつある。介護人材は2025年には30万人以上不足すると予測される。日本中で祭りや伝統芸能の担い手が不足し、存続の危機に瀕している。日本中ほぼ全ての地域で人口は急激に減少しつつあり、都市圏から移住者を確保できても、全体のパイがこれだけ小さくなる中では人の奪い合いには限界があり、決して持続可能ではない。

コールセンターの実験では2割、歯車実験では倍以上の生産性・創造性アップ効果が見られたのだ。まちづくり、防災、子育て、高齢者支援、祭り・伝統芸能の維持など、複雑な地域課題についても、住民同士の知を掛け合わせ、チームの力を活かせれば、多くのものを解決できる可能性がある。

生活防衛力を高める

人生100年時代というのは、個人が自立した生活の危機を迎えるリスクが高い時代でもある。大災害に遭遇する、事故で障害を負う、親の介護に追われる、ガン・認知症を患うなど、いつ何時、自分一人での自立した生活を送れなくなるかわからない。

しかも、そんな時に足元を支えてくれる機能を果たしていた会社や家族、国や自治体という従来型の支援基盤はどんどん揺らいでいる。

リスクが高まり、基盤が揺らいでいる。そんな時代に、住民それぞれの生活上の困難なこと（精神的、身体的な苦労、障害）を補い合い、支え支えられることを可能にするのが、地域のつながりである。

利他性を高める

人は誰しも利己的（テイク）な人格（自分が勝ちたい、目立ちたい）と利他的（ギブ）な人格（誰かの役に立ちたい、社会に貢献したい）の2つを持ち合わせている。しかし、チームで行動すると、人は利他的な人格が強まる傾向が見られる。

組織心理学者 グラント*は4人組でお金をやり取りする実験を通じて、他者に与える「ギブ行為」はネットワーク全体に素早く広がっていくと説明している。この実験では、最初から自分の利益を損なう可能性があっても、チーム利益を最大化しようとする人が参加者の15％程度存在し、その人の存在により周囲にもギブを選択する人が徐々に増えていくことがわかった。つまり、利他的な精神が伝染していくというのだ。

地域社会にも一貫して利他的な人格の人が一定数いる。その人の存在と周囲とのつ

＊アダム・グラント
著書『GIVE&TAKE』（三笠書房）にて人間関係における思考と行動で人をギバー、テイカー、マッチャーの3つに類型化。

実験　TAKE 自分が3ドル受け取る　または　GIVE 自分と仲間に2ドルずつ渡す

結果

第1ラウンド	TAKE	TAKE	TAKE	GIVE
第2ラウンド	TAKE	TAKE	GIVE	GIVE
第3ラウンド	TAKE	GIVE	GIVE	GIVE
第4ラウンド	GIVE	GIVE	GIVE	GIVE

ながりを通じて、地域社会全体にギブ的人格の人が増えることで、支え支えられる生態系が地域内に広がれば、住民一人ひとりの生活防衛力を高めることになる。

経済的利益を生む

地域内経済循環を促す

イギリスのシンクタンク[*]が提唱する「漏れバケツ理論」というものがある。地域が観光などで地域外のお金を稼いでも、外で消費してしまうと、穴が空いたバケツに懸命に水を注いでいるようなもので、地域経済は成長しないという考え方である。

A町の住民は生活必需品の8割を地元商店で地元産のものを買うと仮定する（残りは地域外資本やインターネット通販）。そうすると、消費額1万円のうち8000円が地元商店に残る（残り2000円は町外に流出）。仕入れや給料に回った8000円のうち同じく8割が地元の商店で消費されると6400円が地元に残る。これをゼロになるまで繰り返すと、約5万円が地域内で消費される。

一方、B町の住民の消費は地元2割と地域外8割だとすると、地域内消費額は約2万円に留まり、A地域と比べて約3万円分が地域外に漏れることになる。

＊ イギリスのシンクタンク
New Economics Foundation
(https://neweconomics.org/)

＊ 池田町の地域経済分析
出典：島根県中山間地域研究センター『低炭素・循環・自然共生の環境施策の実施による地域の経済・社会への効果の評価について研究報告書』２０１６年

たとえば、人口約2600人の福井県池田町では、地域内の消費はわずか3割で、7割が地域外に流出しており、年間約5億円が漏れてしまっている。*

下は地域内の友人の数別に見た地産地消の意向を表したものである。「できるだけ地域産の食材を購入する」「買い物や飲食はできるだけ地域の商店、地元資本のお店でするようにしている」の回答率は地域内に友人がいない人と比べて、20人以上いる人は倍以上のスコアになる。地域内の人間関係が豊かな人は、地元の商店や農家の方とのつながりもあり、その結果として、地域内での消費につながると言える。

つながりを深め、顔の見える消費を増やすことが、「経済縮小ループ」を止め、地域外への経済の漏れを少しでも防ぐことにつながる。

貨幣支出が減る

コミュニティの質と貨幣の支出（消費額）は反比例関係にある。

子どもの習い事の送迎、おばあちゃんの見守り、自宅の防犯対策、年に1回程度使用する大雪用のスコップ、家庭菜園用の農機具……良質なコミュニティの地域での暮らしには、誰かが手助けしてくれ、足りないものは貸してもらえる昔ながらの「シェアリング・エコノミー」が機能しており、外部サービスへの依存と支出が減るのだ。

食材は、できるだけ暮らしている地域のものを購入するようにしている

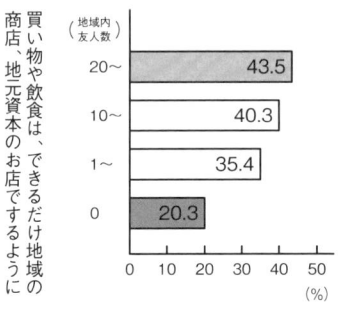

地域内友人数	(%)
20～	43.5
10～	40.3
1～	35.4
0	20.3

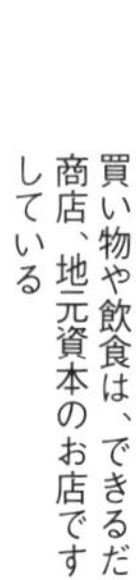

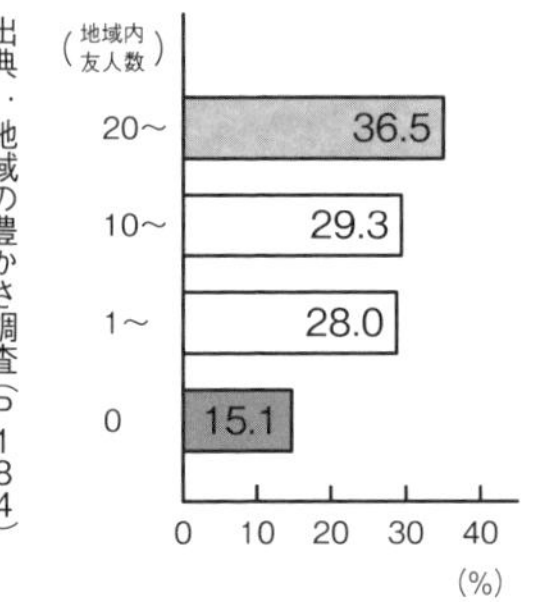

出典：地域の豊かさ調査（P184）

関係の質が成果の質を高める

D・キム*が提唱したチーム内の人間関係の質が、チームの成果の質につながることを表現した「成功の循環モデル」というものがある。

「成果の質」とは、企業では売上げ・利益、地域では経済規模・人口・幸福度などである。結果の質を高める一般的なアプローチが「行動の質」を高めることだ。営業や商品開発の強化、移住促進や福祉の充実などが該当するが、人や組織の行動はすぐには変わらない。行動の質を変えるためには、考え方・意欲などの「思考の質」を、思考の質を変えるには、組織内の個人同士の「関係の質」を変える必要があると説いている。

住民同士の「関係の質」が高まると、人は生きがいと幸せを感じ、生命力が高まる。多くの知識が共有され、多様な気づきをえる。その結果、仕事や家事、地域活動に取り組む考え方が変わり、「思考の質」が変わる。「思考の質」の変化により、「行動の質」が変わり、より生産的、創造的な活動ができ、地域や他人のためになる行動も増える。それは、住民の経済的な利益、仕事のやりがい、豊かな生活などの「成果の質」につながる。良好な関係の元で、良い結果が出れば、自然と「関係の質」は高まる。

この成功のサイクルが回ることが、つながり作りの最大の効能である。

＊ダニエル・H・キム
マサチューセッツ工科大学（MIT）組織学習センターの創設者、教授。個人と組織の学習に関する研究の第一人者。

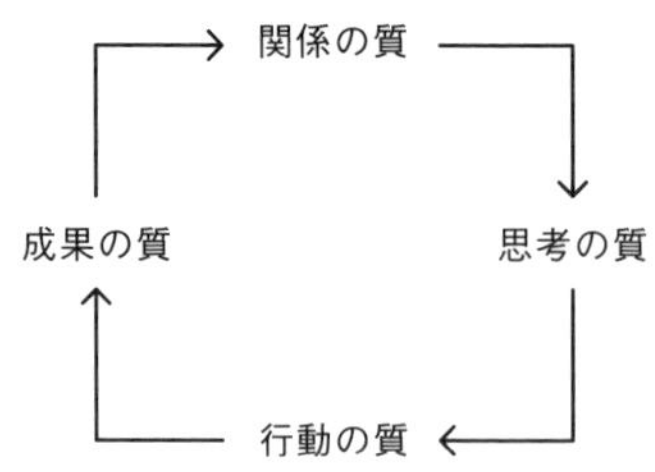

コミュニティを育む

2つの既存コミュニティ

現在、地域で暮らす人は「地縁型」と「テーマ型」の大きく2つのタイプのコミュニティに属している。

「地縁型」は、同じ地域に住むことで生まれる「地域の縁」でつながるコミュニティである。町内会や子ども会などが代表的だ。都市化が進めば進むほど、縁が薄くなり、都市部では自治会の加入率の低下が問題になるなど、多くの地域で機能するのが困難になりつつある。また、行政頼み、補助金頼みの場合も多く、自主的に地域課題を解決しようとするコミュニティとは言えない状況の地域も多い。なお、会社や学校などのコミュニティは業務・学習内容という「テーマ型」の要素もあるものの、「縁」をベースにしたものということで、地縁型の延長線上に位置付ける。

居住地とは無関係に、興味・関心の対象によってつながるのが「テーマ型」である。SNSの進化により、自分と興味関心が近い仲間やコミュニティと物理的な距離を超えて会える機会が爆発的に増え、個人が属するコミュニティの数は増えている。

テーマ型コミュニティ参加のハードルが下がったこともあり、人が自由に複数のコミュニティを行き来しながら、一つに依存することなく、様々なコミュニティへの所属を楽しむ時代である。

ただし、テーマ型コミュニティへ参加しやすくなったことで、地縁型コミュニティの重要性が薄まっていたり、無関心な人が増えているかというと、そうではない。日本各地で地域課題解決のワークショップを行なっているが、どこでも必ず、地域の「つながり」の不足に関する課題が住民から上がってくる。特に大学生など若者の中では、地域の中で「根を張りたい」「深くつながりたい」、そんな思いが強まっている印象がある。

しかし、「関わり方がわからない」「一度関わると中途半端なことはできない」「拘束時間が長いのではないか?」「理不尽な人間関係があるのではないか?」というように、昔ながらの地縁型コミュニティに不安を覚えている人は多い。

地域に必要なタスクフォース型コミュニティ

今、地域に必要なのは、地縁型とテーマ型の2つが融合した、ある特定の地域課題解決のために集まるタスクフォース型コミュニティである。「タスクフォース」とはもともとは軍事用語で、特定課題に取り組むための特別チームを意味する。地縁型の

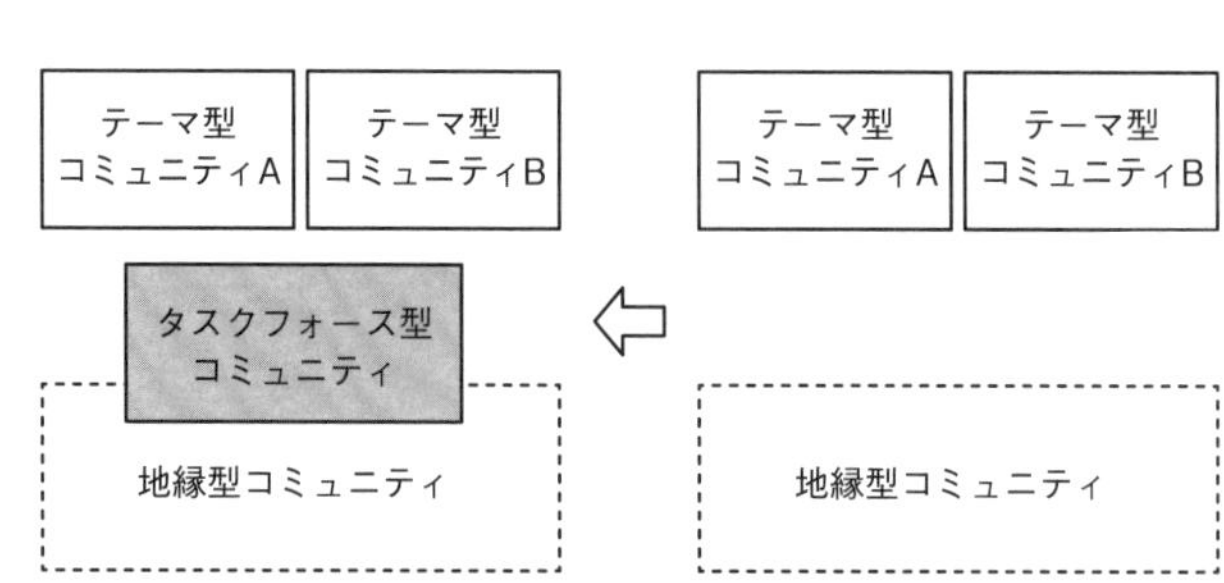

ように地域に深くコミットするのだが、テーマ型のように出入りも比較的自由であり、義務的なものではない。

自分がサーフィンを楽しむ海岸のビーチクリーンの活動、ガーデニング好きが集まる中央公園の植栽チーム、子育ての悩み共有の会、認知症の当事者が集う会などなど、自分の得意な領域、関連する領域のコミュニティへの参加は多くの人にとってハードルが低い。

また、障害のある子どもを育てる方、認知症のある人、LGBTなど、辛い経験や苦しい病気などに悩む人が、近隣に暮らす同じ境遇の当事者と出会い、つながることで救われることは多い。まちづくり領域だけでなく、福祉の領域でも、こうしたコミュニティが増えており、重要性が高まっている。

最初は自分の興味関心でタスクフォース型コミュニティに参加したとしても、その場を通じて、様々な方と知り合うことで、自然と地縁型コミュニティとのつながりも深まることになる。それを機に、お祭りや催事、防災・防犯などの地域活動に参加する機会も増える。地域と縁が薄い移住者や若い人にとっては、タスクフォース型コミュニティは地縁型コミュニティへの入り口としての役割も果たす。

コミュニティを育む3つの技術

テーマ型コミュニティは原則的に、個人の「やりたい」から生まれるものなので、自然発生的に生まれる。そこで、ここでは地縁型コミュニティを強化・再生する、タスクフォース型コミュニティをつくるために必要な3つの技術を紹介する。

対話の場をつくる技術

「対話（ダイアログ）」とは、他者との言葉のやり取りを通じて、互いの関係を深め、思いを共有し、ともに活動する原動力を生み出す手法のことである。

昔ながらの地縁型コミュニティでは、暗黙の了解で活動が進み、実は参加者間で思いがずれているケースが多い。地域の課題や未来の方向性について、ゼロから本音で話す対話の場は、地縁型コミュニティを再生し、活性化するためには大切だ。

一からタスクフォース型コミュニティをつくるためには、そのタスク（地域の特定課題）に関連する様々な深い思いを共有するための場づくりが必要不可欠だ。「対話」については本章後半で引き続き紹介する。

声を聴く技術*

未来ビジョンをつくるための、商店街活性化のための、認知症の当事者が思いを語り合うための、そんな特定の目的のためのコミュニティを作っても、参加してもらいたい人がすぐに参加してくれるとは限らない。そんな時に大切なのが、参加してもらいたい人（その課題の当事者や課題解決のキーマン）の深い思いを聴く機会を持つことである。一人ひとり丁寧に話を聴くことで、その人の思いを理解することができ、あなたとの関係が築かれ、タスクフォースに参加してもらえる可能性が高まる。こちらは5章の章末で紹介する。

地図を描く技術*

3章で紹介した、自分自身、家族や仲間、自然環境、地域社会、日本、世界各地で起きている事象同士の関係性、つながり、互いの影響を示した大きな地図を描く技術である。自分と自分の周りの小さな世界だけを見ていては、そのタスクの背景や深い構造、根本的な原因を見逃してしまう。多様な価値観のメンバーが1つのタスク達成に向けて行動するためには、参加者同士の目に見えないつながりの構造を理解し、適切に対処する必要がある。コミュニティのリーダーや促進役に求められる技術である。

＊声を聴く技術
P254〜

＊地図を描く技術
P166〜

関係の質を高める対話

カフェ開業に向けて食事のメニューを相談中の2名の会話を3種類見てみよう。

会話Ｐ

Ａ：私は若い人や女性に話題になりそうなベーグルを出したいなぁ。お店のコンセプトに合うし、この近辺で食べられるところもないからー。

Ｂ：それはどうだろう？この辺りはパン食の文化がそれほどないし、おにぎりがいいと思うよ。お米も美味しいし、具材もいろいろ考えられるし

Ａ：平凡じゃない？自分で作れるおにぎりをお店でお金を出して買うかなぁ？

Ｂ：原価計算した？ベーグルは外注だよね？それでホントに利益出ると思う？

会話Ｑ

Ａ：私は若い人や女性に話題になりそうなベーグルを出したいなぁ。お店のコンセプトに合うし、この近辺で食べられるところもないからー。

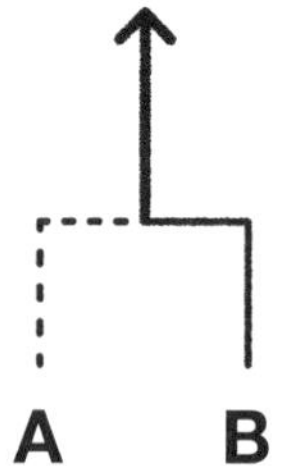

B：僕はおにぎりを出したいんだよね。地元のお米も具材も安く色々手に入るしね。
A：一長一短あるね。オープン時の食事メニューに必須なことってなんだろうね？
B：あくまでお茶メインのお店だし、小腹が空いた人に簡単に提供できることだね。
A：そうだね。そう考えると、あまり調達や調理の手間がかからないものが良いね。
コスト、調理時間、人手で比べてみて、どちらかに決めようかー。

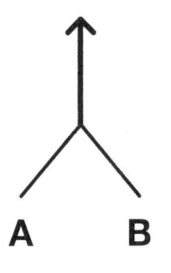

会話R

A：私は若い人や女性に話題になりそうなベーグルを出したいなぁ。お店のコンセプトに合うし、この近辺で食べられるところもないからー。
B：確かに、話題になりそうだね。僕はおにぎりを出したいと思ってたんだ。この地域のお米は実はすごく美味しいから、観光客にももっと食べてもらいたいなと思って。ただ、ベーグルに比べると新しさには欠けるかもね。
A：そうだね。確かにお米は美味しいし、農家さんから直接買えるから利益率も高そう。おにぎりもベーグルもどちらもいいところがあるね。
B：そうだ！お米でベーグル作れないかな？米粉のパンって結構美味しいよね。
A：それはいいかも！和風の具にも合いそう。今度、試しに作ってみようよ。

会話Pは相手の提案の問題点を指摘し、自分の主張を通そうとする討論のやりとりである。最後は勝ち負けがはっきりして、決着する。

会話Qは建設的な議論である。互いの考えを聞いた上で、論点を整理し、優先事項を決めて、合理的な判断をする。何かを決断する時などに必要な会話のスタイルだ。

会話Rがここで提案したい対話である。互いの想いをまず受け入れ、新たな視点を提案し合い、一人ひとりの思考を深める。この会話のように1つの結論に至って、カフェのメニューが決まるかもしれない。お互いの企画がそれぞれ進化して魅力的なものになり、おにぎりもベーグルもともに進化し、両方を出すことにしたり、曜日や時間帯でメニューを変えることになるかもしれない。いずれにせよ、カフェの質向上につながる前向きな会話である。

2種類の対話

ダイアログ論の大家、W・アイザックス*によると、対話には2種類ある。

1つ目は内省的ダイアログ、自分の心の内面にリフレクト（反響）させ、気づきを得るための対話である。心の中の自分、無意識の自分と対話をするということなのだ

＊ウィリアム・アイザックス
アメリカのダイアローグ研究の第一人者。著書にダイアログ論の名著「Dialogue：The Art of Thinking Together」

が、これはなかなか難しい。そこで他者の力を借りる。対話相手からアドバイスをもらうわけではない。他者からの問いかけに答えるために、考え、口に出すことを通じて、自分自身の思考を深めていく。他者に問いかけ、答えを聞くことで、自分との違いに気づき、自分自身の立場や考え方を振り返ることもできる。

2つ目が生成的ダイアログである。参加者それぞれが個人の立場・見解・思いから離れ、チーム一丸の大きな対話の波に乗れると、チームの共通認識が生まれ、これまでにない卓越したアイデア、気づき、行動が生まれる。アイザックスはジャズの即興演奏に例えている。一人のプレーヤーが生み出す演奏に、他のプレーヤーが反応・同調して新たな演奏が繰り出され、その組み合わせで素晴らしい音楽が生まれる。各自の演奏技術が高くても、みんなでの演奏が素晴らしくなるとは限らない。メンバーの思いがシンクロする対話があって初めてチームでの素晴らしい演奏は成立する。

素晴らしいアイデアが生まれるブレインストーミング*、ワンタッチパス*が何本もつながったサッカーのゴールなどもその一例だ。

個人の思いを深める内省的ダイアログ、チームでの思考と行動と結果の質を高める生成的ダイアログを通じて、個人は成長し、地域は一つのチームへと進化していく。

＊ブレインストーミング
チーム作業によるアイデア発想手法、P320参照

＊ワンタッチパス
人から受けたパス（ボール）を止めることなく、直接他の人へとパスを出す行為。

対話がもたらすコミュニティの進化

コミュニティのレベル、住民と地域の関係には3段階ある。対話を通じて、徐々に住民は、コミュニティは進化を遂げていく。

レベル1（他人ごと化段階）は、多くの住民が自分の毎日の生活に直接関係しない地域の課題を自分から切り離し、傍観する、被害者的振る舞いをとる態度である。例えば、認知症の方の徘徊が問題になっているとする。それに対して、「家族は何やってるんだ」「いい迷惑だ。しっかり鍵をかけて閉じ込めておけ」といった発言が出るレベルだ。難解な問題であればあるほど、当事者が少ない問題であればあるほど、こうした態度をとる住民が増える。

レベル2（対象化段階）は、課題に対して、ある程度主体的に解決しようと試みる態度である。「可哀想だから、みんなで見守ろうよ」「認知症は大切な問題だから、勉強会を開催しよう」といった発言に代表される。対話を重ねることで、このレベルの人が増え、タスクフォース型コミュニティが形成されていく。ただし、地域が抱えている課題に外から取り組むという、他人ごとのスタンスの人が多い段階だ。

この段階で留まってしまうことは多い。特に行政職員、医療・介護・福祉関係者、

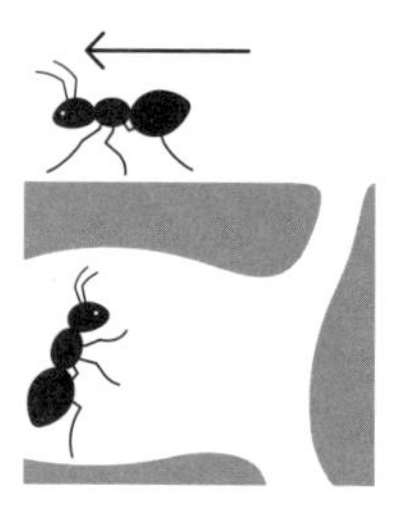

レベル1
他人ごと化段階

レベル2
対象化段階

レベル3
自分ごと化段階

出典：プロジェクトデザイン社作成資料を元に筆者が作成

教員などは、専門家として、少し引いた客観的な立場や上からの立場で「問題に対処する」「助ける」「支援する」というスタンスになりがちだ。

レベル3（自分ごと化段階）は、課題を自分ごととして、自分自身が当事者であるというスタンスで取り組む態度である。「認知症はいずれ自分に関係する問題だ」「自分が安心して暮らすためにも、見守りのネットワークが必要だ」といった発言に代表される。ただ、この場合、身内に認知症のある方がいると比較的容易だが、縁遠い課題では、自分ごととして捉えるのは難しい。自分の偏見や思い込みは捨て、当事者や家族の方との丁寧な対話を通じて、街で暮らす認知症の方の生活、思いや行動を自分の未来の姿と重ね合わせながら、考える必要がある。困難な課題の場合は「対話の場をつくる技術」に加えて、「地図を描く技術」*や「声を聴く技術」*が役立つ。

チームスポーツで、仲間のミスで失点したとする。ミスに直接関与していない人もメンバー全員が失点を自分ごととして捉え、自分とチームのプレーを見直せるのが真の強いチームである。同様に、地域で起きている事象や課題に自分が含まれている、自分も当事者であると認識し、自分の行動と地域全体の活動を見直し、次の行動を自ら主体的にとれる人が増えれば増えるほど、地域はコミュニティの力を高めていく。

＊地図を描く技術
P166～

＊声を聴く技術
P254～

対話の心得

関係の質を高める対話を実施するには必ず守らなければならない4つの原則がある。

心得1　傾聴から始まる

対話という言葉には「話」すという字があるので誤解を生みやすいが、「対聴」と言いたいくらい、聴くことが大切だ。対話は聴くことから始まる。

日本国語大辞典によると、【聞】は「音を耳で感じ取る。自然に耳に入ってくる」、【聴】は「聞こうとして聞く。注意してよく聞く」を意味する。人は「聞いている」が「聴いていない」ことが多いものだ。傾聴という言葉があるように、単に耳で聞くのではなく、言葉の奥で語られている思いに対して心を傾けて聴くということだ。

相手が思いがまとまらず頭の整理をしている時には「待つ」ことも大切だ。無言の時間、相手の思いに耳を傾けようとする時間も大切な傾聴の時間である。

心得2　判断は保留する

人は他者の話を聴いていても、ついつい自分の先入観や偏見、過去からの習慣的な

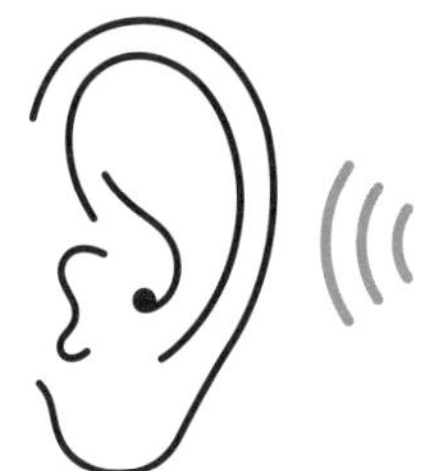

思考に基づき、判断しがちである。

特に、年長者と若者、医師と患者、介護者と被介護者のような上下関係が存在したり、知識レベルに差がある際には特に起きがちだ。若い移住者の新しい提案に対して、年長者が「だから、若者は……」と否定的なスタンスをとるのがその典型だ。「若いやつが、勝手なことばかり言う」、そんな先入観から、表面的なことしか聞かず、素晴らしい提案でも聞き入れない。賢い人、経験豊富な人であればあるほど、過去の経験を上手に引き出せるので、すぐに判断しがちだ。

そのため、話を聴く際に「判断を保留する」「すぐに判断しない」を意識して、努力をしないとなかなかできない。実はトレーニングが必要な、大変難しい行為なのだ。

「思考のおしゃべり」を眺める

判断を保留するコツとして、「思考のおしゃべり」を眺めるという方法がある。[*] 人の話を聴いたら、何か思うことがあるだろう。「あの若者は何もわかってないなー」、そんなことである。その時は、そう思っている自分を客観的に眺める、もう1人の自分を意識する。つまり、「自分は『あの若者は何もわかってないなー』って思ってるなぁ」と意識するということだ。自分の「思考のおしゃべり」を自分で意識できるようになると、習慣的に即時に判断することを防ぐことができる。

＊「思考のおしゃべり」を眺める
詳しくは、中土井僚『マンガでやさしくわかるU理論』（日本能率協会マネジメントセンター）を参照

心得3　とにかく口に出す

自分の思いを口に出すことが苦手な人は多い。対話の場では、気づき、感想、何でもいいから、気軽に口に出すことを意識する。口に出しやすい雰囲気をつくるには「判断を保留する」ことが大切だ。参加者全員がたくさん声を発せられるような場をつくるのが主催者の腕の見せ所である。

「YES AND」の原則

「とにかく口に出す」と「判断は保留する」の両立が難しいという話を聞く。口に出そうとすると、良い悪いの判断や欠点探しになりがちだ。そこで大切なのが「YES AND」*の思考だ。他者の発言に、まず「いいですねー」「そういう考え方もあるんですね」など、肯定的な言葉を発することを自分の中で決める。そう口にすると人は思考が前向きになる。肯定した後に気になるところを述べると、相手には前向きなアドバイスに聞こえ受け入れやすい。否定されない空気があると、声を出しやすくなる。

心得4　楽しむことが最優先

対話の場は楽しいものでなければならない。色々なメンバーから多様な視点をもらい、色々なことに気づき、ともに生み出していく場である。そこには笑顔があふれて

YES AND …

＊その反対が NO BUT

「それは違う。だって…」「そんなことはあり得ない。自分の考えでは…」と相手の意見を否定して、自分の考えを押し付ける思考スタイル。

いるはずだ。「YES AND」の思考は場を楽しくするためにも欠かせない。

論理よりストーリー

教育学者ブルーナーは、人の思考形式には「論理・実証モード」と「ストーリーモード」があると述べている。[*] 前者は客観的事実やデータの積み重ねで正しいことを考えるモード、後者は出来事や体験を流れに沿って考えるモードだ。楽しさ第一の対話の場では、ストーリーモードが望ましい。自分の体験や出来事を話すことを心がけ、相手にも問いたい。経験したことがないストーリーを聞くのは楽しいものだ。

＊ **2つの思考形式**
詳しくはジェロム・ブルーナー『ストーリーの心理学』（ミネルヴァ書房）を参照

行政の役割

地域コミュニティを育む上で、行政はどんな役割を担うべきなのだろうか。

役割1　良質な対話の機会を増やす

1つはシンプルに対話の機会を増やすことだ。住民参加によるまちづくりが一般的になってきており、住民同士で話し合う機会は多くの地域で増えてきた。ただし、その実態は行政へのクレームや陳情の場であったり、一部の年配者や役職者のみが語っていたりと、真の対話になっていないことが多い。丁寧に設計された良質な場を増やし、多くの人に対話の面白さと意義を体験してもらうことは、行政の大切な役割だ。

役割2　ファシリテーターを育てる

ファシリテーターとは、参加者にとって有意義で気づきがある場を設計・運営・進行する人のことである。これからの行政職員には必須スキルである。多人数の場のファシリテーターをつとめるのはある程度の実践経験が必要なため、まずは、小さなテーブル単位（3～6人程度）から始めて、経験を重ねて、スキルを磨きたい。

良質な対話の場が増え、多くの住民が参加し、参加者がその効果を実感すると、自分もやってみたいと考える人が出てくる。住民発のファシリテーターが地域に増えると対話の文化が一気に花咲き始める。

役割3　行政が組織の壁を超えて一つのチームになる

地域が一つのチームになるには、まず行政が一つのチームになる必要がある。行政組織は組織間の壁が高く、連携が不足しがちだ。その壁を取り除く手段が3つある。

1つは、役場内で対話の機会を数多くつくり、ファシリテーターを増やすことである。

2つ目は、組織横断型のプロジェクトを作ることである。SDGs未来都市の一つ、富山市では、市長のリーダーシップのもと、組織にとらわれない視点で施策を検討・立案するために、様々な部局の職員から編成されるタスクフォース*を設置している。

3つ目は、組織横断型プロジェクトの運営や対話の場づくりをミッションとする部署をつくることである。高知県佐川町では、「チーム佐川推進課」という課を設け、全庁一帯で進める「未来ビジョン（第五次総合計画）*」づくりに取り組んだ。

役割4　マイノリティのためのタスクフォース型コミュニティを設立・支援する

まちづくりのコミュニティはどうしても強い立場の人、声が大きい人中心の場になりがちだ。障害や疾病を抱える方同士がつながり、互いの思いを交換する場（当事者の会）は、当事者の生活を豊かにすると同時に、地域に多様な視点をもたらしてくれ、持続可能な地域には欠かせない。企画・まちづくり系部署と福祉系部署、そして関連事業所やNPOとの連携により、タスクフォース型プロジェクトを意識的に立ち上げ、支援しよう。

＊富山市のタスクフォース
森市長インタビュー（P130）、および6章（P306）を参照

＊佐川町の未来ビジョン
P232〜

技術2　対話の場をつくる技術

強いコミュニティを生み出すために、住民みんなで地域の未来を描くために、新たなチャレンジを生み出すために、友人とともに語り合い高め合う学びを実践するために、地域には「対話」の場が欠かせません。誰もが楽しみながら、対話の場を企画・設計・運営する技術を紹介します。

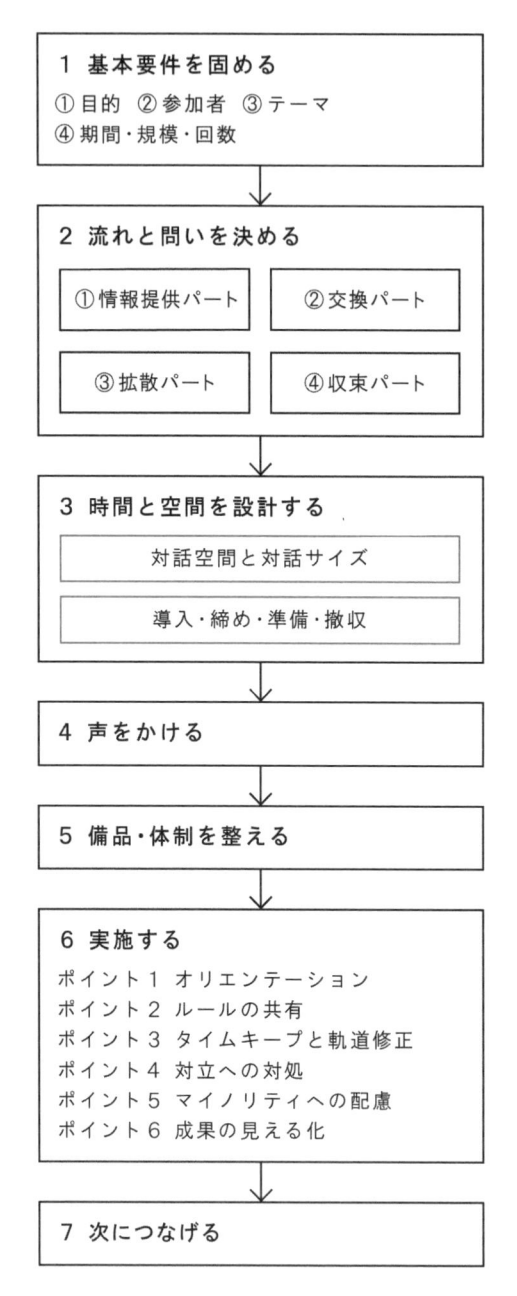

1 基本要件を固める
①目的　②参加者　③テーマ
④期間・規模・回数

↓

2 流れと問いを決める
①情報提供パート
②交換パート
③拡散パート
④収束パート

↓

3 時間と空間を設計する
対話空間と対話サイズ
導入・締め・準備・撤収

↓

4 声をかける

↓

5 備品・体制を整える

↓

6 実施する
ポイント1　オリエンテーション
ポイント2　ルールの共有
ポイント3　タイムキープと軌道修正
ポイント4　対立への対処
ポイント5　マイノリティへの配慮
ポイント6　成果の見える化

↓

7 次につなげる

1　基本要件を固める

最初に、次の４つの対話の場の基本要件を固めましょう。なお、対話の場のことを、ここではワークショップと呼びます。

①目的（why）

何のために対話の場を持つのか？この目的がはっきりしない対話の場は参加者の満足度が低く、関係の質も向上せず、成果が得られません。目的によって、参加者もプログラムも大きく変わります。主催者の中でこの目的をきっちり固めるところから対話の場づくりは始まります。

一般に、目的は大きく4つに分かれます。

【共有】参加者の思いや知識を共有し、共通認識を作る
【発想】アイデアを発想し、未来の可能性を広げる
【具体化】プロジェクトを企画する、具体的な形にする
【交流】住民やステークホルダー同士の関係の質を高める

この４つの目的は一つに絞らなければならない訳ではありません。複数の目的を含む場合もあるでしょう。また、複数回シリーズの場合は、各回で変わることもあるでしょう。

②参加者（who）

目的次第で参加者が変わります。次の視点を確認しましょう。

【所属・職業】行政職員、住民、事業者、学生など
【年齢・性別】高齢者中心、男性中心、子ども対象など
【地域】地区・集落、移住者（I・Uターン）、大都市圏在住者
【スキル】ワークショップやファシリテーター経験者の有無、割合

③テーマ（what）

目的に合わせてワークショップのお題を設定します。複数回開催の場合は、シリーズ全体の大テーマ（「10年後の町の未来」「地域資源を活用した新規事業」など）と個別会の小テーマ（「子育て環境の未来」「事業アイデアを発想する」など）を設定しましょう。

④期間・規模・回数（how & when）

目的を達成するためのワークショップ期間（開始と終了）、回数、規模（想定参加人数）を固めましょう。

基本要件シート（P212）に目的、参加者、テーマ、期間・規模・回数を書き入れましょう。

基本要件シート

全体の目的

地域課題・社会課題の解決に取り組む市民を増やす

参加者

地域活動、まちづくり等に興味がある地域在住の住民全般（中高生から高齢者まで幅広く）

テーマ

ソーシャルデザインで地域課題を解決しよう

達成したいこと

- ソーシャルデザインの考え方を知り、手法を体験する
- 身近な社会課題、地域課題の解決の糸口をつかむ
- 各テーマの解決のためのアイデアが10個以上うまれている
- 同じ想いを共有し、解決に取り組むコミュニティができる

必要なプロセス

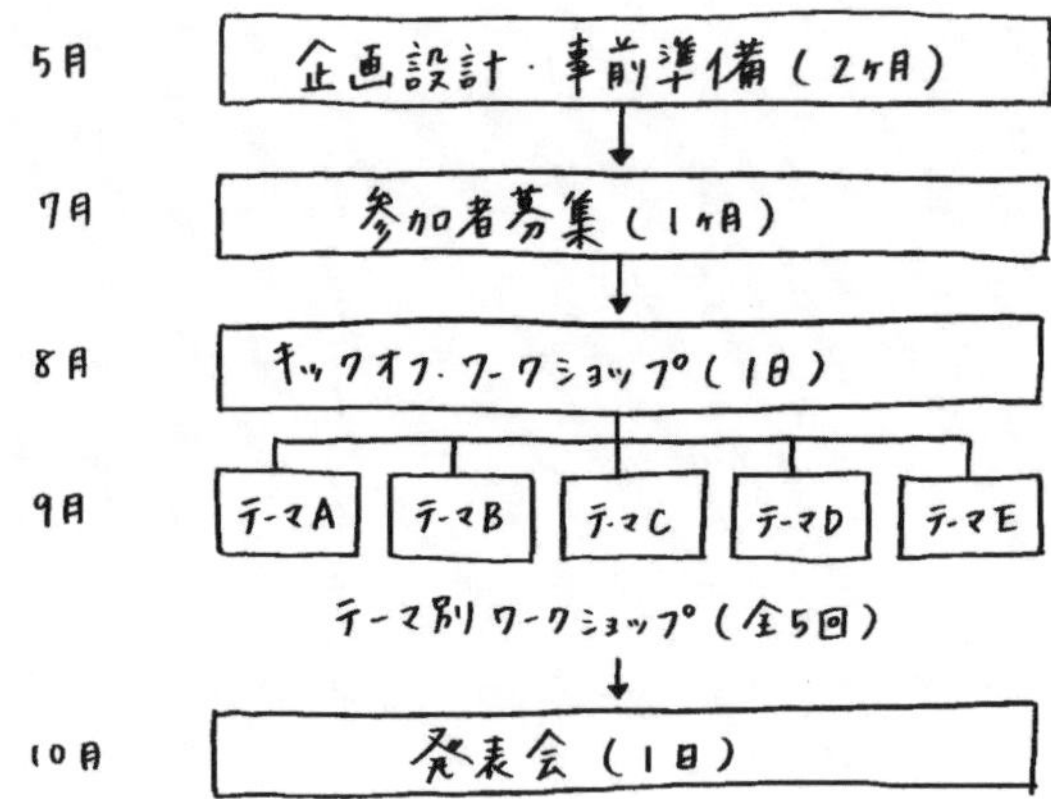

2 流れと問いを決める

続いて、場の大きな流れと問いを設計します。

ワークショップの場は「情報提供パート」「交換パート」「拡散パート」「収束パート」の4つで構成されます。対話の目的に応じて4つを組み合わせて全体の流れを設計します。

目的が、ある課題の共有であれば、「情報提供」と「交換」で、具体的なアイデア発想の場合は、さらに「拡散」まで行うのが一般的です。具体的なアクションを導くためには、拡散したものを具体化する「収束」まで全4パートを実施するのが一般的です。

大きな流れが見えてきたら、参加者に投げかけるお題、問いを固めていきます。人は問われると、その問いについて考え、答えを出そうとするものです。その問いが簡単で答えが明白なものでは誰も考えません。逆に難しすぎては思考が停止してしまいます。好奇心をかきたてられるワクワクする問いを投げかけると、頭が動き出し、自分の答え(仮説)を仲間と共有したくなります。そのため、どんな問いを設定するかが場の成否を左右します。P308の「問いを立てる技術」も合わせて参考にしてください。

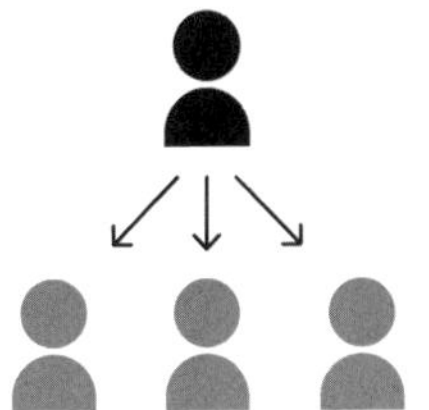

【情報提供パート】

参加者間の知識や前提のずれを埋めるために、主催者の思いや関連データなどを提供

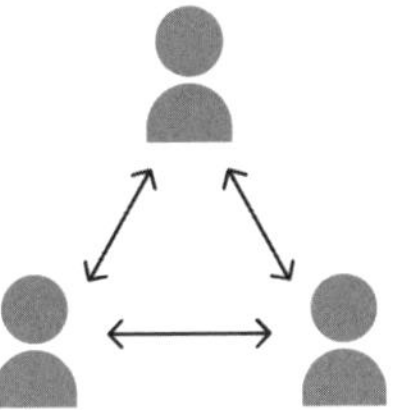

【交換パート】

個人の思い(問題意識、課題)を参加者同士で交換

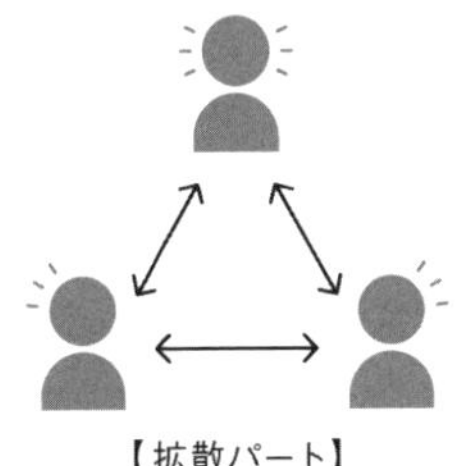

【拡散パート】

思いの交換で得た気づき、アイデア、未来を広げる

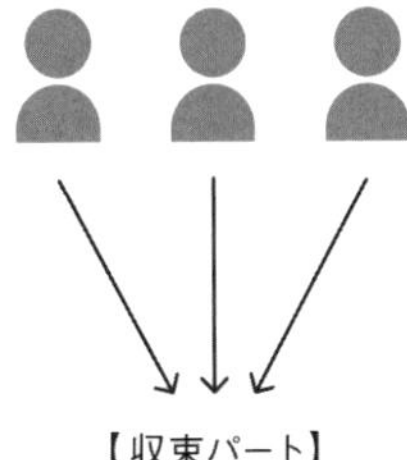

【収束パート】

拡散したものを1つの方向にまとめ、具体化する

会場レイアウト

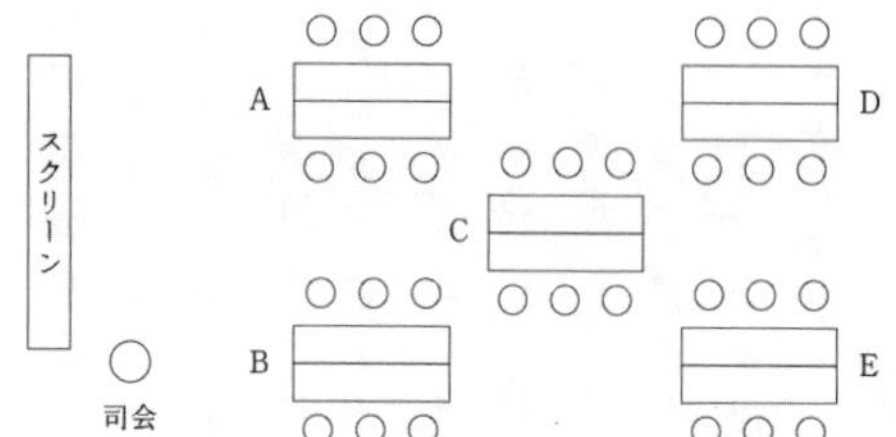

＊6名1班を想定

準備物	人の動き							時　間
	白木	川合	岡本	稲垣	栗崎	土屋	ゲスト	
ロジェクター、スクリーン、イク、投影用パソコン	IN	IN	IN	IN	IN	IN		10：00
ローシート	MTG	MTG	MTG	MTG	MTG	MTG		11：00
付名簿、ペン	準備	案内	案内	受付	準備	準備	IN	12：30
行用スライド	進行	A担当	B担当	C担当	D担当	E担当	挨拶	13：00
トップウォッチ	↓	↓	↓	↓	↓	↓		13：05
	↓	↓	↓	↓	↓	↓		13：10
造紙、付箋、サインペン	↓	↓	↓	↓	↓	↓		13：15
地を定めるシート	↓	↓	↓	↓	↓	↓		14：05
	↓	↓	↓	↓	↓	↓		14：20
頁カード	↓	↓	↓	↓	↓	↓		15：00
丸シール	↓	↓	↓	↓	↓	↓	講評	15：40
デアシート、8コマシート	↓	↓	↓	↓	↓	撮影		15：50
	↓	↓	↓	↓	↓	↓		16：40
	↓	↓	↓	↓	↓	↓		16：50
	片付け	片付け	片付け	片付け	片付け	片付け	OUT	17：00
	MTG	MTG	MTG	MTG	MTG	MTG		18：00

フローシート

タイトル	子育て＋DESIGN　ワークショップ
日程	2018年10月12日（日）
時間	13:00-17:00
場所	○△公民館　2階 大広間
参加者数	約30名
運営スタッフ	事務局　白木・川合・岡本・稲垣・栗崎・土屋 ゲスト　小山田氏

流れ	時間	対話サイズ	内容
会場設営	10：00	ー	機材類の確認、会場セッティングなど
事前MTG	11：00	ー	進行・役割分担の確認
受付開始	12：30	ー	参加者の受付スタート
開始・導入	13：00	全体	プログラムの説明
チェックイン	13：05	班ごと	名前・所属・参加理由を一人1分ずつ共有
ワーク説明	13：10	全体	ワークショップのルールの共有
課題の整理	13：15	班ごと	課題のインプット20min+個人10min+チーム20mi
立地を選ぶ	14：05	班ごと	個人5min＋チーム10min
発想ワーク1	14：20	班ごと	現場から発想するワーク　個人10min＋チーム30m
発想ワーク2	15：00	班ごと	接点から発想するワーク　個人20min＋チーム30m
投票・整理	15：40	班ごと	アイデアを評価し、取り組みたいものを選ぶ
ブラッシュアップ	15：50	個人	一人1つアイデアを具体的にしていく
チェックアウト	16：40	班ごと	一日の感想を一人1分ずつ共有
次回のアナウンス	16：50	全体	発表会までの動きについての確認
解散・片付け	17：00	ー	原状復帰、成果物の撮影、荷物の送付など
事後MTG	18：00	ー	ワークの振り返り、次回までの動きの確認

下は「子育てと仕事の両立」がテーマの場での問いです。同じテーマでも、パートによって、問いかけ方が変わります。

問いを考える際には、次の4つのポイントを意識しましょう。

ポイント1　主語が参加者自身である

「うちの地域では…」のように、「地域」を主語に話が進むと、自分を地域の外に置いて他人ごと化した意見が多くなりがちです。問いに必ず参加者自身を意味する言葉を入れましょう。

ポイント2　参加者の日常と関係が深い

参加者の知識やテーマとの関係性を意識して設定しましょう。典型的な参加者をを思い浮かべ、その人に問いかけてみて、考えられるか、当惑しないか、を想像してみてください。

ポイント3　賛否の問いは用いない

「保育料無料化に賛成?·反対?·」のようなイエス・ノーを問う問いは原則的に用いません。対話とは、共通認識を持ち、発想を広げ、何かを生み出す場であり、選択・排除は目的としていません。

ポイント4　曖昧な言葉を用いない

コミュニティ、ケアなど、カタカナ言葉は使い勝手が良いですが、苦手な人もいます。人によって理解が異なり、対話が噛み合わない原因にもなりがちです。日本語でも曖昧な言葉は避けましょう。

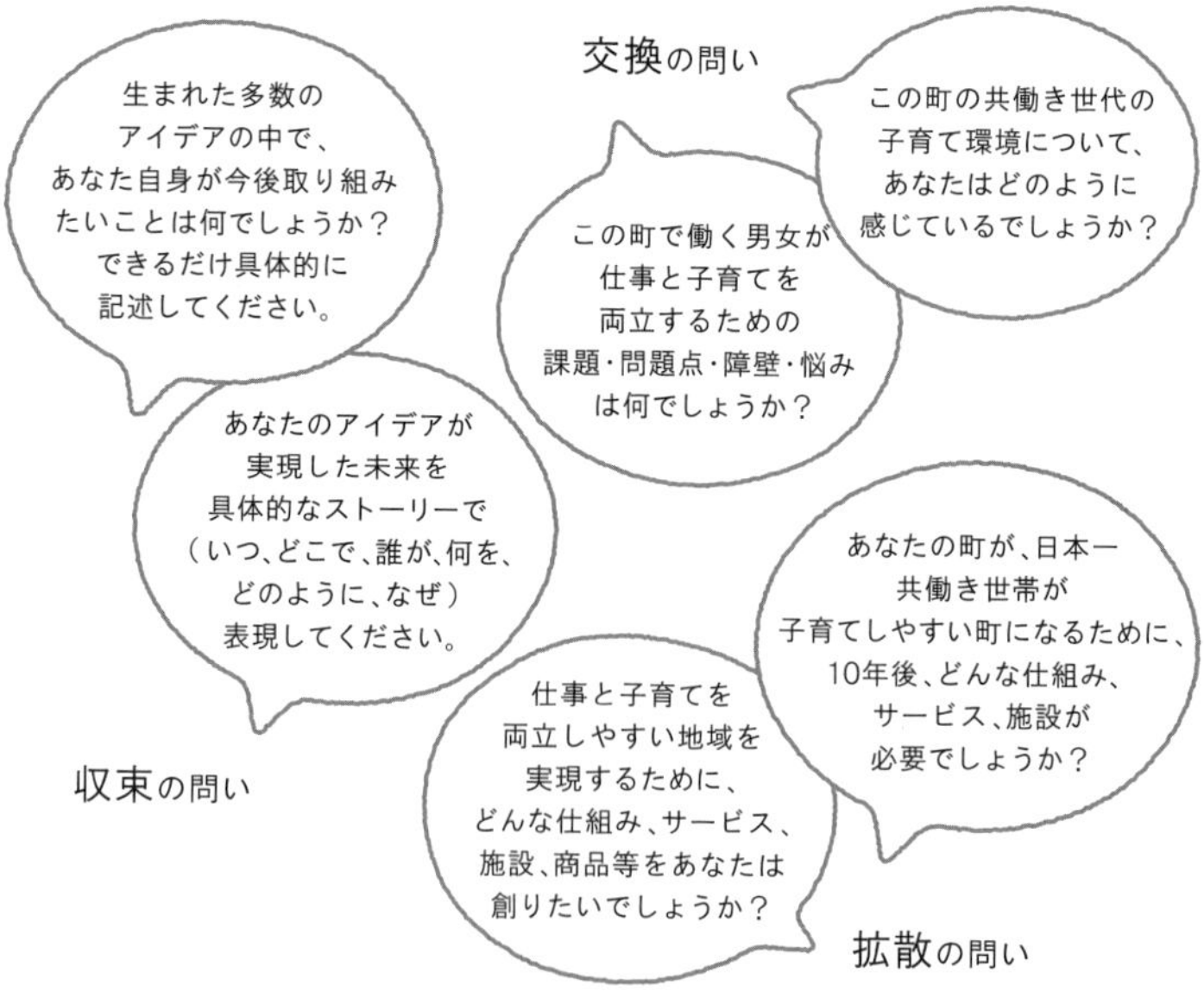

交換の問い
この町の共働き世代の子育て環境について、あなたはどのように感じているでしょうか？
この町で働く男女が仕事と子育てを両立するための課題・問題点・障壁・悩みは何でしょうか？
拡散の問い
あなたの町が、日本一共働き世帯が子育てしやすい町になるために、10年後、どんな仕組み、サービス、施設が必要でしょうか？
仕事と子育てを両立しやすい地域を実現するために、どんな仕組み、サービス、施設、商品等をあなたは創りたいでしょうか？
収束の問い
生まれた多数のアイデアの中で、あなた自身が今後取り組みたいことは何でしょうか？できるだけ具体的に記述してください。
あなたのアイデアが実現した未来を具体的なストーリーで（いつ、どこで、誰が、何を、どのように、なぜ）表現してください。

3　時間と空間を設計する

大きな流れと問いが固まったら、全体の時間割を設計します。まず、フローシート（P214）の縦軸を大枠で割り振りましょう。2と3で固めた流れと問いを元に、各パートに必要な時間を積み上げます。時間設計に関係するのが、対話空間と対話サイズです。

対話空間と対話サイズ

殺風景な会議室よりも、自然豊かで眺望がいい場所、創造的な雰囲気あふれる場所が望まれます。制約の中でベストな選択をしましょう。アクセスにより開始時間等、時間の設計も変わります。

テーブルの配置はチーム作業に用いるアイランド型（複数人の島をいくつか作る）が基本です。テーブルは、模造紙を一枚置いて、周囲にある程度のスペースが取れるサイズが適切です。小さいと窮屈な気持ちになり、考えが小さくなりがちです。逆に周囲の人と離れすぎると大きなテーブルは一体感を失ってしまいます。

対話サイズ、すなわち何人チームで対話するかによって、人の発言量は大きく変わります。大勢の前で声を発することが苦手な人は多いため、発言を活発にするには、少人数のグループを設計しましょう。ただし、少なすぎると他者の視点をもらう機会が少なくなってしまいます。目的、参加者、テーマ、パートに応じて、適切な人数を使い分ける必要があります。

1グループは3～5人、中でも4人が最も汎用性が高いサイズです。3人は、密に話すことができるため、個人の思いを深める、内省型ダイアログに適した人数です。ただし、過去の経験上、アイデアを発想したい時は、3人だとメンバーの多様性が不十分で、新しいものが生まれにくい印象があります。

1人・3～5人・全員の3つの使い分けをお勧めします。個人で

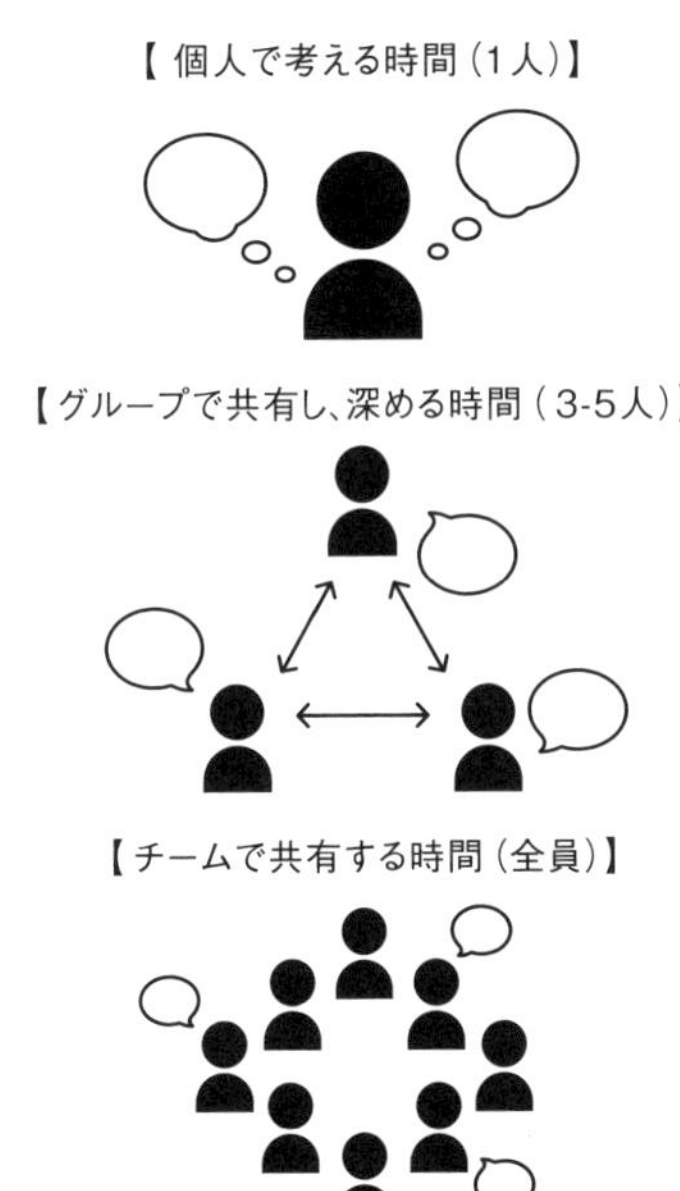

考える時間、個人の思いをグループで共有し深める時間、個人とチームの思いを全員で共有する時間と、複数の対話サイズを組み合わせることができるようになると、設計の幅が広がります。

対話サイズは、参加人数、空間の広さ、テーブル数、時間、ファシリテーターの数などの制約の中で最適な判断が求められます。

導入・締め・準備・撤収の時間

本体の時間と合わせて、導入と締めの時間を設計しましょう。また、準備と撤収のための時間も忘れないようにしましょう。

導入では、自分が何者で、今日どんな目的で来ているのかを共有するチェックインの時間を大切にしましょう。少人数であれば、全員で一緒にやるのがベストです。時間の都合上難しければ、各テーブルで行います。早めに声を出す機会を作ると、話すのが苦手な人もリラックスできて、その後の時間がスムーズになります。

楽しい会であること、クリエイティブな会であることを印象づけたい場合、対話に不慣れな人が多い場合は、アイスブレイクと呼ばれるゲームをすることもあります。やり方はインターネットで検索すると色々出てくるので、参考にしてください。

成果をまとめ、参加者の満足度を高め、次へと繋げる「締め」は複数回シリーズの場合や次の段階に進む場合は特に重要です。可能であれば、全員で輪になり、一人30秒から1分程度、今日の感想や気づきを発表する時間をつくると、チームの一体感が生まれます。同じ理由で全員での写真撮影もおすすめです。

感想や満足度を聞き取るアンケートの回答をお願いするのも、運営の振り返りのためには効果的な手段です。

4 声をかける

目的に合う人に来てもらえるように、丁寧にアプローチしましょう。念入りに準備をしたにもかかわらず、人が集まらないと、関わってくれた人の失望を生み、プロジェクトを失速させかねません。「参加者が集まらない」、そんな声をよく聞きます。告知だけで、多くの住民が来てくれることはほとんどありません。コミュニティの中心的存在の人、一人ひとりと丁寧に話し、会の趣旨を理解してもらい、周りに声をかけてもらう。小さな積み重ねがあって初めて多くの人に参加してもらうことができます。

5 備品・体制を整える

備品を整える

会場に何があるのか。何をいくつ持ち込む必要があるのか。基本的なことですが、備品の準備は丁寧に行いましょう。一般的な備品は、フローシート（P214）を参考にしてください。

【書きたくなるシート】

白紙や付箋に自由に書くことは、実はハードルが高いものです。テーマや参加者次第では、左下のような、書くことが明確で、みんなが書きやすいシートを用意しましょう。

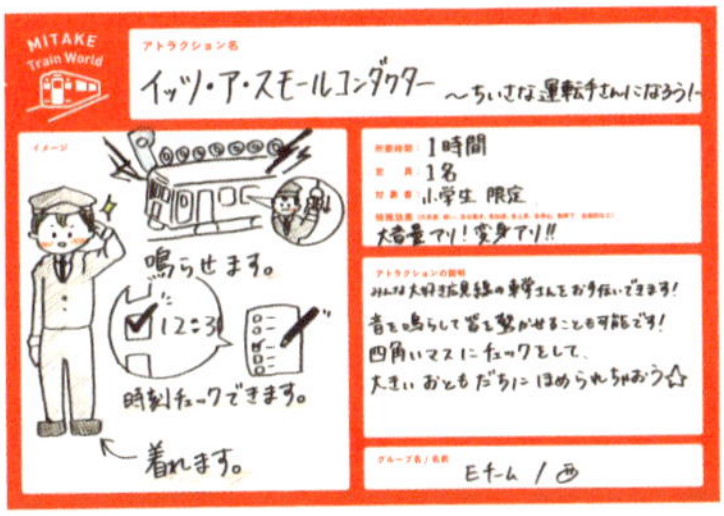

【あめちゃん効果】

楽しい場にする簡単な方法が、素敵なおやつを用意することです。米国での医師を対象とした実験で、診断前にアメを渡された医師グループは渡されなかった医師グループと比べて、診断の速さが2倍に、診断ミスが半分以下になったそうです。人はちょっとしたことで幸せを感じ、パフォーマンスが高まるものです。

【流れとメリハリを生む音】

場の雰囲気を作る音楽、時間の区切りをつけるベル。音は対話を活気づけるアイテムです。好き嫌いがあるので、個性的なものは避け、音量を抑えめにすることを心がけ、効果的に用いましょう。

【創造的な雰囲気を生む小物】

模造紙とカラフルなペンや付箋が丁寧に並び、何かを創造する！という雰囲気があふれる空間に仕立てましょう。殺風景な会議室の時はちょっとした小物も効果的です。テーブル分けポールや名札など、美しく遊び心があるデザインが人の気持ちを動かします。

運営体制を整える

運営スタッフの手配と役割分担を検討しましょう。各テーブルごとの進行役、テーブルファシリテーターが必要な場所は、ある程度のスキルがある人を確保するため早めに声がけしましょう。写真や動画の撮影は忘れがちなので、「レコーダー」の役割を果たす人を決めましょう。フローシートに各時間帯に誰がどんな役割を果たすのかを整理すると、当日の進行がスムーズです。

6　実施する

対話の成否は90%、事前準備で決しています。残り10%を決する当日配慮すべきポイントは次の6つです。

ポイント1　冒頭のオリエンテーション

場の目的やルールなどの基本的なことをきっちり伝えましょう。オリエンテーションのOARR（参考：中野民夫著『学び合う場のつくり方』）と覚えておくと便利です。

【OUTCOME】目的とゴール。何のための会なのか伝えましょう。

【AGENDA】プログラムの流れを最初に理解してもらいましょう。

【ROLE】参加者の果たす役割、参加者への期待を明確にしましょう。

【RULE】全員が守るルールを最初にきっちり伝えましょう。

ポイント2　話し合いのルールを共有する

オリエンテーションの中でも最後のR、ルールが何より大切です。対話の心得を伝える際によく使うルールが次の5つです。

①人の話をよく聴こう

②まず肯定しよう

③気軽にどんどん口に出そう

④とにかく楽しもう

⑤どんどん乗っかろう

⑤は②＋③の考え方です。仲間の考えを受け入れた上で、そこに自分の考えを乗せていきましょう。「それ面白いね。〇〇になるともっと面白いんじゃない？」、こんな前向きな発言の連鎖が起きると、その対話の場はどんどん創造的なものに進化していきます。

ポイント3　タイムキープと柔軟な軌道修正

タイムテーブルを準備した上で、対話の進行や盛り上がりを見ながらプログラムや時間配分は柔軟に変更しましょう。

ポイント4　対立への対処

参加者同士で対立構造が起きることがあります。これは場の目的である「対話」の意味がきっちり伝わっていないことが原因です。対話ではなく、議論になってしまっています。心得（P204）とルールを再確認し、対立構造を解消しましょう。困難な場合は、パートの切れ目でチーム替えをするのも1つの手です。

ポイント5　マイノリティへの配慮

初めてワークショップに参加した人、顔なじみのメンバーでない人、年齢・性別等属性が少し違う人、社会的に弱い立場の人など、孤立しがちな人に配慮しましょう。創造的なチームには色々な考え方や背景の人の存在、多様性が欠かせません。この人はとても貴重な存在です。積極的に声をかけ、チームに受け入れ、できるだけ話しやすい環境を整えてあげましょう。

ポイント6　成果を見える化する

成果をわかりやすく表現することで参加者の満足度は高まります。また、ニュースレター（写真）のような形で公開することで、参加していない人にも伝わり、次回参加のきっかけが生まれます。

7　次につなげる

参加者に会の資料や成果を送り、お礼を伝えましょう。若い人中心の場合は、事後にオンラインでアンケートに回答してもらうのも効果的です。直接会う機会があれば、感想を尋ねてみましょう。不満や物足りない点があるなら、一緒に改善策を考えることで、運営側にどんどん巻き込んでいきましょう。次回は心強い味方として活躍してくれるはずです。

WORKSHOP REPORT vol.4

みん転100人会議

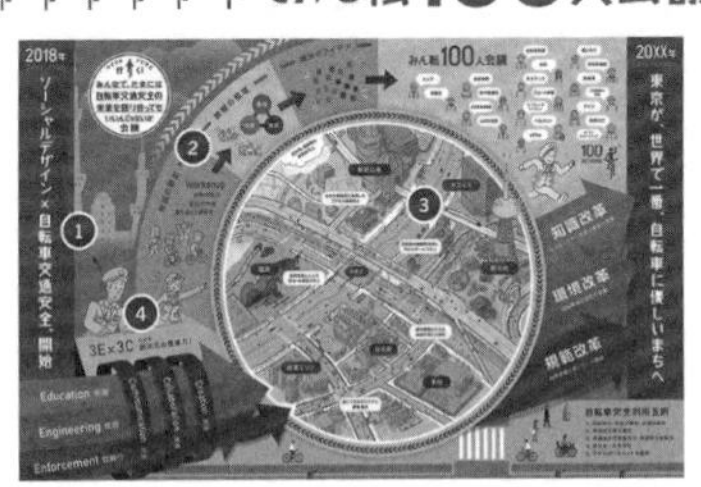

3月13日（火）、ついに今期最後のワークショップとなる「みん転100人会議」が開催されました。今回は各分野で活躍されている志の高い100人のみなさまと4人のスペシャルゲストを迎えての大イベント！平日の夜にも関わらず、多くの方々にご参加いただけました。この場をお借りしまして、みん転会議運営メンバーより改めて感謝申し上げます。11月から駆け抜けるようにワークを積み重ねてきた『みん転会議』。万感の想いを胸に抱きつつ、その集大成である「みん転100人会議」が始まりました。

東京を、世界で一番、
自転車に優しいまちにする4つの力

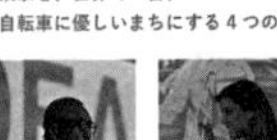

「みん転100人会議」第一部は、4人のゲストによるトークセッション。一人目はソーシャルコンテンツプロデューサーである山名清隆さんのお話。DEAIからIDEAを！ときにダジャレを使いながらみんなを素敵に巻き込む"自転車交通 × みんなの力"について語っていただきました。モデルでありサイクリストの日向涼子さんからは、ヒルクライムなど自らの体験を活かしながらの"自転車交通 × 伝える力"について、Googleのクリエイティブ・テクノロジスト内閣ローザさんからは、考案・開発したプロダクトのお話から"自転車交通 × 形にする力"をプレゼンテーションしていただきました。そしてトリを飾ったのは、株式会社ユナイテッドアローズ上級顧問、クリエイティブディレクション担当の栗野宏文さん。ツィードラン・トウキョウやデニムラン尾道などのイベントから"自転車交通 × 共感を生む力"についてお話いただきました。"自転車交通安全"という一見堅苦しいテーマが、「面白さ」「楽しさ」「ファッション」など、

》》》》》》

写真　成果を報告するニュースレター

自転車に優しいまちづくりがテーマのワークショップのニュースレター。生まれたアイデアを1つのビジュアルにまとめることで成果をわかりやすく伝えている。

インタビュー3

SDGsは未来を切り拓く最高のコミュニケーションツール

川廷 昌弘

博報堂DYホールディングス・グループ広報・IR室 CSRグループ推進担当部長。1986年博報堂入社。地球温暖化防止国民運動「チーム・マイナス6%」でメディアコンテンツを統括し、現在はSDGsが主要テーマ。2017年のSDGs国連ハイレベル政治フォーラムの日本政府プレゼンなどをプロデュース。神奈川県顧問（SDGs推進担当）など委嘱多数。

Q1 SDGsの最初の印象、日本語化を中心となって推進した経緯について教えてください。

2012年頃にミレニアム開発目標（MDGs）の後継としてSDGs(当時はポスト2015などと呼ばれていた)の議論が行われていると知ったのが最初の出会いです。

僕は博報堂で環境省の国民運動であるチーム・マイナス6%、生物多様性の普及啓発、森林保全、東日本大震災の復興、そして企業の社会的責任などに取り組んできたのですが、本来なら連関性のある社会課題への取り組みが全て各々単独で行われ、連携が進んでいない状況にもどかしさを感じていました。常々、何か領域やセクターを越えた議論をするための共通言語のようなものができるといいなと思っていたのです。そんな時に出会ったSDGsが「貧困も飢餓も気候変動も生物多様性もみんな同じ土俵の上で議論しよう」「企業や自治体、政府、NGO、みんなで一緒に課題を解決しよう」、そんな内容なんだろうなと大きく期待したのを覚えています。

採択そのものは従来の国連文書で記されていましたが、

カラフルなアイコンが作られていることを採択前に知り、採択の前夜には国連本部の壁面を彩るプロジェクションマッピングでお披露目されました。これによりSDGsはまさに地球の未来を切り拓くコミュニケーションツールとなったと思いました。

国連公用語は6ヶ国語で、日本語版は存在しません。このまま日本に入ってきて、色々なセクターが異なる翻訳で使用し始めたら、せっかくの素晴らしいツールがうまく機能しないのではないかという危機感から、国連広報センターの根本かおる所長に博報堂としてボランティアで日本語化を行うことを申し出たのでした。

Q2 持続可能な地域づくりを進める地域にとって、SDGsはどんな役割を果たせるでしょうか？

東日本大震災の後に、津波で大きな被害を受けた南三陸町で復興に関連する地域ブランドづくりをお手伝いする中でSDGsの可能性を実感しました。震災前まで、南三陸の牡蠣は漁獲高の維持拡大とノロウィルスなどのリスク対策のために過密養殖を行い、収穫に3年かかっていました。

しかし、津波で全ての養殖筏が流されてしまったんです。そこで、関係者全員で、地域の海の環境、漁業者の収入面や働き方、後継者問題など、色々な視点で南三陸の牡蠣養殖業の未来について対話する場を設けました。

その結果、彼らは過密養殖をやめ、持続可能な養殖の国際認証であるASC認証*を取得し、南三陸町産牡蠣のブランド化を進めることを決断したのです。今までは約1000台あった筏を3分の1以下に減らし、後継者や世帯構成を元に、筏の持ち台数を再配分しました。

新しい養殖法の導入に戸惑いや課題も多くありましたが、それを乗り越えて持続可能な漁業に切り替えたことで、大きな成果が出始めています。適切な養殖により、海の栄養状態が改善し、牡蠣の品質が向上しました。成長が早まり、結果的に出荷までの期間が3年から1年に短縮されました。いつも会っている漁師さんは、震災前と同じ売上げを維持しつつも労働時間が短縮できて家族と過ごす時間が持てるようになったと言います。

そして日本中から視察で南三陸を訪れてくれるようになり、働きがいにもつながり、お金持ちになったわけではないけど毎日が幸せだと言います。これこそがＳＤＧｓではないかと思ったのです。こんな気持ちで地域で暮らすことがＳＤＧｓの達成された姿ではないかと教えられたと思いました。

これをＳＤＧｓのゴールでいうと、地域全体での「対話と協働（17）」で、「まちづくり（11）」「仕事と経済（８）」「産業と技術（９）」「海の豊かさ（14）」「生産と消費（12）」「健康（５）」など多くのゴール達成に繋がった素晴らしい活動だと思います。

この経験から、基礎自治体にとって、ＳＤＧｓは、課題やセクターを越えた協働により、地域内での経済循環を生み出すためのコミュニケーションツールの役割を果たせると思ったのです。

一方、２０１８年に内閣府選定のＳＤＧｓ未来都市にも選ばれた神奈川県のＳＤＧｓ推進担当顧問に就任し、ＳＤＧｓを活用した地域課題解決をお手伝いしているのですが、都道府県は基礎自治体とは全く違うＳＤＧｓとの関わり方になります。

多様なゴールがあるＳＤＧｓにどのように取り組めばいいのか、県民に理解してもらえるようにシンボルとなるアクションが必要だと考え提案したのが「かながわプラごみゼロ宣言」です。

これは、鎌倉の由比ヶ浜に打ち上げられた、まだ母乳しか飲んでいない１ヶ月ほどのシロナガスクジラの赤ちゃんの胃袋の中からプラスティックが見つかったことをきっかけに生まれました。大量に廃棄されるプラスティックごみ対策という問題に、県、基礎自治体（市町村）、大学、ＮＰＯ、地元企業が、ともにセクターを越えて取り組んでいこうとする取り組みです。

「かながわプラごみゼロ宣言」というテーマを掲げることで、立場が異なるセクター同士がつながり、ともに地域の課題に立ち向かうという具体的な施策につなげ、それによりＳＤＧｓという共通目標にどのように取り組めばいいのか、県民の理解を進めていこうというねらいがあります。

このような経験から、都道府県と基礎自治体は同じ自治体とはいえ少しずつ役割が異なると思います。都道府県はつ

1 法令順守

基本的要件として、ASC認証を受ける養殖場は、関連する法的義務（許認可等を含む）を順守していることが求められる。

2 自然環境および生物多様性への悪影響の軽減

二枚貝養殖によって起こりうる自然環境および生物多様性への影響に対処すること。二枚貝の排泄物により海底環境が悪化したり、摂餌によりプランクトンが枯渇しないよう、モニタリングと評価を行い、適切な密度での養殖が求められる。また周辺の生態系や絶滅危惧種に対して悪影響を及ぼしてはならない。

3 天然個体群への影響

不適切な稚貝や親貝の導入、外来種の養殖によって、新たな病害虫の発生や在来生態系のかく乱が引き起こされる可能性がある。他地域から天然種苗を取り寄せる場合、資源管理がなされていること、人工孵化種苗を使用する場合、天然個体への影響を評価すること、外来種を養殖する場合、適切な行動規範に従うことが求められる。また、遺伝子組み換えした種苗の養殖は認められない。

4 病害虫の管理と食害防止

二枚貝の病害虫、食害を引き起こす有害生物、養殖施設などに付着する汚損生物などの管理は、その影響が局所的かつ一時的であり、生態系に深刻な影響を及ぼすものであってはいけない。突然変異や発ガン性、奇形を誘発する殺虫剤、環境もしくは養殖個体に残留性のある有害化学物質を使用しないことが求められる。食害の被害を与える動物が絶滅危惧種の場合、殺駆除を行なってはならない。

5 資源の効率的な利用

二枚貝養殖における廃棄物は適切に処理されるとともに、有害性のある廃棄物については流出防止策を立てなければならない。また、廃棄物を削減するため、再利用やリサイクルの推進が求められる。エネルギー効率改善の継続的な努力を行い、また最新の利用記録が閲覧可能であること。

6 地域社会に対する責任

養殖場は近隣の地域社会との軋轢を軽減し、紛争解決のための努力が求められる。景観に配慮した養殖施設の配置、悪臭や騒音の低減、流失したブイやロープなどの養殖施設の回収、地域からの苦情処理の手順などを定めなければならない。

7 適切な労働環境

養殖場は労働者に安全な労働環境を提供し、不合理、不平等な条件で労働を強いてはならない。児童労働、強制労働、虐待的懲戒行為、過剰な残業、不適切な賃金体系は認められない。

なぎ役、コーディネーター的役割を持ったプレイヤーです。技術や予算をもつ企業、知見やネットワークのあるアカデミア（大学と研究者）、実践フィールドと具体的なテーマを持つ基礎自治体を束ね、大きな動きを作っていくことが求められます。

私は、SDGsがすべての人たちが通じ合うためのコミュニケーションツールとなることを期待しているのです。

＊ ASC
水産養殖管理協議会（Aquaculture Stewardship Council）の認証制度。環境に大きな負担をかけず、労働者と地域社会にも配慮した養殖業を「認証」し、「責任ある養殖水産物」であることが一目でわかるよう、エコラベルを貼付して、マーケットや消費者に届ける国際認証制度（出典：WWFウェブサイト）

第5章

道を照らしみんなを導く「未来ビジョン」

未来へ導く太陽

特徴的なオレンジと黒の羽を持つオオカバマダラ*は毎冬、北米大陸からメキシコ中部の山岳地帯の越冬地まで数千キロを飛行する。

彼らはなぜ方向を間違えずに毎年目的地にたどり着けるのだろうか？ 彼らが飛ぶ方向を定めるナビゲーションの役割を果たしているのが、実は太陽の光である。

オオカバマダラは太陽コンパスを持っていると言われている。太陽光線と一定の角度を保つように飛行することで自分の方向を維持して目的地に向かっているのだ。

持続可能な地域に必要な4つの生態環境の2つ目は「太陽」。地域の未来を明るく照らし、この地で暮らす人々の気持ちを温め、希望をもたらすもの、未来ビジョンである。

ＳＤＧｓの大切なアプローチであるバックキャスティング*は、未来の理想的な姿、未来ビジョンを描くことから始まる。未来ビジョンを描くのは、リーダーの仕事でも、行政の仕事でもない。地域住民みんなで、未来を語り、未来を描くことが、持続可能な地域づくりには欠かせない。

＊ オオカバマダラ
鱗翅目マダラチョウ科。移動性のチョウの代表としてよく知られる。前翅開張幅約80ミリ。アフリカを除く世界の熱帯地方に広く分布し、北アメリカではカナダにまでみられる。（出典：ブリタニカ国際大百科辞典）

＊ バックキャスティング
P31

ビジョンの役割

持続可能な地域を実現するために、ビジョンが果たす大切な役割が5つある。

役割1　持続可能な未来への道しるべ

オオカバマダラにとっての太陽の役割を果たすものである。2030年まで10年以上の長期にわたり、持続可能な地域という目的地を目指している間には、道に迷うこともある。リーダー（首長）が代わることも、主要メンバーがいなくなることも考えられる。ビジョンとは、そんな時に闇雲に走るのではなく、一旦立ち止まり、現在地と目的地を確認するためのコンパスと地図の役割を果たす。

役割2　現在思考から未来思考への転換

SDGsのアプローチの一つであるバックキャスティング。未来の理想的な姿、ゴール像を描き、その実現に向けて今やるべき活動を大胆に考えるという、未来思考のアプローチ、その起点となるものが未来ビジョンである。人はなかなか現在の自分の状況や立場から離れて、未来のことを考えることはできないものだ。現在の延長線上で未来を描いても、目の前の壁に遮られ、なかなか前進しない。今の自分の状況を一旦横に置いておいて、10年後の地域の理想的な姿を描いてみることで、人々の頭は未来思考へと切り替わり、地域は未来に向けての大きな一歩を踏み出すことができる。

役割3　住民のエネルギー源、行動の動機、地域愛の醸成

太陽の熱が人を温め活力を高めるように、魅力的なビジョンは住民の気持ちを前向きにし、行動を後押しする。

ビジョンづくりに参加した人は地域への熱い思いを持つ仲間との出会いを通じて、前向きな気持ちが高まる。一緒に挑戦できる仲間を見つけられるかもしれない。新しいことを始めたい気持ちが湧いてくるかもしれない。新しい活動を始めている人には、ビジョンづくりは自分の活動を周囲に知ってもらう絶好の機会である。自分の活動が地域の未来につながっていると実感できることは、活動を後押しするだろう。

まちの未来を考える活動に加わること、活動の成果がわかりやすく魅力的に示されることで住民は地域への愛を深め、自分たちのまちだという帰属意識が強まる。

役割4　チーム力を上げる絶好の機会

ビジョンづくりには行政職員、住民、事業者などの参加、対話の機会が欠かせない。その場はコミュニティを育む絶好の機会になる。同じ未来を語り、ともに描くという体験ほど、コミュニティの一体感を増すものはない。

活動に深く関わる住民や行政職員は、対話の場をつくる技術*、地図を描く技術*、声を聴く技術*、未来を表現する技術*など、多くの技術を学ぶ機会を得られる。特に、対話の場の設計やファシリテーター*のスキルはこれからの行政職員には欠かせないものであり、その習得の絶好の機会である。

役割5　地域外からの求心力を生む

地域が目指す姿をわかりやすく魅力的に表現したビジョンは、人を惹きつける求心力を生む。新しいチャレンジをしたい若者。定年退職後のセカンドステージを模索中の中高年。地元に戻ることを検討中の大都市圏在住者。自分が描くライフスタイルに近い姿の地域、未来に向けた新たな挑戦をしている仲間がたくさんいる地域には、当然人が集まる。移住・定住だけでなく、観光や地元産商品の魅力向上にもつながる。

＊対話の場をつくる技術
P210〜

＊地図を描く技術
P166〜

＊声を聴く技術
P254〜

＊未来を表現する技術
P264〜

＊ファシリテーター
対話の場を設計し、対話を円滑に進める進行・促進役。「ファシ」と略することも。

まじめに、
おもしろく。

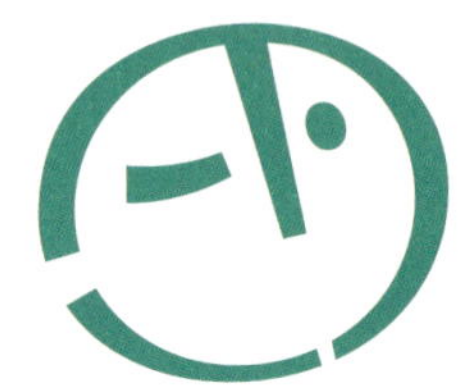

チームさかわ

高知県佐川町

これが、「チームさかわ」の基本姿勢です。
文教のまち・さかわで長年培われてきた、
どんな課題にもまっすぐ向き合う誠実な姿勢、
どんなに困難でも笑顔を忘れず楽しく挑戦する姿勢。
どんな困難に直面しても、この姿勢で立ち向かえば、
きっと新たな道をひらき、乗り越えることができます。

わたしが笑うと、みんなが笑い、まちも笑いだします。
さあ、みんなでつくろう！　まじめに、おもしろい、佐川町。

図表　高知県佐川町の未来ビジョン

＊高知県佐川町

高知県中西部の人口1万3000人の町。土佐藩筆頭家老・深尾氏の城下町として栄え、造り酒屋の酒蔵や商家を中心とした歴史情緒溢れる町並みがいまなお残る。明治維新に活躍した田中光顕や植物学の父とも呼ばれる牧野富太郎博士を生み出すなど、教育に熱心な文教のまち、そして多種多様な植物を間近で観察できる植物のまちとして、知る人ぞ知るまち。

ビジョンづくりのポイント

具体的に地域の未来を描いていくプロセスを見ていく前に、地域ならではの未来ビジョンづくりの特殊性、ポイントを6点述べておく。

1　みんなでつくる

企業でも、自治体でも、ビジョンというものは、その制作に関わった一部の人だけにとって大切で、その他の多くの人にとっては無関係なものになりがちだ。

ビジョンを作ることはトップの仕事でも一部の担当者の仕事でもない。強いリーダーのビジョンに引っ張られる形で地域が活性化されるケースもあるだろう。ただし、特定の一人に頼ることは持続可能ではない。

住民一人ひとりが、地域の未来を自分ごととして捉え、自分の日々の生活や仕事を通じて、その未来を実現していく担い手となる。地域全体が一つのチームとして未来に向けて動きだすためには、住民みんなが参加し、個々人の思いと地域の思いを結びつける対話のプロセスを通じて、みんなでビジョンを作りあげる必要がある。

2　個人の思いを緩やかに束ねる

ビジョンというと、一つの方向に絞る、選択と集中によって作るイメージがある。だが、地域のビジョンの場合は必ずしもそうではない。

地域のビジョンは住民のためのものである。住民の思いを反映させることが何よりも大切だ。そのため、誰かの思いを排除したり、犠牲にするような「選択」の必要はあまりない。みんなが特定の一つのことに「合意」する必要もない。みんなが「共感」できることを最優先にしたい。

ビジョンとは「世界最高峰エベレスト登頂」のような、みんなで目指す実現に困難を伴う高い目標を決めることではない。どちらの方面の山に向かうか、目的地を緩やかにみんなで決めることである。ある人は、そこで最高峰の登頂を目指すかもしれない。麓の湖でお弁当を食べる人もいるだろう。釣りを楽しむ人がいるかもしれない。同じ山をみんなで楽しむことだけが共有できていれば良い。そんなイメージである。

3　プロセス重視

ビジョンづくりはコミュニティ、チーム文化を耕す機会になるため、できあがるビジョンと同じくらい創り上げる過程が大切だ。その過程を通じて、次の2つを体験し

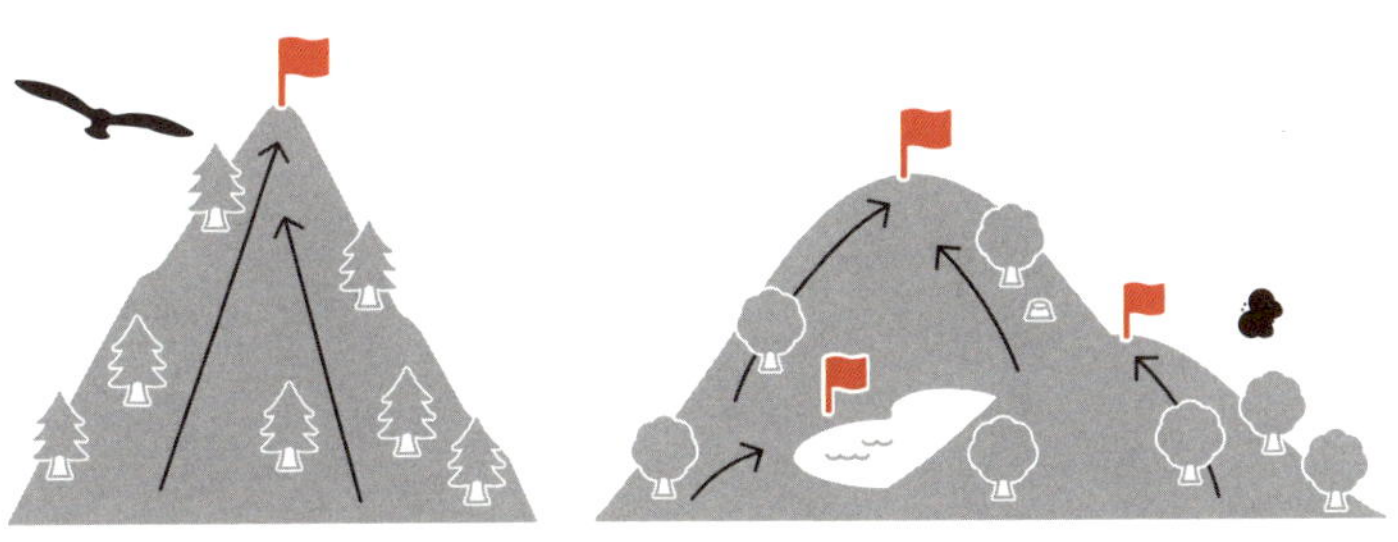

てもらいたい。

1つ目は、対話の意義である。仲間との言葉のやり取りを通じて、自分の思考が深まり、新しい気づきを得ることの面白さを体験してもらいたい。

2つ目は、共創のプロセスである。対話を通じて、仲間とともに創りあげる喜び、楽しさを体験してもらいたい。この2つを体験してもらうことは、チーム文化の土を耕すだけではなく、次章で紹介するチャレンジの風を起こす際にも重要になる。

4 未来へジャンプする工夫

SDGsの大切な考え方の一つが「2030年からのバックキャスティング」である。描くビジョンは今年来年のものではなく、10年先のものである。大切なのが、理想的な姿、ゴール像を描き、その実現に向けてやるべき活動を大胆に考える発想である。

とは言っても、未来のことを考えるのは簡単ではない。参加者に、現状にとらわれず、未来に視点を飛ばし、考えてもらえるような仕掛け、場づくりが大切になる。

5 誰一人取り残さない

地域のビジョンづくりというと、どうしても声が大きく影響力の強い有力者、若くて元気な事業者などの声で作られがちだ。そこで忘れてはならないのが、「誰一人取り残さない」というＳＤＧｓの理念である。様々な行程で多様な方の声や思いを取り入れる仕組みを盛り込む必要がある。

６　伝わるデザイン

ビジョンは伝わるもの、残るものでなければならない。ビジョンづくりに参加してくれた人たちが自分が作ったものとして誇りを持てるもの、直接参加はしなかったものの自分が暮らす街の未来像としてワクワクしてもらえるもの、そんな人の気持ちを動かす言葉とデザインへのこだわりが、機能するビジョンかどうかを決定づける。こちらはＰ２６４以降の「未来を表現する技術」を参照してもらいたい。

ビジョンづくりの3工程

それでは、いよいよ未来ビジョンを描く工程を紹介していこう。ビジョンづくりは下の通り、３つの工程で構成される。

STEP 3
ビジョンを表現する

STEP 2
未来を語り合う

STEP 1
想いと仲間を集める

1　想いと仲間を集める

まず最初に取り組むこと、それが思いと仲間を集めるためのインタビューである。このインタビューには３つの目的がある。

目的1　地域の課題と文脈を包括的に理解する

１つ目は地域の人の深い思いを探り、未来の方向性を考える素材を集めることである。長年地域で暮らしていると、何となく地域のことをだいたい把握している気がしてくる。しかし、あなたの視界に入っている世界は地域の一側面でしかない。性別、年齢、居住地、職業、所属、立場など、多様な視点で地域の課題を包括的に捉えるためには、丁寧に様々な方の声を聞く以外に方法はない。まちにどんな想いをもっているのか、自分や家族の生活や仕事にどんな課題を抱えているのか、どんな未来を思い描いているのか、多くの方の想いをより深く聴くことで、地域が抱える課題をより包括的に把握できるようになる。

目的2　対話の場の設計材料を集める

2つ目は、ビジョンづくりに必要な「対話」のテーマ、対象者などを決定する材料を集めることである。どんな課題別に対話の場を設けるのか？集落別の場が必要か？子ども（小学生・中学生・高校生）向けの場が必要か？このようなことについて、限られた時間や予算の中で判断する材料となる。

目的3　仲間を集める

もう1つの大切な目的が、持続可能な地域づくりの仲間を作ることである。「持続可能な地域づくりに取り組みましょう！」「みんなで町の未来を考えましょう！」などと呼びかけても、集まってくれる人はそんなにいない。「住民が全然参加してくれない」というのは、どの地域の行政職員からも耳にする。働き盛りの若い人、子育て真っ只中な人など忙しい人に参加してもらうことは簡単ではない。まちの未来について普段から考えていて、自ら公の場に足を運んでくれる人は、どこの地域でも少数だ。

そこで大切なのが、個別のヒアリングを通じて共感してもらえる仲間を作ることだ。一人ひとりと丁寧に話すことを通じて、個別の関係を築き、まちへの思いを共有することで、これからの活動に参加してもらえる可能性が高まる。

インタビューのポイント

ここでは、未来ビジョンづくりのためのインタビューのポイントを述べておく。インタビューの具体的な進め方はP254以降の「声を聴く技術」をご覧いただきたい。

インタビュー対象者

インタビューを繰り返していると、3〜5人あたりで当初見聞きしていたこと、イメージと異なる現実を発見しはじめ、10人を超えたあたりで地域全体の構造（つながり、生態系）が見え始める。理想を言えば、30人に話を聞けると、地域の構造、課題を深く学べて、今後の活動のベースとなる貴重なつながりが得られるだろう。

対象者の選定の際に、留意すべきことは次の通りである。

- 地域のリーダーである首長（教育、産業などテーマ限定の場合は領域のトップも）の思いをきっちり把握する。
- SDGsイシューマップ（P52）を活用し、各領域の最前線で活動されている人、課題の当事者をリストアップする。
- 年齢（地域の重鎮を重視すると高齢者に偏る、未来を重視しすぎると若年層に偏る）、

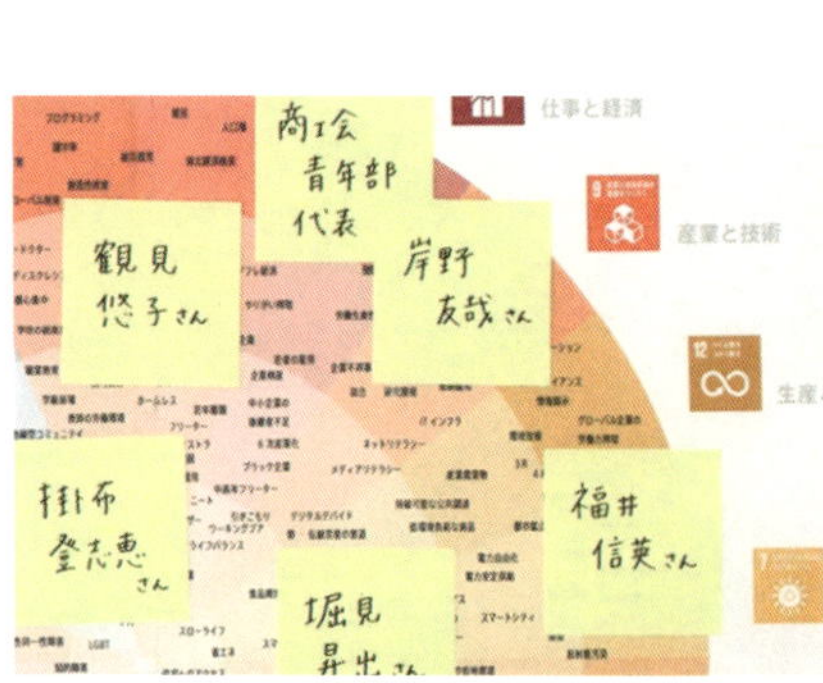

性別（女性が少なくなりがち）、居住歴、集落や地区のバランスを考慮する。

- 障害のある方、疾病を患う方など、少数派になりがちな方の話は必ず聴く。公では口に出さないものの、暮らしにくさを感じている可能性がある。少数派の意見をビジョンに反映させるべきというだけではない。その意見は多数派も含めたまち全体の未来に関連する貴重な視座を含んでいるケースが多い。

インタビュー内容

主なインタビュー内容は次の通りである。事務局側と縁がない新しい人材とつながるためにも、周辺の面白い活動をしている方をどんどん紹介してもらうとよい。

- プロフィール（名前、年齢、出身地、居住地、居住歴）
- 現在の活動内容、経緯、課題、困っていること
- 今後挑戦したいこと
- 地域、行政への期待
- 周りで面白い活動に取り組んでいる人

2　未来を語り合う

「将来の夢はなんですか？」子どもの頃はあんなに夢や未来を語っていたのに、大人になるにつれて、そう問われることも話す機会も減ってくる。しかし、子どもであっても、大人であっても、私たちは未来を胸に抱いている。10年後にどんなまちでどんな暮らしを送りたいのか、幸せな未来を実現するために何ができるのか、みんなで未来を語り合う場を地域に作ろう。

未来ビジョンワークショップの進め方

地域の未来を描き、それに向けて自分がやりたいことを語り合う対話の場、それが未来ビジョンワークショップである。企画・設計・実施の詳細は4章の「対話の場をつくる技術」を参照してもらいたい。ここでは、未来ビジョンづくりのワークショップ特有のポイントを述べておく。

ポイント1　ワークショップ対象者

ワークショップのテーマと対象者を決める場合には、次の3つを考慮する。

①対象年齢：子ども（小中高生）を対象とした場を持つのか。

小中高校生を対象としたワークショップは是非開催することをおすすめする。10年後のまちの主役は彼ら彼女らである。また、現在の状況を離れて未来を語ることは圧倒的に子どもの方が得意である。大人たちが気づかされることもたくさんある。

②エリア：集落や旧町村など、自治体内のエリア別の場を持つのか。

集落や旧村町別の会をやるべきかどうかは慎重な判断が求められる。役場や商店が集中している中心エリア、周辺市町村へ通勤する子育て世帯が多いベッドタウンエリア、人口規模が少ない農村エリアなど、同じ自治体内に性格の異なるエリアが同居していることはよくある。一箇所での開催となると、どうしても中心部になってしまい、参加者が偏るため、複数の場所での開催が必要なケースも多い。

ただし、旧町村の色合いが濃い場になると、地域間にある分断を超えて、地域全体の未来を考えるという場の目的を果たせなくなる危険性があるため、呼びかけ方やプログラム設計に気をつける必要がある。

③テーマ：産業、福祉、教育など、テーマ別の場を持つのか。

複数回開催できるのであれば、テーマ別の場を設けることをおすすめする。参加してもらうのが難しい子育て中の女性も、「地域の未来」を語る場には来てくれなくても、「子育て環境の未来」を語る場には来てくれるだろう。

障害のある方や疾病を患う方を対象とした会も、小規模でも可能ならば、ぜひ実施したい。同じ悩みを抱えている方同士の交流のきっかけにもなる。

ポイント2　規模と回数

テーマ、集落、学校別に、小規模に、複数回を重ねるのが一般的である。繰り返し開催することで、徐々に多くの人を巻き込み、仲間を作ることができる。

100名規模が集まる大規模な場を運営できるのであれば、町の一大イベントとして、ビジョンづくりの活動を周知する機会にもなるので、是非開催したい。しかし、参加者の数を集めるのは、かなり労力がかかることを忘れずに。

可能であれば、大規模な場と小規模な場を組み合わせたい。高知県佐川町では、200人規模の大規模1回と、地域別、テーマ別、学校別の16回の計17回を住民向け、6回を行政職員向け、合わせて23回を2年間にわたり実施している。

図表 高知県佐川町の未来ビジョンづくりのための対話の場

年度	月	役場向け	町民向け
2014 (平成26)	6	キックオフワークショップ 政策レビューと町の未来展望	
	8	ワークショップ① 過去・現在・未来の変化分析 ワークショップ② 変化分析に基づく、今後10年の課題抽出	
	9	ミライ合宿 2014 領域別課題抽出と未来アクションづくり	
	10	ワークショップ③ 住民向けワークショップの設計	
2015 (平成27)	2		未来しあわせ会議
	6		分野別① 観光振興と情報発信 分野別② 健康長寿のまちづくり 分野別③ 豊かに暮らせる仕事づくり 分野別④ 出会い、産み、育てやすい環境づくり 地区別① 佐川地区 分野別⑤ 安心安全の暮らしづくり 分野別⑥ 学ぶ力と郷土愛の育成
			次世代① 加茂小学校 次世代② 黒岩小学校 次世代③ 佐川中学校 次世代④ 尾川小学校 地区別② 尾川地区 地区別③ 斗賀野地区 地区別④ 黒岩地区 地区別⑤ 加茂地区
	7		次世代⑤ 佐川高校
	8	ミライ合宿 2015 25の未来像と行政施策の立案	

ポイント3　問いと流れ

未来ビジョンづくりの対話の場は次の3つで構成される。*

【情報提供パート】

地域の状況、ビジョンの位置づけや役割、首長の思いなど、ビジョンづくりの前提となる基本情報を参加者に共有するパート。この時に、地域の現状や課題についての話はあまり深くはしないことをオススメする。現在の課題溢れる厳しい状況、その延長線上の未来の話をしてしまうと（フォアキャスティングアプローチ）、そこから脱せず、前向きな未来を語る場でなくなりかねない。

【交換パート】

次の2つの問いで、一人ひとりの地域の未来への展望を交換するパートである。

「10年後、あなたが暮らすこのまちを、どんなまち（テーマ別の場合、「どんな子育てができるまち」など）にしたいか？」

「そんな10年後の姿を実現するために、あなたは何ができるか、やりたいか？」

最初に個人で考える、その思いをチームで交換する、「未来宣言シート」にまとめて全員で共有する、というように、個人↓チーム↓全体の流れで進めるのが一般的だ。

【拡散パート】

＊対話を構成する4つのパート　P213

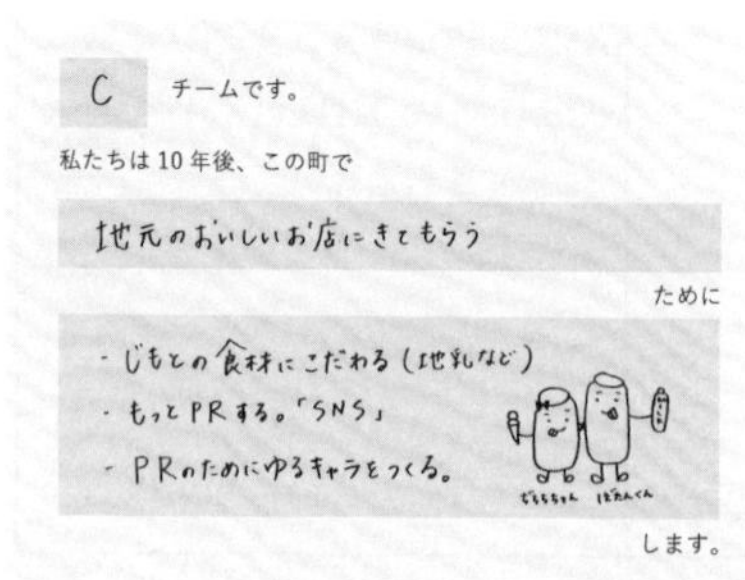

C
チームです。
私たちは10年後、この町で
地元のおいしいお店にきてもらう
ために
- じもとの食材にこだわる（地乳など）
- もっとPRする。「SNS」
- PRのためにゆるキャラをつくる。
します。

長時間確保できる場合は、社会環境や技術などの変化を見据えて、地域の未来の可能性を大きく広げる【拡散パート】をもうけることをおすすめする。その方法は「発想する技術*」を見てもらいたい。日本中、世界中で起きている新しい事象、未来の変化の芽を見ながら、全く新しい未来を考える方法だ。

同じベクトルを向く瞬間

みんながバラバラのことを言い出し、ビジョンと言えるような1つの方向性にまとまらないのではないか？ そんな質問をされることがある。

自信を持って、「そんなことはない」と言える。

同じ地域で暮らす人々が心の奥底で願っている方向性が180度違うなどということはない。表面上は違っていても、本音では同じことを言っているケースは多い。

丁寧に設計・準備したプログラムであれば、みんなのベクトルが1つの方向に緩やかに収束していく現象に出会う。「自分が言いたいことを周りの人が言ってくれる」、よい対話の場ではそんなことがよく起こる。その状態を引き出すのが「対話の場をつくる技術*」である。対話の成否のバロメーターは参加者が楽しんでいるかどうかである。みんなが楽しめていないようであれば、場の設計を見直す必要がある。

＊発想する技術
P318〜

＊対話の場をつくる技術
P210〜

3　ビジョンを表現する

未来は描かなければ実現しない。逆に言うと、具体的な言葉や目に見えるビジュアルで未来の姿をわかりやすく魅力的に表現できると、人は動き始める。ビジョンの表現は事務局およびコアメンバーを中心に次の6つのステップで進める。

ステップ1　「未来への宣言」を集約し、未来像グループをつくる

ワークショップで生まれた個人とチームの「未来宣言シート」を整理して、類似している未来をまとめてグループ（未来像グループ）を作っていく。

企業ビジョンの場合は3大方針のように少ない数に集約させることが多いが、地域の場合は、多くの人の多様な思いを表現するため、数が多くなっても構わない。SDGsが17ゴールであることからも、15から30くらいの間が適切と考えられる。

ステップ2　SDGs視点で検証する

この段階の未来像グループをSDGsイシューマップ（P52）に書き入れ、SDGs

写真　未来像グループ

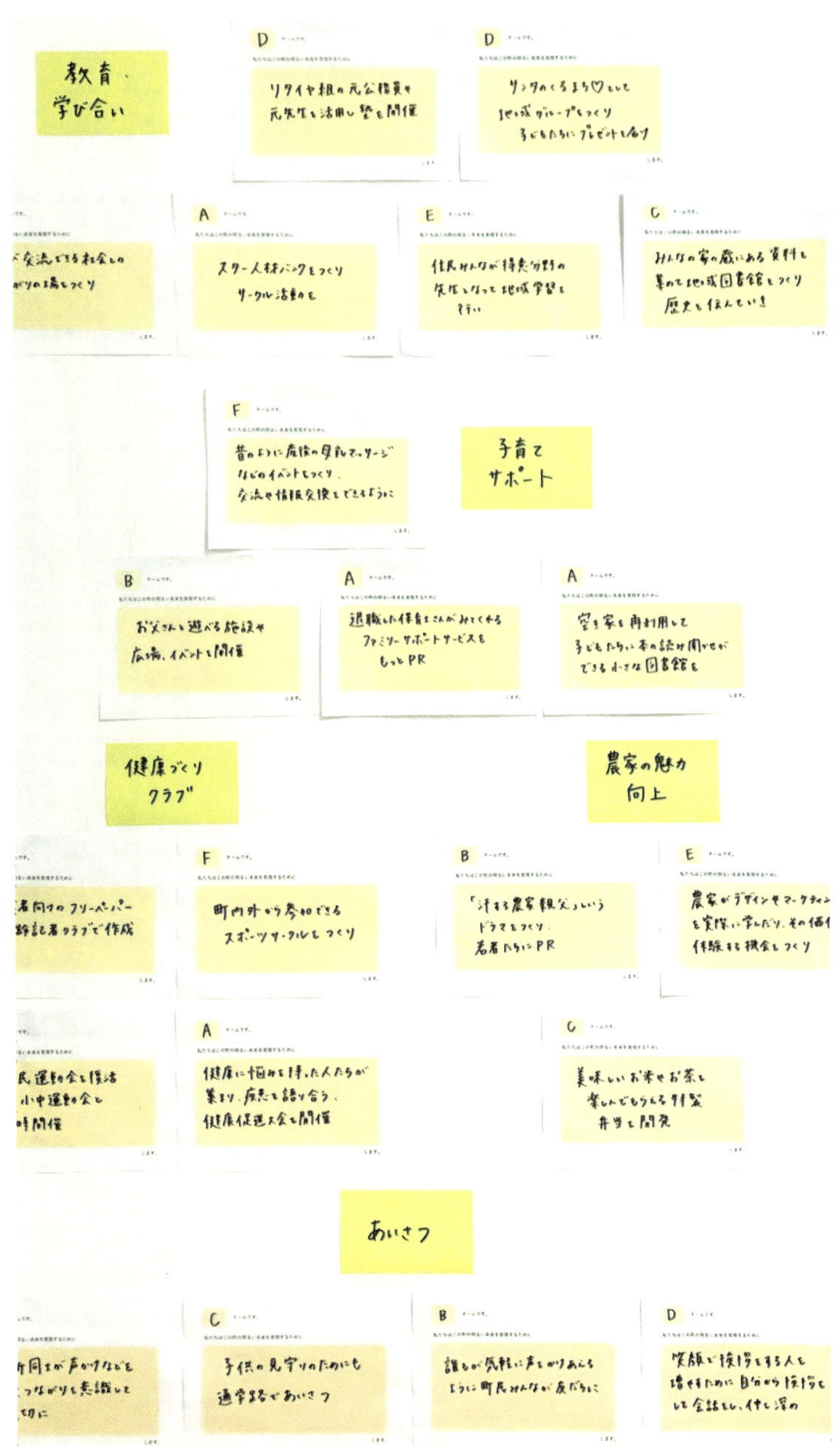
教育・学び合い
リタイヤ組の元公務員や元先生を活用し塾を開催
スター人材バンクをつくりサークル活動を
住民みんなが得意分野の先生となって地域学習を行い
みんなの家の蔵にある資料を集めて地域図書館をつくり歴史を伝えていき
昔のように産後の母親マッサージなどのイベントをつくり、交流や情報交換ができるように
子育てサポート
お父さんと遊べる施設や広場、イベントを開催
退職した保育士さんがみてくれるファミリーサポートサービスをもっとPR
空き家を再利用して子どもたちに本の読み聞かせができる小さな図書館を
健康づくりクラブ
農家の魅力向上
町内外から参加できるスポーツサークルをつくり
「汗する農家親父」というドラマをつくり、若者たちにPR
健康に悩みを持った人たちが集まり、症状を語り合う、健康促進大会を開催
美味しいお米やお茶を楽しんでもらえる特製弁当を開発
あいさつ
子供の見守りのためにも通学路であいさつ
誰もが気軽に声をかけあえるように町民みんなが友だちに
笑顔で挨拶をする人を増やすために自分から挨拶をして会話をし、仲を深め

の17ゴール、55ローカルイシューとの関係を整理する。全てのゴール、イシューを網羅する必要はないが、地域にとって重要なイシューが抜け漏れていないことを確認する。グループにまとめていく過程で大切な未来像が他のものに包含されて消えてしまうケースもよくあるため、抜け漏れがある場合は再度見直す。

ステップ3　行政・首長・外部専門家視点で確認する

住民の未来への意思をベースに、ＳＤＧｓ視点で検証した未来像グループを次の3つの視点で検証し、必要に応じて、修正・追加する。

①行政課題への対応：インフラの老朽化、自然災害への対応といった、住民視点では見過ごされがちな課題、少数派の住民に関する課題など、行政として対応が必要な課題の抜け漏れがないかを確認する。

②首長の意思、未来展望：地域の未来に大きな影響力と推進力を持つのが首長である。住民の思いでは網羅できていない首長の展望がないかを確認する。

③外部専門家の視点：可能であれば、外部の専門家に意見をもらう場を設けて、住民や行政職員だけでは知識が不十分な中長期の技術・産業・社会の変化の視点から未来像をアップデートしたい。

ステップ4　未来を具体的な姿で表現する

集約・検証した未来像グループを具体的な言葉とビジュアルで表現する。*

ステップ5　全未来像を一つの言葉に集約する

続いて、15から30の未来像グループを元に、地域が目指すべき姿を一つの言葉（＝未来ビジョンワード）に集約させる。

多くの住民の声、対話の場を通じて生まれた未来像を、一つの言葉にまとめることはとても難しい。思いをそのままつなぎ合わせてしまうと、長くわかりにくい言葉になってしまう。しかし、みんなで同じ方向を向いて10年走っていくためには、わかりやすい言葉があることが望ましい。ビジョンづくりに関わった人もそうでない人も、昔からの住民も新しい住民も、さまざまな立場の人に地域が目指すべき方向性を直感的に感じてもらえるような言葉づくりに取り組みたい。

ステップ6　ビジョンをメディア化する

ビジョン実現に向けて、住民の行動を喚起し、地域外からの求心力を生むために、ビジョンをつくることと同じくらい、伝えることが大切だ。伝える対象は次の3つであ

＊ 未来を表現する技術
ステップ4、ステップ5の具体的な方法に関しては、P264以降を参照

る。1つはビジョンづくりに関わった住民だ。最終的な成果を丁寧に伝え、実行を促す必要がある。2つ目は、関わる機会がなかった住民である。地域づくりに無関心な大多数の住民に少しでも関心を持ってもらい、仲間に招き入れたい。3つ目は、仕事・観光・移住など、様々な形で地域に関わってもらいたい地域外の方である。

ビジョンを伝える方法には「印刷物をつくる」*「映像をつくる」*「ウェブサイトをつくる」*「報告会を開く」*の4つがある。それぞれのメリット、デメリット、予算等を考えて、最適な方法をとりたい。

行政の役割

役割1　チームをつくる

ビジョンづくりに様々な立場、役割で関わる5つのチームを作る必要がある。

①運営チーム(事務局): プロジェクトの設計・進行・管理を担当する行政職員チーム

②コア制作チーム: 全プロセスに深く関わる中核メンバー。行政職員だけで構成する場合と、行政職員と住民の混成で行う場合が考えられる。

＊印刷物をつくる
一番基本的な方法。佐川町では、全168ページの書籍をつくり、全戸に配布し、一般書店でも販売している(チームさかわ著「みんなでつくる総合計画」)。数枚の要約版を配布するのも効果的。

＊映像をつくる
インターネット上での拡散が可能なため、多くの人、特に若い人に見てもらうには効果的。

＊ウェブサイトをつくる
進捗状況を随時報告する役割も果たし、地域外へ発信するにも効果的。

＊報告会を開く
住民をお招きした発表会。定期的に進捗報告とビジョンをアップデートする対話の機会を作るのもオススメだ。佐川町では、毎年4月の第一週の日曜日を「まじめに、おもしろい地域の日」と定め、進捗報告と成果をあげたチームを表彰する会を開催している。

③ **ワークショップチーム：**対話の場に参加し、未来を語る住民（および全行政職員）。
④ **審議会チーム：**議員、自治会・商工会役員、大学教授などで構成される、計画に対し専門的見地から審議し、意見するチーム。条例で定められているケースも多い。
⑤ **外部専門家チーム：**ファシリテーター、リサーチャー、編集者、デザイナーなど、地域外の専門家。必要に応じて上手に活用できると、ビジョンの質向上につながる。

役割2　過去・現在・未来を確認する

事務局機能を担う行政は、人口減少、産業衰退、介護人材の不足、インフラの老朽化など、地域の現状とその先の危機的な状況を正確に把握しておく必要がある。

2章に登場する55のローカルイシュー別のデータを参考に、地域の過去・現在・未来を表現するデータを集め、事務局で読み込む場をもうけることをオススメする。

役割3　行政施策へと落とし込む

未来像を、行政の組織や体制に合うように、具体的な施策の言葉で再整理する。佐川町では、25の未来像をベースに住民全戸に配布した「みんなでつくる総合計画」とは別に、行政視点で45の施策にまとめ直した「第5次 佐川町総合計画」を制作している。

技術3　声を聴く技術

未来ビジョンを描く際にも、地域課題を解決するチャレンジのアイデアを発想するためにも必要な、人の話を聴き深い思いを掴む技術です。自分の中の常識、地域への思いや自分なりの仮説、対象者との関係性や立場、そういうものを一度全て捨て去り、頭の中を真っ白にし、純粋に話を聴くことで、新しいことが見えてきます。

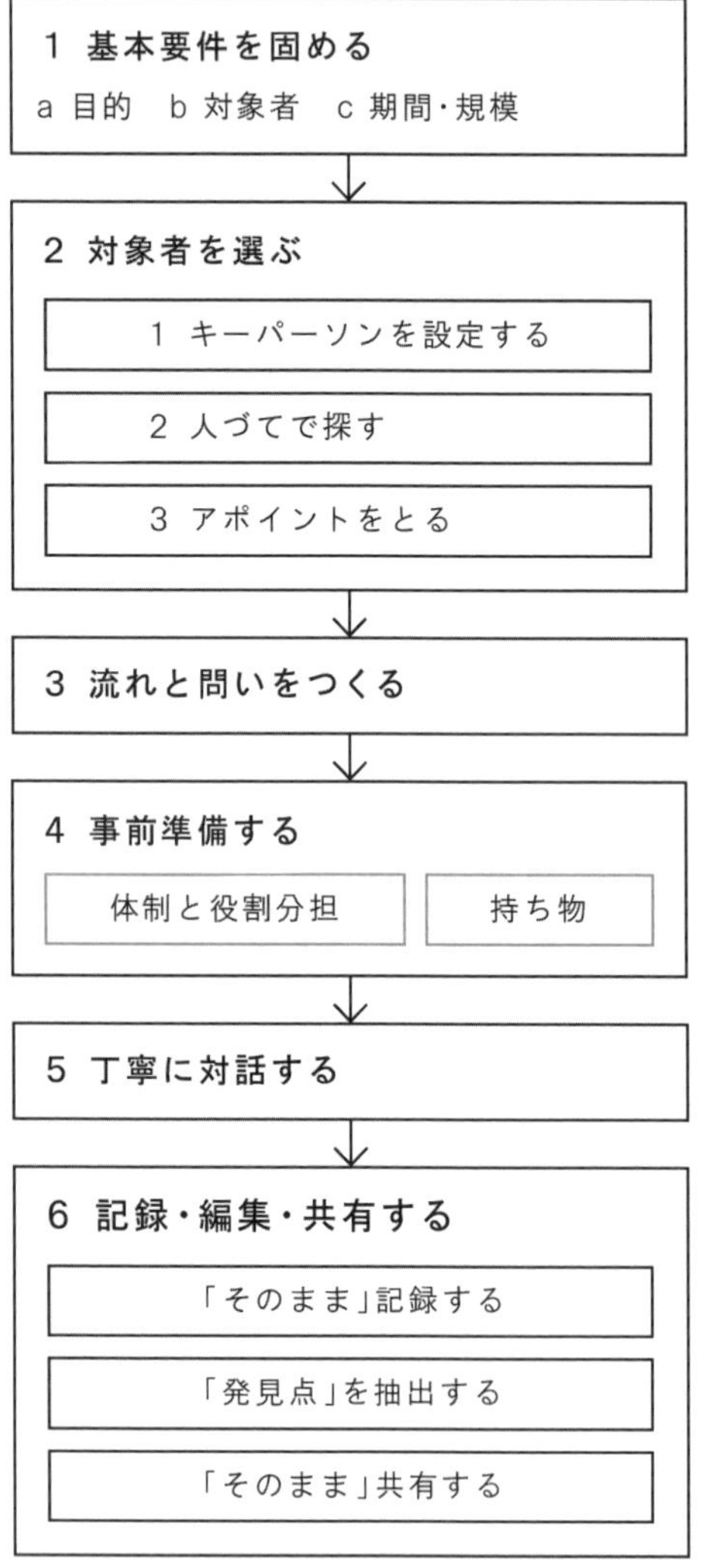

0　インタビューのポイント

Ⅰ 仮説を持たずに真っ白な心で

地域の課題や未来の方向性について、自分なりの思いがあるかも知れません。しかし、その仮説をいったん忘れる必要があります。仮説を持ってインタビューに臨むと、その視点から話を聞き、質問してしまい、新しい視点を手に入れる機会を逃してしまいます。

人は自分の心の奥底に染み付いているイメージ、先入観に支配されており、新しい経験をしても、慣れ親しんだ考えに従い理解しがちです。経験豊富な行政職員やビジネスマン、医師・看護士・介護士、教師、まちづくり専門家などは、自分の経験に固執しがちなので、要注意です。それを防ぐ対処法の1つがP205で紹介した「思考のおしゃべり」を眺めることです。

Ⅱ 他者の体験と思考を真っ直ぐ水平に受け入れる

声を聴くことの一番の目的は、他者の感情、喜び、苦悩、生活スタイルを自分のものにすることです。その際に大切なのが、対象者と水平な立場で真っ直ぐ向き合うことです。「同情」や「支援」という気持ちがあると、視点が上からになります。これも経験豊富な方や専門職の方が陥りがちです。

肩書きや立場は捨て、とにかく同じ立場として、自分のこととして、真っ直ぐ深く飲み込むことを心がけましょう。

Ⅲ 客観的な自分を忘れない

他者の体験を自分の体験であるかのように受け入れると同時に、その状況を客観視している自分を保つ必要があります。話にのめり込み、その人の底深い物語に飲み込まれてしまうことがあります。感情に流されずに、意志をもってその物語を受け止めるようにしましょう。

インタビュー中は相手に深く共感している自分とともに、共感している自分を斜め上から客観視し、コントロールしているもう一人の自分を意識して、興味深い話を深めつつ、聞きたいことをしっかり漏れなく聞くことが大切です。

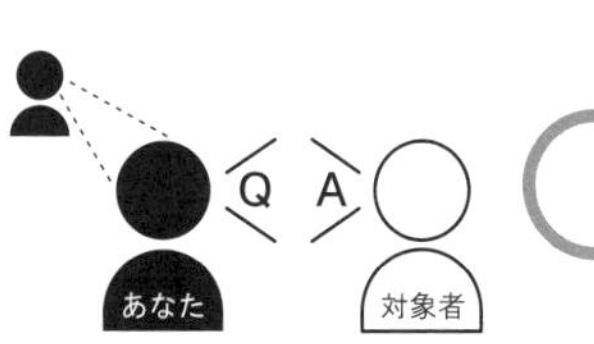

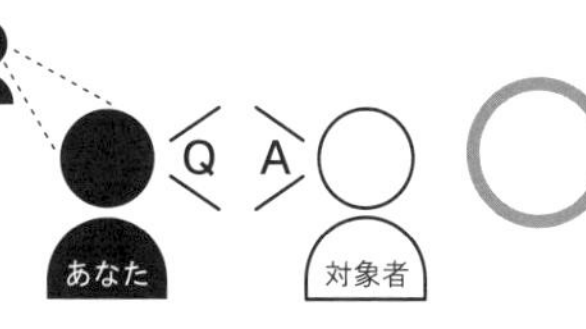

1　基本要件を固める

a　目的

何のためのインタビューなのかによって、対象者も問いも大きく変わります。一般的に、インタビューの目的は2つに分かれます。

【課題・機会発見型】地域の課題や解決につながる機会を発見するインタビューです。最も一般的なインタビューの目的です。

【確認・検証型】プロジェクトが進んできた段階で企画の受容性を検証する、＋αの気づきをもらうためのインタビューです。

b　対象者

地域づくりに関連するインタビューでは、主に5つのタイプのインタビュー先が考えられます。

【行政：首長・管理職】自治体の長、教育長、部課長などの管理職

【行政：担当者】現場担当者、教師・保健師等、現場の専門職職員

【住民：リーダー】自治会、商工会・農協・地域関連団体などの長

【住民：事業者】農家、工場経営者、商店主、NPO職員他

【住民：課題当事者】被介護者、被災者、シングルマザーなど

c　期間・規模

プロジェクト全体のスケジュールを考慮して、インタビュー期間と対象者の数を決める必要があります。

数は目的に応じて異なります。テーマや課題が明らかな時は5～10名で十分に収穫があります。未来ビジョンづくりのように、まちづくり、教育、医療福祉、産業などテーマが多岐にわたる場合や住民との関係構築という目的を含む場合などは、数十人規模のヒアリングが必要なこともあります。

2　対象者を選ぶ

キーパーソンを設定する

あなたが取り組みたいテーマや課題への深い気づきを与えてくれる声、解決策の光明を与えてくれる声を聞かなければなりません。そのために、大多数の声を代弁する一般的な人ではなく、その問題に対して強い感情や独自の考え方を持つ人、特殊な条件の人、特徴的な行動をとっている人＝「キーパーソン」の声を聴く方法をとります。子育てがテーマだとします。大都市で5人の子どもを育てる子だくさんママ、離島で暮らすシングルマザー、双

子を育てている中国人ママ……何らかの特殊な条件で暮らす人からは示唆に富んだ話が聞ける可能性が高いと言えます。

深刻な課題に直面している人や特殊な条件下の人からは、特殊な声しか聞けないのでは?と思うかもしれません。しかし、特殊な声の背後にはそれだけの理由があるはずです。その理由にこそ、根本的な課題と解決策の大きなヒントが隠れている可能性が高いのです。また、声は特殊でも、背後にある深い思いは、まだ誰も気づいていないだけで、実は多くの人にあてはまる普遍的なものであることが多いのです。

5人連れで移動する子だくさんママは、安全確保に人一倍気を使っていて、公共交通機関や道路で、普通のママ以上に気になる点が多数あるでしょう。そして、大抵、このママなりの独自の対策を講じています。

また、大多数を占める一般的な人の共通項であれば、書籍やデータを読むだけでかなり理解できるはずです。

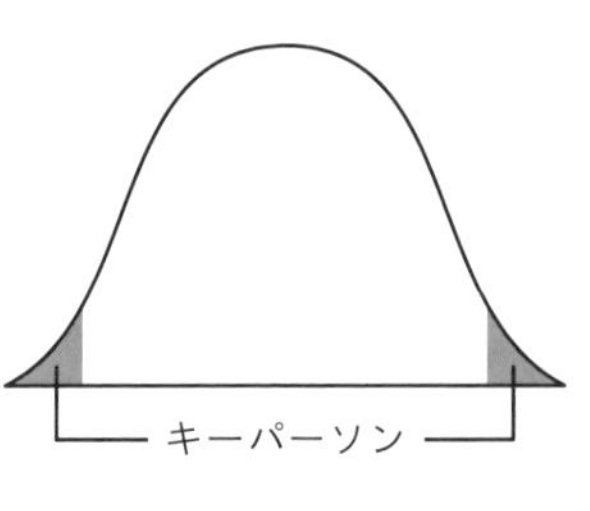

人づてで探す

インタビュー相手は人づてで探すのが一般的です。プロジェクトに共感してもらえる行政職員や関連団体の関係者などがいる場合は、その人から紹介してもらうのがもっとも近道です。近年ではフェイスブックなどのSNSの活用も一つの方法です。

企画書、取材依頼書を送り、アポイントをとる

企画書や依頼書を作成し、事前に送りましょう。決まった書式はありませんが、もっとも重要なことは、だれが、いつ、何の目的で、何をしたいかが、ひと目でわかるようにすることです。企画がよく伝わる書類であるほど、より協力的な対応を得られる可能性が高くなります。以下の内容を紙1枚程度に、簡潔にまとめましょう。

i　自己紹介：どのような個人または組織なのか
ii　プロジェクトの概要
iii　取材の趣意：取材の目的、用途。氏名等の公表の有無
iv　取材内容：3~5項目ぐらいにまとめ、簡潔に説明
v　日程：希望日時の候補をできるだけ多く提示する
vi　条件：謝礼の有無や額、撮影(写真、ビデオ)や録音の有無

3　流れと問いをつくる

事前に、リサーチテーマに沿ってどんな内容を聞くかという質問項目を出し合い、インタビューフロー（質問の順番や流れがわかるメモ）を作りましょう。インタビュー中は対象者に応じて臨機応変に進める必要がありますが、複数人でインタビューを行う場合、不慣れな人が実施する場合、後ほどチームで共有する場合などは、聴き漏れを防ぐためにも、質問内容、順番、必須項目を事前に設定しておきましょう。

以下は質問の参考となる、インタビューで引き出したい要素です。

- Environment（環境）：いまの状態、直面している困難、トラブル、問題点。当たり前で、「困難」と認識していない場合があるので注意。
- Attitudes（態度）：その状態に対する意識、態度、気持ち。
- Activities（行動）：過去から現在までの具体的な行動の流れ。
- Interactions（相互作用）：家族、知人、地域、専門家などと関係性。身近な人との深い関係性を語らない場合があるので注意。
- Objects（モノ）：関連する生活用品・空間などの使用実態、満足度。

インタビューシートの作成（タイムスケール法）

インタビューの進め方はテーマや対象者によって千差万別ですが、多くのケースで役立つのが時間軸で質問するタイムスケール法です。感情や思い出は時間とともに記憶されることが多いので、対象者も記憶を引き出しやすいという利点があります。

まずは、課題が生じた時点からスタートします。テーマが生活習慣病であれば、対象者が身体の異常を感じたところから始まり、現在までの経緯を聞き取ります。続いて、課題独自の時間軸で話を聞きます。観光のような季節性があるテーマの場合は1年間、介護のように曜日や24時間で動きがあるテーマの場合は1週間、24時間単位で質問をします。

もちろん、脱線しても構いません。ピンと来た場合は時間軸を忘れてそこを深掘りし、十分に聞くことができた後に脱線したポイントまで戻りましょう。

この方法が便利なのは全体像と現在地がわかりやすいことです。対象者もその後の質問がイメージできます。時間軸シートを準備して、書き入れながら話を進めると便利です。イラストを書き加えたりすることも記録として有効です。

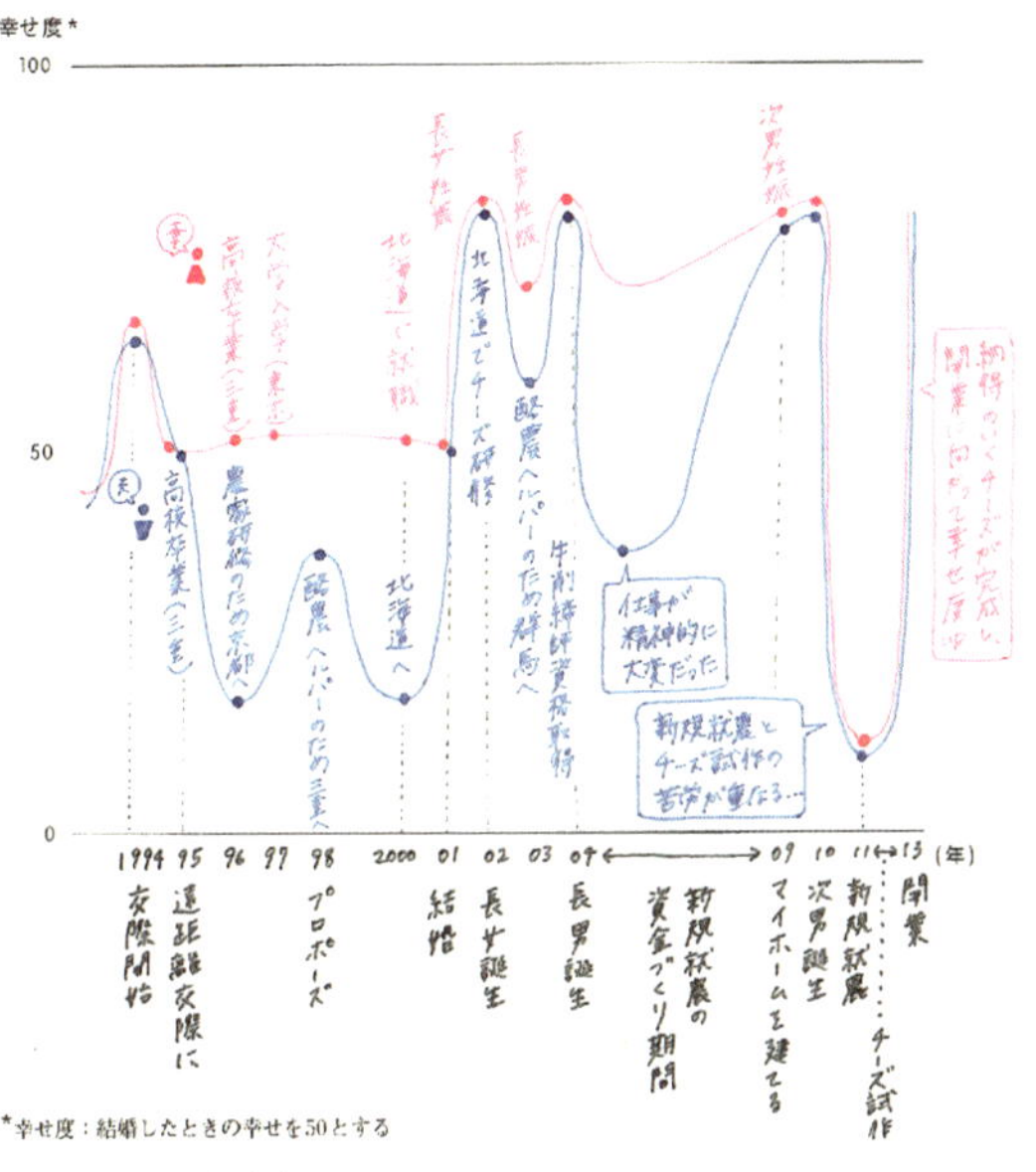

*幸せ度：結婚したときの幸せを50とする

テーマ　生活習慣病　　　　ヒアリング日：2011 年 2月 4 日

	氏名　山本俊太（56）歳　　（月 火 水 木 金）土 日
6:00	起床、メールチェック、体重チェック（3年間毎日グラフに記入）
7:00	朝食（納豆、ヨーグルト、バナナ）→決まったものを食べるようにしている
8:00	出発　徒歩で会社に向かう　1h 片道 3,000歩
9:00	出勤　家 10min 30min 20min　歩数計を着用
10:00	↓ デスクワークが中心　歩数　オムロン○○を使用 時間と歩数で脂肪の燃焼スピードがわかる
11:00	社外にも出るが社内が多い　心拍数
12:00	昼食（コンビニ弁当か魚中心の定食）一人で食べるときはコンビニ。会社のすぐ下にあるので、通いがち。
13:00	間食はなし（甘いものは好きだが食べないようにしている）
14:00	午後もデスクワークが中心
15:00	あいた時間や息抜きにストレッチすることを
16:00	↓ 心がけている。　ウエストと大きく左右にひねる
17:00	帰社（自分が帰らないとまわりが帰りにくいため、17:00には出る）
18:00	↓ 自宅で食べるときは奥さんがカロリー計算した食事をとっている
19:00	夕食（週に2〜3回は自宅、他の日は会社の人と飲みに行くことも）
20:00	↓ 飲んだ日はタクシーや電車を　お酒が弱いので、あまり飲めない。
21:00	帰宅　利用。最近は飲んでいなくてもついつい利用しがちになっている。　飲んでもビール一杯、ハイボール2杯程度。おつまみを食べすぎてしまうが……
22:00	↓ 本を読む、TV、間食（最近は甘いものが欲しい日は、もずくを
23:00	就寝　奥さんが甘いもの好き。冷蔵庫の中には　食べるようにしている）
0:00	↓ 必ずシュークリームなどのあまいものがある。
1:00	深夜にトイレに起きる回数が2〜3年前から増加。
2:00	睡眠時間は平均6時間程度、安定してとれている。
3:00	入眠はスムーズ、朝も寝起きは良いほう。
4:00	
5:00	↓

（制作者：森岡明子　　　）

4　事前準備する

体制と役割分担

一人でインタビューすると、質問内容や発見できるポイントが限定されてしまうので、できるだけ複数人で臨みましょう。メインインタビューワー（質問を主に投げかける人）、サブ（追加の質問をしたり、流れの軌道修正をする人）、文字・写真・映像などの記録係の3人で行うのが理想的です。行政職員はインタビュースキルを学べる絶好の機会ですので、できる限り参加しましょう。

持ち物

- 筆記用具（記録用パソコン）
- ヒアリングシート
- 記録用ICレコーダー
- カメラ（動画、静止画）：撮影を意識させないスマートフォン型
- 予備の電源、記録媒体：複数人インタビューする場合は忘れずに
- 必要書類：同意書、プロジェクトの説明資料、連絡先など
- お土産や謝礼など謝意を表すもの

5　丁寧に対話する

はじめに・概要説明・情報の取り扱いの説明

時間を割いていただいた感謝の気持ちを伝えたうえで、まずは自己紹介からはじめましょう。

テーマや対象者の緊張状態によっては、急に本題に入らず、雑談から入ったほうがいい場合もあるでしょう。改めてプロジェクトの趣旨、そのためにご意見をうかがいたい旨を伝えます。

書面やカメラで記録させていただくこと、個人情報を守ることを伝えます。発言・写真・映像を公開する予定がある場合はその許可をもらい、その場で同意書に署名・捺印してもらいましょう。

写真は最初から撮るより、対象者の気持ちが和らいできてから、少しずつ撮っていくようにします。

聞き方のポイント

次のポイントに注意して、柔軟に対応しながら、必要に応じて、脇道にそれながら、話を深めていきましょう。

□ あなたの感覚の揺れを大切に

2つの感覚を大切にしましょう。1つは、「あ!と思う」「ピンとくる」瞬間です。これはあなたの思考に深くささった、鮮烈な印象を感じた、想像力を刺激されたということです。もう1つは「わからない」「何だろう」「はじめてだ」という、揺れる感情です。この2つが「新しい何か」との出会い、光明を発見した瞬間なのです。その感情を受け止め、さらに質問を深めていきましょう。

□ WWWH (why, when, what, how) を組み合わせる

2つの感覚(光明)を見つけた際には、その感覚を追求するために質問を重ねましょう。小さな光明でも、探求していくと、その領域の地域の未来につながる大きな光になることがあります。

そのために重要なのが「why (なぜ)」を繰り返し問う質問と、その呼び水として「いつ (when)」、何を (what)、どのように (how)」と具体的に聞く質問です。

地域の行事に参加しない男性に理由を聞いたら、「なぜ参加しないのか?」と聞き、「忙しいから」という回答があったとします。「なぜ忙しいのか?」と深掘りしたいところですが、そのまま聞いても、思うような答えを得られない場合が多いはずです。そのため、「休日はどのように過ごしているのか?」と別方向から「どのように(how)」を具体的に聞いていきます。そして、「用事が特にない休日も、参加しないのはなぜですか?」と、なぜ(why)の範囲を絞って聞くようにします。すると、「毎回必ず参加しないと行きにくい雰囲気がある」という別の答えが見えてくるかもしれません。

視点を変えた「どのように」を投げかけ、できるだけ具体的に生活や活動の実態と思いを話してもらいましょう。

□ 他人事の話、聞き慣れた言葉、抽象的な言葉に注意

聞きたいのは「その人にしかできない」話です。他人の話、見聞きした話ばかりをしている場合は、本人の話をしてもらえるように促しましょう。日常的によく聞く言葉やカタカナ、抽象的な言葉は要注意です。そういう言葉が登場した時は、何を指して使っているかを把握しましょう。一つひとつの言葉の背後にある対象者の思いを正確に捉えなければ、間違った理解になりかねません。

□ その他の留意点

- 共通の話題を見つけて、心情的な親近感を築くようにしましょう。
- できるだけ対象者の意見に同調して、素直な賛辞を表しましょう。

・対象者とのアイコンタクトを忘れないようにしましょう。
・専門用語を使わない、知識をひけらかさないようにしましょう。
・対象者の話をさえぎらずに、最後まで聴きましょう。
・対象者が話したいことばかりを話している場合は、聞きもらしがないように、丁寧に軌道修正し、聞くべき質問をしましょう。
・聞かれたくなさそうなことを執拗に追求しないようにしましょう。
・ごく常識的なマナーや倫理を忘れないようにしましょう。

報告・御礼をする

メールなどでお礼をするとともに、進捗を適宜報告しましょう。再度のお願いの可能性もありますので、誠実な対応を心がけましょう。

6　記録・編集・共有する

今後のプロジェクトの大切な素材として何度も繰り返し活用できるように、しっかり声を編集し、メンバーで共有しましょう。

ステップ1　「そのまま」記録する

インタビューの生の声（対象者が発した言葉一つ一つ）は大切な情報です。音声、映像でそのままのかたちで記録しましょう。音声はできる限り、全ての発言を文字化しましょう。音声を文字化してくれるウェブサービスを活用するのも一つの手です。

どんなに印象に残ったとしても、不思議なことに時間が経つと脳内で変容・風化していくものです。後に「あの声が重要だった」と思い出したとき、立ち戻れるようにしておきましょう。戻ってみると、さらに発想を刺激してくれることがよくあります。

ステップ2　「発見点（仮説）」を抽出する

「ピンとくる」「わかった！」と思った発見、「〇〇ということかな？」と浮かんだ仮説を、記憶が新しいうちに付箋に書き出しておきましょう。その際には、2色の付箋を活用し、1色には対象者の「生の声（＋対象者名）」を、別の色には「発見点（仮説）」を記入しましょう。生の言葉は対象者の言葉をできるだけ忠実に、

生の声

ご近所さんと
気軽に話せる
場所がない

発見点（仮説）

みんなが
集える共有の
場所があれば
仲良くなれる？

発見点は抱いた仮説、抱いた感想、疑問などをあなたの言葉で書き残しましょう。この2つを混同しないことが大切です。付箋は模造紙に貼り、類似したものをまとめておきましょう。

ステップ3「そのまま」共有する

参加できなかった人を含めて全員が、あたかも現場に行ったかのように声を体験できる機会を設けましょう。これは、文字＋写真、ビデオの二通りの方法があります。

文字＋写真の場合は、スライドショーを作成します。1枚の写真に1つの声をつけて、スライドを1枚1枚進めながら、インタビューを再現します。この段階では主観や気づきはできる限り排除して、対象者の声を忠実に再現することを心がけましょう。

ビデオを撮影しているのであれば、上映会をしましょう。1名30分以内のダイジェスト版をつくると便利です。編集は手間がかかりますが、仲間や関係者と課題を共有するための強力なツールになります。

いずれの場合でも、気になった声と発見点を2色の付箋に記入し、ステップ2のアウトプットの模造紙に加えましょう。

エレベーター

一緒になると気まずいので同じタイミングでは乗らない

▼

おさがり

使わなくなったおもちゃは近所の子どもにあげることも

▼

共通点：趣味

ママ友の間ではお花やネイルなど習い事を誘い合うように

▼

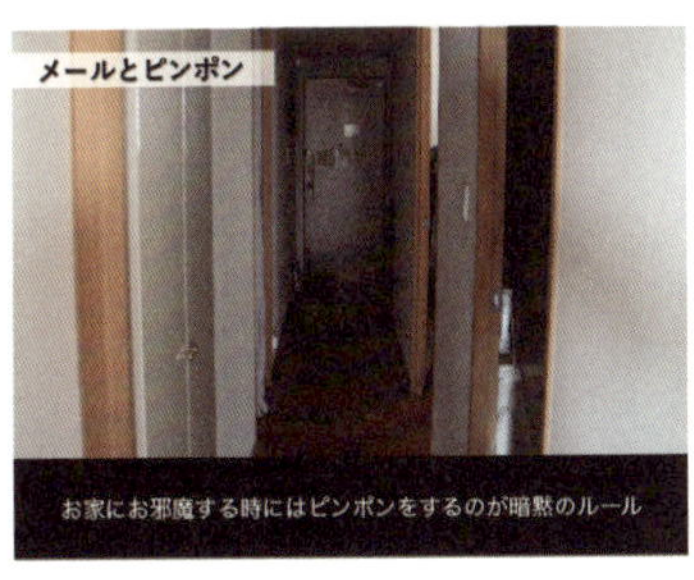

メールとピンポン

お家にお邪魔する時にはピンポンをするのが暗黙のルール

技術4　未来を表現する技術

未来をつくることは、未来を表現することから始まります。ありたい未来を実現するためには、自分の言葉やビジュアルで未来の姿、未来へつながるストーリーを具体的な形で描かなければなりません。そのために必要なのが、ストーリーテリング、コピーライティング、視覚デザインの技術です。

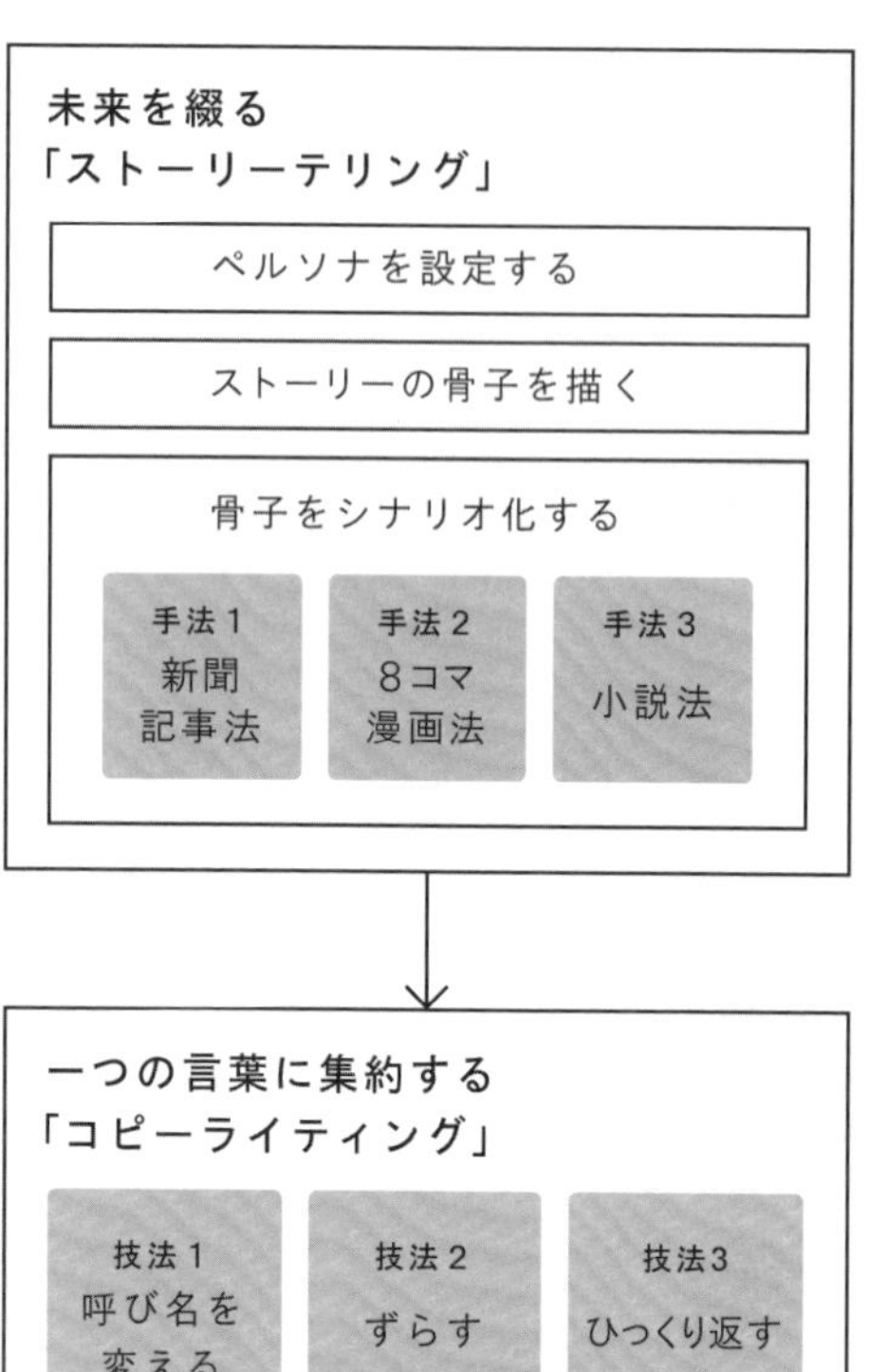

未来を綴る「ストーリーテリング」

未来を表現するための、未来を思考するための最高のツールが「言語化」、つまり言葉にすることです。

思いを言葉にしようと試行錯誤する過程、最適な単語を選ぶ過程、言葉と言葉をつないで文章にする過程で、あなたの頭の中に浮かんでいる未来の輪郭が徐々に徐々にはっきりと固まってきます。

人間の思考形式には「正しいか、誤っているか」を考える「論理・実証モード」と「出来事と出来事の間にどんなつながりがあるか？」を考える「ストーリーモード」の2つがあります。

未来を言語で綴る際には、どんな夢を描けるか、自分の生活がどう変わっていくのか、現在と未来のつながりをイメージさせるストーリーモードで思考し、記述することが大切です。

ストーリーを描くプロセスは次の3ステップで構成されます。

ステップ1と2で記入するストーリーシートの記入例（次ページ）と合わせてご覧ください。

ステップ1　ペルソナを設定する

あなたが実現したい未来の登場人物、アイデアのターゲット（顧客、課題の当事者）の人物像（ペルソナ）を描きましょう。

ある一人の特定の人物を設定し、その人の属性（性別、年齢、職業、居住地、家族構成）とライフスタイル（何を大切にし、どんな生活を送っているか）、毎日の生活で抱える課題や生活のニーズなどを詳細に明らかにします。

ステップ2　ストーリーの骨子を描く

主人公が、あなたが実現したい未来において、いつ、どこで、どんな行動をとったのかという大きな流れをストーリーシートに記入します。

ステップ3　骨子をシナリオ化する

ステップ2の骨子をベースに、地域の未来に起こしたい出来事を具体的なストーリー、シナリオの形で描きます。

シナリオ化する方法には「新聞記事法」「8コマ漫画法」「小説法」の3つがあります。

ストーリーシート

主人公のプロフィール

名前	山野花子
年齢	58
性別	女
居住地	△□県○×市
家族構成	旦那、成人した子ども2人

似顔絵

イメージして描いてみましょう。

いつ When	晴れた日の日曜日
どこで Where	山野草を活用したまちづくりで有名な町
何を・どのように What・How	ガーデニングが趣味の花子さんは友だちと3人で旅行へ。列車でむかう途中、車窓からはたくさんの花の姿が。まちの中心部から山野草公園にむかう道の途中にもまちの人々が手入れした花がさきほこっていました。
どうなる Outcome	大好きな山野草に囲まれたこの町がすっかり気に入ってしまった花子さん。時間のある週末には町の人々と一緒に手入れをするように。そして…!?

シナリオ化手法1　新聞記事

2030年の○○新聞にあなたが描いた未来が実現したことが記事になりました。その記事にはどんなことが書かれているでしょうか。

新聞とはある出来事を見出しと本文でわかりやすく簡潔に表現するメディアです。読み慣れている人にとってはどんな文章を書くかのイメージがしやすく、描きやすい手法です。

シナリオ化手法2　8コマ漫画

2つ目の方法は老若男女誰もが馴染みのある「マンガ」の形で表現する方法です。文章だけでなく、ちょっとした絵も描くことで発想が広がるおすすめの方法です。絵を描くことが苦手な人も意外と簡単に書けるものです。

マンガというと、新聞でおなじみの起承転結を表現した4コマや雑誌などの数十ページのものが一般的ですが、地域や個人の未来を表現する場合は長すぎると冗長で伝わりにくく、短くまとめるのは難易度が高いので、8コマ漫画をおすすめしています。

シナリオ化手法3　小説

ペルソナを主人公にした小説風の記述です。スープ外食店soup stock tokyoの創業者・遠山正道氏が3ヶ月かけて作成した、22ページにわたる物語形式の企画書「1998年、スープのある1日」が、大変参考になります。その一部を引用します。

> 日本センタッキー・ブライト・キッチンの秘書室に勤める田中は、最近駒沢通りにできたSoup Stockの具沢山スープと焼きたてパンがお気に入りで、午前中はどのメニュにしようかと気もそぞろだ。KFCポリッシー担当のいつもの仲間と昼食に出る時、女性だけで行ける店は限られていたが、Soup Stockが出来てからは頻繁に通っている。メニューに表記されているNonfatやLowfatの文字は、彼女達にとっては神のお告げに見えるようだ。
>
> (中略)
>
> 1人で立ち寄るのにもとても良い。250㎖の赤ワインのミニボトルを横に置いて、雑誌を見ながら1人ゆっくりスープをすすっている女性の姿が大きなガラス面を通して中に見えた。1日の疲れを癒してくれるような、スープの暖かさがこちらに伝わってきた。

まちまるごと植物園に注目

植物学者から観光客まで貴重な植物、間近で鑑賞

フクリンササユリ、ジョウロウホトトギス、タニジャコウソウ…。何かの呪文のようだが、れっきとした植物の名前だ。しかも、見る人が見れば跳ね上がって喜ぶほどの希少種。このような貴重な植物が、二十種類以上、〇〇町で観察できる。希少種以外も含めるともっとあるというから驚きだ。

まさに町がまるごと植物園のような町。これをブランド化しようと、平成27年度から調査とブランド化をすすめ、平成30年に「まちまるごと植物園として開園した。町の中心部にある、住民ボランティア主導で管理、手入れされている山野草公園を中心に、町中で有名な植物が間近で観察できるとあって植物学者から植物学を学ぶ学生、観光客まで様々な人が訪れる。

一年前にこの町に移住してきた山野花子さん（58）は、たまたまガーデニング好きの友達から面白い場所があるという話を聞いたのが、〇〇町と出会ったきっかけだという。ある日、ちょっとした旅行をと思いたち、仲良し3人組でここを訪れた。山野草公園はもちろん魅力的だったが、それ以上にどの家の軒先にも大切に手入れされた花々が並び、住民と住民、住民と観光客、観光客と観光客がその花々の前でそれぞれの植物談議に花を咲かせている姿に驚いたという。花子さんはこの体験がきっかけとなり移住した。「都市部での暮らしも楽しかったですが、この町には365日違う景色がある。最高の贅沢ですよ！」。

花子さんのように観光から関係へ、そして移住につながるケースもちらほらと増えてきていると役場広報は胸を張る。かつて、世界的な山野草学者を輩出した〇〇町は、その魅力を磨き上げ、もう一度、山野草のまちとして花を咲かせようとしている。

私の人生を変えたまちまるごと植物園

私、花子。
ガーデニングが
趣味
1
友達3人で
ちょっと
旅行に
行くことに
しました！
2
目的地にたどりつくと
そこにはたくさんの山野草……!!
3
そのまま町を
歩いていると
お花に囲まれた
民家を発見！
4
どうぞ、うちの
お花たっぷり
見ていって～！
と、住民より
5
○月
花子さんは毎週
土日に通うように
なっていき…
6
そうね！
今日も
キレイ
ねぇ
おはな
クラブ
ついにボランティアに参加するように！
7
そして移住まで……！
「お花に囲まれて最高の生活！」
8

立地、メイン顧客、メニュー、ドリンク、内装まで詳細に描かれており、店の姿が眼に浮かぶ素晴らしい内容の未来ビジョンです。

小説は3つの方法の中で一番文才が問われる難易度の高い方法です。闇雲に書くと流れと全体像を見失いがちです。

ストーリーシートの状態から書くのが難しければ、8コマ漫画シートを活用し、小説の大きな流れ、全体構成をラフに考えた後、各コマを文章化していくのも一つの手です。

三人称で書く

小説には一人称形式、二人称形式、三人称形式の3つがあります。一人称、二人称ともに、主語が「私」「あなた」と固定されているため、ある個人の生活や心情を描くのには適していますが、地域の情景やシーンを描くときに技量が必要となります。

一番書きやすいのが三人称形式です。Soup Stockのように、三人称は、未来のシーンを少し離れた位置の第三者が実況中継のように語るため、主人公の行動や感情から現場の風景まで表現しやすいのです。

一つの言葉に集約する「コピーライティング」

8コマ漫画のタイトル、新聞記事の見出し、小説のタイトル、いずれのシナリオ化手法にも、そのまとめの短い言葉が登場します。

> 「**貧困博物館**」を作りたい。子どもたちに「貧困って何?」と聞かれたら、「貧困というのは、こういうものだったんだよ」と語りたいんです。貧困は過去の遺物で博物館でしか見られないものにするというのが、私の夢です。

グラミン銀行総裁ムハマド・ユヌス氏の2009年の来日講演会でこの話を聞いた時、私の頭の中には、「貧困がなくなった未来の姿」がありありと浮かびました。

「ないものはない」。これは地方創生の最先端自治体である島根県海士町のビジョンメッセージです。「この島には全てのものが揃っている、ないものは一つも無い」という意味と「便利なもの、流行のもの、そんなものはこの島にはないと言ったらない」という意味の2つを含みます。人間らしい暮らしに必要なものが全て揃っている町、しかし、コンビニもチェーン店も不要で、この地域らしさを守り続けることを宣言した言葉です。

どちらも社会や地域の未来の姿を連想させる力にあふれる素晴らしい言葉です。

言葉には未来を作る力があります。人は、曖昧だったことを口にすることで、自分の意思がはっきりします。優れた言葉は他人の感情を動かし、行動を変えます。自分や他者の言葉が生み出す小さな変化の積み重ねが未来を作るのです。言葉はその起点となるものであり、終点を示すものであり、持続可能な未来づくりには欠かせません。

ビジョンワードをつくる技法

『未来は言葉でつくられる』の著者、細田高広氏は機能するビジョンワードを作る方法を5つ提唱しています。高知県佐川町の未来ビジョン（P232）に登場するビジョンワードを題材としながら、その技法を紹介します。

技法1　呼び名を変える

ディズニーランドはアルバイトを「キャスト」と、スターバックスは「パートナー」と呼び、それぞれのビジョンを体現する役割を果たす大切な存在であることを表現しています。このように、場所、人、組織に未来の姿を意味する新しい呼び方をつけることで、未来を表現する技法です。

佐川町のビジョンでは、地域の基幹産業として育成中の自伐型林業を地域の子どもや若者にとってあこがれの職業として育てるために、「キコリンジャー」と名づけています。次の文章が佐川町のビジョン内に登場する原文の一部を抜粋したものです。

山や森を育てることが、水源や土壌・緑を豊かにし、仕事をつくり、まちを育てる。自分たちの手で森林を整備する自伐型の林業は、未来のさかわをつくる大黒柱です。自伐型の林業を推奨、実践する彼らの名は、**キコリンジャー！** 実態は、森林を拠点に経営・管理・施業を行う森のなんでも屋さん。自然の豊かな恵みをまちへ還元するため、愛をもって木を育て、自らの手で整備する。そんなかっこいい働き方・暮らし方が広まり、世界中から注目が集まっています。

技法２　ずらす

技法３　ひっくり返す

金沢21世紀美術館（石川県金沢市）は「子どもとともに成長する美術館」というビジョンを提示しています。美術館というと、たいていは大人向けです。それを敢えて、子どもとともに成長する、と表現をずらすことで、子ども心を大切にした、ワクワクする美術館にするという未来への意志を示しています。

私も毎年訪れる北海道旭川市の旭山動物園は、「行動展示」という新たな展示手法を導入し、国内屈指の集客数を誇る動物園へと成長しました。通常の動物園では、動物の身体的生物学的特徴を見せる（形態展示）のに対して、「走る・飛ぶ・泳ぐ・捕食する」といった動く瞬間のすごさ、美しさ、尊さを来園者に見てもらうために、動物本来の動きを引き出す展示方法をとったのです。このように通常とは異なるターゲット、手法、時間、空間などにずらす、１８０度ひっくり返すことで、未来を表現する技法です。

佐川町のビジョンの中には、農家の働き方を従来のイメージから大きく変える「クリエイティブ農家」という言葉が登場します。

大変そう、作業がきつそう、という「農家」のイメージを刷新するのが、**さかわのクリエイティブ農家**。野菜や果物を丹精込めてつくる彼らは、生産・出荷から販売して消費者に届くところまで想像して、「農家の仕事」をクリエイティブに経営しています。さかわ発明ラボで開催される「食×デジタル技術」ワークショップでは、さかわの食材を使った新しい加工品づくりに取り組む農家たちも！

技法4　たとえる

冒頭に紹介したユヌスの「貧困博物館」とは、貧困を過去の遺物となった社会の喩えとして「博物館」という言葉を用いたビジョンです。このように、何かに喩えることを通じて、人の想像力をかきたて、未来を表現する技法です。

佐川町のビジョンの01番、一番最初に登場するのが「まちまるごと植物園」というビジョンです。町の一番の魅力であり、町民の誇りである「植物」が街中にあふれる様子を「植物園」に喩えた言葉です。

> 日本の植物学の父・牧野富太郎博士が生まれた、佐川町。博士が生まれたのは150年以上も前ですが、まちを歩けば「なるほど〜」と思える景色と出会えます。愛らしくも、たくましい山野草の美しさ、ふんわりと届く雨上がりの緑の心地よい香り。博士が桜を植樹した、牧野公園を中心に、山や森林はもちろん、あちらこちらのおうちやお店の軒先で出会える草花たち。植物に魅せられ惹かれた博士の気持ちに思いを馳せ、〝育てる〟を楽しむ**まちまるごと植物園！**

技法5　反対を組み合わせる

全く反対の概念の言葉を組み合わせることで、強いビジョンをつくる方法です。

海士町の「ないものはない」は1つの言葉の中に、2つの全く異なる意味「全てある」「必要ない」を込めて表現した高度なビジョンです。

佐川町のまちづくりの進め方、住民の生活価値観を表現したビジョンワードが「まじめに、おもしろく」です。

> せっかくやるなら、本気で。せっかくやるなら、思いっきり楽しんで。文教のまち・さかわで長年培われてきた、どんな課題にもまっすぐ向き合う誠実な姿勢、どんなに困難でも笑顔を忘れず楽しく挑戦する姿勢。どんな困難に直面しても、この姿勢で立ち向かえば、きっと新たな道をひらき、乗り越えることができます。わたしが笑うと、みんなが笑い、まちも笑いだします。
> **まじめに、おもしろい、佐川町**

持続可能な地域には、優れた言葉、ビジョンが欠かせません。言葉が未来を作るのです。

伝え、気持ちを動かす「視覚デザイン」

美しくわかりやすく伝える視覚デザインの重要性への認識が地域でも定着しつつあります。それはとてもいいことです。ただ、一方でデザインはデザイナーと呼ばれる一部の専門家のもので、「自分にはわからない」「自分は口出しをしないほうが良い」と思っている人が多いようです。決して、そんなことはありません。

伝える力が一番あるのは伝えたい人である皆さんです。デザイナーはそれを引き出すお手伝いをするだけの存在です。

ビジョンを表現する一枚のチラシを作るとします。伝えたい情報は山盛りです。よくあるのは、資料を渡して、口頭で説明して、デザイナーに丸ごとお願いするパターンです。それでもデザイナーは仕事をしてくれるでしょう。力があるデザイナーであれば必要な情報を精査し、それを伝える表現を考え、仕上げてくれます。あなたが渡した情報の「伝える力」が50だったとすると、デザイナーはそれを60~70まで引き上げてくれる可能性はあります。一方、あなた自身が情報を整理し、言葉を精査し、伝えたいイメージを考えて、デザイナーと話をするとどうなるでしょう。まず、開始時の伝える力が70からスタートできます。すると、デザイナーは整理された情報を伝えることに専念できるため、少なくとも80まで高めることが可能です。どんなに優秀なデザイナーでも、無限の時間がない限りは、50を、80や90にすることはできません。

優れたデザインを作れるかどうかは皆さんにかかっています。

自分自身でデザインしてみる、デザイナーにお願いする、どちらの場合でも必ずやるべきことが5つあります。

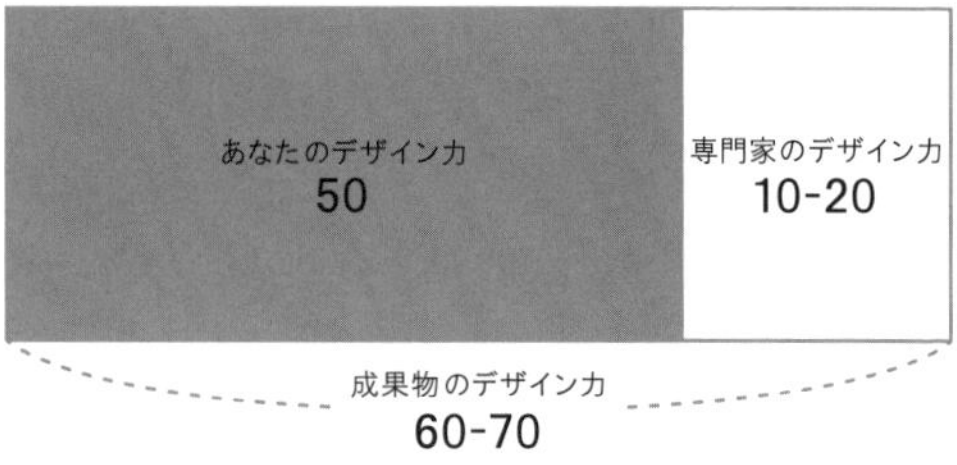

あなたのデザイン力
50

専門家のデザイン力
10-20

成果物のデザイン力
60-70

1　伝えたいことを決める

デザインを通じて、あなたが伝えたいことを決めましょう。一番伝えたいこと1つ（メイン）と次に伝えたいこと2つくらい（サブ）に整理できると良いでしょう。

2　伝えたい相手を決める

伝えたい相手の性別や年齢、職業、ライフスタイルなどを固めましょう。高齢者と若いママでは、ビジュアルのイメージも文字の大きさも文字量も変わります。1つに決められない場合は、メインとサブを決めても良いでしょう。

3　情報を整理し、紙の上に配置してみる

伝えたいことに基づき、必要な情報を選び、紙の上に仮に配置してみましょう。パワーポイント・ワード・エクセルなど使い慣れたソフトで十分です。載せてみるとたいてい情報が多すぎて、載り切らないことがわかります。その場合は、取捨選択しましょう。取捨選択の結果、まだ多すぎる場合は、それで構いません。デザイナーとの相談で解決可能なこともあります。

4　伝えたいイメージに近いデザインを探す

可愛らしい、クールでスタイリッシュ、美しい写真、お洒落なイラスト……漠然と頭の中に描いているイメージを具体化しましょう。今はインターネットの検索で無数のデザインを見ることができます。イメージが近いものを探して並べて眺めてみましょう。

5　伝えたいこと、相手、情報、イメージをつなげて考える

1から4までを揃えて、全体を眺めて、それぞれをブラッシュアップしましょう。紙の上に配置したら、伝えたいことが当初考えていたことと違うことに気づくかもしれません。対象がはっきりすると、必要な情報やイメージも変わります。この4つは繋がっているため、1つが変われば他も変わります。情報を整理し、形にする過程で思考を進化させ、あなたなりのデザインの核が固まっていくことでしょう。

この5つが整理できれば、自分でデザインすることも可能です。イメージが近いものを真似してどんどん作っていきましょう。自分では限界がある時は、イラストだけを誰かにお願いする、写真だけ他の人が撮ったものを使わせてもらうなど、一部をお願いすることもできます。

なお、伝わる力が90以上のデザインを実現するためには、情報を整理する力、言葉を選び作る力、ビジュアルで表現する力、そして複数の高い専門性を持つメンバーの抜群なコラボレーションが必要となります。

第6章

一人ひとりの生きがいを創る「チャレンジ」

小さな風が吹き続ける地域

バタフライ効果。ある場所での蝶の羽ばたきが起こした、ほんの微かな風が大気の動きや波などの気象に干渉し、遠くの場所の大きな天候に影響を与えることを意味する言葉である。気象学者エドワード・ローレンツ*の講演の題名『ブラジルでの蝶の羽ばたきはテキサスでトルネードを引き起こすか』からきている。

未来ビジョンが明確になり、共感が集まると、地域は動き始める。少しずつ挑戦の風が吹き始める。最初はほんの微かな風かもしれない、その風が新たな風を起こし、次第に強風が起き、大きな嵐となり、地域は変わり始める。

持続可能な地域づくりに必要な生態環境3つ目は「風」、住民の人生を豊かにする自己実現、チャレンジである。

豊かな人生には、チャレンジが必要だ。住民みんなが自分がやりたいことを見つけ、行動し、楽しんでいる。自分が好きなことを仕事にする人、面白そうな仕事を求めてやってくる人も増える。未来に向けた多様なチャレンジの風があちこちで吹いている、それが持続可能な地域である。

＊エドワード・ローレンツ
アメリカの気象学者。コンピュータを使った気象モデルのシミュレーションにより、わずかな初期値の違いでシミュレーション結果に大きな違いが生じる現象を発見し、それを「バタフライ効果」と呼び、カオス理論をわかりやすく説明した。

チャレンジ人口を維持する

2017年に実施した「地域の豊かさ調査」*によると、日本人で、「何か、目的・目標を持ってやっていることがある。」と回答している人は44・7%と半数に満たない。2019年1月1日現在の日本の人口1億2675万人に掛け合わせると、約5700万人となる。この数を日本のチャレンジ人口と定義する。

日本は急激な人口減少に襲われている。しかし、人口がたとえ減少しようとも、チャレンジ人口さえ維持できれば、日本社会、地域社会の活力を保つ事ができるはずだ。

チャンジ人口比率の44・7%を維持すると仮定すると、チャレンジ人口は2030年には約5300万人、2060年には約4100万人と約3割減少する。一方、その比率を2030年までに現在より約3%(年0・2%)増の47・6%まで高めると、チャレンジ人口を維持することが可能だ。この目標はそんなに難しい数字ではないのではなかろうか。たとえ人口は少なくても、老若男女みんながやりたいことに挑戦している、そんな地域を目指したい。

	チャレンジ人口	総人口	チャレンジ人口比率
2019年	約5700万人	約1億2670万人	44.7%
	−約300万人	−約770万人	
2030年A（現在の比率を維持）	約5300万人	約1億1910万人	44.7%
2030年B（現在より年3%増やす）	約5700万人	約1億1910万人	47.6%

＊地域の豊かさ調査 P184

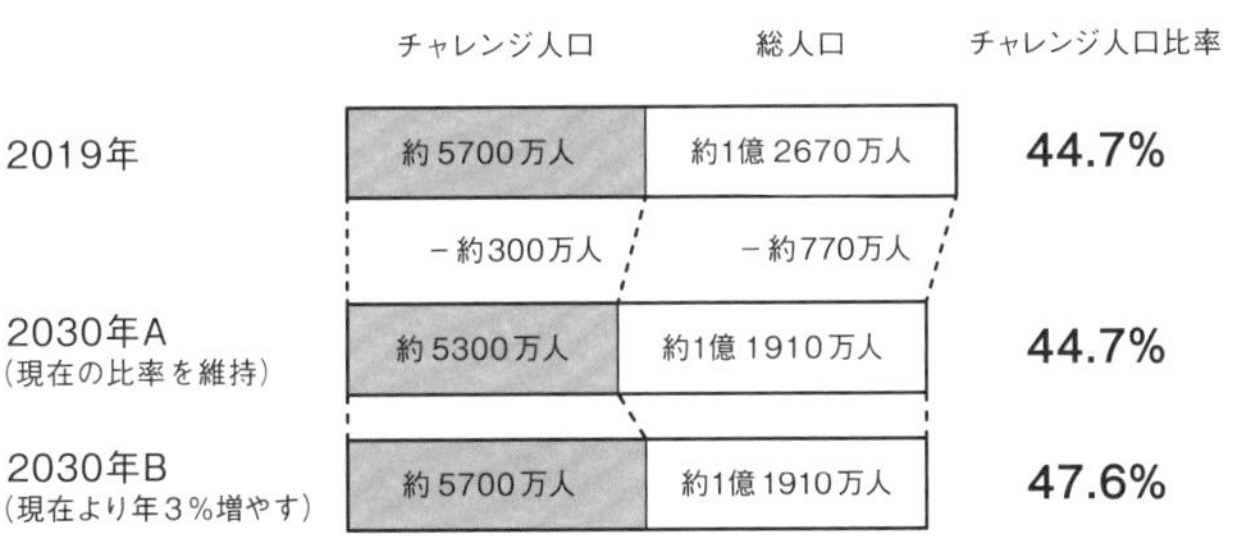

風を起こすために必要な2つのこと

地域から新たなチャレンジを生むために必要なもの、それが「熱＝個人の思い」と「仲間」の2つである。

風を呼び起こす熱

風、すなわち空気の流れが生じるのは、そこに「熱」があるためである。暖められた空気は膨張して、軽くなり、上昇気流が生じる。地表付近では、上へ移動した空気の穴を埋めようと水平方向から空気が吹き込んでくる。こうして風が生じる。

チャレンジの風は個人の熱い思い無くしては起こらない。誰かに勧められるものでも、強制されるものでもない。個人の内面にある情熱、使命感、好奇心などに火がつくと熱が発生する。

持続可能な地域づくりに必要な熱は主に3つのカタチで生まれる。

地域の内から沸きたつ「地熱」

地域の内から自然発生的に起きる熱である。どこの地域にも、ある一定数は何らかのチャレンジをしている熱い人たちがいる。その熱が集まり、つながることで、地域内に大きな熱が生まれる。5章で紹介したビジョンづくりはそのためのプロセスでもある。地域の未来を考える対話を通じて、自分のやりたいことに気づき、同じ思いの仲間に出会い、新たな熱が生まれる。これが最も自然で望ましい熱の発生方法である。

よそ者が持ち込む「外熱」

熱が地域内に不足し、新しい風がそう簡単には起きないケースも多い。その場合は外の熱を活用する。まちづくりには「よそ者、若者、馬鹿者が必要」と昔から言われている。一人の移住者の存在が地域を劇的に変えるケースはよくある。

また、一度進学や就職のタイミングで地域を出て戻って来たUターン人材も、外で熱を帯びて戻ってくるケースも多く、貴重な熱の発生源である。

内と外の相互作用で生まれる「化学反応熱」

内側の熱だけでは不十分で、なかなか風が起きない。とはいえ、外部の移住者頼み

は持続可能ではない。そういう場合には、内と外の組み合わせの化学反応により熱を起こす方法がある。あくまでチャレンジの主体は地域内の人材である。そこに、多様性の高い外部の人材との交流・対話の機会をつくることで、熱を起こす方法だ。

熱を起こし持続させる仲間の力

熱を起こすためにも、その熱を持続させるためにも、アイデアを生み出し、実現するためにも必要なもの、それが仲間である。

人は誰もが心の奥底に「何かにチャレンジしたい」「地域や社会のために、頑張りたい」、そんな熱い思いを持っている。しかし、その思いは、忙しい日々の中では、ついつい心の奥底に追いやられてしまう。その思いを呼び起こしてくれ、一歩踏み出すのを後押ししてくれるのが仲間の存在だ。自分がやりたいこと、熱を持って取り組めることが何なのかは、意外と自分ではわからないものだ。仲間との対話を通じて、新たな思いに気づくことがある。また、熱が生まれても、それを燃やし続けるのは難しい。仲間の存在が熱を持続させ、実現の壁を打ち破り、チャレンジを前進させる。

熱を生み、風を起こす場づくり

持続可能な地域づくりを進めるために、仲間とともに、熱を起こす手法が本書で度々登場する、対話である。人と人の化学反応を通じて熱を生みだし、アイデアを発想し、熱を高め、チャレンジの風を起こすためには対話の場、ワークショップが欠かせない。地域にチャレンジの風を起こすワークショップは以下のステップで進める。

0　対話の場を設計する

主催者（行政や商工会、市民団体、民間事業者等）がまずは対話の場の全体像を設計する必要がある。具体的な場の設計方法は、「対話の場をつくる技術」*を参照してもらいたい。ここでは風を起こす場づくり固有の留意点のみを説明する。

テーマを設定する

対話の場には、テーマ・お題が欠かせない。漠然と「みんなで集まって、チャレン

＊ 対話の場をつくる技術
P210～

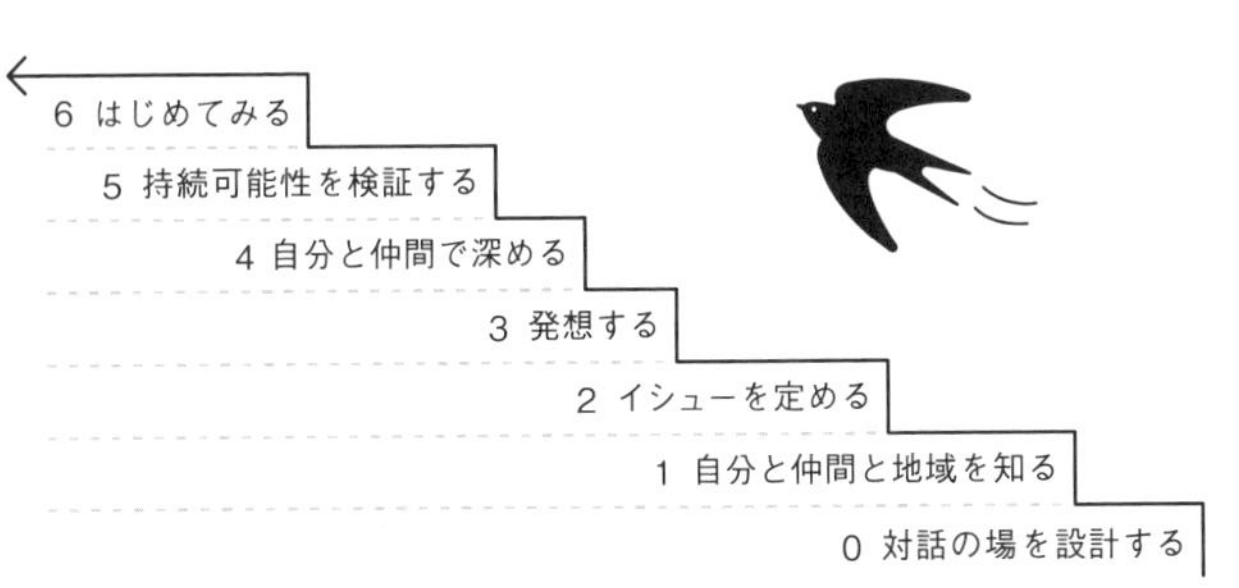

ジしましょう」と呼びかけても、なかなか人の気持ちは動かない。どんなチャレンジに挑むのか、対話テーマを明確にすることで、「チャレンジしてみたい」という人の思いを掻き立てることができる。テーマ設定は次の3通りが考えられる。

①課題解決型

「ヘルスケアビジネス」「子育て支援サービス」「中心市街地活性化」のような、参加者が挑戦したくなる地域が抱える課題解決をお題として掲げる。

②地域資源活用型

「温泉」「和紙」「繊維産業」「日本海の幸と魚食文化」「森と動植物」など、その地域ならではの資源(特産品、素材、技術、自然・文化遺産など)の活用、産業の活性化をお題として提示する。テーマに関連する職人・団体にワークショップに参加してもらえると、より実践的なプロジェクトになりやすい。

③コンセプト型

島根県雲南市の「幸雲南塾*」、岐阜県郡上市の「郡上カンパニー*:根っこのある生きかたを、つくる」、埼玉県各地で展開している「わたしたちの月3万円ビジネス*」、宮崎県新富町の「宮崎ローカルベンチャースクール*:地域版MBA人財を育成する」のように、具体的な課題や資源ではなく、活動の考え方やコンセプトを提示する。基

＊幸雲南塾
島根県雲南市を舞台に、地域の未来を切り拓く人材を育成するプロジェクト。

＊郡上カンパニー
岐阜県郡上市を舞台に、郡上らしい挑戦を生み出すための共同体。カンパニーの語源、「パンを分け合う仲間」のように、生き方をともに探求する「仲間・同志」として、未来につながる事業の種をみんなで一緒に育てる。

＊わたしたちの月3万円ビジネス
埼玉県各地で展開する月に3万円しか稼がないビジネス、月3万円ビジネスを女子ならではのアイデアで企画する講座。小さな仕事を複数もって、たのしく稼ぐ「複業」スタイルを提唱。

＊宮崎ローカルベンチャースクール
宮崎県新富町の地域商社・こゆ財団が主催する、ビジネスの力で地域課題を解決し、持続可能な地域社会を実現する人財育成を目指す「地域版MBA」プログラム。

本的にテーマは自由だが、地域資源を活用すること、地域課題を解決することなどの要件を追加することもある。

開催場所、回数、参加者・人数を設定する

開催場所次第で参加者は大きく変わる。

地域住民発の地熱を起こしたいのであれば、必然的に地域内での開催となる。外熱を呼び込む、移住・定住と繋げるのであれば、地域外からの参加が必須で、東京などの大都市圏開催も選択肢に上がる。

都市圏在住の人向けの説明会を東京や大阪で、ワークショップ本体は地域で都市圏在住者と地域住民双方で実施するという、両者を組み合わせるやり方も考えられる。

参加者を募集する

要件が固まったら、できるだけ早く、色々な手段で参加者（仲間）を募集したい。行政主導の場合はこれを軽視しがちだ。単に情報発信をしても人の目にはそう簡単には留まらない。そして、応募という行動を喚起するのは想像以上に難しい。決定的な方法はないため、地道に広く伝え、多くの人に興味を持ってもらう努力が不可欠だ。

1　自分と仲間と地域を知る

仲間が集まったら、いよいよワークショップの開始である。

自分と仲間を知る

参加者自身が自分のチャレンジを生み、仲間と一緒に実施していくため、仲間のこと、そして自分自身のことを知ることが大切となる。

成功の循環モデルが示す通り、場で生まれる思考・行動・成果、すなわちチャレンジの質は、場の関係の質で決まる。丁寧に時間をかけて互いのことを共有したい。

左ページのシートは自分自身をより深く知るための「自分シート」である。井上英之氏*発案の「マイプロジェクト*」のツールを参考に作成した。人生を振り返り、自分のターニングポイントを見つけて、自分自身の強みや弱み、自分自身が大切にしていることを確認するシートだ。その場で記入するのではなく、事前にじっくり時間をかけて書いてきてもらいたい。

一人ずつ仲間に共有し、お互いに質問し合う。十分な時間がある場合は参加者全員で共有したい。自分のことを話し、仲間から質問を受け、それに答えることを通じて、

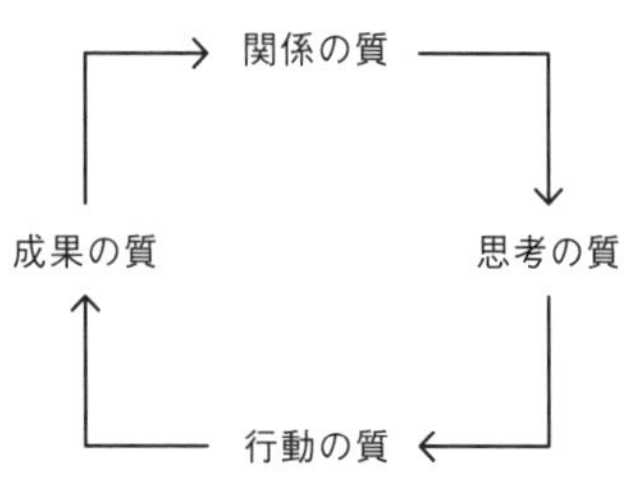

関係の質 → 思考の質 → 行動の質 → 成果の質 → 関係の質

＊ 井上英之
社会起業、ソーシャルイノベーションの研究者。監修に『社会起業家になりたいと思ったら読む本 未来に何ができるのか、いまなぜ必要なのか』他。

＊ マイプロジェクト
慶應義塾大学SFCの井上英之氏の研究室から生まれた、自分自身の心と対話し、自分が本当にしたいこと、感じていることを元にプロジェクトを創りだす手法。

challenge
チャレンジ

自分シート

名前 北国好男　　出身 △×○

あなたのこれまでの人生の中で最も印象に残っているポジティブな出来事とネガティブな出来事をそれぞれ3つずつ教えて下さい。

ポジティブな出来事	ネガティブな出来事
小学校、中学校は少人数でみんなが仲が良くて楽しかった。	地元は雪国で寒いので雪が嫌いだった。
念願だった都会の大学に合格！1人暮らしへ。	祖父が大雪が続いた週に孤独死。何もしてあげられなかった自分が悔しい。
地元の友だちと地元のまちづくりについて考えるイベントを開催。大成功！	5年付きあった彼女が友だちと浮気……

あなたがワクワクすることを教えてください。

特技・好きなこと	理由
人と話すこと	いろんな刺激をもらえるし、話すと考えがまとまっていくのが好き。
もてなす、喜ばせること	笑顔が見れるとうれしくなる。

ローカルイシューマップを参考に
あなたの興味のあるイシューを教えてください。

高齢者の孤独死
空き家×起業
コミュニティ

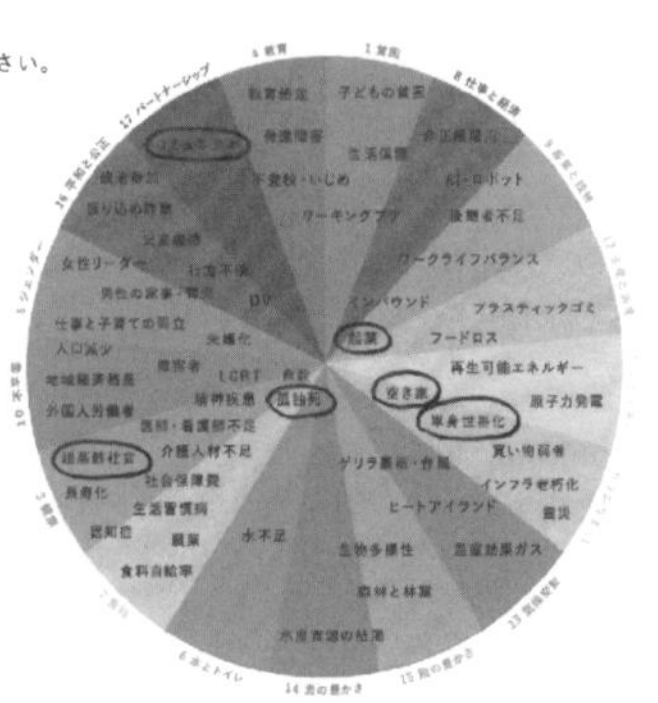

あなたが取り組みたい課題はなんですか？

みんなが気軽につながって仲間になれる場づくり

自分に対する理解がより深まっていく。自分の新たな一面や深い思いに気づくこともあるだろう。ここで整理・発見できた深い思いは、チャレンジの熱につながる種火なので、大切に温めておきたい。

地域の生態系を理解する

続いて、チャレンジの舞台となる地域のことを探り、地域ならではの深いストーリーを知り、地域に眠っている宝物（農作物、海産物、自然環境、歴史、文化遺産、技術、素材、人材など）を掘り起こす。地域外の方はもちろんのこと、長年住んでいる人にも実は知らないことがたくさんあるものだ。地域を知る方法は主に2つある。

①足で発見する

地域の今を深く知るために、可能な限り歩いて回ることをおすすめする。地域を観察する行為をissue+designでは「野外採集」*と呼ぶ。また、図書館、博物館などの文化施設を訪れ、地域の歴史、文化などの資料を閲覧するのも一つの手である。

②声を聴く*

住民の思い、課題、悩み、新たな機会を探るために、インタビューする方法である。野外採集中に偶然会った方から話を聞かせてもらうのも、飾り気がない地域のリア

＊野外採集
P314〜

＊声を聴く技術
P254〜

ルな今を知ることができるのでおすすめだ。地域の産業、歴史、環境などに詳しい方をゲストとして招いて、講演してもらうやり方もある。参加者全員が同じ話を共有でき、対話の土台にもなる。時間に余裕があれば、ゲストからの一斉講義の後、それぞれが自由に地域を野外採集し、各自の興味関心に応じてインタビューができると、深い発見ができ、地域との関係も深まるため理想的である。

2　イシューを定める

自分と仲間のことを知り、地域の生態系を理解したならば、あなたなりの地域への問題意識、魅力を感じる地域の資源が見つかっているのではないだろうか。

あなた自身が地域で発見したことと、あなた自身の思いと重なり、「自分が問い続けたい、熱を持って解決したいと強く願う課題」、それがイシューである。

問いを深め、具体的な言葉で表現し、イシューを明確にすることで、チャレンジの方向性がぐっと定まり、その後のチャレンジの質、企画の実現性・持続可能性が飛躍的に高まる。

このプロセスは「問いを立てる技術*」で詳細に説明する。

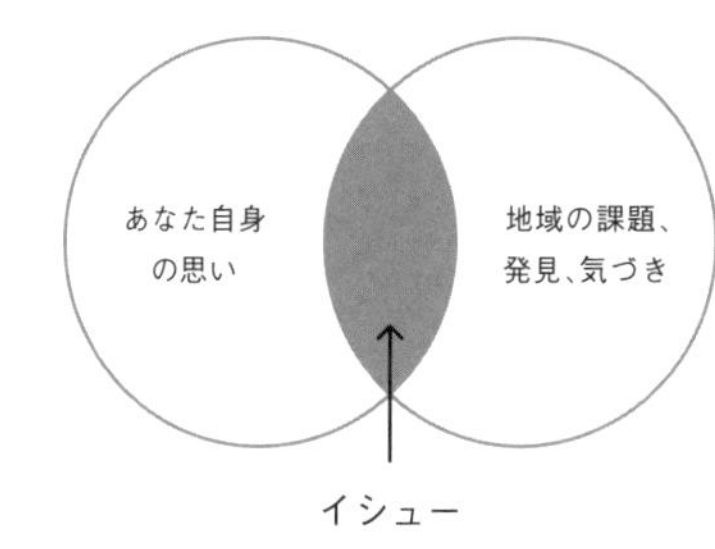

＊問いを立てる技術
P308〜

3　発想する

問い続けたい、熱を持って解決したいと強く願う問い（＝イシュー）が定まったら、その課題解決のためのアイデアを発想するプロセスに移る。地域の資源を生かした新しい事業、地域課題を解決する活動など、イシューを元に、チームでアイデアをどんどん拡げていく楽しい時間だ。

小さなアイデアの大きな力

経営学の大家であるドラッカー*が次のように述べている。

「未来を予知することはできない。未来は、目的を持った行動によって形成されうる。そして、このような行動の原動力となるのはただ1つ『アイデア』である」

ドラッカーは「アイデアは常に小さく生まれる」とも述べている。社会を変える大きな構想、発明のほとんどが最初は小さな組織の小さな構想から生まれているのだ。

毎日の仕事で、家事で、友達や家族との会話で、誰もが日常的にちょっとしたアイデアを生み出している。個人の内的な蓄積から突発的に出てくる「着想」「発想」がアイデアである。ヤング*は、アイデアをつくり出す原理を次のように定義している。

＊ピーター・ドラッカー
オーストリア人経営学者。「経営学」あるいは「マネジメント」という概念の発明者。

＊ジェームス・W・ヤング
アメリカ広告業界の重鎮。著書『アイデアのつくり方』はアイデアづくりに関するバイブル。

写真　岐阜県御嵩町のローカル鉄道活性化の野外採集結果

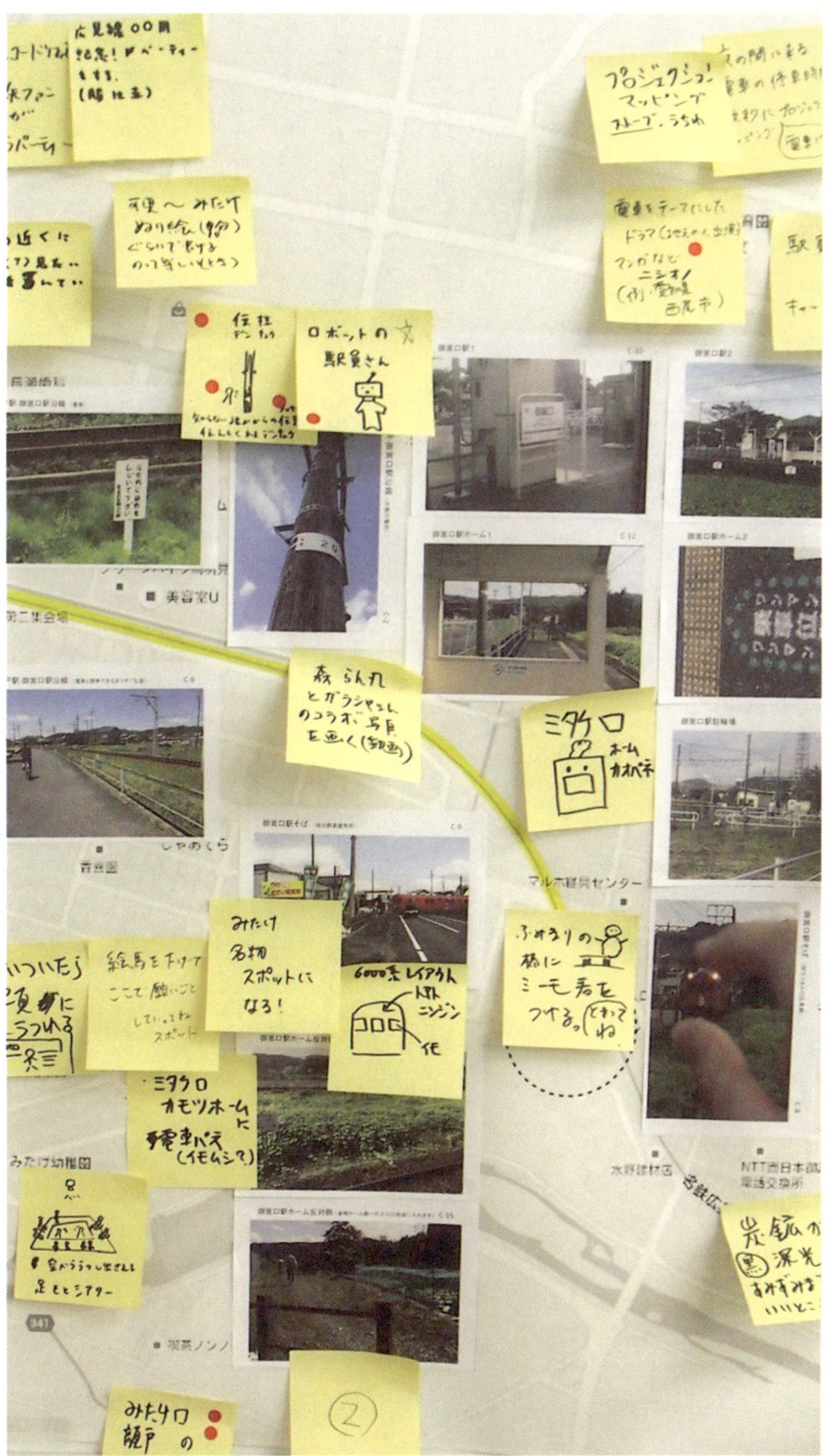
プロジェクション
マッピング
ロボットの
駅員さん
みたけ
名物
スポットになる!
6000系 レイアウト
みたけ幼稚園
第二集会場

「アイデアとは既存の要素の新しい組み合わせである」

この原理があてはまる日本発のわかりやすいアイデアが「折る刃式カッター」である。昭和初期、印刷所で紙を切るのにナイフを使っていたが、すぐに刃が傷み切れなくなっていた。そんな時に目を向けられたのが、「昔の職人がガラスの破片でモノを切っていた」ことと、進駐軍が配った「板チョコ」。全く異なる二つの視点が組み合わさり、板チョコのように刃を折れる世界初の「折る刃式カッターナイフ」のアイデアが生まれたのだ。最初のアイデアは実に小さいものであることがわかるだろう。

広がったアイデアを横並びに見て、自分の視点、地域の視点、仲間の視点で評価し、絞り込む。複数のアイデアを統合して新しいアイデアを生み出す。アイデアの試行錯誤により、自分のチャレンジの核を固めていく。このプロセスの詳細は「発想する技術*」を参照してもらいたい。

＊ 発想する技術
P318～

4 自分と仲間で深める

チャレンジの核が固まってきたら、アイデアを深めて、具体化し、磨きあげていく。アイデアの実現に最も大切なことは何だろうか。ビジネススキル？ 経験？ お金？

アイデアの質？もちろん、それも大切だ。しかし、一番大切なこと、それは熱量、つまり実現に向けた強いモチベーションである。熱がなければ、風は起きない。

フロープロジェクトをつくる

アメリカの心理学者チクセントミハイ*の「フロー理論」というものがある。人は、人生を費やす価値があると信じる一つの活動に熱中すると、時間や空腹や疲れを忘れてのめり込む。このフロー体験が得られると大きな成果をあげられる。詩人、スポーツ選手、起業家、僧侶、登山家、羊飼いなど、様々な領域で成果を挙げている創造的な人へのインタビューから導き出された理論だ。

チクセントミハイは、フロー状態に入れる条件として、「タスクの難易度」と「自分のスキル」がともに高いこと（図の右上）を挙げている。難易度が低く、自分のスキルで十分実現可能なもの（右下）には人は退屈してしまう。スキルや経験が決定的に不足して達成困難なもの（同左上）には、不安や羨望の感情に陥る。

そのバランスが取れている、つまり自分の力を精一杯発揮することで何とか達成できる、そんなチャレンジしがいがあると、「フロー」状態に入れるのだ。

以前の上司が「常に背伸びをして、ふくらはぎをぷるぷる震えさせながら仕事しろ」

＊ミハイ・チクセントミハイ
ハンガリー出身のアメリカの心理学者。著書に『フロー体験：喜びの現象学』他

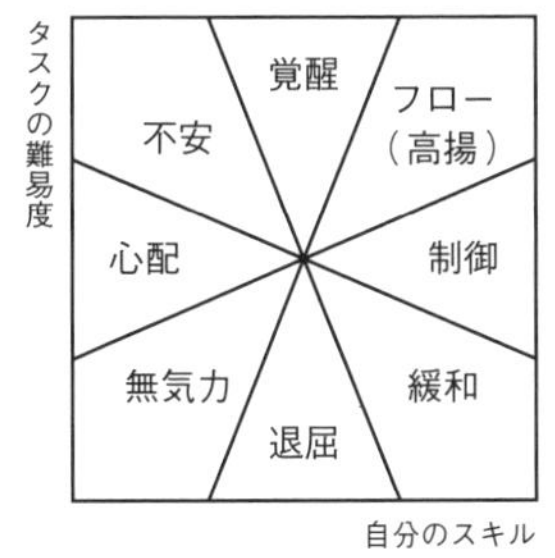

とよく私に言っていた。手を伸ばせば簡単に届くものでもなければ、どんなに頑張っても届かないものでもない、少ししんどいけど、つま先ぎりぎりで立ち、手を思いっ切り伸ばしたら届くような挑戦をし続けろという彼からのメッセージであった。

ただし、一人で背伸びし続けるのは難しい。そこで大切なのが仲間の存在である。

仲間との対話を通じて、「できること」を「やるべきこと」に

社会起業家の方へのインタビューで「自分がやるべきことだと確信した」「それが自分の使命だと思った」という類の言葉をよく聞く。「やりたい」という感情を超えて、「自分がやるべき」だと心から思えるプロジェクトへと高めることが、フロープロジェクトを生むためには大切だ。

U理論[*]提唱者のシャーマー博士は、人は誰もが2つの「自己」を持っていると述べている。1つ目は利己的で自分のことばかり考える「小さな自己」、2つ目は他者や社会に貢献しようとしたり、新しい何かを生み出そうとする「大きな自己」である。

何か新しいことを始めるとき、自分ができること、得意なこと、やりたいことをやっている時はあくまで「小さな自己」の中である。図では右下であろう。

ここから脱して、「大きな自己」へと向かおうとする時、つまり自分がやりたいこと、

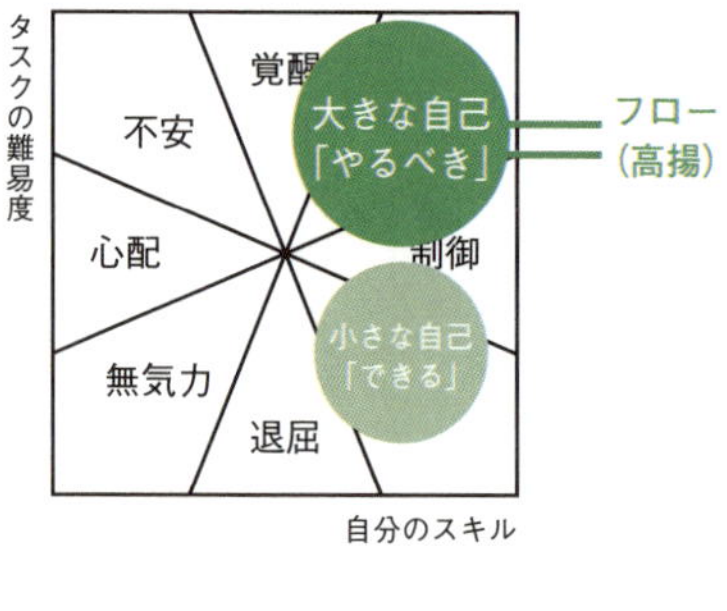

＊U理論
アメリカの経営学、組織論の研究者であるオットー・シャーマー博士が提唱するイノベーションを起こすための思考プロセス。詳細は『U理論』を参照

できることを確実にやるのではなく、難しいかもしれないが、必要としてくれる人がいる、誰か他者のため、社会のためにチャレンジしたいと思う時、人は自分の能力ギリギリか少し超えた領域のことに挑もうとする。それが右上のゾーン、つまりフロー状態であり、その結果、大きな成果をあげられるのだ。

自分のチャレンジを互いに発表し、意見を交わすことで、自分の「できる」の範囲を拡張していく、つまり「小さな自己」から「大きな自己」へと進化させていくのが対話の時間である。そこで、お互いに問いかける内容は、次の2つである。

「何をやりたいのか。なぜやりたいのか（小さな自己）」

「それは、誰にどんな貢献ができるのか、どんな課題を解決するのか（大きな自己）」

自分の思いを語る。仲間がコメントや質問をくれる。それに応えてまた考える。自分の考えを言葉にする。言葉にすることで、当初気づいていなかった深い思いに気づけるかもしれない。自分の中で自信が持てなかった仮説に確信できるかもしれない。

また、仲間のために自分ができそうなこと、紹介すると役立ちそうな人を、互いに提案し合いたい。仲間の力を通じて、自分の「できる」を拡張することができる。

まずは2人組でじっくり対話することから始めて、徐々に対話の範囲を広げて、4～5人のグループで磨きあげていくことがおすすめだ。

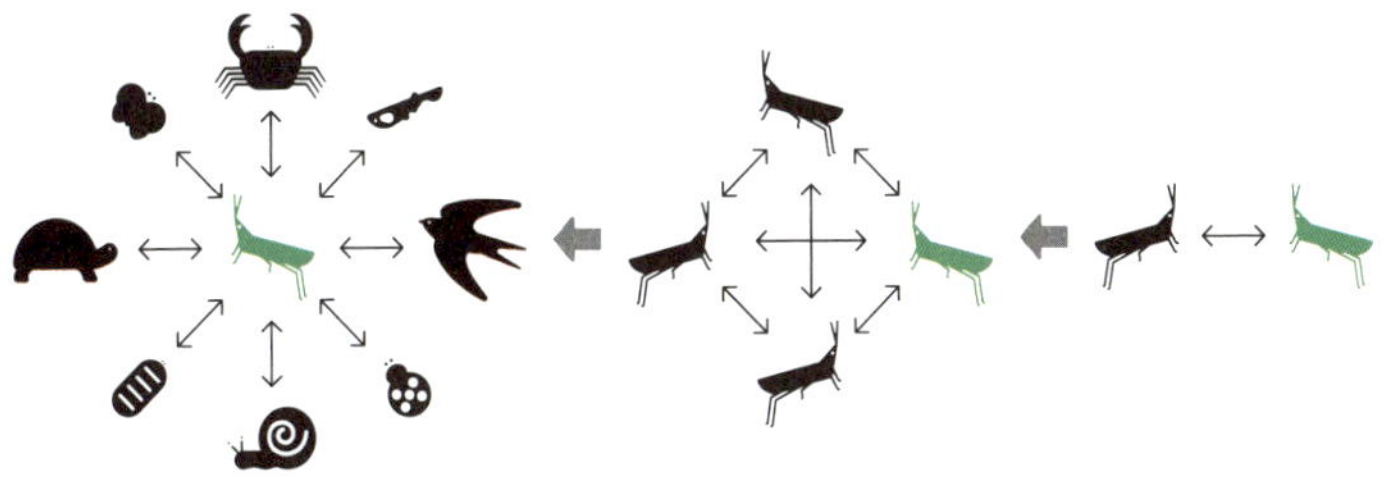

ペアでの濃密な対話　チームでの幅広い対話　チーム外と多種多様な対話

対話を通じて、新しいことに気づくことができる瞬間はとても幸せだ。その時、あなたは間違いなく成長している。その積み重ねで、自信を深め、チャレンジの難易度を高めていき、右上のフロー状態に入れるプロジェクトへと進化させていく。

多様なフィードバックをもらう

仲間とのペア・グループでの対話による深める行為を一通り経た後は、チーム外で多様な対話パートナーを探し、多くのフィードバックをもらいたい。地域の有識者、ローカルビジネスの専門家など、異なる視点を持つ方から意見をもらうことも、「できる」を拡張する一つの手段である。専門家から肯定的な意見をもらえると、不安は自信へ変わる。ただ、専門家に頼るのではなく、自分のチャレンジを深めるための視点をもらい、自分なりに考えるスタンスを大切にしたい。

適切な有識者を選定して、対話の機会を作ることも事務局の大切な役割である。*

発表の機会を設け、多くの人に聞いてもらうことも、効果的だ。時間に余裕があれば、中間と最終の2回設けたい。発表という期限が決まること、少し華やかで非日常的な場で発表すること、これらは人の緊張感を高め、フロー状態に入りやすくする。

＊ 有識者の選定

雄弁で専門的な意見をどんどん発する「話せる人」より、丁寧に話を聞き、適切な問いを投げかけられる「聴ける人」に来てもらいたい。有識者は前者のタイプが多いのだが、その人の意見を鵜呑みにしてしまい、独自性を失い、よくあるプロジェクトになってしまうことも多い。否定的なコメントが多い有識者は参加者のやる気を削ぐ。丁寧に話を聞いた上で、良いところ、悪いところを適切に指摘してもらえる人に来てもらいたい。

5　持続可能性を検証する

地域の生態系にとって、地球の生態系にとって、そして個人の事業として、持続可能なものか検証しよう。

地域の生態系視点で検証する

プロジェクトの持続可能性に最も影響するのは、地域の文脈に沿った、地域で暮らす人の思いに応えられる企画と進め方になっているか否かである。

・地域の歴史、文化、先人の活動への敬意が十分にある企画か？
・地域の個性、特殊性を活かせているか？今後活かせる可能性があるか？
・現在、地域で暮らす人々の生活課題の解決や希望実現に貢献できるか？
・地域の産業や人材の強み、つながりを活かせるか、協働が可能か？

ＳＤＧｓの17ゴールの視点で検証する

ＳＤＧｓはプロジェクトの持続可能性を検証するツールとしても役立つ。

1　他領域とのつながり視点

・新たな貧困を生んでいないか？（1貧困・2飢餓）
・環境負荷が上がっていないか？（7エネルギー・12生産と消費・13気候変動）
・生態系への悪影響はないか？（6水とトイレ・14海の豊かさ・15陸の豊かさ）

2　他者・他地域とのつながり視点

・不平等な思い、辛い思い、不利益を被る人はいないか？（5ジェンダー・10不平等）
・不利益を被る地域、国はないか？（10不平等・17パートナーシップ）

3　次世代とのつながり視点

・子どもたちの世代、孫の世代に負の影響を残さないか？

事業の持続可能性の視点で検証する

チャレンジを持続可能なものにするためには、活動に必要な資金を継続的に確保する必要がある。地域で仕事をしていると、「稼ぐこと」への否定的な発言を聞くことがある。しかし、地域社会に優れた価値を提供し、その対価を得ること、地域経済に貢献することは、持続可能な地域づくりのために大切である。

事業の評価・検証の手法はビジネス領域に多数あるが、ここでは、地域での事業、地域課題解決のチャレンジと相性がよいフレームワークを紹介したい。星野リゾートの星野佳路氏*がリゾート運営に活用していることで知られている5ウェイ・ポジショニング*である。このフレームでは、事業価値を5つの視点で評価する。

【価格】商品・サービスの値段
【サービス】カスタマイゼーション＝顧客個人への対応
【アクセス】立地や交通の便、店舗やオンラインでの買いやすさ
【商品】提供する商品・施設そのもの
【経験価値】商品・サービス・空間・イベントを通じた体験内容と質

5領域のうち1つを五つ星（他では経験できない水準）、もう1つを四つ星（他とは差別化できている）、残りは三つ星（業界最低水準はクリア）に設定する。

地域でゲストハウスを始めるとする。その場合、周辺の幅広い宿泊施設と比較して、五つ星・四つ星を設定する。圧倒的な安さ（価格）。チェックインアウト時間の自由度（サービス）。駅や繁華街からの距離（アクセス）。素晴らしい眺望の部屋（商品）。フレンドリーで知識豊富なホスト（経験価値）。いずれも可能性がある。

全てを最高水準にするのは、やはり難しい。1つの領域に絞って、ある領域で圧倒的な水準を目指すことは、自分の「できる」レベルを高めることにもつながる。

＊**星野佳路**
「星のや」「界」「リゾナーレ」などで知られる宿泊施設等を運営する総合リゾート会社、星野リゾート代表取締役社長。

＊**5ウェイ・ポジショニング**
詳細はフレッド・クロフォード 他著『競争優位を実現するファイブ・ウェイ・ポジショニング戦略』（イースト・プレス）を参照

価格	★★★
サービス	★★★
アクセス	★★★
商品	★★★★
経験価値	★★★★★

6　はじめてみる

完成度が低い状態からどんどん試作品を作り、検証し、作り直すプロセスのことをプロトタイピングと呼ぶ。製品開発などのプロセスで最近重要視されている考え方である。完成度が低い状態で試作してみることの効能は3つある。

効能1　アイデアの質が高まる

アイデアの段階では、あなたのチャレンジはまだ「絵に描いた餅」である。漠然とイメージが膨らんでいて、いいものができそうな気がしているかもしれない。現実的にはアイデアの質はまだまだ荒削りなものだろう。早めに作る第一の理由は、作りながら思考するためである。作っているときは、考えながら手を動かす。手を動かすことは人の創造性を高める。作ることで、頭で考えるのとは別の種類の創造性が働いて、アイデアが現実性を帯びながらよりよいものに変化していく。

効能2　早めに失敗する

低精度の状態で人に試してもらうことで、早めに失敗することができる。アイデアに致命的な欠陥があったことに気づかないまま、完成度を高めるために労力や資金を注ぐと、後々ダメージが大きい。早めに失敗すればやり直しがきくかもしれない。

安宅和人氏*は著書『イシューからはじめよ』で次のように述べている。60％の完成度のものを70％にするには、それまで（60％まで）の倍の時間がかかる。70％を80％にするにはさらにその倍の時間がかかる。80％まで仕上げて1回失敗する間に、60％での失敗を数回繰り返すことができ、そこで検証完了したものを70％、80％と高める方が、労力と時間の節約につながる。

細かな詰めにこだわるよりも、まず試して、初期の問題点をを解消していく。試す、直す、試す、直すと小さな失敗を繰り返し、完成に近づけていく。

効能3　仲間をまきこむ

プロトタイピングは、仲間をつくるプロセスでもある。あるワークショップで、シャッター商店街でシャッターをアートボードに写真展をやろうというアイデアが生まれた。そこにどんな写真をどうやって貼るのか？商店主が了承してくれるのか？検討事項が満載だった。これらは会議室で相談するよりも、現場で試したほうが話が早い。そこで、商店街で実験していると、興味を持った近くの住民が出てきてくれた。

＊安宅和人
ヤフー株式会社チーフストラテジーオフィサー（CSO）。慶應義塾大学環境情報学部教授。

「うちの2階の窓に貼るのはどうだ?」おもしろがって、そんな提案をしてくれる人も。「隣のやつに言っておいてやるよ」「観光協会のパネルが使えるかも」。集まった人が、実現に必要な人を次々に巻き込んでくれた。

言葉だけであなたのアイデアを理解してもらうのは大変だ。具体的なかたちがあると伝わる速度が違う。論理的に「わかる」ではなく、感覚的に「いいね」と思ってもらえると、共感の輪が広がり、チャレンジが前進する。

お金を集める

自分のチャレンジの途中経過を公開し、そこに出資を募るというプロトタイピングの方法がある。近年、日本でも急激に普及しつつあるクラウドファンディング*である。

ウェブ上で自分の思いや試作品を公表し、資金を拠出してくれる人を募集する。投資家ではない幅広い個人を対象に、少額から出資を呼びかける。

自分のチャレンジの共感者、仲間を集める手段としても効果的である。逆にいうと、どれだけ共感を集められるかを検証する手段にもなる。持続可能な地域づくりのプロジェクトの資金調達手段として今後ますます有力になっていくだろう。

＊クラウドファンディング
crowd＝多数の人、funding＝資金調達、つまり不特定多数の人から資金を募る、アメリカで始まった仕組み。日本でもかなり広がっており、災害復興や地域振興、ものづくりや映画制作などで活用されている。試作段階のアイデアに寄付を募り、完成時に完成品を届けたり、イベントに招待したりするプロジェクトも増えている。

行政の役割

地域に熱を生み、風を起こすために、行政が果たすべき役割が次の4つである。

役割1　チャレンジの伴走者になる

「社会運動の起こし方」と題した米国の起業家、デレク・シヴァーズのTED*でのプレゼンテーションが行政職員の大切な役割を端的に示している。公園である人が突然不思議な踊りを始めたとする。周りの人間全員がその人を白い眼で見て放置したら、彼は単なる変人で終わる。しかし、彼の踊りに興味を持ち、一緒に踊り始める2人目が生まれた途端、3人目4人目が続き、みんなが踊る現象が起こりうる。すると、最初に踊り出した彼は「ムーブメントを起こした偉大なパフォーマー」の扱いになる。

活動を始める社会起業家が大切なのは当たり前だが、それと同じくらい、最初は成功の確信が持てないチャレンジに対して、ともに踊り始め、周りを巻き込み、支え続ける2人目となるのが行政職員の大切な役割なのだ。特に地域内の様々な人やコミュニティとの協働を円滑にする触媒の機能を期待したい。

＊TED
世界中の著名人によるさまざまな講演会を開催・配信している非営利団体。Technology Entertainment Designの頭文字。

役割2　熱の発生・伝播装置をつくる

地域の中で熱を継続的に生み、その熱が広がり循環し続けるための装置、場をつくることは行政に求められる大切な役割である。熱を起こす仕組みには、常設スペース型*とプロジェクト型*の2通りがある。また、地域の次世代を担う子どもたちのチャレンジ意欲を高めるための学校教育*も熱を起こす大切な仕組みの一つである。

いずれのタイプでも、熱を生む場づくりを自分のチャレンジとして、熱を持って取り組む行政職員や教員の存在が欠かせない。行政職員の熱が、住民の熱と掛け合わさることで、大きな熱が発生し、熱が地域内に広がり、風がどんどん起きていく。

役割3　地域外人材を呼び込み、定着させる

持続可能な地域づくりの主役はあくまで地域住民だが、地域外人材の行動力、熱の伝播力は地域にとって大切なため、移住者を確保することは行政の大切な役割である。岡野春樹氏*は、人が移住に至るには4段階を経ると述べている。観光や仕事を通じて交流する（1 交流）。繰り返し訪れ、継続した関係が生まれる（2 関係）。本人がその地域での役割を見出し必要とされる（3 役割）。移住を決断する（4 移住）。

単に「交流」で終わるのではなく、複数回のワークショップを通じて「関係」を作

＊常設スペース型
ファブラボと呼ばれるものづくり工房、起業支援のためのコワーキングスペースような住民のチャレンジを促す常設の施設を設置する方法。長期間実施でき、住民が関われる機会が多い一方、運営のための資金や人材確保の難易度が高い。

＊プロジェクト型
住民、都市圏在住者などが、一定期間で新しいチャレンジを起こす期間限定のイベント的な活動。迅速に小規模から始められるが、住民の参加が限定的で一過性の取り組みになるリスクもある。

＊学校教育
次章P337以降で詳細に紹介する。

＊岡野春樹
一般社団法人Deep Japan Lab.代表であり、郡上市の事業開発プロジェクト「郡上カンパニー」ディレクター。

り、「役割」を見出すサポートをするのが行政の大切な役割である。

地域おこし協力隊*制度は活用次第では有効である。私は自治体のクリエイティブ・ディレクターという立場で、過去20人以上の協力隊員の採用に関わってきた。そこで見えた地域と本人、双方に意義ある移住を実現するポイントが次の4つだ。

1　地域のビジョン、課題、求める人材像を明確に提示する

近年は応募者集めが厳しくなっているが、ビジョンと人材像が明確であれば、情報発信のターゲットや方法が絞られ、効率的なリクルーティング活動が可能になる。

2　ビジョンへの「共感」、チャレンジの「熱」がある人材を採用する

スキル重視での採用になりがちだが、スキルは後からついてくる。やりたいことが定まっている必要もない。それを考える3年間でもある。共感と熱が何より大切だ。

3　地域コミュニティに関わる意欲を確認する

都市型の個での生活を望む人には厳しいため、その意欲は確認する必要がある。

4　移住者一人ひとりと丁寧に向き合う体制や熱意を担保する

一人（とその家族）の人生を受け入れるのだ。行政は、その人ならではの役割を作ることをサポートする義務がある。勝手に来て、嫌なら帰れば良い、といった無責任なスタンスでは、移住者にも、地域にも、地域外での評判にも、悪影響を及ぼす。

＊ **地域おこし協力隊**
都市圏から移住し、3年間地域活動に従事する人材の給与と経費を負担する国の制度。

役割4　優先課題を決め、職員自らチャレンジする

持続可能な地域の実現のためには、住民の熱の有無とは関係なく、必ず実施しなければならない課題がある。特に多数派の声から取り残されがちな住民のための課題は忘れてはならない。行政主導で実施すべき課題を決め、行政職員が業務としてチャレンジする必要がある。

優先課題は、複数領域を横断して、特定部署が担当することが難しいことが多い。そこでおすすめなのが富山市が実践している機能横断型チーム、タスクフォースを作ることだ。行政職員のチャレンジを促すために効果的な理由が2つある。

1つ目は、通常業務とは無関係に、職員が「熱」のあるプロジェクトに「熱」のある仲間と取り組めることだ。通常業務で、同じ部署内で同志を集め、徐々に熱を広げることも大切だが、その労力ははかりしれず、頓挫してしまうことも多い。

2つ目は、行政の人事制度の弱点を補えることである。公務員は短いスパンでの異動が通例のため、熱を持てる活動を担当できても、成果が出る前に異動せねばならないことがよく起きる。意欲ある担当者の異動で活動が頓挫することは多い。また、年ごと組織ごとに予算がつく体制では、組織のリーダーが代わることの影響も大きい。

図表　富山市のタスクフォース

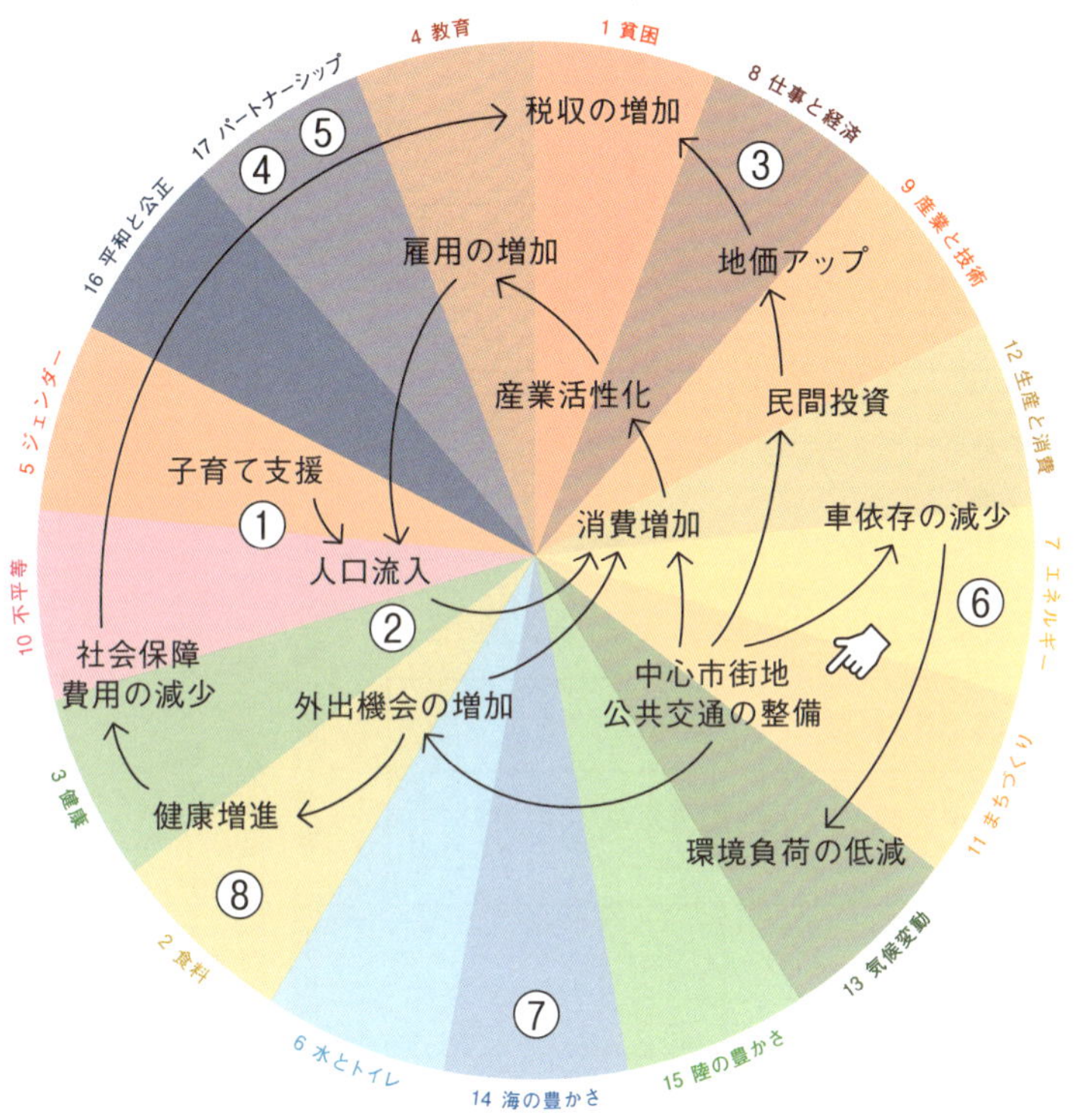

① 女性職員の目線、企画による女性活躍推進のための幅広い施策

② 都市の総合力を高め、交流人口の拡大や移住、定住を促す施策

③ 働く年齢を上げる(働き続ける)ことに関する施策

④ 各種イベントの連携に関する施策

⑤ 地域住民や地域の多様な主体等が支えあえる社会に関する施策

⑥ 過疎地域や辺地地域でのバイオマス発電事業に関する施策

⑦ 富山湾で獲れる魚のブランド化と販路拡大に関する施策

⑧ えごまの一掃の普及拡大等を図る施策

技術5　問いを立てる技術

地域課題の解決、地域づくりの活動を行う際に大切なことは、「どんな問題に取り組むべきなのか？」という自分なりの問いを立て、イシュー、すなわち「自分が問い続けたい、熱を持って解決したいと願う課題」を定めることです。問いを立てることで、より社会に貢献でき、実現可能性が高いアイデアを発想できるようになります。

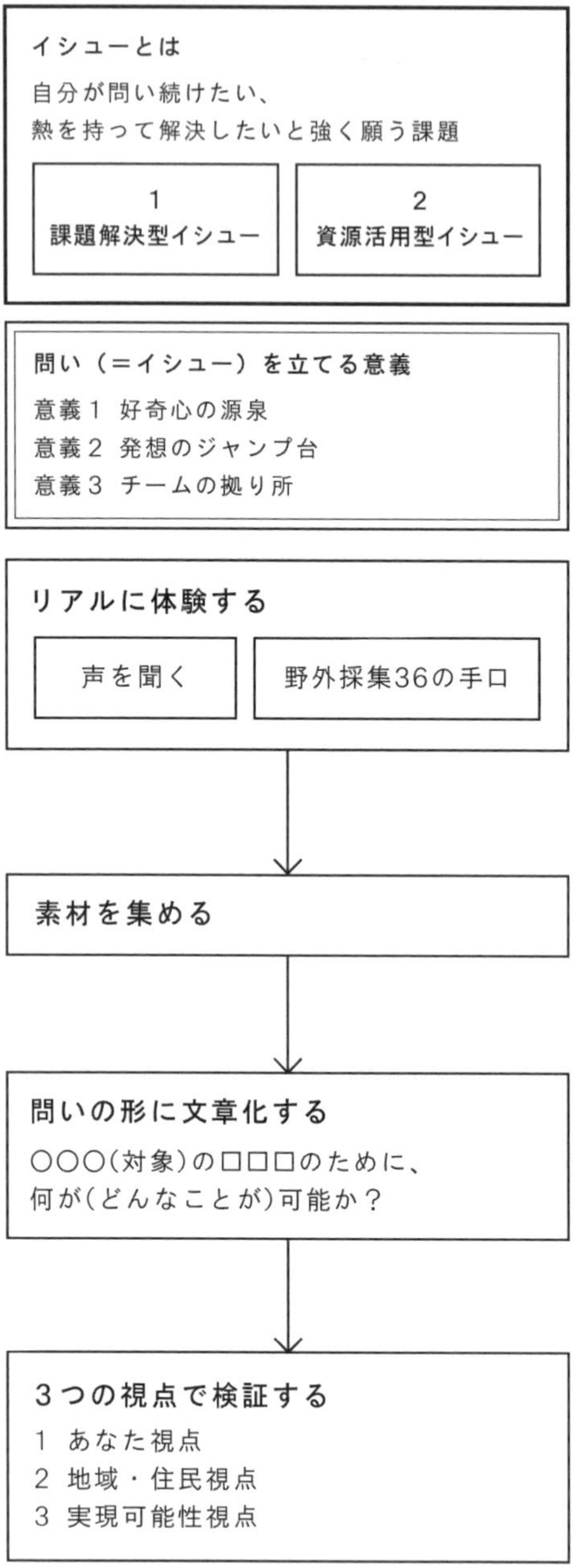

イシューとは

自分が問い続けたい、
熱を持って解決したいと強く願う課題

1 課題解決型イシュー	2 資源活用型イシュー

問い（＝イシュー）を立てる意義

意義１　好奇心の源泉
意義２　発想のジャンプ台
意義３　チームの拠り所

リアルに体験する

声を聞く	野外採集36の手口

↓

素材を集める

↓

問いの形に文章化する

○○○(対象)の□□□のために、
何が(どんなことが)可能か？

↓

3つの視点で検証する

1　あなた視点
2　地域・住民視点
3　実現可能性視点

問い＝イシューとは

2008年にissue+designを開始して以来、全国各地で小中高大学生から大人まで様々な人を対象に、地域課題・社会課題解決のアイデア発想や、未来ビジョン作成のためのデザインワークショップを実施していますが、一貫してこだわっているポイントが、解くべき「問い＝イシュー（issue）」を明らかにすることです。

人は誰もが日常的に誰かに問い、誰かに問われ生きています。学校のテストなどは、問いの集合体そのものです。答え（地域課題解決のための企画・アイデア）の質は、どれだけ良質な問いを自ら設定できるかで決まります。

問いの種類

東京都立・両国高校で、「問い」を重視した授業を行なっている山藤先生（P332）は問いには3種類あると述べています。

□クローズな問い：「クモの足は何本？」「千葉と埼玉ではどちらの人口が多い？」「SDGsが採択されたのは2015年で正しい？」など、答えが決まっている問いです。

□オープンな問い：「日本の農家はどうして減っているのか？」「人はなぜ水分補給が必要なのか？」「なぜ人口は東京に一極集中するのか？」など、答えに色々な可能性、広がりがある問いです。

□哲学的・解答困難な問い：「人間は何のために生きるのか」「世界の貧困をなくすために何が必要か」「地球外に生物はいるのか？」など、答えがない、もしくは簡単には答えが出ない問いです。

学校でのテストや勉強をはじめ、人はクローズな問いに答えることに日常生活の中で慣れ親しんでいます。しかし、今の時代には答えがわからない複雑な問題、正解がない問題があふれており、正解を見つけるアプローチの限界が見えています。

哲学的・回答困難な問いはもちろん大切ですが、その答えを導き出す決定的な術はなく、人が人生を通じて答えを探し出していくような壮大な問いです。

持続可能な地域づくりや個人の学習・成長という視点で、より重要なのがオープンな問いです。「日本の農家はどうして減っているのか？」という問いに答えるためには、農業、経済、食文化、国際関係、地球環境など色々なことを調べる必要があります。調べたことを自分なりに解釈し、自分なりの答えを導き出す必要があります。「これが確実な正解」というものはなく、人や立場によって答えも変わります。

こうした問いの答えを導き出すための思考・学習の課程が、人の成長や課題解決のアイデア創出には欠かせません。そのために必要な、良質なオープンな問いを立てる技術が、地域づくりの現場から、ビジネスや教育の世界まであらゆる領域で求められています。

ここでのイシューとは、持続可能な地域づくりや社会課題の解決に取り組む個人やチームが「自分が問い続けたい、熱を持って解決したいと強く願う課題」のことと定義します。

問い（＝イシュー）を立てる意義

問い（＝イシュー）を立てることで、得られる利点が3つあります。

意義1　好奇心の源泉

巷にクイズ番組があふれているように、人は問われることが大好きです。問われると、答えたくなるものです。何か未知のものを見つけたり、自分とは違う考え方の人に出会うと、人は「それは何だろうか」「どうしてそんな生き方をしているのだろう?」と疑問を抱き、問いかけ、答えを知りたくなります。「問い」とは好奇心の源泉なのです。

問いは、「もっと学びたい」という気持ち、学習意欲の源泉です。7章の「次世代教育」の章で、教師から生徒への一方向の授業ではなく、生徒自身が問いを立て、その答えを導き出す「問い中心の授業（P374）」も紹介しています。

地域課題のための「問い」、すなわちイシューとは、人が地域の課題に興味・関心を抱き、解決したいという気持ち、好奇心・解決心を掻き立てるために役立ちます。プロジェクトに、多くの人に参加・支援してもらう上でも、解決心をくすぐる問いが役立ちます。

意義2　発想のジャンプ台

何の方針もなく、何を考えてもいいというのは、実は難しいものです。考えが色々な方向に広がり、考えが深まらず、浅い発想に終始してしまいます。イシューとは、発想の土台、ジャンプ台です。足場がはっきりしているところからジャンプをすれば、より高く、目指す方向へ飛ぶことができます。ぬかるんだ足場がはっきりしないところからは高いジャンプはできません。

イシューを明確にできると、数多くのアイデア、質の高いアイデア、実現性の高いアイデアを生み出せるようになります。その結果、チャレンジへの熱も高まります。

意義3　チームの拠り所

持続可能な地域づくりは、仲間とのチーム作業が基本です。チームとして「取り組み続けたい、大切にしたい問い」を持っておくことは、チームの一体感を生み、プロジェクトの進捗をスムーズにします。仲間とプロジェクトのアイデアを発想し、企画するのは楽しい時間です。ワイワイと自由に発想を広げていくと、次第に主題を忘れてしまうことがあります。そんな時にチームみんなが戻る場所、それが最初に設定したイシューです。

逆に、対話の最中で、チーム内で方向性が割れることもあるでしょう。発想が行き詰まってしまい、それ以上進めないこともあるでしょう。そんな時に、立ち戻って、もう一度「そもそも、どんな問いだったのか？」から考え直す起点でもあります。

地域づくりのためのイシュー

持続可能な地域づくりのためのイシューには、地域が抱える課題を解決する「課題解決型イシュー」と地域資源を活かし地域の魅力を高める「資源活用型イシュー」のを2種類あります。

1　課題解決型イシュー

地域の住民が抱える暮らしの課題を解決する問いです。あなたが地域にどんな問題意識を感じていて、何を解決したいのか、そんな思いを問いの形にしたものです。例を挙げます。

- 公共交通がなくなり買い物に困る高齢者のために、何が可能か？
- 子どもが楽しみながらプログラミングを学ぶために、何が可能か？
- 観光客が地元の人と交流する機会を増やすために、何が可能か？
- 家庭から出るプラスティックゴミを減らすために、何が可能か？
- 高齢化・人口減少に伴う担い手不足で存続困難な祭りを継続するために、何が可能か？
- 荒れた森林に手を入れて、地域のエネルギー自給率を高めるために、何が可能か？

2　資源活用型イシュー

地域を歩いていると、目新しい風景、隠れた名所、珍しい素材、面白い逸話などに出会うことがあります。そんな地域資源を活かして地域の魅力を高めるための、次のような問いです。

・街中の植物の名所に住民がもっと触れ楽しむために、何が可能か？
・廃線になった線路で、どんな観光コンテンツの開発が可能か？
・期間限定で大量に収穫される果物で、どんな特産品開発が可能か？
・極寒・大雪の冬を観光客に楽しんでもらうために、何が可能か？
・鮮やかな染め技術で日常生活を彩る、どんな商品開発が可能か？

イシュー（＝問い）を立てるプロセス

続いて、自分なりの問いを立てる、解決したいイシューを設定するプロセスを順に見ていきます。

ステップ1　リアルに体験する

イシュー、自分が問い続けたい、熱を持って解決したいと強く願う課題は、あなた自身の気持ちが動いたリアルな体験からしか生まれません。

あなた自身がその地域で暮らしているのであれば、日常の体験が一番です。地域外の方は、5章で紹介した「声を聞く技術（P254）」を用い、住民の深い思いを聴きだすインタビューを実施する、もしくは後ほど紹介する「野外採集」の手口を用い、身体全体で地域を体感することをお勧めします。

ステップ2　素材を集める

地域を歩き、色々な人と話をして、気になったことをどんどん付箋に書き出しましょう。この段階で書くことは何でも構いません。とにかく数をたくさん出すことが大切です。

その際には、2色の付箋を活用し、1色には、「住民の声」や「発見したコトやモノ」をできるだけ忠実に、別の色には、気になったこと、疑問点、抱いた仮説、感想、疑問などをあなたの言葉で書き残しましょう。この2つを混同しないことが大切です。

付箋は模造紙に貼り、チーム作業の場合は、仲間と共有し、類似したものをまとめておきましょう。

テーマ　地場産業の活性化

事実・声

- 道路沿いに瓦屋さんの看板があった
- 瓦を正確な規格に作る細かな技術がある
- 瓦独特のいぶし銀がとても綺麗
- 昔は瓦の産地だったが今残っている工場は1軒

仮説・発見

- 地域には他にも様々な町工場があるのでは？
- 町工場の職人さんの技術がある
- いぶし銀は日本らしさが感じられる
- 町工場の衰退が激しい

大 issue　時代の流れによって衰退しつつあるまちの瓦工場

小 issue　瓦づくりの技術を生かして、どんな商品が開発可能か？

テーマ　認知症

事実・声

- 降りる駅を忘れる
- 駅を間違えよく会社に遅刻する
- 人混みは気持ちが不安になる
- 人に助けを求めても足を止めてくれない

仮説・発見

- 行き先メモがあれば人に質問できる
- 認知症の人にわかりやすい道案内とは？
- 混雑する時間帯を避けられると良さそう
- 声をかけられても認知症の人だと気づけない

大 issue　認知症の方の移動

小 issue　認知症の方の公共交通での移動を支援するために、何が可能か？

ステップ3　問いの形に文章化する

素材をよく眺めたうえで、あなたが取り組みたいと思える素材（付箋）を選び、イシューを文章化しましょう。

①あなたが取り組みたい大きなテーマを言葉にします。この段階、「ゴミ問題」「地域エネルギー」「商店街の衰退」など、抽象的なテーマで構いません。このテーマ選びに苦労する時は、SDGsの17領域や55のローカルイシュー（P52）から選んでも構いません。

②大きなテーマの中で特に関心がある、もっと深く考えたいイシューを絞り、言葉にします。「ゴミ問題」の中でも、「家庭で大量にでるプラスティックごみ」、「地域コミュニティ」の中でも、「子育てママのコミュニティ」という具合です。

③「問い」の形に文章化します。issue+designのプロジェクトでは「家庭で大量にでるレジ袋やペットボトルなどのプラスティックゴミを減らすために、何が可能か」のように、「〇〇（対象）の□□□のために、何が（どんなことが）可能か？」と問いかけるフォーマットを用います。

ステップ4　3つの視点で検証する

次の3つの視点で検証し、加筆・修正・補強しましょう。

1 あなた視点：あなた自身がチャレンジしていたい課題か？

最終的に実現に到るまでにはいくつものハードルがあります。そのハードルを突破できるかを左右するのはあなたの熱です。あなたが「本当にやりたい！」かどうかを確認しましょう。

2 地域・住民視点：地域に貢献できる、求められている課題か？

自分がやりたいだけでなく、地域に貢献できるイシューを選ぶことで、多くの人に協力してもらえる活動になります。

3 実現可能性視点：スモールスタートが可能か？

あなたのスキル、立場、持っているネットワークなどを見直して、実現可能性を検証しましょう。企業やＮＰＯなどの組織で取り組む場合は、組織の強みを活かすことができ、他業務との相乗効果が生まれやすいかどうかも大切なポイントです。

何度も失敗して、なかなか成果が出ないと、道半ばで断念しがちです。そうならないために、適切な大きさのイシューを設定することが大切です。最初は小さなチャレンジでも、一つ実現できると、その先に新たな景色が広がります。スキルも経験もつながりも広がり、より大きな課題に取り組めるようになります。

野外採集の手口

野外採集（フィールドワーク）とは、現場、地域を自分の足で歩き、観察し、その場所の空気を感じながら新しいものを発見し、多くの「問い」を作りだすためのリサーチです。

今の時代、インターネットで検索するだけで、地域・人・社会の事象の情報が山のように見つかるでしょう。この膨大な情報のおかげで、頭ばかりが肥大化し、足が弱体化してしまいがちです。頭ではわかっているけど、実感できない、自分のことと感じられない、そんな感覚にとらわれがちです。地域課題を自分ごととして深く捉えられないと、優れた問いは生まれません。

「歩く」というのは、頭でっかちになりがちな地域に対する情報を、五感を駆使して「身体で感じる」ことです。足を動かす、目をこらす、耳を傾ける、手を動かす、匂いを嗅ぐ、味わう。身体を使って情報を感じ取ることで、思考が深まり、理解が増し、どんどん知りたいこと、解明したいこと、つまり問いが生まれます。

歩き方は自由ですが、新しい「問い」を生む歩き方をサポートする「31の手口」を紹介します。

1. 真上から見下ろしてみる
2. 叩いてみる
3. 古き良きを感じてみる
4. 誰かになりきってみる
5. 誰にでも挨拶をしてみる
6. 張り込んでみる
7. 逆さまにしてみる
8. 話しかけてみる
9. そっと退かしてみる
10. 壁を越えてみる

11. 穴を覗いてみる
12. 埋もれてみる
赤
13. 同じものを集めてみる
赤
14. 同じものを数えてみる
赤
15. 足跡をたどってみる
16. 潜り込んでみる
18. 抱きしめてみる
17. 蟻の目を持ってみる

19. 鳥の目を持ってみる

20. 真下から仰ぎ見てみる

21. 耳を澄ませてみる

22. 匂いを吸い込んでみる

23. 何かに見立ててみる

24. 視点を盗んでみる

25. 影に映してみる

27. 浮かんでみる

26. ギリギリを攻めてみる

28. 鏡に映してみる

29. とにかく触ってみる

30. あるあるを探してみる

31. ご当地を味わってみる

技術6　発想する技術

持続可能な地域づくりのために必要な、住民が抱える生活上の課題を解決するアイデア、豊かな生活や新しい事業をもたらすアイデアを発想する技術です。人は誰もが「社会を良くするためのアイデアを創造する力」を備えています。その力を引き出すために身につけるべき「型」とトレーニングの方法を紹介します。

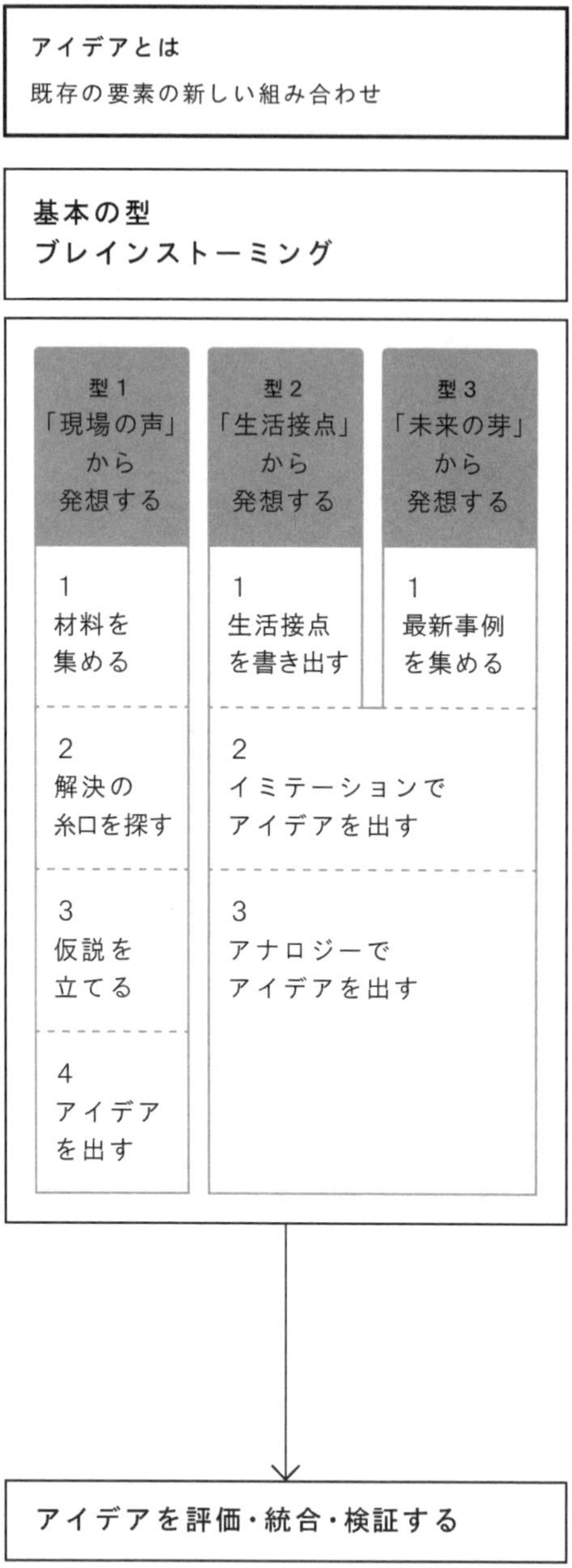

アイデアを発想する

「アイデアとは既存の要素の新しい組み合わせ」です。

既存の要素とはあなたが集めた情報（一次情報・二次情報）やこれまでの経験や暗黙的な知識（0次情報）です。この情報の組み合わせでアイデアは生まれます。

アイデアを出す行為は料理に似ています。頭の中に、アイデアを生み出す鍋があるとイメージしてください。鍋に入っているのは手に入れた材料（一次・二次情報）、そして自分ならではのスープストック（0次情報）です。材料を集めて、下ごしらえをする（情報収集）。鍋に入れ、煮込む。しばらく寝かせて味をなじませる。材料が融合してひとつの料理が生まれる。味見をして、改良する。

ここからアイデアを生み出すポイントが3つ見えてきます。

1つは優れた材料を集め、上手に下ごしらえする必要があることです。ここでの優れた材料とは、住民の声や問題意識であり、地域資源です。そのために、現場を歩き、声を聞き、情報を整理します。そもそも素材がよくなければ、美味しい料理はできません。せっかくの素材も加工や保管がひどいと台無しです。

2つ目は、味のベースとなるオリジナルのスープストック、0次情報の必要性です。「0次情報」とは、自分の脳に詰まっている無数の「記憶情報」を指します。普段の生活や仕事の中で蓄積してきた知見です。蓄積できていない人はどうするんだ？と思うかもしれません。それは大丈夫。蓄積されていない人はいません。

3つ目に、発想はチーム作業です。多様なメンバーでお互いの0次情報を補完できます。

不器用な人でも味音痴の人でも、自分で作る・味わうを繰り返せば、料理のスキルを高めることができるように、アイデアを生みだすことも基本を学び、練習と実践を繰り返すことで、だれでも上達できます。ぜひ本章の発想法を意識しながら、日常生活の中でアイデアを生み出すことを日々の習慣にしてください。

アイデア発想の型

アイデアを出すというのは、クリエイティブな能力に恵まれた、一部の特別な人にしかできないすごく難しいことのように思えます。しかし、包丁の使い方から順々に技術を学び、料理本のレシピをそのまま真似することから始めて、色々作っていると、徐々に自分なりの料理ができるようになるでしょう。同様に、アイデア発想の技術（型）を学び、トレーニングを重ねることで、誰でもアイデアを出すことができるようになります。

ここでは、持続可能な地域づくりに必要なアイデアを発想するために身につけるべき4つの型を紹介します。

基本の型　ブレインストーミング

アイデア発想の基本の型が「ブレインストーミング」です。略して「ブレスト」と呼ばれ、多くの方になじみがあるものでしょう。

ブレストは自由に、集団で発想する方法で、準備も道具もそれほど必要なく、紙とペンだけでできるので、世界中で行われています。行うときに前提となるわずかなルールがあるだけです。そのルールを守りながら、お題（問いを立てる技術で定めたイシュー）をもとに、紙や付箋に一つずつアイデアをどんどん書き出していくというシンプルな方法です。

ブレストを行うにあたって、次の4つのルールがあります。まず、これをみんなで共有しましょう。

ルール１　質より量
ルール２　判断延期、批判禁止
ルール３　自由奔放・非現実的・突飛さ歓迎
ルール４　組み合わせ・改善・便乗歓迎

質より量を出すことが目的

特に意識してほしいのがルール1の「質より量」です。とにかく、量を出します。量を出せば質の良いアイデアが1つくらいあるかもしれない、という確率論的なもの以外に3つ理由があります。

【0次情報の誘発】

自分の頭の中の「0次情報（記憶情報）」を引き出すためです。ブレストの初期段階では、インタビューの声、最近気になったことなど、記憶の表層にある情報に基づいたアイデアが出てきます。

もちろん、この中にも優れたアイデアの材料はあるでしょう。しかし、そう簡単にはいきません。

そのため、自分の頭の奥深くに格納されている0次情報、つまり「まったく違う体験による情報」を引き出す必要があります。不思議なことに、無理やり量を出していくと、ある情報が他の情報の呼び水になる作用が頭の中で起きます。

【組み合わせの数】

量を出せば出すほど、必然的に新しい組み合わせを発見できるチャンスが増えます。そのアイデア自体は平凡でも、他の情報と結びつくことでまったく新しいアイデアになるかもしれません。「もうおもしろいアイデアなんて出ないよ」、そんな言葉をよく聞きます。おもしろくなくていいのです。

【頭脳のチーム化】

自分が出した平凡なアイデアに刺激を受けて、他のメンバーから新しいアイデアが生まれるかもしれません。個々の記憶情報が連鎖することで、チーム全体で大きな0次情報を手にしていることになります。チームでひとつの頭脳を持っているイメージを持ちましょう。他の人のアイデアを聞いたら、それを素材の1つとして自分の頭の中に放り込むイメージを持つといいようです。

ブレストで生まれるアイデアはあくまで素材です。その実現性や良し悪しを指摘することには意味がありません（ルール2）。ある人の非常識なアイデアが他の人の常識的アイデアと結びついて、実現可能なアイデアに化けるかもしれません（ルール3・4）。

頭脳のチーム化に最適な人数は4～5人です。それ以下だと停滞することが多く、それ以上だと発言する人、しない人の偏りが生じがちです。

付箋の使い方

・付箋1枚に1アイデアを書きます。太いペンで最大20文字程度で書きましょう。細い文字は他のメンバーが読みにくく、アイデアの連鎖が生まれにくくなります。

・できるだけ短い単語ではなく、文章で記入しましょう。単語だと、その付箋で発想が終わり、別の人の発想への連鎖、つながりが起きにくくなります。

多世代が一緒に食事ができる放課後食堂

食事を楽しむ仲間がいない高齢者が増えている

→ 高齢者の孤立

・ちょっとした絵、記号、図などは大歓迎です。自分や仲間のアイデア出しの刺激になります。

イシューと往復する

自由奔放に取り組むべき作業ですが、唯一の制約がイシューです。イシューから外れたアイデアが出たときは、そのアイデア自体を批判するのではなく（他のアイデアと結びつくかもしれません）、イシューの再確認を促して、すみやかに軌道修正しましょう。

どうしてもイシューからずれたり、噛み合わないことが出てきます。その場合はイシューを考え直しましょう。本当に大切にしたいコトが別にあるかもしれません。

イシューを定めて発想する、発想してイシューを再定義する、この往復を通じてイシューとアイデアは進化していきます。

うまく行かない時には

ブレストはシンプルで強力な発想法ですが、「いいアイデアが出なかった」という声も挙がります。理由はいろいろと考えられます。もっとも多いのが、イシューの絞り込みが十分でないことです。イシューは参加者が発想をジャンプさせるための土台です。土台がしっかりしていないと、うまく跳べません。

もう一つは、参加者の多様性が不足していることです。関連する領域の知見がある人、課題に実際に直面している人、企画やアイデアづくりが得意な人などの参加を仰ぐことで、場がレベルアップして発想の質的向上が見込まれます。

ブレインストーミングは、一人のカリスマシェフによる作品作りではありません。チームみんなで試行錯誤しながら、意外性のある食材や個人技の連携で新しい料理を作りだすチームプレイです。参加者それぞれが高いモチベーションで臨み、チームとして一体感を持ち、高揚した雰囲気をつくり出すことも大切です。

地域づくりのためのアイデア発想3つの型

ブレインストーミングをベースにした、持続可能な地域づくりのためのアイデア出しの型を3つ紹介します。いずれも「既存要素の組み合わせ」を実現するために、必要な素材を集め、掛け合わせ、アイデアを引き出していく方法です。

「現場の声」から発想する
「未来の芽」から発想する
「生活接点」から発想する

「現場の声」から発想する

現場を歩き、声を聞いた結果からアイデアをつくる方法です。現場を洗い直して解決の糸口をつかんでくる、いわば探偵が推理するようなイメージを持つといいでしょう。これはアブダクションと呼ばれる思考法に近いものです。

アブダクション（仮説推論）

ある前提となる事実からその事実を説明づける仮説を結論として導く推論の方法の一つです。「地球に引力がある」というニュートンの世紀の大発見が「リンゴが木から落ちる」という現象から推論した仮説だというのはよく知られています。

シャーロック・ホームズの小説に出てくる推理もアブダクションを用いています。シリーズ第1作で、ホームズは助手のワトスンに最初に出会った際に、「アフガニスタンに行っていましたね」と推理しています。これは、事前に知っていた情報とワトスンの外見という糸口から、下図のように推理をしたと考えられます。

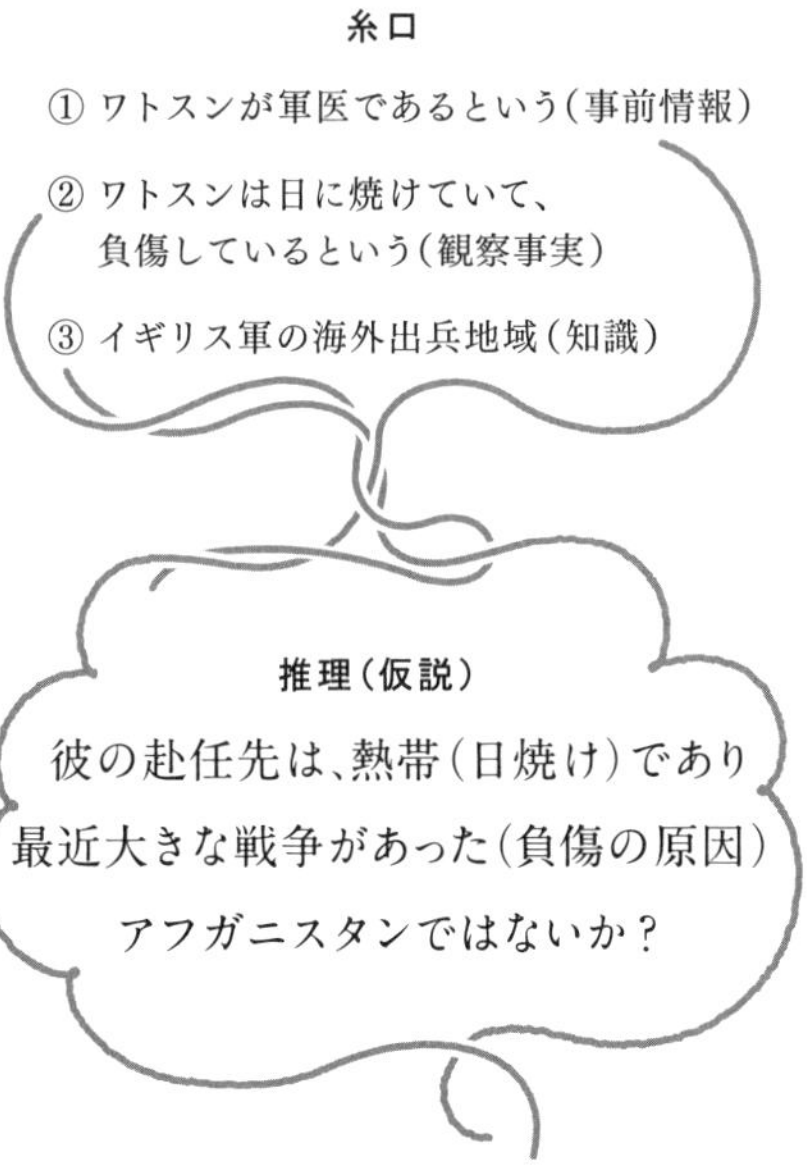

糸口
① ワトスンが軍医であるという（事前情報）
② ワトスンは日に焼けていて、負傷しているという（観察事実）
③ イギリス軍の海外出兵地域（知識）

推理（仮説）
彼の赴任先は、熱帯（日焼け）であり
最近大きな戦争があった（負傷の原因）
アフガニスタンではないか？

地域づくりのブレインストーミングでも、アブダクションの考え方で、集めた情報から解決の糸口を見出し、「もし○○であれば、□□が可能ではないか?」と推理し、仮説を立てます。

次ページがアブダクションから生まれたアイデアの一例です。

アブダクションは、一人でも複数人でも、様々な状況で活用可

「ボランティアの復興支援の活動を円滑にするために、何が可能か？」	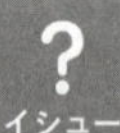 イシュー	「冬の観光客を増やすために、何が可能か？」
① 多くの復興ボランティアが自分が何をすべきかわからなかった。 ② 被災者もボランティアのスキルがわからず、お願いできなかった。 ③ 指示待ちボランティアが大量に発生し、現場が混乱した。	 糸口	① 有名な観光地巡りではない旅を求める外国人が増えている。 ② 日本の冬の寒さ、パウダースノーに憧れる外国人は多い。 ③ スキー、スノーボード以外の冬の観光コンテンツが少ない。
スキルを一目でわかるようにできれば、混乱を防げるのでは？	推測（仮説）	北海道の冬の寒さ、雪の多さをとことん楽しみたい人がいるのでは？
 **ボランティアのスキルがひと目で周囲に伝わるゼッケン**	! アイデア	 **北海道の冬を楽しみ尽くす極寒10種競技会**

能なアイデア出しの型です。現場を歩き、話を聞きながら、仮説を推理することを日頃から習慣にしていきましょう。アブダクションによるアイデア発想のプロセスは次の通りです。

【基本プロセス】

1. あなたのイシューに関連する推理の材料（住民の声、発見した素材）を集めます。
2. 解決の糸口になりそうな（参考になりそう！ 印象に残る！ 何だか気になる？）ものをできるだけたくさん付箋に書き出します。（黄色の付箋）
3. その糸口に基づいて、あなたの仮説（もし○○であれば、□□が可能ではないか？）を異なる色の付箋に記述します。（緑色の付箋）
4. 生まれた仮説に対して、それを実行するために必要なモノ、サービス、空間、情報、仕組み・プログラムのアイデアを出して、3列目に貼ります。（ピンク色の付箋）
5. 仮説、アイデアがなかなか生まれない材料はあきらめて、他のものを使って、どんどん発想していきましょう。

「生活接点」から発想する

世の中にあるモノ・コトとイシューを関連づけてアイデアを出す方法です。人は24時間365日さまざまなものに接しています。それらのごく日常的なモノ・コトを地域の課題や資源と結びつけることで、異種交配的な効果をねらいます。「生活接点」を活用する方法が2つあります。

イミテーション（模倣）

真似ることはあまり好ましくない行為だと捉えられがちです。しかし、模倣が創造の母だということは、学問の世界でも十分に研究・立証されています。他者の優れた行動に敬意を表して、どんどん自分のアイデアに取り入れましょう。

他者がすでに実施している活動（モノ、サービス、空間、情報、仕組み）の優れた部分を取り入れて、あなたのプロジェクトに応用する方法がイミテーションです。そっくりそのまま模倣しても、絶対にうまくいきません。地域性や対象住民に合わせてアレンジし、さらに他のアイデアを掛け合わせることで、あなたのオリジナルなアイデアにレベルアップさせることに挑戦しましょう。

アナロジー（類推）

異なる領域の事例を参考に、あなたのイシューのアイデアをつくり出す方法です。ごく身近にある考え方で、一般的な言葉では「たとえ」です。「カフェのようなゲストハウス」、「救急医療のトリアージタグのようなゴミ分別システム」というように、他の分野で使われている事例にたとえることで、イシューに答えるアイデアを発想します。

イミテーションとアナロジーは、他の事例からアイデアを得るという点は似ています。イミテーションは事例の一部分を、アナロジーは背景にある考え方を参考にアイデアを出すところが違いです。

「一人暮らし高齢者の孤独」がイシューだったとします。そこに「回転寿司」という生活接点の掛け合わせで発想します。ここから、「高齢者同士が交流・会話できる回転寿司」というアイデアが発想できます。これは「回転寿司」という世の中にあるものをイミテーションし、あなたなりのアイデアを加えたものになります。

また「回転寿司のように、人がどんどん回って新しい出会いが生まれる高齢者イベント」というアイデアも発想できます。これは「〇〇のような」ですから、アナロジーです。

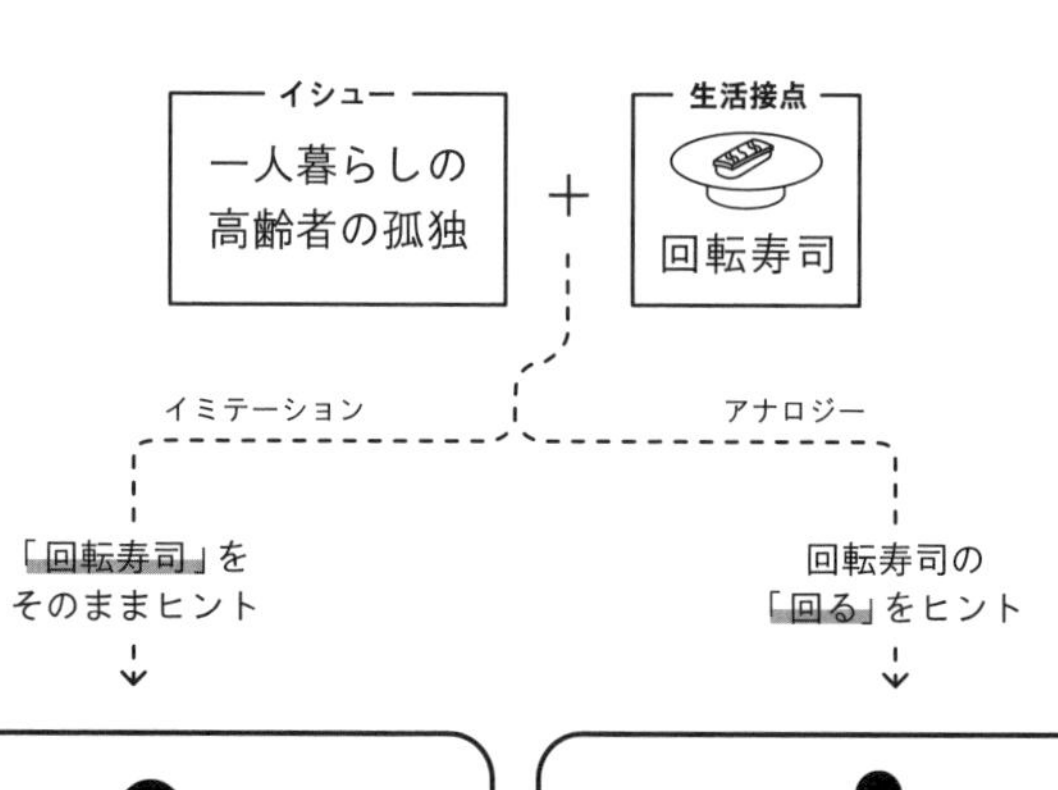

高齢者同士が
交流できる回転寿司
というアイデアの誕生

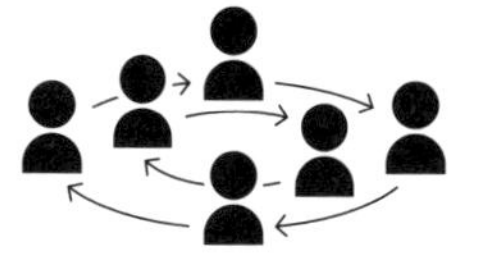

回転寿司のように人が回り、
出会いが生まれるイベント
というアイデアの誕生

【基本プロセス】

1. イシューに直面している住民一人の具体的な生活を思い描き、その人が毎日の生活で接しているアイテムをできるだけ多く書き出し、カード化します。平日、休日それぞれの起床から就寝までを想像し、可能であれば、ペルソナの生活を自分で再現すべく、家の中、施設の中、街中を歩いてみると、具体性を持って多くのものを発見できます。この際に、一見関係がなさそうなアイテムでも、気になったもの、アイデア出しの参考になりそうなものは書いておきましょう。
※次ページにある、発想に効果的な接点カード例も参考にしてください。
2. 各接点（アイテム）をそのまま活用するイミテーションの方法でアイデアを発想し（例：高齢者向け「回転寿司」）、接点の下に書き出してください。
3. 続いて、「○○のような」とアナロジー（たとえ）の方法でアイデアを発想し（例：「回転寿司」のようなイベント）、接点の下に書き出してください。（ピンクの付箋）
4. 何も頭に思い浮かばない接点はどんどん飛ばして、別のものからどんどんアイデアを出していきましょう。

アイデア発想に役立つ生活接点カード例一覧

夜景	お土産	ご近所さん	食事	写真	音声アシスタント	のろし	BAR
ぬいぐるみ	パジャマ	コミュニティスペース	ティッシュ	本	旅行	スポーツ	インターネット
タイムカプセル	文房具	万歩計	アルバム	食器	宅配便	生協	新聞
手帳	薬 サプリメント	化粧品	遺書	外出着	ソーシャルメディア	献血	ポイントカード
インターホン	エアコン	パソコン	テレビゲーム	固定電話	ファミリーレストラン	コンビニ	スポーツジム
リモコン	携帯電話 スマートフォン	テレビ	屋上	トイレ	消しゴム	金曜日	ドラックストア
掲示板	回覧板	駐輪場	スプリンクラー	ドア	照明	お中元	田んぼ・畑
ものさし	手話	投票	回転寿司	足跡	ペット	年賀状	テント
裁縫・編み物	ボードゲーム カードゲーム	日曜大工	アニメ・漫画	ギャンブル	子育て	宝くじ	お笑い

「未来の芽」から発想する

「未来の芽」とは、これから地域・日本・世界で起こりうる「未来」を感じさせる、世の中の優れた事例や先進的な出来事のことです。他地域で行われている地域づくりの最新事例は格好のアイデアの種です。また、地域づくりとは無関係な最先端のビジネス、テクノロジーの中にも、地域に応用可能な種があふれています。

【基本プロセス】

1. メンバー各自が、新聞、雑誌、インターネットなどから、「未来の芽」を探します。この事例はイシューに近い領域のものだけでなく、幅広くチームメンバーが気になったもので構いません。
2. 「未来の芽」にタイトル・説明・画像を添えてシートにします。
3. メンバー全員のシートを共有し、各々が気になった（参考になる！おもしろそう！何だか気になる！）未来の芽を選びます。
4. 各未来の芽の気になったポイントにペンで印をつけます。
5. 気になった理由を元に、アナロジーもしくはイミテーションでアイデアを発想し、貼ります。（ピンクの付箋）
6. 発想が広がらないものはあきらめ、他の事例に進みましょう。

アイデアを評価・統合・検証する

3つの型にトライした後、アイデアを出し切ったと感じたら、それらを評価・整理・統合していきましょう。現段階では思い付きレベルのものからある程度洗練されたものまで、質の異なるアイデアが混在している状態です。アイデアとは既存要素の組み合わせです。複数のアイデアを組み合わせることで、実行に移せる可能性がある骨太なアイデアに昇華させていきましょう。

アイデアを評価する

2色のシールや小さな付箋を用い、すべてのアイデアを振り返り、青が「良い」、赤が「興味深い」、2種類のシールを貼っていきます。「興味深い」アイデアは、今後アイデアを発展させたり、ブラッシュアップしていくための重要なヒントとなります。

アイデアを統合する

アイデア同士を結びつけて1つのストーリーにすることで、一段階上のアイデアに発展させます。

【基本プロセス】

1. あなたが最も魅力的に感じるアイデアを1つ選びます。
2. そのアイデアに、ひと工夫を加えられるサブアイデアを選んで加えます。このときに、「興味深い（赤）」アイデアが役立ちます。単体としてはいまひとつでも、他のアイデアを引き立ててくれる名脇役的なものがあるはずです。
3. 集まったアイデアを整理して、1つの物語をつくります。主人公を想定して、その人が、いつ、どこで、どんなサービス・モノ・仕組みを利用したのかという流れがわかるように時系列を意識して、アイデアを加筆・修正してください。
4. 最後に、物語のタイトルをつけます。

他のアイデアの力を借りることで、単独では弱かったものが、光り輝くことがよくあります。また、ストーリーにすることで、曖昧な要素、不足している要素、非現実的な要素がわかります。

アイデアを検証する

次の視点でアイデアを検証しましょう。

□イシューを解決できるアイデアか？

発想している中で、当初のイシューからずれてしまうことがあります。イシューが変わること自体は悪いことではありません。その場合はもう一度イシューを文章化して、そのイシューの解決に貢献できるアイデアであることを確認しましょう。

□住民の気持ちを動かすことができるアイデアか？

「孤独死」をテーマに一人暮らし高齢男性と地域のつながりをつくるアイデアを出していました。「食事が困るだろうから、料理教室をやろう」。そんなアイデアが出ました。果たして孤独死に至る可能性がある人が料理教室に来るでしょうか。「何となくやってくれそう」、そういう「何となく」のアイデアでは人は動きません。ターゲット住民の生活実態と心の動きを想像し、本当に行動を促すことができるかを検証しましょう。

□あなたの持つリソースでスモールスタートが可能か？

現時点であなた及びチームが持つリソース（人、モノ、金、情報）の範囲内で、小さくスタートできるアイデアであることが大切です。小さく始めて、徐々に大きく育てていきましょう。

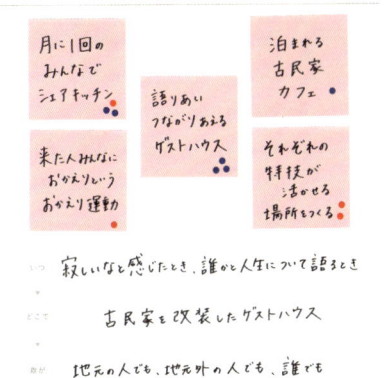

みんながただいまと言えるゲストハウス

月に1回のみんなでシェアキッチン

語りあいつながりあえるゲストハウス

泊まれる古民家カフェ

来た人みんなにおかえりというおかえり運動

それぞれの特技が活かせる場所をつくる

いつ　寂しいなと感じたとき、誰かと人生について語るとき

どこで　古民家を改装したゲストハウス

誰が　地元の人でも、地元外の人でも、誰でも

何を（サービス／仕組み）
・おかえりと行って迎えてくれるスタッフ
・みんなで囲める食卓がある
・夜遅くまで語り合っても泊まっていける寝床スペース
・自分の特技をいかして、お客さんからサービスの提供者になれる余白がある

インタビュー4

SDGsは子どもたちの学びと社会をつなぐ窓

山藤 旅聞

1979年、米国ブラウン大学卒業。都立高校で15年勤務し、2019年4月より新渡戸文化学園小中学校・高等学校で生物教師として教鞭をとる。2017年には予測不可能な未来でも、自律して行動できる学生が育つ教育のあり方を提案するプロジェクト「未来教育デザインConfeito」を設立。全国での講演会、出前授業を精力的に行っている。

Q1 SDGsとの出会い、最初の印象を教えてください。

赴任2校目となる都立高校で教員をしていた2015年のことです。「勉強についていけない生徒を誰ひとり見捨てない」という方針で対話型授業を実践し始めていたのでSDGsの理念「誰一人取り残さない」という言葉が、僕が考えていたことと同じで大変共感しました。

マレーシアのボルネオ島に渡航した際の経験が僕にSDGsの本質、重要性を教えてくれました。

ボルネオ島では、経済成長の代償に、熱帯雨林の破壊が進み、気候変動や生物多様性、大気汚染、労働者や先住民の人権など、様々な問題が生じている姿を目のあたりにして衝撃を受けました。

森林伐採の原因が、カップ麺、スナック菓子、化粧品などの原材料になるパーム油生産を目的としたアブラヤシ農園の急速な拡大であり、我々日本人の生活と密接に関連していることに本当に驚きました。この時、今までは点と点としてしか理解していなかった社会課題同士のつながりがはっきりと見えたのです。

Q2 「対話型授業」や「誰ひとり見捨てない」という方針をお持ちになったのは、どうしてですか？

16年間の教員生活で、辿り着いた一つの答えです。

最初に赴任した学校では、生徒たちの学習意欲は低く、「面白くない授業は受けない」という態度がはっきりと伝わってくる生徒が大半でした。しかし、授業をしていくうちに、生徒たちは決して能力が低いわけではなく、生徒の知的好奇心をくすぐる授業さえすれば、高い力を発揮できることがわかりました。そこで僕は思い切って生物の授業を全て実験に変更し、実験を通じた探究的な授業をすることを心がけました。すると、生徒たちは授業に夢中になり、さらには自分の夢を語るようになり、夢に向かって勉強し、進学を選択する子がどんどん増えていったんです。内発的な学びへの意欲を止めていたのは、自分たち教師側だったんだと気づかされました。

次の赴任先は中高一貫の進学校で、生徒たちは勉強熱心でいい子ばかり。でも、授業中、学んでいる生徒たちの目に輝きはありませんでした。また、中学受験や高校受験を経た学力トップレベルの子たちが集まっているはずなのに、約1割の子たちは勉強についていけなくなるんです。僕ら教師はそういう子たちのためにも何もできていませんでした。

異動から4年が経った時、希望して中学1年生から高校3年生まで、通しでクラス担任を持たせてもらえる機会をえました。まだ目がキラキラの中学1年生から「対話型授業」「教えない授業」という新しい挑戦をしようと思ったんです。

教員から宿題を出さず、クラス内のルールも提示せず、全て生徒が自分たちで話し合い、自分たちで決める「生徒自治」での学校運営に挑戦してみることにしました。授業自体も、生徒同士が話し合う「対話型」か先生が話す「講義型」のどちらかのスタイルを選択できるようにしました。すると生徒たちは決まって対話型を選び、授業の中で一人ひとりの個が見え始め、どんどん自発的に個性的に変わっていったんです。わずか1年間で、生徒自治というこの方法の成果を感じました。

2013年、JICAの教師海外研修でブータンに行く機会がありました。現地の学校で授業をしたのですが、生徒全員が日本では見たことのないほど目をキラキラさせて学んでいたのです。子どもたちに夢を聞くと、職業を答える子どもが一人もいないんです。「国の教育環境を整える仕事につきたい」「法律に関わる仕事で、よりよい国にしたい」、そんな答えばかりなんです。「何のために働くのか」、「そのために今、何を学ぶのか」ということを自然と考えられる子どもたちばかりでした。

この体験を通して、今までの教育に対する考え方が完全に崩れてしまいました。同時に、感じていた教育への違和感の答えがおぼろげながら見えてきました。

帰国してからは、教員がやることをより手放して、生徒の自主性に任せる生徒自治を一層高めることに取り組みました。生徒に任せる代わりに、教員はリアルな学びと社会をつなげることをデザインし、子どもたち自身が何のために学ぶのかを真剣に考えられるような環境づくりに努めました。

それらを継続した結果、高校3年生になった生徒たちは「受験やテストのために勉強するのではなく、社会や誰かの幸せのために学ぶ」という考えが当たり前になり、受験も「いい大学に入る」という目的から「学びたいことを学ぶ」ための手段に変容していきました。

Q3 子どもたちの学びとリアルな社会をつなぐために、具体的にどのようなことをしていますか?

1つは、普段の授業の中にSDGsを社会課題を見るための窓として取り入れていることです。生物の授業の導入では、その授業の単元がSDGsの17ゴールのどれに結びつくのかを考えてもらいます。そうすると、これから自分たちが学ぶ生物の内容がリアルな社会でどんなことに役立つのかの理解が進みます。生物にあまり興味がない生徒でも、17ゴールのなかで関心のある問題と生物で学ぶ内容が、実はつながっていることがわかると、主体的に学びはじめます。

もう1つは、生徒たちが、社会課題解決のための仕事をしている大人と出会う場を設けることです。講演に来ていただくこともあれば、その方が活躍する現場に伺って、解決の現場を生徒たちに見せることもあります。

この二つを通して、自分は何のために学ぶのかを考えられるようになった生徒達が、自発的に社会課題解決のためのプロジェクトを企画し始めています。

その1つが、オーガニックコットンを扱うメーカーの端材を活用して、途上国の女の子のための布ナプキン、ブックカバー、コースター、赤ちゃん用遊具などにリメイクするプロジェクトです。その他にも、現在30を超えるプロジェクトが動いており、参加生徒も100名近くになっています。

Q4　対話型授業で従来型の大学受験、例えばセンター試験のようなものに対応はできるのでしょうか？

自分が学ぶ目的に確信を持ち、学習意欲が高まった生徒にとって、大学受験は何の問題もありません。センター試験のような選択式テストは対策をきっちりやりますが、受験の先を見据えて勉強している子は、学習意欲が抜群に高いので、きっちりやり切ります。逆に目的が不明確だと、どこかで息切れしてしまうことがあります。追試ばかりで、成績もギリギリの評価を受けていた生徒が、一年後、第一希望の国立大学歯学部に合格するなど、入試面の成果は、手ごたえを感じてます。

Q5　今後はどんな活動をしていきたいとお考えですか？

全国どの学校にも、昔の僕と同じように今の教育に違和感を感じている教員がたくさんいます。積極的に自分が実践してきた授業の方法を伝えて、そのような教員の力になりたいと思っています。生徒の中にも今の教育に「NO」の声を上げている生徒がいることも忘れてはいけません。いまの子どもたちは、「自分が何のために生きているのか」を本質的に探していると感じることがよくあります。物質的には恵まれている時代だからでしょうか。人間が本来持っている承認欲求に貪欲で、第三者のことをすごく意識しています。そのような現代を生きる子どもたちが、学校での学びを社会のための行動につなげられるような窓としてSDGsを活用できると思っています。

第７章

未来を切り拓く力を育む「次世代教育」

未来とつながる17本の川

シロサケ*の稚魚は生まれた川で泳ぎ方や餌のとり方を学び、海洋生活に適応できる銀白色の形態に変化し、1年以内に海に向かって川を下る。わざわざ外敵の多い海洋へと下るのは、成長期に餌が豊富な海で過ごすことで成長速度を高めるためと言われている。2〜4年かけてアラスカ湾までの数千キロの範囲を大回遊し、繁殖期になると日本近海まで戻ってくる。シロサケはホルモンの効果で自分が生まれ育った川の匂いを確実に記憶しており、それを頼りに多数ある川から母なる川を間違いなく選び、遡上してくる。そして川底で産卵し、海洋で蓄えたエネルギーを卵に託す。

持続可能な地域に必要な4つの生態系エレメント、最後は地域のあらゆる生態を潤わせ、生きる力を充たし、大きな世界に導く「水」。次世代を育む教育である。

SDGsとは、子どもたちの日常生活と未知なる大きな世界をつなぎ、将来進む道へと誘う17本の川である。川の先に広がる大きな海へ好奇心を抱き、挑戦する子どもたちをどれだけ生み出すことができるかで、地域の未来が決まる。

＊シロサケ
日本で一般的にサケと呼ばれている魚。ニシン目サケ亜科サケ科サケ属に分類される。

地域の子どもを取り巻く社会環境変化

一方、子どもたちを取り巻く環境は激変している。まずは、持続可能な地域のための未来の教育を考えるにあたり避けて通れない、3つの環境変化、「拡がる学習機会の地域格差」「弱体化する育の生態系」「激変する働く環境と必須スキル」を見てみよう。

拡がる学習機会の地域格差

P75で紹介したように、大学がたくさんある都道府県ほど、高校生の大学進学率が高い。トップの東京には138の大学があるのに対して、最下位の島根・佐賀には2大学しかない。近所に大学があれば、大学生と知り合ったり、関連イベントに参加したりと、新しい学びに触れられる機会が増える。確かに、東京大学や東京藝術大学のお膝元である東京都文京区、台東区などの小学校では、美大生によるアート講座、一流科学者の実験教室、五輪経験者によるかけっこ教室など、誰もがワクワクする学びの機会が大学や大学生・卒業生グループにより提供されている。地域で暮らす子どもたちと比べて、最先端の学習機会に恵まれているのは明らかだ。

一方、地域での暮らしは、昔ながらの濃密な人間関係、子どもたちの好奇心・冒険心・身体力を育む自然体験ができる機会に恵まれている。「飯が食える魅力的な大人を育てる」をコンセプトにユニークな教育を行う花まる学習会の代表、高濱正伸氏は、幼少期には何よりも外遊び、自然体験が重要だと提唱している。私も過去の体験や子どもたちの姿から、自然体験が人生基盤を作るという考え方には大賛成である。

私自身、大都市圏の子どもたち、地方圏の子どもたち両方と学校の授業を通じて接する機会がある。小学生を見ている限りは、子どもたちに学習意欲の違いは感じられない。しかし、中学生・高校生と年齢を重ねていくにあたって、学習意欲を失っていく若者が多いこと、それが特に地域に多い印象は抱いていたが、確信は持てていなかった。

そんな折に、大きな衝撃を受ける調査に出会った。2017年実施の「学習意欲とつながりに関する調査(以降、学習意欲調査)[*]」である。この調査では、都市の人口規模(政令都市、県庁所在都市、その他市部、町村部)と中学生・高校生の学習意欲、困難なことへの挑戦意欲、将来の展望などに差があり、人口規模が小さくなればなるほど、多くの項目で低下することが報告されている。

＊ **学習意欲とつながりに関する調査**
調査日時：2017年4月
サンプル数：15〜19歳男女2000名
調査手法：インターネット調査
調査実施主体：イシュープラスデザイン

学習意欲の格差

同調査によると、「学ぶこと、勉強することが好きだ」と回答した全国の中高生は3分の1程度の36・2％にとどまる。その回答率は、人口規模が小さくなるに連れて、下がる傾向があり、政令指定都市と町村部では8・7ポイントの差がある。「うまく行くかわからないことにも積極的に取り組む」というチャレンジ姿勢に関する項目でも、同様の傾向で政令指定都市と町村部で10ポイント以上の差がみられる。

将来展望（将来の夢・希望・可能性）の格差

「私は将来なりたい職業、夢がある」と回答した中学生・高校生は全国平均で46・9％と半数に満たない。半数未満というと低いように見えるが、大学生や高校生相手の授業をしていると、私が学生時代（90年代）に比べて学生たちが真剣に将来のことを考えていることによく驚かされる。有名大学に進学する、大企業に勤めあげる、そんな分かりやすい成功への道がなくなっていることを学生たち自身が一番実感しており、自分なりの道を模索している証かもしれない。

地域の人口規模で最も大きな差が見られる項目が「私は今後お金持ちになれる可能性がある」と回答した割合である。政令指定都市では44・0％なのに対して、町村部

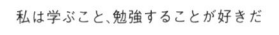

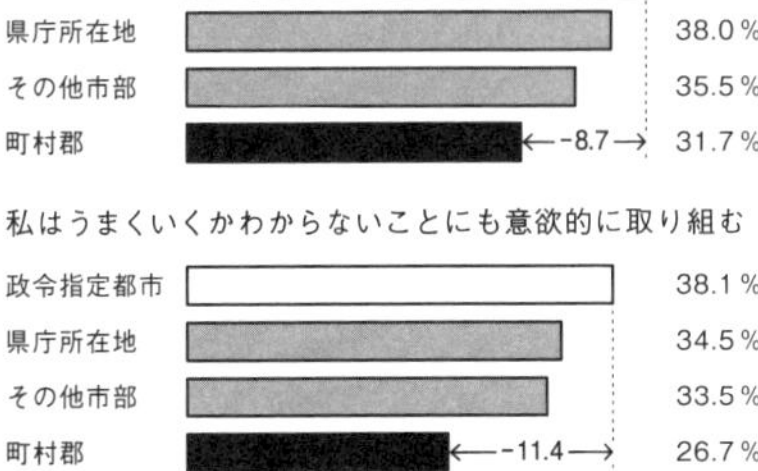

では27・5％と15ポイント以上差がある。経済的成功者の話題や成功ストーリーに、インターネットやテレビなどを通じていくらでも接触できる時代である。しかし、今自分が暮らしている狭い生活環境、人間関係の中では、「自分がお金持ちになれる」という未来をリアルに描きにくいのが、町村部で暮らす子どもたちの実態のようだ。

自己肯定感の格差

日本人は「自己肯定感」が低いという調査結果をよく眼にする。内閣府実施の国際比較調査*によると、「自分自身に満足している」という若者の割合が、45・8％と半分を切り、アメリカ、イギリス、ドイツ、韓国からも大きく離されて、最下位である。*学習意欲調査でも「自分自身のことが好きである」は26・5％と非常に低い。なかでも、町村部の子どもは21・7％と政令指定都市の子どもと比べて7・3ポイントも低い。

学習意欲、将来展望、自己肯定感の関係性

将来展望、自己肯定感、学習意欲の3つの間には一定の相関関係が見られる。学習意欲を高めるためには、自己を肯定し自分に自信を持つこと（自己肯定）、そして将来の夢を描き自分の未来に可能性を見出すこと（将来展望）が鍵を握っているのだ。

＊国際比較調査
調査名称：我が国と諸外国の若者の意識に関する調査
調査日時：2013年11～12月
調査対象国：日本、韓国、アメリカ、英国、ドイツ、フランス、スウェーデン
調査対象者：13歳から29歳の男女

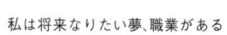

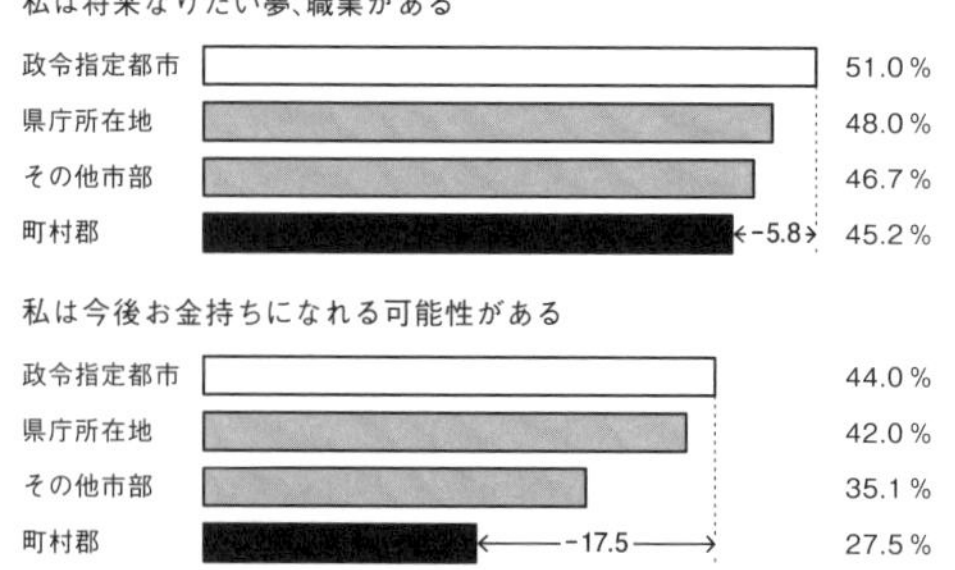

そして、大都市圏と町村部の間で、自分の明るい将来を描き大きな夢を持つ機会、自分自身に自信を持ち自分を肯定できる機会が不足しており、それが原因で子どもたちの学習意欲、さらには学力の格差が生まれている可能性がある。

弱体化する育の生態系

先述の高濱先生は、子ども時代は大きく2つのハコに分かれると述べている。4〜9歳の赤いハコ期は頭と心をのびのび育てる時期である。やんちゃをしながら色々なことを経験し、自分の好きなことに熱中する時期である。幼稚園から小学校低学年までの、とにかく、落ち着きがなく、やかましく、感覚的な時期である。この時期は、とにかく動き回り、遊ぶこと、自分が好きなことに熱中する体験が大切で、親との密なコミュニケーションが成長に欠かせない。

11〜18歳の青いハコ期は、じっくり考える力を養う時期である。いわゆる思春期であり、大人の本音や物事の本質への関心が深まる。また、親の干渉を嫌がりはじめるため、高濱先生は「外の師匠」の存在が大切だと指摘している。赤いハコの時期と青

図表3指標の関係性

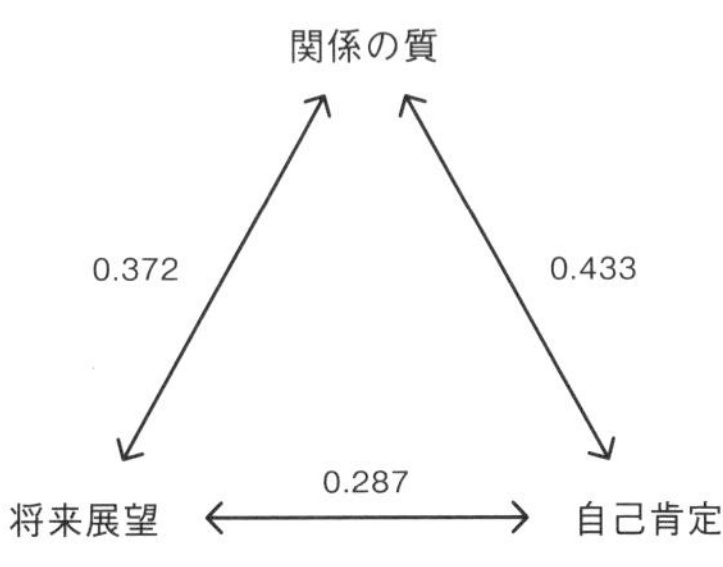

図中の数字は、各指標間の関係性の強さを表す指数、相関係数。1・0であると2指標は100％つながっていることを、0であると2指標間は完全に無関係であることを意味する。

いハコの時期は、オタマジャクシとカエルくらい全く違う生き物で必要な生活環境も教育の考え方も全く違うとのことだ。

この話を聞いた時に、ようやく町村部の中高生の学習意欲が、政令指定都市の中高生に比べて、低いことの理由が見えてきた。自由奔放に遊ぶことが何より大切な、赤いハコ期には影響が少なかったが、多くの大人や複雑な人間関係の中で、自分自身を見つめ、社会の本質と向き合う青いハコ期の地域の中高生にとって、地域の「育の生態系」の弱体化が学習意欲の低下につながっているという仮説が浮かんできた。

経済格差からつながり格差へ

大阪大学大学院の志水宏吉教授の興味深い研究がある。1964年と2007年の全国学力テストの都道府県別の結果から、現在の地域間の学力格差は地域のつながり格差で説明できるというものだ。*

1964年の調査では、地域の学力と相関が高いのは、家庭の「実収入」「生活保護率」「児童・生徒一人あたりの教育費」などの経済的要因であった。つまり、経済的に豊かな地域、大都市圏の子どもの学力が高く、経済的に貧しい地域、地方圏の子どもの

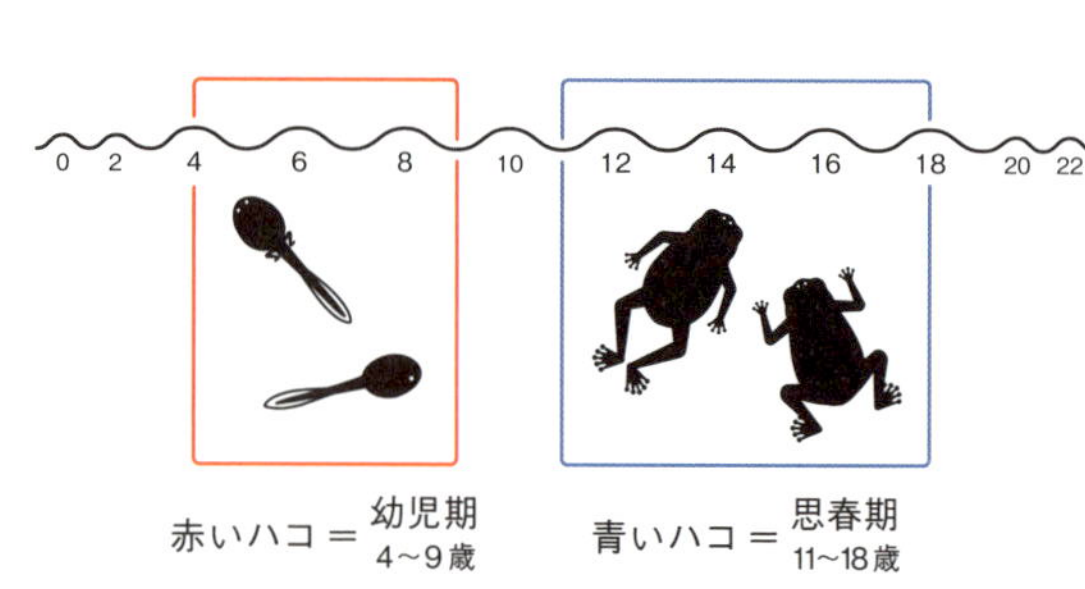

＊つながり格差
詳細は志水宏吉著『「つながり格差」が学力格差を生む』（亜紀書房）を参照

学力が低いというものだ。わかりやすく、感覚的にも納得できる結果なのではないだろうか。

しかし、2007年の結果では、「実収入」や「生活保護率」など経済的要因との相関は依然として高いものの、「教育娯楽費割合」「児童・生徒一人あたりの教育費」、つまり教育にかける費用と学力の間には相関は見られなかった。一般的なイメージと異なり、塾などにお金をかける家庭が多い地域ほど、学力が高いという訳ではないようだ。

一方で、相関が高いのが、「離婚率」「持ち家率」「不登校率」の3つである。この3つは1964年には相関が見られない項目であった。

志水教授は「離婚率の低さに示されるような家庭・家族と子どものつながり、持ち家率の高さに現れるような地域・近隣社会と子どものつながり、不登校率の低さに結びつくような学校・教師と子どもとのつながりが豊かな地域の子どもたちの学力は高い。それに対して、つながりが脅かされている地域の子どもたちの学力は相対的に低い」という「つながり格差」仮説を提唱している。

ななめのつながりが学習意欲を高める

学習意欲調査において、子どもたちのつながりの充実度と学習意欲、将来展望、自己肯定感との関係を表したものが下図である。

友人関係、家族関係、近所関係ともにある程度の相関が見られる。学習意欲との相関でいうと、友人が最も高く、近所、家族と続く。自己肯定感との相関は家族や友人関係以上に、近所関係との相関が高い。近所の人に元気な挨拶をして褒められたり、お隣の小さな子の面倒をみてあげたり、そんな少し離れた他人との人間関係が「自分が役立っている」「必要とされている」という感覚につながるようだ。

中高生の持つネットワークの数（該当する人間関係の数）と学習意欲の関係性を見たところ（P347下）、相関が高い上位3つは、「勉強の面白さを教えてくれた大人の数」「将来の目標にしている大人の数」「尊敬できる大人の数」である。身近な友人の数以上に、「大人」の存在が学習意欲を高めるカギを握っている。

私は父が勤める企業の社宅で育った。近所には同世代も、上下の世代もたくさんいた。そんな中で生活をしていると、お兄ちゃんお姉ちゃんたちの進学や就職の話を日常的に耳にする。東大に現役で入ったらしい。3浪して芸大に進学したらしい。自衛隊員になる大学に進学するらしい。歯科衛生士の専門学校に行くらしい。鳶職人にな

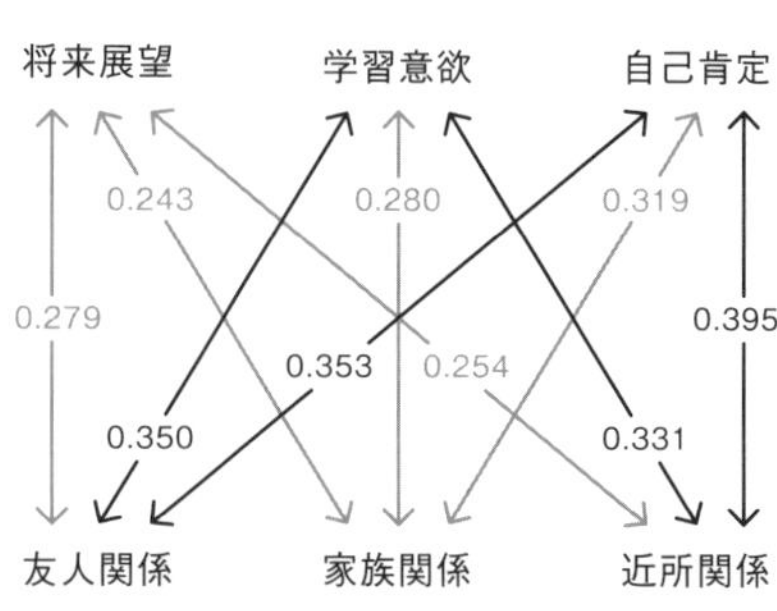

図中の数字は、各指標間の関係性の強さを表す指数、相関係数。1・0であると2指標は100％つながっていることを、0であると2指標間は完全に無関係であることを意味する。

るらしい。そんな話が飛び交っていた。また、近所の商店、警察署、農家などで色々な大人と知り合い、色々な職業のことを知る機会があった。

現代の子どもたちに、同級生との横の関係、親子・兄弟の縦の関係でもない、ななめの関係、「外の師匠」が不足していることは高濱先生他、多くの専門家が指摘している。

急速に人口減少が進み、地場産業の衰退が進む地域では、進学、就職のタイミングで多くの若者が地域を離れる。進路を意識し始める中高生にとって、自分が進む道を示すロールモデルの役割を果たすお姉さんお兄さんの絶対数が少ないのだ。「私は今後お金持ちになれる可能性がある」の回答割合が町村部で低かったように、給与水準が高い仕事に自分が就くイメージを抱きにくい。プログラマー、コンサルタント、科学者、番組プロデューサー、アーティストのような、子どもにとってはわかりやすい憧れの対象、学習意欲につながる仕事はやはり大都市に多いのが現実である。

地域には、魅力的な仕事をしている人はたくさんいるのだが、コミュニティの弱体化で出会う機会が減っている。農家や職人が自分の仕事、地域の仕事を「儲からない仕事だから、やめておけ」と否定的な発言をすることも影響している。

将来の夢や学習意欲につながる「かっこいい大人」との出会いの格差が、子どもたち学習意欲の格差につながっているに違いない。

1	勉強の面白さを教えてくれた大人の数	0.2902
2	将来目標にしている大人の数	0.2610
3	尊敬できる大人の数	0.2573
4	相談できる友人の数	0.2465
5	友人の数	0.2266
6	親友の数	0.2235
7	所属しているグループの数	0.2224
8	異性の友人の数	0.2164
9	近所で挨拶をしたり、会話をする大人の数	0.1895
10	日常的に連絡をとる家族・親族の数	0.1581

表中の数字は、学習意欲と関係性の強さを表す指数、相関係数

激変する働く環境と必須スキル

テクノロジーへの危機意識

アメリカで最も機械化が進んでいる都市・ラスベガスで、2018年6月に労働環境改善と自動化設備導入反対を訴える大規模なデモが発生した。いわば、現代版「ラッダイト運動」*である。ラスベガスのリゾートでは、タオルや飲み物を運ぶルームサービスロボット、1時間に100杯以上のカクテルを作り8人分働くバーテンダーロボット、無人コンビニなどが続々誕生し、自動化が進んでいることが背景にある。

テクノロジーの急激な進化により、多くの仕事がAI*やロボットに置き換わり、それが人間の仕事を奪うという危機を煽る記事を最近よく見かける。

日本では、こうしたテクノロジーの導入に伴う社会的摩擦は少ないと予想される。急激な人口減少により、人手不足が深刻化しつつあり、人手不足を補うために、機械による代替が進むことのメリットが日本全体、特に地域では大きい。

私自身、多くの仕事がAIに代替されていく未来にワクワクする気持ちが強い。しかし、そんな激変する社会にこれから出ていく子どもたちの未来、そのための教

＊ラッダイト運動
1811年から1817年頃、イギリス中・北部で産業革命の結果、失業のおそれを感じた労働者が起こした機械破壊運動。

＊AI
Artificial Intelligenceの略、日本語では人工知能。人間にしかできなかった高度な知的な作業や判断を行えるコンピュータによる人工的なシステムのこと。お掃除ロボットの頭脳がその一例。

育には危機感を感じている。

私自身が現在小中学校から高校、大学、大学院まで色々な対象者に授業を行う機会があるが、この社会の急激な変化に対して、最も取り残されているのが、教育現場であると痛感するからだ。

代替される仕事、されない仕事

先日、薬剤師が集まる学会のパネルディスカッションに呼んでいただいた。テーマは「AI時代の薬剤師」。「処方箋通りに薬を調合し、処方する」、こうした薬剤師の仕事がまさにAIによる代替可能であることへの危機意識から企画された。

私も、病院でもらう処方箋を持って薬局に行くたびに、このプロセスに疑問を感じていた。薬局の時間に間に合わずに受け取り損ねることもあった。米国では、2013年1月創業の「ピルパック(PillPack)」というベンチャーが自宅に医薬品を宅配するビジネスを展開していて、私は日本でのサービス開始を期待していた。

しかし、先日、素敵な薬剤師さんに出会った。僕に処方された薬は3種類。食後に1日3回のものを2種類、1日2回のものが1種類だ。そもそも、私は食事は場所も

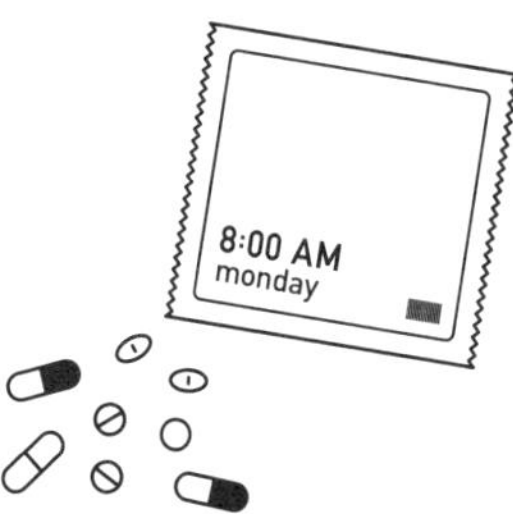

時間も回数もバラバラで出張だらけの生活スタイル。最初から飲み続けられるわけがないと諦めていた。そんな僕の気持ちを察したのか、「食事は定期的か?」「一日3回食べるか」など色々と質問した上で、飲みやすい方法を提案してくれた。「それなら飲めるかもしれない」と前向きな気分になった。同じ仕事でも、これは明らかに機械には代替できない、人間独自の仕事である。

経済産業研究所が算出した日本の職業の機械化代替率*が、機械に代替される仕事、代替されない仕事をわかりやすく示している。

例えば、営業職でも、不動産営業職業従事者0・860、金融・保険営業職業従事者0・468と代替率に差がある。確かに、不動産は立地・予算・間取り等の条件に合致した物件を推奨してくれれば事足りそうだ。一方、金融や保険商品はより複雑で年収や貯金額、家族構成、リスク許容度などの基本的な情報だけでは決まらない。自分と家族の未来のプランや想定されるリスクなどの個人差が大きい。投資プランを推奨するAIも増えているが、人生設計と投資をサポートするライフプランナーのような人間の必要性は不動産選びよりは高そうだ。

飲食店でも、店長は0・083と1割以下なのに対して、調理人は0・680、バーテンダー0・770と高い。店主は顧客・仕入先・従業員等多くの人とのやりとり、

***機械化代替率**
詳しくは、浜口信明・近藤恵介(2017)「地域の雇用と人工知能」RIETI Discussion Paper Series 17-J-023を参照

店長
0.083
VS
バーテンダー
0.770
調理人
0.680

時代感覚、経営感覚など、複合的な能力なしではできない仕事だ。一方、調理人やバーテンダーはラスベガスのホテルのバーや一部機械への代替が進んでいる回転寿司屋のように、自動化が進んでいる。ただし、季節・素材・天候・会食の目的や関係性などから最高の場を演出する和食職人や、誰も見たことがない独創的な料理を作るフレンチシェフ、その日の気分に応じたカクテルと抜群の話題を提供してくれるバーテンダーなど、代替しえない人材も多数いる。

「消える職業」という言葉が巷にあふれているが、職業丸ごとなくなるのではない。どの業種でも必要な仕事は確実に残り続け、確実に一部の仕事が機械に代替される。

ＡＩの特性と世界と日本を取り巻く生活環境の変化を踏まえると、これからのＡＩ時代に確実に必要とされる能力は次の２つであると考える。

1　人間中心に思考し、人を動機づける力

2　自らゴールを設定し、自ら動く力

人間中心に思考し、人を動機づける力

テクノロジーが進化し、ＡＩが様々な仕事を代替していく中で、確実に求められる能力、その1つ目が「人間中心」に思考し、人を動機づける力である。

過去の服薬やアレルギーの情報を確認し、薬を調合し、渡すという行為だけをみれば、それはあくまで「薬中心」の思考である。薬は化学物質であり、全て数式で説明が可能、つまりＡＩによる置き換えが可能だ。しかし、「薬（＝データ）中心」の発想ではなく、「人間中心」の発想になると仕事は大きく変わる。「どんな食生活を送っているのだろうか?」「3食ちゃんと食べるのだろうか?」「薬の飲み忘れを教えてくれる人はいるのだろうか?」。顧客との対話と洞察により、薬をその人の生活の一部、生活習慣に位置づけることは、コミュニケーション能力を持つ人間のみができることである。

また、私が薬剤師との対話により薬を飲もうと思ったように、人を動機づけること、モチベーションをもたらすことも人に残る大切な仕事である。

医薬品の宅配ビジネスのようなテクノロジーを活用したサービスを生み出せるのも、「人間中心」に思考できる人間独特のスキルである。このビジネスモデルは3つの人間ならではの課題や行動から生まれている。

1つ目は、薬の取り忘れである。受け取らず、全く飲まず症状を悪化させてしまう。

2つ目は、飲み忘れである。正しい時間、回数、薬を飲み続けるのは大変難しい。

3つ目は、服用ミスである。間違った量や組み合わせでの服用は死に至ることもある。

こうした薬服用時の人間の課題を発見することができるのは、人間だけであり、そのための解決策を考え、正しい薬の服用を動機づけられるのも人間だけである。

この仕組みの実現にテクノロジーがフルに活用されている。個人別に異なる薬を包装し、時間、日付、薬の種類を印字し、容器にセットするのだ。これを人がやることを想像すると気が遠くなる。「人間中心」の思考から見えた課題を、「データ中心」のオペレーションに変換することで、人間の困りごとの解決に貢献しているのだ。

テクノロジーに使われるのではなく、テクノロジーを使いこなし、人間の知と組み合わせ、人類の抱える課題を解決する。これがまさにこれから求められる仕事だ。

薬剤師の日常の仕事も最先端のＩＴビジネスも、どちらも人間独自の能力は共通だ。人間の生活、行動、感情を丁寧に観察し、声を聞く力。その人の抱える課題を思い描く力。その課題の解決策を考え抜き、形にする力。そして人の行動を動機づける力である。

これら「人間中心」の思考力は、間違いなく人間独自の能力であり続けるであろう。

自らゴールを設定し、自ら動く力

僕が出会った薬剤師さんがマニュアル通りに義務的に質問してきたならば、僕も適当に答えて、やり過ごしていただろう。彼女は自らの意思で問いかけ、熱心に私の話を聴き、丁寧に提案してくれた。そして、とても充実した顔で仕事をしていたのが印象に残っている。

人間にしかできない、AI時代に確実に必要とされる能力の2つ目は、自らゴールを設定し、自ら動く力である。

100万人の利用者の1日3回1週間分、平均7種類の薬を包装し、日時と種類を印字する。人間が作業のゴールを設定さえすれば、機械は人間がかなわないスピードでそれを達成する。薬剤師さんが1つひとつ手作業で行うのに比べてミスも少ない。しかし、AIは自らそのゴールを設定することはできない。囲碁の最強人工知能・アルファ碁*は人間に勝つことを目標に学習している訳ではない。「東ロボくん*」は東大に入りたい訳ではない。現時点でAIは意思やモチベーションを持ち得ない。

「薬を正しく飲んでくれるために、どう働きかければいいだろう?」「お子さんが生まれたようだけど、保険プランはこのままでいいのだろうか?」「今日の体調だと、

＊アルファ碁
Google DeepMindによって開発されたコンピュータ囲碁プログラム。2017年5月には、世界トップ棋士である柯潔との三番勝負で3局全勝を挙げた。

＊東ロボくん
日本の国立情報学研究所が中心に2016年まで「ロボットは東大に入れるか」をテーマに研究・開発が進められた人工知能。

温かい前菜が良いかな?」」、そんな人の生活をより良くするための「問い」を自ら設定し、その問いへの解、仕事のゴールを設定し、自ら動く力は、技術が進化しようと、人間だけが持つ、絶対的な力に違いない。

大量生産社会のための横並び教育

公立小学校の6年生向けに「世界で一つだけの動物ロボットをつくる」というデザインとプログラミングの授業を行なっている。地元産ヒノキの真っ新な箱を木の葉・枝・アクリルなどで装飾し、好きな動物をデザインし、プログラミングで動きをつける全10コマの授業だ。この授業の冒頭で、子どもたちに「好きな動物を作っていいよ」と言うと、毎年みんな一瞬固まる。「好きなものってどういうこと?」と言う顔をするのだ。学校では、みんなと同じことをするのが前提の教育が行われ、自分がやりたいことをするという発想がないのだ。

この背景には、日本の義務教育で実践されてきた「一斉授業」の影響が色濃く見られる。一斉授業とは、明治維新を機に、近代化の流れ、産業革命の流れに乗るために始まった、同学年の子どもが集まり、全員一斉に授業を受ける形式である。戦後の日本の経済成長を担う人材を輩出する仕組みとして機能していた。家電製品や自動車な

ど、メイドインジャパンブランドの画一で間違いのない製品を大量に生み続けるためには、画一な思考で、画一な行動ができる人材が大量に必要だ。そのための教育が現在まで継続して行われている。みんなと同じことができること、与えられた問題に正しい解を出すことが良しとされる教育だ。この教育がＡＩ時代に欠かせない「自らゴールを設定し、自ら動く力」を損なっている。

私自身、小中高12年間の教育を通じて、「与えられたゴールを目指す」「周りと同じことをする」という考え方は染みついていた気がする。大学3年から社会人1年目までの間に、私の価値観を大きく変えてくれた幸運な3つの出会い*を通じて、3年かけてようやくその考え方から脱却できた気がする。

与えられた教材、決まった答え、成績や受験などの設定された目標を超えて、「宇宙のことを学びたい」「プログラミングを駆使してゲームを作りたい」「数学オリンピックに出たい」「世界一のお米を作りたい」「動物の生態系を学び、地球環境保護の仕事につきたい」、学びのテーマから将来の夢まで、自分でゴールを見つけ、その実現に向けて試行錯誤する力、多少の失敗や逆境を乗り越えてやりきる力が、今の時代、子どもから大人まで全ての人に求められている。

＊ 幸運な3つの出会い

1回目は大学のゼミ。アメリカ留学帰りの一條和生助教授（現、一橋大学大学院教授）の元、楽しい仲間と自由な発想でプロジェクト学習に取り組んだ。
2回目は大学4年時のオーストラリア留学での全授業に必須のチュートリアルと呼ばれる対話型授業。他人と異なる自分の意見を述べられないと授業の貢献はゼロと見なされる教育に衝撃を受けた。
3回目が新卒で入社した広告会社の最初の上司とクリエイティブな業務。「アイデア」を出し続けること、自分オリジナルの仕事を自ら作ることを徹底的に求められた。

対話型デザイン教育を地域に

地域の「育の生態系」が弱体化し、学習機会と意欲の格差が広がり、求められる力が変わる。そんな激変する環境の中で、特に課題が多い小学校高学年から高校生の青いハコ時代に、地域で取り組むべき教育として、「対話型デザイン教育」を提案する。

対話型教育とは

先生が生徒に一斉に講義をするのではなく、生徒同士が対話し、互いの意見を交換し、自ら考えるスタイルの教育のことである。この授業には次の3段階の効果がある。

i 気持ちの効果

【楽しさ】友人・仲間とともに会話をしながら、楽しみながら学ぶことができる。
【好奇心】仲間の自分とは違う考えや意見、知識を知り、興味・関心・好奇心が湧く。

ii 行動の効果

【主体性】自らが考え、話す主体的・能動的な学びのスタイルが身につく。
【継続性】仲間との学びは楽しく続けられる。周囲の目の存在で離脱・逃避しづらい。

iii 能力の効果

【コミュニケーション力】人の話を丁寧に聴く、自分の考えを伝える力が身につく。

【学習の定着】下図はアメリカ国立訓練研究所による形式別の学習定着率を表す「ラーニングピラミッド」である。講義では5%の定着率（95%は忘れる）だが、グループ討論では50%（半分忘れる）、他の人に教えると90%（1割しか忘れない）と、より主体的・対話的になるほど学習定着率が高いことが実証されている。

日本有数の進学校の灘高校（兵庫県）では、職員室前のテーブルで放課後に同級生同士が自主的に「勉強の教え合い」をする文化がある。ライバル同士だが、仲間に教えることで自分の理解が深まることを体感しているため伝承されているのであろう。

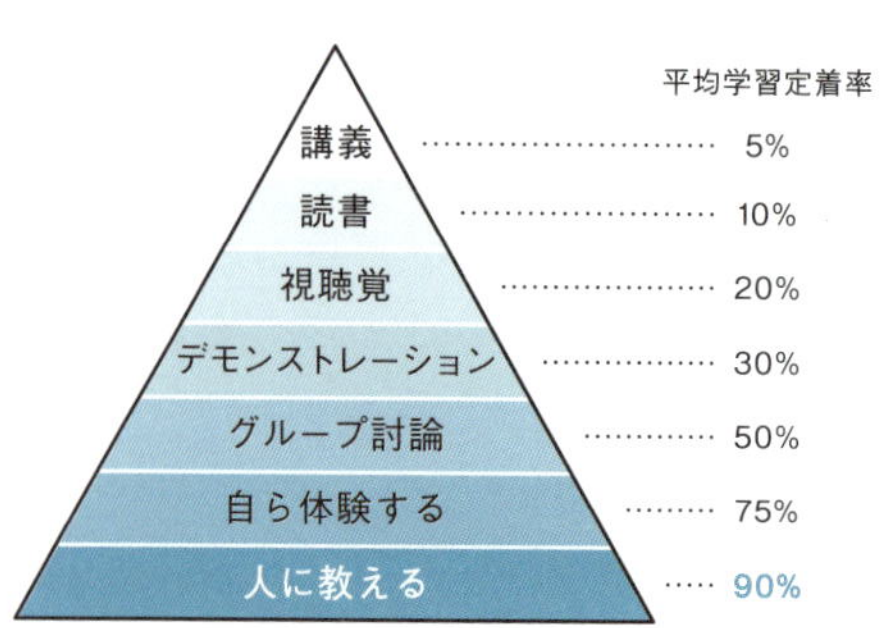

対話型教育から対話型デザイン教育へ

対話型教育というと、「うちの学校でも既にやっている」という声もよく聞かれる。

しかし、「人間中心に思考し、人を動機づける力」「自らゴールを設定し、自ら動く力」を育む教育という視点で、次の2点で不十分なケースが多い。

1つは、対話の質が不十分なケースである。教材や機材などハードの導入で満足し、肝心のソフトが伴っていない。簡単な意見交換程度で、生徒同士が教え合い、刺激し合い、学びの意欲を高め合う本質的な対話がなされていないことは多い。

もう1つは、対話の目的が不明確なケースである。単に対話の時間を持つことだけが目的ではない。仲間との対話を通じて人間中心の思考を深めること、個人個人が自分なりのゴールを設定し自ら行動することを促すことが目的である。

そのために、「デザイン」の考え方が役立つ。デザインと聞くと、広告や建築、美術の授業に近い作品づくりのイメージを持つ方も多い。私はデザインを現代社会を生きる全ての人にとって大切なものだと考えており、次の通り定義している。

デザインとは、人間の行動・感情・本能を深く理解し、人・地域・社会が抱える課題を解決するアイデアを発想し、カタチにする行為

対話型教育に、デザインの考え方を取り入れた「対話型デザイン教育」とは、次の3つの条件を満たす授業を意味する。

1　生徒同士が、教え合い、刺激し合い、学びの意欲を高め合う授業
2　生徒自らが、自分なりのゴールを設定し、自ら行動する授業
3　人・地域・社会が抱える課題解決に取り組み、具体的なカタチにする授業

対話型デザイン教育実践のポイント

対話型デザイン教育を地域で実践するにあたり、大切なポイントが次の4つである。なお、4章で紹介済みの対話の心得*と対話の場をつくる技術も参照して欲しい。

ポイント1　段階的に対話を学ぶ

対話型学習というと、生徒4～6人ぐらいで話し合うイメージがある。しかし、一斉授業が当たり前の子どもにとって、対話自体が未経験で難しいことであるため、最初から生徒だけでの対話、大人数での対話ではなく、教師が介入する、少人数で行うところから始めて、徐々に対話段階をあげていくことが望ましい。

□レベル1　**教師⇅生徒**：教師側が生徒一人ひとりに問いを投げかけ、それに答える段階。まずは教師と生徒の対話から始めたい。

□レベル2　**生徒→生徒**：問う側と答える側が決まった生徒同士のペアで一方通行で対話する段階。問う、答えるを交替して行うことで、対話に徐々に慣れていく。

□レベル3　**生徒⇅生徒**：生徒同士のペアで、互いに意見を出し合い、問い合い、答え合う双方向の対話の段階。

＊対話の心得
P204参照
心得1　傾聴から始まる
心得2　判断は保留する
心得3　とにかく口に出す
心得4　楽しむことが最優先

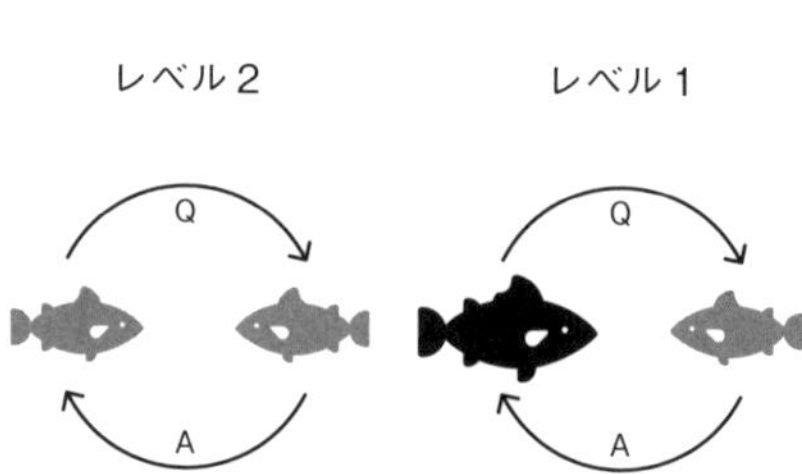

□レベル4　生徒＋ファシリテーター役（教師）：ファシリテーター役（教師）が入りながら3〜5人で行う対話の段階。1対1と3人以上では難易度が違うため、対応できない子どもが出てくるため、進行役が必要となる。

□レベル5　生徒のみ：対話スキルが高まり、ファシリテーター役が生まれ、生徒同士のみでの対話が成立する段階。教師は外からの状況の観察とサポートに徹する。

対話の効果を自分の言葉で語らせる

子どもたち自身に「一人で考える」と「仲間と考える」それぞれの良いところを考えさせるのも対話教育の効果を理解するのに役立つ。最初はなぜこんなことをしているんだろうと思っていても、仲間とともに学ぶ、仲間に教えることが新しい発想や自分の学習の定着につながることに、子どもたち自身で気づけると、その後の対話の意欲が大きく変わる。

ポイント2　「問い」を大切にする

私に薬の飲み方を助言した薬剤師さんも、医薬品宅配ビジネスの起業家も、「薬の飲み忘れを防ぐために、何が可能か？」といった問いが仕事の原点にあるはずだ。

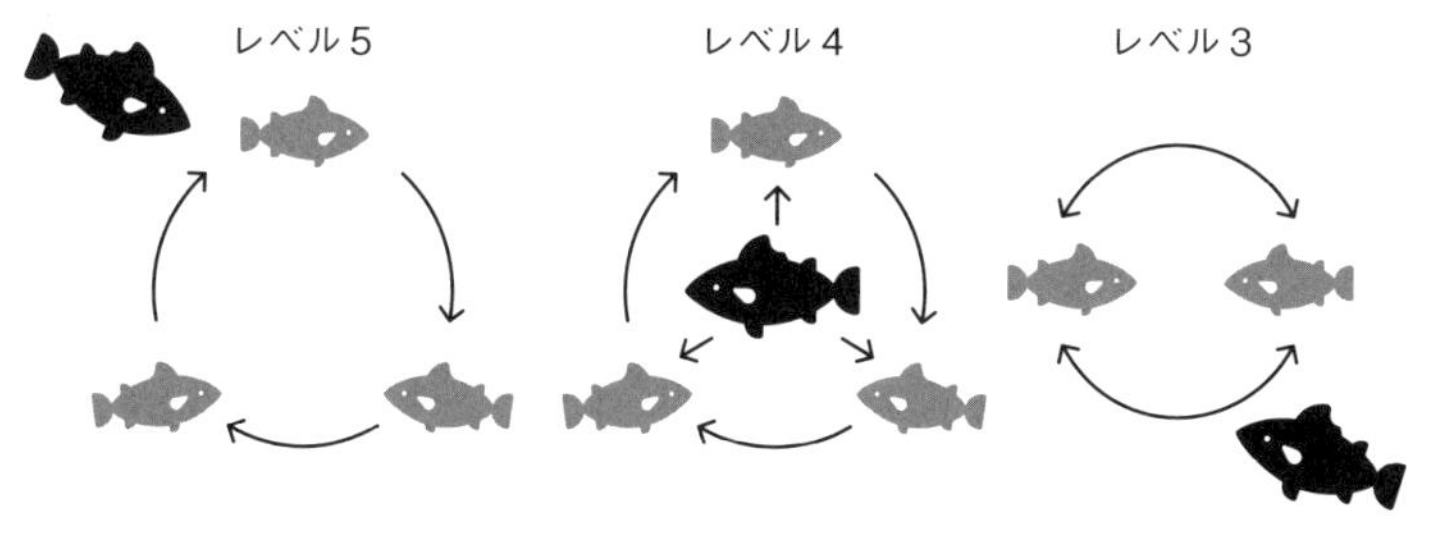

今の時代に求められる「人間中心の思考」「自らゴール設定し、自ら動く」ことに直結し、対話の鍵を握るもの、それが「問い」である。「答えを知りたい、自分で解きたい、深めたい」という思いが、好奇心や学習意欲の源泉となり、「もっと学びたい」「これを実現したい」と自ら動こうという動機を掻き立てるのだ。

正解のないオープンな「問い」を投げかけ、その答えを生徒自身が、仲間とともに学び、1つの解に至る。その探求の過程で新たな問いに出会い、その問いに答えるために、さらに学ぶ。こうした問いと学びのサイクルが回るような仕掛けが大切になる。そのための問いの立て方を学び、問うことを習慣づける必要がある。問いを立てる技術*、「問い」と「対話」による通常授業*も参考にしてもらいたい。

五感で感じる体験を大切にする

問いを立てるために大切なのが、心が動く、好奇心を掻き立てられる本物の体験だ。インターネットで簡単に情報が手に入り、映像で世界中を観ることができる時代だからこそ、五感での体験がより重要となる。* 眼で見て、耳で聴いて、身体全体で体験することが「問い」を生み出す力に繋がる。前述の山藤先生は、生物の授業で、運動に伴う身体の変化・人体の構造や機能を学ぶために、「踏み台昇降」をさせるそうだ。

* 問いを立てる技術　P308～

* 「問い」と「対話」による通常授業　P374～

* 野外採集の手口　P314～

ポイント3　正解へ導かない

オープンな問いへの解答には、正解はない。先生をはじめ運営側は、正解へと導こうとしないことを強く意識し、授業に取り組む必要がある。

後ほど登場する「ロボット動物園」というプログラミングの授業でも、正解のプログラムへどうしても誘導しようとしてしまう先生が多い。自分は正しいプログラムを書けたと思っていても、どうしても動かない。その理由を自分に問いかけ、探り、仲間に相談する、その結果、自分で失敗を乗り越える経験が、もっと学びたいという学習意欲と新たなチャレンジの問いにつながる。失敗は成長と次なる問いへの近道なのだ。

子どもたちの意見をまずは受け入れる

対話の心得で触れた「ＹＥＳ ＡＮＤ」*の態度が教える側に欠かせない。子どもたちの考えたこと、問いたいと思ったことをまずは確実に受け入れることから始めたい。

＊ＹＥＳ ＡＮＤ
P206〜

対話型デザイン教育の実践例

具体的に皆さんの地域でオリジナルの対話型デザイン教育を企画・実践するための参考になる、次の5つの授業プログラムの実践例を紹介する。

1 ＳＤＧｓ体験型：ＳＤＧｓの考え方、対話・協働の基本的な考え方を学ぶ
2 デザイン思考型：地域課題の本質を理解し、解決のためのアイデアを発想する
3 ふるさと教育型：地域の産業、文化、環境、人材を理解し、魅力を再発見する
4 ＳＴＥＡＭ教育型*：ＩＴやデザイン活用した課題解決や価値創造を体感する
5 通常授業型：国語、数学、日本史など、通常科目で対話型学びを実践する

1から3は「総合学習」と呼ばれる各学校や地域での裁量が大きい枠の授業で実施するのが一般的な総合的な授業である。4は算数や図画工作の授業で実施するケースもある。5はインタビューにも登場した、山藤先生が公立高校の生物の授業で実施しているものをベースとしたものであり、どの学年、教科でも応用が可能なものだ。

これらを参考に、地域特性、学年、コマ数などに応じて、各地域のオリジナルの対話型デザイン教育を企画・実践して欲しい。

＊ ＳＴＥＡＭ教育
Science（科学）、Technology（技術）、Engineering（工学）、Mathematics（数学）を統合的に学習する「ＳＴＥＭ教育」に、Art（芸術）が加わった教育手法。

ＳＤＧｓ体験型：ＳＤＧｓde地方創生*

カードゲームという子どもたちになじみのある形式のツールを使うことで、楽しみながら、持続可能な地域づくり、ＳＤＧｓの考え方を理解し、自分ごととして考える授業である。

【目的】
・地域で起きている様々な事象が全てつながっていて、持続可能な地域・地球の実現のためには、包括的なアプローチが必要不可欠なことを学ぶ
・事業者、行政、市民、ＮＰＯ等、地域社会のプレーヤーの役割や仕事を学ぶ
・プレイヤー間の対話と協働の基本的な考え方を学ぶ
・ＳＤＧｓ17ゴールと自分の生活・地域との関係性、ゴール達成のアクションを学ぶ
【推奨学年】　中学生以上
【所要時間】　3時間程度
【実施可能人数】　5名〜48名（カード1セットあたり最大48名。カードおよびファシリテーターの数次第で、さらに大人数での実施も可能）
【準備物】　ＳＤＧｓde地方創生ゲーム一式

＊ＳＤＧｓde地方創生
詳細はウェブサイトを参照
https://sdgslocal.jp/

＼START／

1　SDGsを学ぶ

2　SDGs de 地方創生カードゲームの
プレーヤーカードとプロジェクトカードが配られ
自分の職業とプロジェクトが決まる

3　他プレイヤーとお金・人・情報カードを交換し
プロジェクト達成を目指す

6 持続可能な地域実現のために
自分が今できることを宣言する

5 現実世界における地域の課題と
その解決策をグループで考える

4 個人プロジェクトと地域の12年後の姿を振り返る

1ターンごとに地域の
人口・経済・暮らし・環境
の状況を確認
4ターン(12年間)で
ゲーム終了

デザイン思考型：地域課題＋DESIGNワークショップ

本書で紹介した「声を聴く技術*」「問いを立てる技術*」「発想する技術*」「未来を表現する技術*」を駆使して、地域が抱える具体的な課題を解決するプロジェクトを作り、実践する授業。

【目的】
・本書で紹介している持続可能な地域づくりに必要な技術を包括的に学ぶ
・地域で暮らす人々の課題（悩み）を発見し、解決するデザインの方法論を学ぶ
・仲間とともに互いに刺激し合い、共創する楽しさ、意義を学ぶ
・自分が発想したアイデアを具体的な形で表現・実践し、社会に伝える方法を学ぶ

【推奨学年】 中学生以上
【所要時間】 6時間以上
【準備物】 模造紙、付箋、ペン、接点カード（P328）、ストーリーシート（P266）、8コマシート（P269）
【その他】 前ページのSDGs de 地方創生で、SDGsと地域課題を理解した後に組み合わせて実施するとなお効果的。

＊声を聴く技術 P254～
＊問いを立てる技術 P308～
＊発想する技術 P318～
＊未来を表現する技術 P264～

1 課題に関するデータを読む

2 課題の当事者や
課題に詳しい人に話を聞く

3 課題の要点を絞り込み
自分が取り組みたいイシューを
設定する

4 イシューを解決するための
アイデアを発想する

5 シナリオやプロトタイプを作って
アイデアをグループに共有する

6 グループで
アイデアをブラッシュアップする

ふるさと教育：地域〇〇マッピング

何気なく毎日過ごしているまち、生まれ育ったまちをこれまでとは違う視点で眺めることにより、自分なりの「問い」*を立て、問いの答えを探求し、オリジナルの地図という形で表現する授業。

【目的】
・自分の好奇心を刺激し、自分の創造的な思考回路を発見し、高める。
・地域の風景、文化、自然環境などを探索し、地域の魅力を再発見する「野外採集の手口」*を習得する。
・まちを歩き、景色を眺め、新しい視点を発見し、自分なりの問いを立てる方法を学ぶ
・自分が発想したアイデアを具体的な形で表現・実践し、社会に伝える方法を学ぶ

【推奨学年】小学生〜高校生
【所要時間】半日以上
【実施可能人数】野外採集のフィールドと安全確保ができれば何人でも可能
【準備物】模造紙、ペン、野外採集の手口、クリップボード、フィールドカード

＊問いを立てる技術
P308〜

＊野外採集の手口
P314〜

START
1 観察の方法を学ぶ
＊ P314 野外採集の手口
匂いを嗅ぐ
なりきる
例える
2 歩いてまちを観察し
発見を一つずつ記録する
キャットストリート!
ゴミのニオイ…
3 発見を
整理・分類・分析する
ゴミ
かたち
4 より詳しく知りたい深めたい
テーマに問いを立てる
ゴミ
食べ物のゴミが多いな
5 問いとともに
もう一度まちを観察する
6 新たに得た発見を加えて
マップを作り発表する
ゴミシュランMAP
駅

STEAM型：ロボット動物園*

科学技術の知識や数学的リテラシーを高めるために注目されている「プログラミング」を誰もが楽しく簡単に学ぶことができる授業。自分で新しい何かを生みだす創造性教育、デザイン教育の内容も含む。

【目的】
・プログラミングの基礎を学び、技術の力で「動かす」楽しさを知る
・自分の作りたいものを思い描き、具体的な形で表現する方法を学ぶ
・プログラミングを活用した生活課題、社会課題解決の方法を学ぶ

【推奨学年】　小学校高学年以上

【所要時間】　5時間以上

【準備物】　ロボット動物園制作キット、専用ソフトをインストールしたパソコン

【その他】　ロボット動物園終了後には、震災発生時の避難所（体育館）の課題解決に挑む「震災＋CODE」*という上級編プログラムも

＊ロボット動物園
高知県佐川町発のプログラミング講座。
詳細はウェブサイトを参照
http://hatsumei-lab.org/programming

＊震災＋CODE
詳細は同ウェブサイトを参照

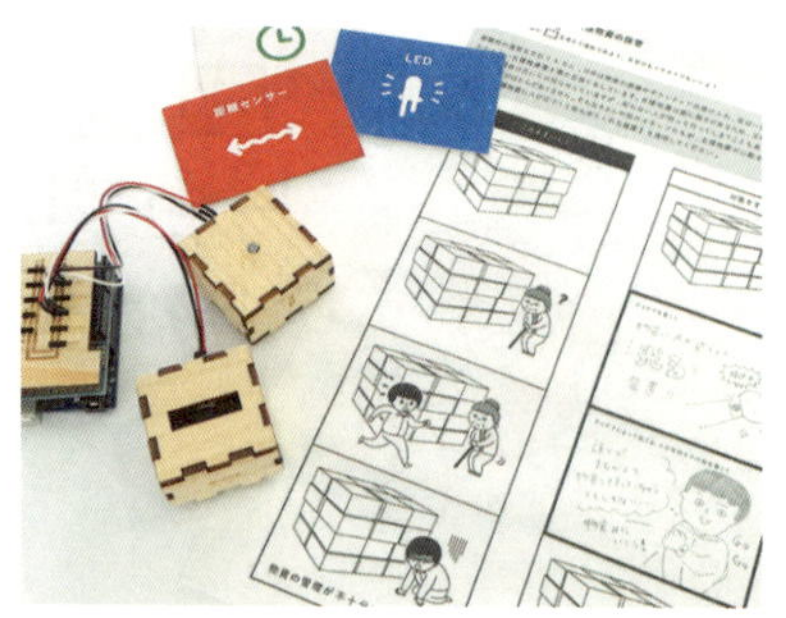

START
1 ロボットについて学ぶ
2 デザインについて学び
木の実などの地域の自然素材
を使ってオリジナルの
動物ロボットをデザインする
3 電子工作を学び
ロボットの動く仕組みを
理解する
BLUE
Auduino
ON
ナルホド!
4 プログラミングを学び
ロボットを動かす

通常授業型：「問い」と「対話」による通常授業

対話型授業はどうしても総合学習や課外学習など特別な授業の時間でやることになりがちだ。しかし、インタビューに登場する山藤旅聞先生は高校生物の通常授業で「問い」と「対話」をベースにした授業を行っている。山藤先生は、対話型授業を通じて、学びへの意欲が高まった生徒は、学力の向上や受験での成果につながるとも述べている。全ての授業で取り入れることは難しいかもしれないが、少しずつ通常授業の中に組み入れ、学びのスタイルを変えていくことにチャレンジしていって欲しい。

【目的】

・対話型授業の効果（楽しさ、好奇心、主体性、継続性、コミュニケーション力、学習の定着）を実体験する

・学習意欲や好奇心につながる「問い」を立てる技術を学ぶ

・主体的、自発的、意欲の高い学びを通常の授業環境の中で実現する

【推奨学年】　小学生〜高校生

【実施可能人数】　特に人数の制限なし

【準備物】　特に無し

START
1 単元の内容を体験する
体内環境と体液循環
×20回
踏み台昇降
くっ!くるし〜
2 体験から問いを立てる
ドクドク
なぜ?
スー
ハー
ダラダラ
アイタタタ
3 問いをグループで共有する
脚が痛いのはなぜ?
心臓がバクバクするのはなぜ?
胸が苦しいのはどこの臓器?
4 先生が生徒たちから出た問いとカリキュラムを紐付け授業を作る
汗をかくのはなぜ?
汗の働き
筋肉
5 授業で問いごとに対話を通して理解を深め答えを導く

SDGsとデザインが拓く市民教育

日本の教育は「産業教育*」、つまり産業の発展に必要な人材育成の意味合いが強いとよく言われる。それが、現在も脈々と続く「大量生産社会のための横並び教育」にもよくあわられている。テクノロジーの進化に対応するためのプログラミング教育の導入、グローバル化対応のための英語教育の早期化などにもその考えが色濃く反映されている。もちろん、こうした教育も重要なのだが、それ以上に今の時代に求められるのは、地域、日本、地球で生きる市民として責任ある生き方ができる人材を育む「市民教育」であろう。

SDGsには、地域市民、地球市民としてのあるべき姿、生き方、行動への示唆があふれている。「1日に1人あたりご飯1杯分の食品が廃棄されている日本人の食生活を変えるために、何が可能か?」「目の前の海と海洋生態系を壊しているプラスティックゴミをゼロにするために、何が可能か?」、そんな自分と地域と地球に関連する課題に対して、仲間との対話を通じて、自分の行動を振り返り、その課題解決のためのアイデアを発想し、実現に向けて動き出す。この学びの過程は、もちろん「産業

＊ **産業教育**

産業革命期の産業構造の変化に対応した教育として、イギリスで生まれた概念。日本では1951年の産業教育振興法で規定され、狭義の意味では、農業、工業、商業、水産業その他の産業に従事するために必要な知識、技術、態度を修得させるための教育を意味し、技術家庭の授業や高校の職業科の教育がその中心。

教育」としての役割を果たすこともできる。

SDGsをベースとした対話型教育は、地域住民としての、地球市民としての日本人を育む教育としての、大きな可能性を秘めている。

行政の役割

役割1　組織横断型プロジェクトを作る

組織間の壁が高い行政の中でも、もっとも壁の高さを感じるのが、教育委員会である。教育委員会と役場の連携不足で、地域全体で新しい活動を始めようとしても、「教育」だけが足並みを揃えられないことがよくある。また、学校の先生は都道府県の教育委員会に任命権があり、市町村に属していない。こうした多数の壁に阻まれ、プロジェクトの進行に時間がかかる。行政の企画系部署、教育委員会、教員(できれば変革に積極的な校長先生)などから構成される機能横断型チームを作り、迅速に実施したい。

役割2　チャレンジ人材と学校をつなぐ

地域学校協働本部*をつくる学校も増え、学校と地域人材をつなぐ活動が多くの地域で始まっているが、まだまだ一部の人に限られる。

対話型授業は先生一人で実施するのは困難で、地域全体でのサポートが必要なケースが多い。一方、若い人を中心に、子どもに関連した活動をやりたい人は多い。地域おこし協力隊など、地域づくりの活動を通じて出会ったチャレンジ人材を学校とつなぎ、対話型デザイン教育に様々な形で参加する機会をもうけたい。

＊ 地域学校協働本部
地域学校協働活動推進員、PTA役員、自治会、商工会議所、社会福祉協議会、大学等有識者、NPO代表等、幅広い地域住民や団体等の参画により、地域ぐるみで教育を支えるための緩やかなネットワーク、推進体制。

役割3　教員の地域活動への参加を促す

都道府県採用の教員は地域と縁が薄いことが多く、地域活動への参加機会が少ない。子どもたちの日常である地域活動やお祭りに参加することは、教員にも学びが大きいはずだ。未来ビジョンづくりの活動など、できるだけ多くの機会に参加を呼びかけたい。

役割4　対話技術を学ぶ機会をつくる

行政職員向けのファシリテーション研修を見かけるが、教員が参加しているケースは少ない。教員を含めた多職種でファシリテーションを学ぶ機会を設けたい。行政職員、教員、事業者、福祉関係者などが参加する多様性ある対話の場の経験が大切だ。

役割5　誰一人取り残さない、公教育を実現する

発達障がいの子ども、不登校の子どもなど、学習の継続のために丁寧なサポートを必要としている子どもたちが増えている。一斉授業の形式は一旦授業の流れから外れると、復帰が難しい。一方、対話型授業は運用次第で柔軟に対応が可能だ。プログラミングの授業では、通常授業ではコミュニケーション下手で消極的な子が目を輝かせ、イキイキと話し、高度なコーディングに挑戦し始めることがよく起きる。一斉授業では難しい子どもたちの一人ひとりの潜在能力を磨く機会にあふれている。

また、対話型デザイン教育では、家庭での問題やいじめなど、様々な困難や苦しみを抱える子どもたちの変化の兆しを察知する機会も多い。普段は話さない同級生と話す機会をつくることで、孤立やいじめの防止にもつながる。

行政と学校の丁寧な連携により、複雑な家庭環境の子どもたち、学習が困難な子どもたちを取り残さずに、地域社会とつなげる場としても、対話型デザイン教育を活用してもらいたい。

終章

地域にある真の「豊かさ」

前章までで、地域内に蔓延る様々な分断により、地域の生態系が危機的状態にあること。その再生のために、ＳＤＧｓの考え方により、住民同士がつながり、共鳴し、互いに高め合い、人と経済が循環する独自の生態系、土、陽、風、水を再生する必要があることを紹介した。

最後に、全国各地の様々な地域での仕事や、私自身の地域での生活を通じて、私が感じている日本の地域に在る、「豊かさ」のカタチを５つ紹介する。

給料の高い仕事、最先端のお店やレジャー、自由で刺激的なライフスタイル……もちろん、大都市には大都市ならではの「豊かさ」がある。それはそれで素晴らしいもので、私自身が惹かれることも多々ある。

しかし、日本経済が成長から成熟のステージへと移り、インターネットで世界中の情報と人がつながり、テクノロジーの進化で生活が急速に便利になっていく、この時代。地球の巨大な生態系の中で生きる地球市民が求める、大都市も地域も関係なく全ての日本人が求める、真の「豊かさ」のカタチが、ここ地域での生活には在ると信じている。

貨幣経済に依存しない豊かさ

うちの近所に昔ながらの魚屋がある。祖父母、夫婦、息子の3世代で営み、確かな目で毎朝仕入れる魚介類の品質が評判で遠方からの買い物客が絶えない名店だ。うちの娘は物心ついた頃から、この魚屋に通う生活をしているため、無類の魚好きに育った。好きな食べ物は「銀だら」らしい。訪れるたびに、その季節折々の魚介を説明してもらい、厨房で魚の捌き方を見せてもらう。先日はイカを捌いてイカスミを取り出してもらったとかで、イカスミパスタづくりに奮闘していた。

あるとき、友人家族がうちに来るので、鯛飯を作ろうと思い、その魚屋を訪れた。大将に鯛飯用の鯛が欲しい旨を伝えたところ、その日はたまたま入荷がないらしい。諦めようと思うと、「知り合いの魚屋に聞いてみるから、後で寄ってよ」と。後ほど、再び立ち寄ると、随分大きなサイズの鯛が。大きすぎるが、まあ仕方ないなと思い、それを捌いてもらい、持ち帰ることにした。

「おいくらですか？」と訪ねたところ、

「500円でいいよ。いつもの鯛飯なら、こんなに大きいの本当は必要ないでしょ」

高まるマネー依存

大都市圏で生活をしていると、お金でいつでも何でも手に入るという錯覚に陥る。昼夜を問わず、ファストフードの店で食事し、コンビニで日用品を買い、ジムで汗を流す。子どもに勉強を教えるのも、両親の世話をしてもらうのも、全てのことをお金でまかなうことができる。都市生活者は貨幣経済に極端に依存して生活している。その依存の怖さを実感させたのが東日本大震災であろう。数百円で電車で帰れる距離を、何時間もかけて歩いて家に帰らなければならず、安全な水や食料、トイレットペーパーやガソリンの確保に四苦八苦し、電力制限で猛暑に怯えたのはまだ記憶に新しい。

お金は、そもそも物々交換を効率的に行うための手段として生まれた。魚を持っていて、肉と交換したいとする。そんなに都合よく肉を魚と交換したい人に出会えるとは限らないので、多くの人が欲しがるものにまずは交換しておく習慣が生まれた。みんなが欲しがるものが日本では稲と布だったのだ。稲は「ネ」と呼ばれていて、この肉はどれくらいの「ネ」と交換できるか、という会話から、値段の値（ね）という言葉が生まれた。また、紙幣の幣とは布を意味する。稲は腐り、布は汚れるため、長持ちする金属が用いられるようになり（硬貨）、運びやすいように紙が使われ（紙幣）、現在では時間や空間を超えて使えるクレジットカード、電子マネー、仮想通貨などの新しい形態のお金が生まれている。人と人との取引を便利にするために、お金は進化し、形を変えてきたのだ。

「お買い物」の論理があらゆる生活領域に

お金が普及・進化する過程と、農村から都市へ人の移動が進む都市化の過程は重なる。限られた人間関係で完結する農村コミュニティでは、複雑なお金の仕組みは必要ない。都市で不特定多数の見知らぬ人との交換の手段としてお金は進化した。都市化の長い過程で、人と人との関係性が徐々に希薄になり、その関係をお金の進化で補い、生活のあらゆるものをお金で交換できるもの、つまり商品・サービスへと変えてきたのだ。住民同士の見守りで保っていたまちの防犯機能が警備サービスに、隣近所や祖父母に頼んでいた子育てが保育サービスに、熱意と志の場であった教育が対価に見合う資格や学歴を得られる教育サービスに姿を変えたのだ。

マネー依存が壊す社会道徳

お金への依存が進むことで、社会道徳が崩壊していくことが各種研究で分かっている。「ハーバード白熱教室」でお馴染みのマイケル・サンデル教授の著書『それをお金で買いますか?』から興味深い事例を2つ紹介する。

ある保育所では、子どものお迎えの時間への遅刻に罰金を導入したところ、遅刻が減るどころか、むしろ増えてしまい、件数が2倍になったというのだ。時間を守る、保育園・保育士に迷惑をかけないという道徳的義務とみなされていたものが、罰金、すなわちお金で保育時間を購入する貨幣経済の論理に変わってしまったのだ。

放射性核廃棄物の処理施設の建設候補地となっていたスイスの山間部の村・ヴォルフェンシーセン。その是非を問う住民投票の直前に、村民に対して「処理場の受け入れに賛成するか、反対するか」を尋ねる調査を行ったところ、賛成51%、反対49%とかろうじて賛成が上回っていた。続いて、その調査に建設時には毎年補償金を住民に支払うという「アメ」を加えたところ、賛成の割合は25%に半減したという。国全体の公益を考えた道徳心で受け入れようと思っていた人の心に、貨幣経済の論理が加わった結果、消費者としての損得の判断になり、道徳心が締め出されてしまったのだ。

社会全体が利便性や効率性をどんどん追求していく過程で、損得とは異なる価値軸にあった公共心、道徳心が貨幣経済の波に飲み込まれつつある。

お金で買えないものの価値が高まる時代

お金で何でも買えるが、物質的豊かさは満たされて、欲しいもの、買いたいものがない時代でもある。今の20代、30代の人々は物心ついた頃には経済成長の時代は終わっており、不景気が前提で生きている。思春期には既に携帯電話もパソコンもインターネットもあり、ネット上の無料コンテンツを楽しんでいた。低価格で高品質なファストファッションで十分であり、車が欲しいという感覚も薄い。

金融工学の進歩により、お金がお金を生み続け、世界中で大量の金融マネーが投資先を求めて、お金余りの状態だと言われている。社会全体としてはお金はあるものの、投資先も購入するものも不足しており、お金の価値が相対的に下がっている。その一方、お金で買えない「関係」「信用」「時間」「やりがい」、そういうものの価値が高い時代である。

複数の経済を使い分ける生活

貨幣以外の経済の存在

地域で過ごしていると、お金で買えないものがあることを実感する。インターネットでたいていのものを購入できるが、深夜営業のような便利な都市型サービスは限られる。旬の概念が強く残っているため、それを逃すと食べたいものが食べられない経験もする。

一方、お金以外で生活必需品を手にいれる手段が豊富なのも地方圏での暮らしの特徴だ。旬の野菜や魚介類、時には山で採れた鹿や猪など、地域ならでは、季節ならではの食材をおすそ分けでいただける（贈与経済）。通りがかりの見知らぬ農家の方が事務所に大量の野菜を置いて行った時は驚いた。

地域の共有財産である海でハゼやアナゴを釣り、川でペットボトルを加工した仕掛けでエビを捕まえ、庭の畑でナスを育てれば、豪勢な天ぷらが食べられる（自給経済&共有経済）。天ぷらだけならお金で買えるが、家族や仲間での釣り・収穫から調理までの一連の体験はお金で簡単には買えない。

不等価交換の経済

貨幣経済においては、商品とお金を同じタイミングで等価交換するのが基本だが、地域ではそうではない取引が頻繁に起こる。その典型が、おすそわけに代表される贈与経済である。AさんからBさんへ旬の野菜が渡される。その時はBさんからAさんへは感謝の言葉しか返されない。その後、Bさんは得意の煮物でAさんに返礼をする。庭の草むしりをしていた隣のBさんを見かけて、Aさんがお手伝いをする（労働というサービスの提供）。Bさんは親戚が作っているお米でお礼する。旬の野菜と煮物、草むしりとお米は価値もタイミングも異なる。価値は人や時によって異なり、必ずしも等価にはならない。この等価交換ではない経済が地域で成立するには、2つのポイントがある。

① ギブから始める

1つ目は、まずどちらかが等価交換を前提としない「ギブ」行為、旬の野菜や草むしりの労働といった無償の奉仕をするところから始まることだ。これがどちらからもないと始まらない。

② 交換を不等価にする

もう1つは交換を不等価にすること、つまり常に「借り」がある状態が続くということである。BさんはAさんに草むしりをしてもらい「有難い」と思う。そこで、Aさんにお米を贈る。さらに、Aさんは「草むしりくらいでお米をもらって悪いな」と思い、「他に何か手伝えることはないかな」と考える。

冒頭の魚屋の話に戻るが、私はいつもあの魚屋に「借り」があるような気になる。鯛飯用の鯛を格安で手配してくれた。まさに、ギブの精神である。この「借り」を返そうと、我が家は必ず魚はその店で買うことにしているし、ついつい近所でもオススメしてしまう。その店には20代の息子さんが2人店頭で接客しているのだが、うちの娘は毎年必ずバレンタインのチョコを渡している。

ギブから始める、交換を不等価にするという話は、東京・西国分寺でクルミドコーヒーを運営する影山知明さんに教えてもらったことだ。

人はたいてい「稼ぎたい」「自分がやりたいことを実現したい」そんなテイク（take）の思いと「美味しいものを食べてもらいたい」「世の中の役に立ちたい」などのギブ（give）の思いの2つを持っている。これは二者択一ではなく、両方ある。ただし、その順番が大切だと影山さんは指摘している。まず、地域に、周りの人にギブしたい、そんな思いが先立つことで、地域にはギブの循環が始まる。

また、著書『ゆっくり、いそげ』に書かれていた「不等価交換にする」ことの重要性についてのエピソードには衝撃を受けた。クルミドコーヒーで開催しているクラシックコンサートの話なのだが、開催当初は一定の目安（1500円）を提示した上で、参加費をお客さんに委ねる投げ銭システムをとっていたそうだ。すると、ほとんどの人は1500円以上を払ってくれた。成功したと思ったが、思うようにお客さんが増えず手ごたえを感じられなかったそうだ。ある時、影山さんは「ああ、毎回毎回『精算』されてしまっているのだ」と気づいたという。コンサートに見合う金額（等価）を払い、満足して帰る。それでは次にはつながらない。払った以上の価値あるコンサートを楽しめたと思うと、人の心の中に「借り」の感情が生まれ、「お得だったなー」「ＳＮＳで発信しよう」「今度は誰かを連れて行きたい」という気持ちが掻き立てられる。

仕事、地域活動、日常の生活の中で、互いに自分のできること（価値）をギブする、それに対して頂いた価値以上のものを返礼する。この不等価交換の繰り返しが、人と人との支え合う関係を作りあげる。これが可能なのは、貨幣経済だけに依存しない贈与・自給・共有経済が残る地域の特徴である。

ギブから始まる経済を支えるクラウドファンディング

地域でのチャレンジや起業の資金調達手段として定着しつつあるクラウドファンディングも、商品とお金を同タイミングで等価交換する貨幣経済とは異なる取引形態である。私も3回ほど挑戦したことがあるが、決して楽に寄付を集める手段ではない。資金調達を希望する人は、自分が社会に対して提供できる価値を長時間をかけて練り上げ、資金提供者がプロジェクトに関われる様々なギフトを設定し、ウェブ上で提案する。労力と参加機会のギブから始まるのだ。そこに共感し、価値を感じてくれた人が資金を提供してくれる。寄付する側も自分の拠出金額と経済的に等価であるギフトを求めてはいない。自分が共感できる人やプロジェクトに、自分の懐事情に合わせてギブをするのだ。

近年、ふるさと納税の過剰な返礼品競争が問題となり、２０１９年3月に規制する法律が成立した。

ふるさと納税も本来は自分の生まれ故郷や縁があった地域に、自分の納める税金の一部を自発的に「ギブ」することを推奨する制度であったはずだ。その「ギブ」に対して、地域側は特産品などの形で「ギブ」を返す。この不等価交換により、地域がファンと税収の確保を目指した制度であったはずだ。しかし、制度設計上の問題により、自治体間で貨幣経済の論理での競争が始まり、消費者としての損得基準で選ばれるようになり、地域貢献やふるさと愛という考えが薄れてしまった。

個の価値が問われる地域での生活

ギブするためには、ギブできる価値あるものを持っていなければならない。都市で暮らし、組織に所属していると、自分自身の価値という感覚が薄くなる。肩書きや組織の力で貨幣を稼ぎ、貨幣による等価交換で必要な商品・サービスを手に入れる。もちろん、仕事における自分の価値(仕事内容)が給与なのだが、それは必ずしもイコールではなく、景気・所属・雇用形態などに左右され、純粋な自分の価値だとはなかなか思えない。

貨幣経済だけに100%依存するのではなく、自分が隣近所や地域社会に提供できる「価値」を磨き、価値をまず自ら「ギブ」し、関係性を築くことで得られる複数の経済を組み合わせて生きるのが地域での生活である。インターネットやテクノロジーの進化により、その可能性がより広がった。

これこそ、お金で買えないものの価値が高い現代における、実に豊かな暮らし方ではないだろうか。

正しい時間で生きる豊かさ

今から8年ほど前、月1回から2ヶ月に1回ほど、日本海の離島に通う生活をしていたことがある。飛行機で2時間、バスで1時間、船で5時間ほど揺られて、ほぼ1日かけて島に着く。

そのとき、島への移動のたびに、身体になんとも言えない不調の感覚を覚えていた。離島から東京に移動した時の不調の感覚は想像しやすいだろう。大都市特有の人混みや都市の慌ただしさ、ラッシュ時の電車などに単純に疲れてしまう感覚だ。

ただし、その逆の奇妙な感覚が今でも忘れられない。東京から離島に移動してしばらくの間は身体が島の空気に馴染めず、なんとも言えない気怠い気分に襲われるのだ。

この感覚は1日2日経つとすぐに消えてなくなり、逆に快調になる。月の半分程度を地域で暮らす今となっては、その感覚を味わうことはほぼないのだが、当時は毎月のように同じ感覚を抱いていて、奇妙に思っていた。

今考えると、都市の高速な時間感覚で生きていた僕が、島のゆったりした時間感覚に適合するためのリハビリのための時間だった気がする。

縄文時代の40倍の速度で進む現代社会

全哺乳類に平等に与えられた時間とエネルギー

本川達雄氏の『ゾウの時間 ネズミの時間』によると、70年から100年生きるゾウも3~10年しか生きないハツカネズミも哺乳類全般が、一生のうちに拍動する心臓の回数は約15億回とほぼ同じなのだそうだ。ハツカネズミは0・1秒に1回に鼓動し約5年で、ゾウは2秒に1回鼓動し約90年で、それぞれ15億回に達して息絶える。1秒1回程度鼓動する人間は約50年の寿命となる。織田信長が人生50年と唄ったと言われるが、生物学的におおよそ正しい数字のようだ。心臓が各動物に埋め込まれた時計だとすると、ゾウもネズミも15億回という平等な時間を持って生まれてきているのだ。

また、動物のサイズにかかわらず、心臓1拍あたりのエネルギー消費量はネズミもゾウも人間も約2ジュールと共通で、ともに2ジュール×15億回で計30億ジュール消費して生き絶えるという。哺乳類は皆平等な時間とエネルギーが与えられ生きているのだ。この話を最初に聞いた時に生命の神秘、偉大さに心が震えたのを覚えている。

科学技術と化石資源の力でエネルギーを莫大に消費し、哺乳類に平等に与えられていた時間を増やし、高速化してきたのが人類の進歩の歴史であろう。

本川氏によると、縄文時代から比べると、現代の人類は約40倍のエネルギーを消費している、つまり縄文人の40倍の速度で生きていることになる。現代人は超高速時間動物なのだ。身体自体は大きく変わらず、社会の時間が超高速化している。そのギャップが現代人の心と身体に負担をかけている。

本川氏は、「時間をもう少しゆっくりにして、社会の時間が体の時間と、それほどかけ離れたものではないようにする。そうやって時間環境問題を解決すれば、自動的に温暖化もエネルギー枯渇問題も、解決してしまいます」と述べている。

現代社会を加速する資本主義と金融の仕組み

こうした超高速社会の背景にあるのが、資本主義と金融の仕組みである。

労働生産性という言葉がある。日本は諸外国に比べて低いと言われている。労働生産性とは、労働による生産額を労働投入量で割った値である。労働投入量とは、労働者全員の総労働時間と考えるとわかりやすい。すなわち、時間あたりの儲けである。

株式会社であれば、ROE（株主資本利益率）という指標が重視される。株主が投資した資本あたり、どれくらいの利益を出せたかを表す指標である。これは1年間の利益（当期純利益）を株主資本で割って算出する。そのため、株主からの評価が大切な経営者は1年という短い期間での利益を追求する。社員は1年の予算を課され、達成に向けて前傾姿勢で仕事に取り組むことになる。予算を達成し、高い利益を得られても、従業員の給与には反映されず、富裕層である株主・投資家だけが儲かり続けるのが、日本を含めた世界中で起きている現代資本主義の課題の一つである。

利子という仕組み

「利子」という金融の世界に欠かせない仕組みがビジネスを前のめりにさせる。事業を始めようと思うと、元手となる資金が必要となる。金融機関から借りたお金には数%の利子がかかる。3%の利子で1000万借りたら、1年後には1030万借りたことになる。早く返さなければ、増えていく。短期で事業の収益化を達成しようとする圧力が事業を本来の目的から歪ませる。

お金を借りるという行為は、自分の未来の時間を投資家に差し出す行為である。著書『善と悪の経済学』で知られる経済学の鬼才・セドラチェクはお金を借りる行為を「金曜日のやけ酒」に例えている。金曜日に仕事のストレス発散のために酒を浴びるように飲み、土曜日、日曜日が二日酔いで体調不良になっているサラリーマンをイメージして欲しい。金曜日夜に飲んで歌って使うエネルギーはその週末のエネルギーを前借りし、金曜日にタイムシフトしているだけなのだ。自分の時間を差し出し、お金を借りて、前倒しで生きる。そんな金融の仕組みが生活のあらゆるシーンに組み込まれており、社会全体を前へ前へと進ませる、急がせている。

金融の未来を搾取する仕組みが、世界中を大混乱に陥れたのが、サブプライムローンであろう。住宅購入に十分な所得がない中低所得者に夢を抱かせ、表面上お得に見えるローンを組ませ、破綻させた。この人たちの未来を台無しにしただけでなく、日本経済にもダメージを与え、企業業績は悪化し、派遣切りなどの結果、失業者が増えたのだ。未来の先取りが起こした不幸な出来事である。

地域に残る四季ベースの経済

こうした金融資本主義に支配される大都市と比べて、地域にはより緩やかな時間が流れている。大都市は四半期ベースで時間が進むのに対して、地域は四季ベースで時間が進んでいる感覚がある。

地球時間に支配される産業構造

金融業、情報産業、製造業などでは、四半期、つまり3ヶ月に1回、予算の達成などの成果が求められる。終わると、次の四半期がすぐに始まる。この慌ただしいサイクルが繰り返される。

一方、農業、林業、漁業などは急いではいけない。太陽の光をたくさん浴び、じっくり成熟すること、海流に乗って魚群が流れてくるのを待つことが大切だ。1つの季節が終わるからと急ぐ訳ではなく、次の季節を楽しみにする。または、来年のその季節をゆっくり待つ。一次産業が身近にある地域ならではの感覚である。

地域での生活には、季節の催事と旬の食材が組み込まれている。私が毎月訪れる高知は日本有数の果物どころである。文旦、小夏、ポンカンなど季節ならではのものが店頭に並ぶ。うちの娘は小さな頃から酸っぱいという理由で柑橘類があまり好きではなかったのだが、高知の小夏がきっかけで柑橘類好きになった。小夏は初夏のほんの2ヶ月くらいしか出回らず、あっという間になくなってしまう。その時期を逃すと買いたくても買えないので、毎年気をつけている。

地域の行事やお祭りは季節と密接に結びついているため、一度終わると次は1年待つ以外の方法はない。観光コンテンツとして魅力的だからと、季節を関係なく楽しめるものにすると大抵うまくいかない。「待つ」感覚がそのイベントの本質と結びついているのだろう。

地域の主要な産業でもある医療・介護も、人間の人生と関係が深い10年単位の時間が支配する産業のため、本来は年間の利益や効率性が支配する市場原理から切り離すべきものである。

貨幣経済だけに依存しない地域社会

地域が貨幣経済だけに依存していないことも関係が深い。貨幣は貯蔵効果があることが一つの特徴だ。農作物は時間が経つと急激に価値を失う。自分で占有することに限界があるため、譲り分け、みんなで共有し「今」を楽しもうという感覚が生まれる。

「ギブ」から始められるのも、時間と関係が深い。同じカフェでも、都心の一等地の高額物件でするのと、地域の格安の空き家でするのでは、軌道に乗るまでの猶予が全然違う。利益を出すことを急がず、受け入れられるまで手間暇をかけ丁寧な仕事を続ける時間的ゆとりが地域にはある。

共同体のための時間

時間が個人のものではなく、共同体のものだという感覚も、地域ならではであろう。都市で忙しく生活していると、最初に犠牲にするのが他者と過ごす時間である。家族との時間、仲間との時間、そんな大切な時間を犠牲にして、稼ぐために働くことになりかねない。

職住分離の都市型の生活は、働く、育てる、遊ぶ、寝るという生活機能が地理的に分断されている。そのため、お金と時間のやりとりでこの地理的分断を埋めることになる。

一方、職住近接の地域型の生活は、近隣で完結するので、移動時間が少ない上、職場で育てる、家で働くなど、複数の機能を兼ねられ、時間もお金もかからない。

時間にゆとりがあれば、他人との関係も良好になる。仕事をお願いしたい人がその時忙しいのであれば、その人が時間ができるまで待てばよい。他に適任な人が見つかるまで待つこともできる。本来は忙しい時こそ人のサポートが必要なのだが、時間がなくて忙しいと一人で孤独に対処することになる。忙しいという漢字は、心を亡くしていると書くのだ。

待つことができるしあわせ

今を大切に生き、未来をじっくり待つことができることは幸せだ。

離島に通っていると、船の欠航で本土に戻れないことがある。「あーあ」と思いつつ、ちょっと喜んでいる自分がいる。戻れないなら戻れないで、意外と何とかなるものだ。

山間部でものづくりの工房を運営している。開始してから3年がたった。最初は公民館の一室の仮住まいから始まった。場所をじっくり探して、良い場所と出会うまで待っていたら、1年たった。

新しい場所は、小学校の帰り道沿いだったこともあり、放課後に子どもたちが通い始めた。最初はものづくりに取り組むより、好き勝手遊んでいた子どもたちが、一人ずつ少しずつ変わっていった。

この工房で大切にしていることの一つも「待つ」ことである。子どもたちがやりたいことを見つけられるまで、試行錯誤して何かに気づくまで。大人はどうしても子どもに正解を教えたくなる。正解を教えられた子どもはその場では喜ぶが、なかなか興味が続かない。最後まで粘り強く考え、自分なりの解を見つけた子どもたちは、次々と新しいものにチャレンジしていく。

こうして、ものづくりを楽しむ子どもたちが少しずつ増えて、今では、毎週水木の開放日は学校帰りの子どもたちであふれている。子どもが成長し、変わり始めると、大人にもじわじわと広がっていく。ただ、大人たちにこの文化が広まるまでには、これから少なくとも3年はかかるだろう。

成長の新しい定義

子どもたちの姿を眺めていると、今の社会を支配している「成長」という概念が間違っている気がする。日本のＧＤＰや企業の売り上げが「前年比Ｘ％の成長が目標」というようなものを目にするたびに、「どうして毎年成長する必要なのだろう?」と疑問を感じる。

成長自体をを否定している訳ではない。私自身いつまでも成長し続けたい。私が大切にしたい「成長」、地域における「成長」とは、子どもの身体の成長のようなものかもしれない。毎年、身体測定を行う。身長は確かに伸びていて欲しい。しかし、人によって、伸びる時期もあれば、伸びない時期もある。年間何センチ伸びること、友達より高くなることを目指すという考え方はふさわしくない。

体格や遺伝、生活環境によって、伸び幅も限界も異なる。決して身長が高い方が良いわけでもない。個人個人に応じた成長、それで良いのだ。また、ある程度の高さで身体的な成長は止まったとしても、その後も内面の成長はいつまでも続く。

植物が季節を経て徐々に成長するように、過度な成長、急激な成長を前提とせず、その人なりの成長をじっくり時間をかけて待つことができる、量の成長ではなく、質の成長を大切にできる、それが地域に根づく豊かな時間感覚に基づく、正しい「成長」の考え方に違いない。

自分の仕事ができる豊かさ

人口3万人の山間の町で「トンボコーヒー（仮名）」を営む山口さん（仮名）。地元の高校卒業後、東京の大学に進み、大手自動車メーカーに就職したが、父が体調を崩したことをきっかけに戻って来た。「最初は、すぐにでも東京に戻りたくて仕方なかった。」、そんな時に同級生に誘われて、渋々まちづくりのワークショップに参加。同世代の若い人たちがイキイキと街の未来を語る姿に驚いたという。「『やまちゃんは何がやりたいの？』と聞かれて、勢いで『自分で煎れた美味しいコーヒーをみんなに飲んでもらいたい』と言ったところ、『やってよ、やってよ！俺らが集まれるカフェがないから、みんな絶対行くよー』とみんなから後押しされてしまって」。

学生時代の喫茶店でのアルバイトでドリップコーヒーの美味しさに目覚めて以来、ずっと頭の片隅にカフェをやりたい思いがあったとのこと。色々な人の助けを得て、知人の紹介で奇跡的に良い物件も見つかり、全て手作りで店を作り上げ、昔ながらの街並みが残る中心市街地に店をオープンした。

美味しいコーヒーと居心地の良さがＳＮＳでも評判を呼び、今では町外からも多くの人が集まる町の新名所に。「みんなコーヒー楽しみにしてくれるから、全く休みもとれなくて」と笑う充実した表情がとても印象的だ。

人生の喜びから離れた仕事

豊かな生活に欠かせないもの、「仕事」に関する気になるデータがある。日本人で「仕事が好き」と回答する人は半分を切るのだ。60代が58・8％と最も高く、若くなるにつれて下がる。20代では35・1％と3分の1しか仕事が好きな人がいない（P91参照）。働き盛りの世代にとって、生活の時間の多くを占める「仕事」が充実していないのは実に不幸なことだ。

「仕事そのものに喜びを感じないのであれば、その仕事は為す価値がない」。デザイナーであり、社会活動家でもある英国のウィリアム・モリスの言葉である。この当時、産業革命に伴う大量生産による安価な、しかし粗悪な商品が世の中にあふれていた。モリスはこの状況を批判して、中世の手仕事を大切にした生活に戻り、生活と芸術を統一することを主張した「アーツ・アンド・クラフツ運動」を展開した。産業革命による「仕事の質の変化と喜びの低下」への警鐘は、彼の死後100年以上経った今でも的を得ている。

仕事の質が大きく変わり、多くの人が仕事に喜びを見出せないことに深く関係しているのが、産業革命を契機に生まれた「分業」という仕組みである。

消え行く分業前提の経済

社会的幸福最大化のための分業

分業とは、仕事を分割して専門分化し、複数の人間でそれぞれを分担して行うことを意味する。近代経済学の父、アダム・スミスが確立した概念である。アダム・スミスは『国富論』にて、ピン（裁縫用のまち針）の製造行程で分業の効果を説明している。ピン製造は「延ばす」「切る」など、18行程に別れており、1人が全行程をやると、1日に1本も作ることはできない。それが10人でそれぞれが1~2の行程を担当すると、1人あたり4800本作れる。生産効率が4800倍になるのだ。

アダム・スミスはそもそも人の幸福のために「分業」という仕組みを考えた。分業が進み生産性が向上することで、多くの人が生産活動に参加し、増加した生産物を享受できる。その結果、富の分配が社会の最下層まで広がり、貧困層が救われることを目指したのだ。

やらされる仕事

分業を効率的に進め、生産性を高めるために欠かせないのが、「管理」の仕組みである。舘岡康雄氏は著書『利他性の経済学』にて、仕事を切り離し、分けたものを共通の目的に向かって動員し、意図通りに動かすために、計画と管理・統制の仕組みが発展してきたと指摘している。

ピンの一部を作るチームが勝手に休んだり、違うものを作り始めたら、分業は機能しない。それを防ぐために、管理が必要となる。管理者は生産行程全体を把握している一方、各担当者は一部しか知らされないのが一般的だ。自分の工程がどんな役割を果たすのか、製品が社会でどんな役割を果たすのか、そんな自分の仕事と社会のつながりを感じることが仕事の喜びにつながる。しかし、効率性を高めるために、分業化を進めれば進めるほどに、つながりが見えにくくなっていく。

舘岡氏は、モノを大量に効率的に作るためには、生産する人もモノの原理に従わせることが最も効率的であり、その過程で人はどこかモノが優先されている感じ、「やらされ感」を抱くと指摘している。分業による大量生産・大量消費社会の実現で確かに経済的に豊かになった。人は給料が増え、欲しいものを消費し、経済的豊かさを享受することで、「やらされ感」を受け入れ、精神的豊かさが犠牲になることを何とか飲み込んで来たのだ。

消え行く「分業」前提の経済

舘岡氏はこの管理・統制の経済活動は次の3つの前提で成立すると指摘している。

①多量に造ったものが売れる、捌けるという売り手市場が存在する
②管理の側面である計画に関して、その計画期間内には、計画の前提が変わらない
③人間のアウトプットは、複雑な作業より、単純な繰り返し作業の方が大きくなる

現在、この3つの前提が完全に崩れている。作れば作るほど売れるような売り手市場は存在しない。時代環境は急激に変わる。この2つの前提の崩壊は、1990年代以降の低成長時代の日本が20年以上経験し続けていることだ。それに加えて、2000年代以降の情報革命、本格的なＡＩ時代を迎え、③の単純な繰り返し作業がもはや人間の仕事となりえない時代が到来している。

産業革命がもたらした「分業」「管理・統制」による低コスト・大量生産・画一な生産の時代が終わりを迎えつつある。その一方、情報革命による新たな仕事モデルが生まれている。

デジタルの特性を活かした低コスト・大量生産・個別化による仕事がその典型である。グーグルやフェイスブックのようなインターネット上のコンテンツは全員に画一なものを提供する必要がなく、低コストで個人個人のニーズに応じて大量に提供することができる。7章で登場した顧客一人ひとりの薬の飲み方をサポートする医薬品宅配サービスもその一例だ。

もう1つは、人の手がかかった産業革命前の生産モデルの現代アップデート版だ。大量生産・大量消費時代は個人商店にも厳しい時代であった。ファーストフードチェーンのような画一生産された商品やサービスが、安価で間違いのない品質（粗悪品ではない）という理由で選ばれていた。

しかし、インターネットの力により、自家焙煎の美味しいコーヒー、手作りの皮革製品などの「個別化」された商品・サービスを提供する個人商店が、それを求める顧客とつながることができる時代が到来したのだ。

公私一体の「自分の仕事」で生きる

トンボコーヒーは地域に一店しかない自家焙煎の店ということもあり大繁盛で、山田さんはほとんど休みがとれないほど、忙しく働いているようだ。

「分業」が進んでいない地域では一人何役も果たすのは当たり前。アダム・スミス的には非効率で前近代的な働き方かもしれないが、ウィリアム・モリス的には美しく喜びあふれる働き方のはずだ。

開店までの準備は、ワークショップで出会った仲間と一緒に、壁塗りから床貼り、家具作りから、メニューボード制作、SNS用の動画撮影まで、自ら手を動かして作りあげた。店の改築風景を定点撮影した動画がSNSで評判でそれを見てわざわざ来てくれたお客さんも多い。

自分が考え、形にしたものを、お客様に提供して、「ありがとう」と言ってもらえる。その成果として収入が得られる。これこそ「自分の仕事」である。

ワークライフバランスという言葉がある。公（仕事）と私（余暇）を切り離し、余暇の時間を大切にすることを推奨する考え方だが、私は賛同できない。働くことそのものに喜びを見いだせること、仕事を通じて、自分自身が生きている実感を得られていることが何よりも大切だ。

時間的ゆとりがあり、個人の信用で多くのサポートを受けられる地域。ここには自分で自分の仕事を作る、公私の区別なく仕事を楽しむ、そんな豊かな働き方ができる機会があふれている。

百姓として生きる豊かさ

自分たちの手で森林を整備する自伐型の林業に取り組む大野君（仮名）。3年前に当時1歳の娘の待機児童問題がきっかけで家族4人で東京からこの街に移住して来た。

週3日は地域おこし協力隊の立場で、山で間伐や道作り、家具・建築用の木材を切り出す林業に励む。週1日は、前職の鍼灸師の技術を活かして、地域のおじいちゃん、おばあちゃん、同業の林業家の施術も行う。鍼灸師の仕事で学んだ筋肉の知識を活かして、筋力トレーニングの指導も行なっている。最近は移住仲間のエンジニアとともに、山の中の作業場を再現した「きこりスタジオ」というイベントを開催したり、山林資源との交換を目的にした「キコリラ」という仮想通貨をつくったり、ヒノキ、ナラ、くるみ、りんごなどの木の枝を砕いた燻製用チップを開発し、お手製の燻製機の販売を計画したりと活動の幅が広がっている。

「最近、自分が何屋さんなのか、よくわからなくなって来たんです」と大野君は語る。森と身体とものづくりの組み合わせで仕事の可能性は無限に広がっていく一方だ。

彼の生き方からは、昔懐かしい過去の風景と、最先端の未来の風景が、同時に頭に浮かんでくる。過去の風景とは、江戸時代の百姓的な生き方である。百姓という言葉は「農民」というイメージがあるが、元々は「百の姓」、つまり色々な商業の人、市民全般を表す言葉である。江戸時代の百姓の大半は農業と農業以外を兼業して生計を立てていた。大工、木挽、左官、畳屋から、髪結いや医者まで、農業と関係が深い神社の神主も農家の兼業が多かったようだ。仕事の専門分化が進んでいなかった当時は、地域で必要とされる仕事を1人いくつかずつ兼ねて、互いに支え合いながら生きていたのだ。

地域に残る百姓経済

地域には、一人の人が色々な仕事をするのが当たり前だという感覚がまだまだある。地域で暮らしていると、この兼業感覚に加えて、前節で紹介した不等価交換の考え方により、本人が思ってもみない新しい仕事に出会える機会がある。

地域でカフェを経営して生計を立てるとする。自己資金を投資し、サービスと場を提供する。大都市ではそこで得られる対価は貨幣である。自分が提供したサービスに、何人が価値を感じてくれたか(客数)、何を何品購入してくれたか(客単価)というわかりやすい等価交換の量で売り上げが決まる。

一方、地域では、コーヒーの対価に加えて意外な価値で戻ってくることが多い。うちのばあさんにも飲ませたいから福祉施設で出前サービスができないかと依頼されたり、街のお祭りでかき氷屋とセットでの出店を依頼されたり、自分の畑でとれるブルーベリーでコーヒーに合うスイーツづくりを依頼されたり。飲食の範囲であればまだマシな方だ。カフェのウェブサイトが気に入られてウェブ制作を依頼されたり、看板のデザインを相談されたり、趣味のヨガの話をしたらヨガ教室の開催を依頼されたりすることもあるだろう。

コーヒーをお店で出したいだけの人にとっては、いい迷惑かもしれないが、自分でも思ってもみない新しい「姓」、新たな食い扶持を得られるチャンスが舞い込んでくるとも言える。地域では自分の想定外の収益で暮らしている人が、特に移住者には多い。

一つではない自分の仕事

百姓的生活がもたらす「できること」「やりたいこと」の拡張

未来の風景とは、まさにこれからの時代に求められる「複線型の働き方」を実践している姿だという意味である。前節で、公私を忘れて夢中になれる「自分の仕事」ができる豊かさについて紹介した。

都市部で「自分の仕事」というと、どうしても、特殊で専門性の高い仕事、例えばプログラマー、デザイナー、弁護士、会計士などをイメージしがちだ。「自分がやりたいこと」「やるべきこと」を模索している、自分探しをしている若い人によく出会う。日本に根づく「自分の専門性を極めるべき」というような専門性信奉と、「色々なことに手をつける」ことへの批判的風土が、若者たちの自分探しを加速させている。

そういう若者を見ると「目の前にあることをやってみな」と言うことにしている。やってみないと、何もわからないからだ。自分が生きている小さな世界の中だけで、自分探しをしても仕方がない。世界は広いのだ。知らない世界の中にもっと自分が面白いと思えることがたくさんあるはずだ。

まずは「できること」をやってみる。その先に「やりたいこと」が見えてくる。また、やることを一つに絞ることもナンセンスだ。それが正しいかもわからない。自分の可能性を自ら狭めることになる。仕事の環境と求められるスキルが激変する今の時代は、一つのことだけを極めることは逆にリスクが高い。

百姓的生活、自分で何から何までやるのが当たり前の地域での生活には、今までとは違う自分の「できること」に出会えるチャンスがあふれている。

最近は本業を持ちながら副業することを推奨する雰囲気が社会全般にあるが、「副業」という言葉に強い違和感を感じる。副（サブ）で良い仕事ができるのだろうか、と思う。本業で安定的に稼ぎ、副業でやりたいことをやるというのも腑に落ちない。そんな本業でいい仕事ができるとは思えないし、そんな副業を全力で楽しめるわけがない。やるのであれば、どちらも本業の「複業」であるべきだ。

百姓経済を支えるデジタル技術

情報革命により登場した新たな仕事モデルは、地域での百姓的働き方の強い味方である。

SNSやCtoCと呼ばれる市民間が直接つながるウェブサービスの普及により、個人の幅広いスキルや資産を活かした働き方が可能になった。洋服、雑貨など、趣味性の高い作品を作る作家、職人、一般の人が、自分の作品を購入してくれる人を見つけ、収入を得るチャンスが広がった。デザイナーなどのフリーランスで働いている人が、自分の得意領域や料金に応じて、発注者と直接つながることが可能になった。また、空いている部屋や空間を第三者に貸したり、空き時間で宅配や接客をして稼ぐことができたり、稼ぎ方の幅が格段に広がっているのだ。

情報革命前は、商品やサービスの受け手側のニーズ（高品質で同じ規格のものが欲しい）も、送り手側のニーズ（効率的に同じものを作りたい）も画一という、大量生産・大量消費が前提であった。しかし、情報技術の恩恵により、送り手・受け手双方が個人の思いで自由に選べる時代が到来したのだ。

そして、その恩恵をより得られるのが、大都市以上に地域である。これだけの広い国土で全国津々浦々、高速通信網が行き渡っているのは世界中でも日本だけだ。人口が少ない地域、高齢化が進む地域であればあるほど、高速通信網の恩恵を受けられる。道路、鉄道、航空ネットワークが整い、LCCの就航も相次ぎ、高速に格安で大都市にアクセスできる環境も整っている。日本中世界中どことでもつながり、色々な仕事ができる時代だ。

変化に委ねられる百姓的生活

大野君の林業×身体ケア×ものづくりの掛け合わせの働き方を見ていて、元杉並区立和田中校長で教育改革実践家の藤原和博氏の「キャリアの掛け算で100万分の1の存在になろう」という提案を思い出した。100万分の1というと、同学年で一人、オリンピックのメダリスト級の存在だ。そんな希少価値のある人材になるのは大変だと思うかもしれない。藤原先生は100分の1のキャリアを3つ掛けわせることを提唱している。林業×身体ケア×ものづくりはまさにそんな働き方だ。

3つのキャリアを組み合わせると、実は7つの働き方を持つ、七姓になれる。

1つは100分の1を3つ組み合わせた100万分の1の働き方だ。森と木のことがわかり、身体と筋肉のケアができ、ものづくりに長けた大野君にしかできない仕事は確実にある。森の素材を活かし栄養バランスに優れた燻製食品作りなど、まさにそんな仕事に違いない。

100分の1を2つ組み合わせた、林業×身体ケア、林業×ものづくり、身体ケア×ものづくりと1万分の1の働き方が3つできる。林業×身体ケアで、一次産業従事者向けの身体ケアサービスを提供するのがその一例だ。

そして、林業、身体ケア（鍼灸師）、ものづくり、それぞれ100分の1の働き方3つである。

この7つはどれかが本業で、どれかが副業ということではない。その時々に応じて、稼げるもの稼げないものがあるだろう。

今のところ最も多くの時間を割いている自伐型林業の収入の大半は、間伐道をつける国からの補助金のようだ。これは現在は安定収入だが、いつ制度が変わって無くなるかわからない。

しかし、無くなっても、まだ6つの食い扶持がある。しっかり稼ぐもの、不定期だが時折稼げるもの、未来の稼ぎのために投資するもの、稼ぎの見込みはないが仲間と楽しむもの、そんな自分の中でのポートフォリオを持つことができるのが「七姓」的生活のメリットだ。

複数の知の領域を自在に横断して、自分だけの100万分の1の価値を生み出し、自分だけの働き方ができる、それは地域で実現可能な実に豊かな働き方だ。

身体と技術を使いこなす豊かさ

私は毎年、年初に北海道の雪山にこもっている。3日間、山を歩いて登り、滑り降りることを繰り返す。それに向けて、10月からトレーニングと節制を始める。準備が順調だと楽に登れるし、失敗すると全くダメである。身体の弱い部分がよくわかる。今年は左の腰部分に疲れが集中した。大半は斜面を登る時間だ。20度の世界でも（冬の北海道では、誰もマイナスと口にしない）、登り始めるとあっという間に汗が吹き出す。真っ白な視界の中で、1年間身体に溜まった毒素がどんどん出ていく。

この山に通い続けている最大の理由は、現地在住の2人組のガイドの存在だ。この2人は本当に何でも知っている。最近、沿岸部を住処とするオジロワシが内陸に増えているらしい。それは、獣害対策として人間が狩猟して、放置した鹿の内臓を餌として狙っているかららしい。驚くほど、生態系の変化に敏感だ。ある日、南から低気圧が2つ来ている影響で暖かかった。これが今晩北海道を抜ける予定で、抜けると2つが合流して強烈な北風が吹いてくるから、明日は荒れるらしい。そんなことを話し、相談し、GPS等最先端のテクノロジーも活用しながら安全で楽しい登頂ルートを決めていく。

彼らの自宅は2016年の北海道豪雨で床上まで浸水した。商売道具のスノーモービルも泥に浸かり、再起不能と思われたが、分解し、部品一つ一つを磨き、組み立てたら、また動くようになったらしい。

生が希薄になる時代

経済・技術・情報主導の社会進化の過程で、私たちの生活は昔と比べてはるかに便利で効率的になった。しかし、その半面、人が自分の手足、肉体、頭を使う機会が明らかに減っている。スマートフォンの電池が切れると、待ち合わせもできなければ、目的地にもたどりつけない。過度に依存しているテクノロジーを全て失ったら、自分はどうやって生きていくのだろう? そんな不安に襲われることがある。

人と人の関係性が希薄になり、福祉、教育、環境、治安等多くのことが金銭で解決されるようになった。昔は自分の力で、地域や家庭などの日常の人間関係の中で解決してきたことを、企業や行政に回し、お金に依存して解決している。

大量生産・大量消費社会の中、分業化は進み、自分の仕事の意義がわからない人、短期間での成果が求められ、稼ぐためにやりたくもない仕事に長時間勤しむ人が増えている。

こうした生活と仕事の環境が変わる過程で、人は本来持っていた繊細な感受性、強い生命力、豊かな人間力、深い道徳心などを失いつつある。そして、自分が生きていることを実感できない、生きがいを見つけることができない人も多い。そんな「生の実感」が希薄な時代ではないだろうか。

身体と技術が融合した手ごたえあふれる暮らし

地域には大都市で失われつつある、生きている「手ごたえ」を感じられる機会があふれている。「手ごたえ」とは、人が自分以外の何かと相対し、働きかけ、結果として手に入れる反応のことを意味する。そして、今の時代に価値の高い、お金では買えないものの一つでもある。

冬山登山をしていると自分が地球と地域の生態系の一部であること、四季とともに生きていること、自分の力で生き抜く力があること、仲間とつながっていることなど、様々な手ごたえを得られる。

農業、林業、漁業は、地域の生態系と真正面から向き合い、その恵みである手ごたえを得る仕事だ。私もたまに釣りをするが、針に掛かった時の振動、釣り上げ時の竿の重み、まな板上でさばく時の包丁を通じて感じる弾力、新鮮で瑞々しい食感、それら全てから手ごたえを感じる。

地域経済には職人の存在が欠かせない。漆器・和紙・器のような伝統工芸の職人もそうだが、家を建てる時には瓦職人や畳職人が、七五三や成人式では着物職人が、お墓を作るには石材職人が活躍する。大量生産品の普及に押されているが、確かな技術と美的感覚に優れた日本の職人の手仕事は地域経済を支えている。

地域には、手間暇をかけて手仕事をできる機会、人の温もりやモノの存在感を直に触れて確認する、手触りを重視する文化、手ごたえを大切にする暮らしが存在するのだ。

身体の知と機械の知を融合する

手間暇や手ごたえの価値について話していると、不便で非効率だけれど張り合いのあった「古きよき時代」への回帰を提案していると思われるかもしれない。決して、そうではない。人間の不便と不快を軽減するためのテクノロジーの活用は未来においても続いていくはずだ。

産業革命は人から作る喜びと個性を奪ったのに対して、情報革命は画一的な働き方や単純な繰り返し労働を無くし、喜びと個性あふれる仕事を取り戻す進化をもたらしてくれるに違いない。そして、その恩恵をより得られるのが、大都市以上に地域である。人手不足に悩む地域では、もともと人間が行なっていた労働をテクノロジーが代替することが歓迎されるであろう。乗用車や農耕車などの自動運転、ドローンの飛行などの社会実験をするための空間も十分にある。

農業の世界でも情報革命前の機械化・大規模集約化の議論は、効率化・生産性向上のみが目的で、農家の方の喜びや働きがいという視点が完全に欠如していた。しかし、ドローンを活用した稲の生育状況に応じた最適な肥料散布、ＡＩによる自動農作業車など、情報革命時代の技術を活用した取り組みは、農家の方の手間を軽減し、彼らの持つ知を活用し、育てる喜びを高めてくれる可能性がある。

農業、林業、職人的ものづくりの世界など、自然環境に近い暮らしから得られる「身体の知」とテクノロジーの進化が可能にする「機械の知」。身体と技術を融合し、「手ごたえ」ある働き方、暮らし方ができる豊かな環境が、地域にはある。

おわりに

地域づくりには「サイエンス」が必要だ。

2008年の issue+design 立ち上げ以降、全国各地の地域づくりの活動に関わらせて頂いてから8年ほどが経過した頃、そんな思いに駆られたのが、本書を書こうと思ったきっかけです。

1つの地域で、あるプロジェクトが成功し大きな成果が出ても、その地域だけで終わってしまっては、日本全体が抱える課題の解決は叶いません。ある地域での成功事例を表面的に真似しても、その活動の本質を掴み、地域個別の事情に合わせてアレンジできなければ、絶対に成功しません。前例主義に基づく表層の模倣による地域づくりではなく、科学的アプローチに基づく再現可能な方法論による地域づくりを提唱したい、そんな思いで筆をとりました。

当時の私は外から地域を支援するコンサルタント、デザイナーとしての立場、自治体のクリエイティブ・ディレクターという役場側の立場、事業所を構え人を雇い事業を運営する事業者の立場、家族とともに地域で暮らす住民の立場。4つの立場で地域と関わっていました。立場が異なると見える景色が全く異なります。この経験を通じて、地域には様々なレベルの「分断」が蔓延っていること、人と経済の「生態系」が危機的状況にあること、生態系の再生が何よりも重要であることに気づかされました。自分自身の地域づくりの活動を洗い直し、関連する文献を読み漁り、意見をもらいたい人全てに会いに行き、そこで得られた私の考える持続可能な地域づくりの本質をまとめたものが本書です。

この本の執筆にはたいへん多くの方に、お世話になりました。佐川町、神戸市、前橋市、御嵩町、新宮市、郡上市、富山市、嬬恋村他、自治体の皆様には、多くの実践の場を提供いただきました。特に、高知県佐川町の堀見和道町長には、ビジョンづくりから、地域での事業、教育まで幅広い領域での実践と対話の機会を頂き、本書の核となるコンセプトにつながる多数の示唆を頂きました。

英治出版の高野達成氏の温かい見守りと丁寧な進行には助けられました。平成の間に出版するという目標を達成できず、ご迷惑をおかけしました（「平成中に校了」の目標は何とか達成!）。岡崎智弘氏のイラストのおかげで、本書の魅力とわかりやすさが格段にあがりました。栗崎心氏、稲垣美帆氏、白木彩智氏、小菅隆太氏、竹井真希氏、土屋はるな氏、中村理紗氏他、issue+design のメンバーには、厳しいスケジュールの中での制作作業に対応いただきました。その他、issue+design 発足以来の多くの方との出会いなければ、本書の執筆はなしえませんでした。改めて皆様に感謝申し上げます。

最後に、長期にわたる執筆の期間、ずっと支えてくれた妻・千佐子、不在がち疲れがちな父をいつも満面の笑みで癒し続けてくれた娘・雪夕花、息子・空知に感謝します。

平成三十一年四月。令和の幕開け直前の神田神保町にて

筧　裕介

▶ 暉峻淑子『豊かさとは何か』岩波書店、1989年

▶ 堂目卓生『アダム・スミス ── 道徳感情論と国富論の世界』中央公論新社、2008年

▶ トーマス・セドラチェク『善と悪の経済学』村井章子訳、東洋経済新報社、2015年

▶ 遠山正道『スープで、いきます ── 商社マンがSoup Stock Tokyoを作る』新潮社、2006年

▶ 中野民夫『学び合う場のつくり方 ── 本当の学びへのファシリテーション』岩波書店、2017年

▶ ニコラス・A・クリスタキス、ジェイムズ・H・ファウラー『つながり ── 社会的ネットワークの驚くべき力』鬼澤忍訳、講談社、2010年

▶ 西村佳哲『自分の仕事をつくる』ちくま文庫、2009年

『自分をいかして生きる』ちくま文庫、2011年

▶ 平川克美『移行期的混乱 ── 経済成長神話の終わり』筑摩書房、2013年

▶ 広井良典『定常型社会 ── 新しい「豊かさ」の構想』岩波書店、2001年

▶ 福岡伸一『生物と無生物のあいだ』講談社、2007年

『動的平衡 ── 生命はなぜそこに宿るのか』木楽舎、2009年

『せいめいのはなし』新潮社、2014年

▶ 藤原和博『10年後、君に仕事はあるのか? ── 未来を生きるための「雇われる力」』ダイヤモンド社、2017年

▶ フレッド・クロフォード、ライアン・マシューズ『競争優位を実現するファイブ・ウェイ・ポジショニング戦略』星野佳路監修、長澤あかね・仲田由美子訳、イースト・プレス、2013年

▶ 細田高広『未来は言葉でつくられる』ダイヤモンド社、2013年

▶ 堀江貴文・落合陽一『10年後の仕事図鑑』SBクリエイティブ、2018年

▶ 本川達雄『ゾウの時間 ネズミの時間 ── サイズの生物学』中公新書、1992年

『生物多様性 ──「私」から考える進化・遺伝・生態系』中公新書、2015年

▶ マイケル・サンデル『それをお金で買いますか ── 市場主義の限界』鬼澤忍訳、早川書房、2012年

▶ 前田正子『無子高齢化 ── 出生数ゼロの恐怖』岩波書店、2018年

▶ ミハイ・チクセントミハイ『フロー体験 喜びの現象学』今村浩明訳、世界思想社、1996年

▶ 山崎亮『縮充する日本「参加」が創り出す人口減少社会の希望』PHP研究所、2016年

▶ issue+design project『地域を変えるデザイン ── コミュニティが元気になる30のアイデア』筧裕介監修、英治出版、2011年

▶ Alex Sandy Pentland "The new science of building great teams: The chemistry of high-performing groups is nolonger a mystery." Harvard business review, September 2012

▶ William Isaacs, Dialogue "The Art Of Thinking Together" Crown Business, 1999

参考資料

▶ 安宅和人『イシューからはじめよ ── 知的生産の「シンプルな本質」』英治出版、2010年

▶ アダム・グラント『GIVE&TAKE「与える人」こそ成功する時代』楠木建監訳、三笠書房、2014年

▶ 新井和宏『幸せな人は「お金」と「働く」を知っている』イースト・プレス、2017年

▶ 家入一真『なめらかなお金がめぐる社会。あるいは、なぜあなたは小さな経済圏で生きるべきなのか、ということ。』ディスカヴァー・トゥエンティワン、2017年

▶ 石川善樹『友だちの数で寿命はきまる』マガジンハウス、2014年

▶ 伊藤大介、近藤克則『要支援・介護認定率とソーシャル・キャピタル指標としての地域組織への参加割合の関連：JAGESプロジェクトによる介護保険者単位の分析』社会福祉学54巻2号、2013年

▶ 中土井僚『マンガでやさしくわかるU理論』日本能率協会マネジメントセンター、2015年

▶ 岩嵜博論『機会発見 ── 生活者起点で市場をつくる』英治出版、2016年

▶ 内井惣七『シャーロック・ホームズの推理学』講談社、1988年

▶ 小田理一郎『「学習する組織」入門』英治出版、2011年

▶ C・オットー・シャーマー『U理論［第二版］── 過去や偏見にとらわれず、本当に必要な「変化」を生み出す技術』中土井僚・由佐美加子訳、英治出版、2017年

▶ 落合陽一『日本再興戦略』幻冬舎、2018年

▶ 筧裕介『ソーシャルデザイン実践ガイド ── 地域の課題を解決する7つのステップ』英治出版、2013年
『人口減少×デザイン地域と日本の大問題を、データとデザイン思考で考える。』英治出版、2015年

▶ 影山知明『ゆっくり、いそげ ── カフェからはじめる人を手段化しない経済』大和書房、2015年

▶ 国谷裕子『キャスターという仕事』岩波書店、2017年

▶ ジェームス・W・ヤング『アイデアのつくり方』今井茂雄、CCCメディアハウス、1988年

▶ 島根県中山間地域研究センター『低炭素・循環・自然共生の環境施策の実施による地域の経済・社会への効果の評価について研究報告書』島根県中山間地域研究センター、2016年

▶ 志水宏吉『「つながり格差」が学力格差を生む』亜紀書房、2014年

▶ 関沢英彦『調べる力』アスカ・エフ・プロダクツ、2010年

▶ 高濱正伸『子育ては、10歳が分かれ目。』PHP研究所、2018年

▶ 舘岡康雄『利他性の経済学 ── 支援が必然となる時代へ』新曜社、2006年

▶ チームさかわ『みんなでつくる総合計画』学芸出版、2016年

▶ デービッド・ボーンステイン、スーザン・デイヴィス『社会起業家になりたいと思ったら読む本 ── 未来に何ができるのか、いまなぜ必要なのか』井上英之監修、有賀裕子訳、ダイヤモンド社、2012年

▶ 寺島実郎、日本総合研究所『全47都道府県幸福度ランキング2018年版』東洋経済新報社、2018年

執筆	筧 裕介 1975年生まれ。一橋大学社会学部卒業。東京工業大学大学院修了。東京大学大学院工学系研究科修了（工学博士）。2008年ソーシャルデザインプロジェクトissue+designを設立。以降、社会課題解決のためのデザイン領域の研究、実践に取り組む。日本計画行政学会・学会奨励賞、グッドデザイン賞、竹尾デザイン賞、カンヌライオンズ（仏）、D&AD（英）、他受賞多数。著書に『ソーシャルデザイン実践ガイド』『人口減少×デザイン』（単著）、『地域を変えるデザイン』『震災のためにデザインは何が可能か』（共著・監修）など。

アートディレクション／DTP	栗崎心
デザイン	稲垣美帆、白木彩智、土屋はるな、中村理紗
調査・編集・校閲	小菅隆太、竹井真希

issue+design

http://issueplusdesign.jp

「社会の課題に、市民の創造力を。」を合言葉に、2008年に始まったソーシャルデザインプロジェクト 。市民・行政・大学・企業が参加し、地域・日本・世界が抱える社会課題に対して、デザインの持つ美と共感の力で挑む。東日本大震災のボランティアを支援する「できますゼッケン」、妊娠・出産・育児を支える「親子健康手帳」、人との出会いを楽しむ旅のガイドブック「Community Travel Guide」、300人の住民とともに地域の未来を描く「高知県佐川町 みんなでつくる総合計画」、認知症とともにより良く生きる未来をつくる「認知症未来共創ハブ」他、行政や企業とともに多様なアプローチで地域が抱える課題解決に挑むデザインプロジェクトを多数実施中。

英治出版からのお知らせ

本書に関するご意見・ご感想を E-mail（editor@eijipress.co.jp）で受け付けています。また、英治出版ではメールマガジン、Web メディア、SNS で新刊情報や書籍に関する記事、イベント情報などを配信しております。ぜひ一度、アクセスしてみてください。

メールマガジン：　会員登録はホームページにて
Web メディア「英治出版オンライン」：　eijionline.com
ツイッター：　@eijipress
フェイスブック：　www.facebook.com/eijipress

持続可能な地域のつくり方
未来を育む「人と経済の生態系」のデザイン

発行日	2019 年　5 月 10 日　第 1 版　第 1 刷
	2022 年　8 月 20 日　第 1 版　第 7 刷
著者	筧裕介（かけい・ゆうすけ）
発行人	原田英治
発行	英治出版株式会社
	〒150-0022 東京都渋谷区恵比寿南 1-9-12
	ピトレスクビル 4F
	電話　03-5773-0193
	FAX　03-5773-0194
	http://www.eijipress.co.jp/
プロデューサー	高野達成
スタッフ	藤竹賢一郎　山下智也　鈴木美穂　下田理
	田中三枝　安村侑希子　平野貴裕　上村悠也
	桑江リリー　石﨑優木　渡邉吏佐子　中西さおり
	関紀子　齋藤さくら　下村美来
印刷・製本	大日本印刷株式会社
校正	株式会社ヴェリタ

ISBN978-4-86276-251-1　C0036　Printed in Japan